灵宝市第三小学校志

灵宝市第三小学校志编纂委员会　编

黄河水利出版社
·郑州·

图书在版编目(CIP)数据

灵宝市第三小学校志／灵宝市第三小学校志编纂委员会编．—郑州：黄河水利出版社，2021.4
ISBN 978-7-5509-2975-3

Ⅰ．①灵…　Ⅱ．①灵…　Ⅲ．①灵宝市第三小学—校史
Ⅳ．①G629.286.14

中国版本图书馆 CIP 数据核字(2021)第 080131 号

出 版 社：黄河水利出版社　　网址：www.yrcp.com
地址：河南省郑州市顺河路黄委会综合楼 14 层　　邮政编码：450003
发行单位：黄河水利出版社
发行部电话：0371-66026940、66020550、66028024、66022620(传真)
E-mail：hhslcbs@126.com
承印单位：河南省黄河印刷有限公司
开本：889 mm×1194 mm　1/16
印张：31.75
字数：56.1 万字　　印数：1-1000
版次：2021 年 5 月第 1 版　　印次：2021 年 5 月第 1 次印刷

定价：390.00 元

灵宝市第三小学校志

编纂委员会

主　任	索淑敏	马晓春		
副主任	翟希云	潘树波	王永沛	何皎洁
成　员	赵高坤	王佩林	李茂林	刘雪峰
	刘照照	任　丹		

编写人员

主　编	索淑敏	马晓春		
副主编	李东超			
参　编	王永沛	翟希云	潘树波	何皎洁
摄　影	王冠霞			
封面设计	王冠霞			

灵宝市第三小学党支部书记　索淑敏

灵宝市第三小学党支部副书记、校长　马晓春

首届领导班子合影

第二届领导班子合影

第三届领导班子合影

第四届领导班子合影

办学理念

育人宗旨：呵护每一颗心灵 成就每一个孩子

育人目标：培养具有民族灵魂 国际视野的一代新人

办学理念：育人以明德 育人以至善 育人以启智

治校方略：精管理 兴科研 重人文 创特色 铸品牌

校训：厚德向善

校风：崇真 尚美 和谐 奋进

教风：博爱 严谨 精业 创新

学风：勤奋 善思 乐学 向上

精神：明于德 臻于善 敏于行

特色：双语特色

校徽·说明

1、校徽外形是盾的形状，凸显出学校将是学生和老师发展的强有力的后盾和保障。

2、校徽主体由一只展翅高飞的雄鹰口衔一枚萌芽，托起一轮红日组成。萌芽代表学生刚刚起步，拥有无限的未来，而他们也将在三小的环境中茁壮成长，走向卓越；这只展翅的雄鹰，一方面代表三小将在灵宝沃土上展翅翱翔，成为优秀的育人之地；另一方面也象征着作为教育者的愿景，希望三小的学子都能从雏鹰成长为雄鹰，拥有坚实的翅膀，可以担当责任，接受挑战，成为栋梁。雄鹰翅膀的末端形状如一只手，托起太阳，象征希望，正如毛泽东所言：“你们就象早晨八九点钟的太阳，希望寄托在你们身上。”三小就是支撑起这些小太阳们的坚实之手，以博爱、严谨、精业、创新的态度使他们朝气蓬勃走向未来。

3、此简图也完全可以象征和平鸽口衔橄榄枝，表达三小人热爱和平，崇尚和谐，这与校风【崇真 尚美 和谐 奋进】也不谋而合。

4、校徽上雄鹰的形状像阿拉伯数字“3”，萌芽的形状又恰似英文字母“X”，这两个简写即为“三小”之意。

5、校徽的主体颜色由绿色构成，同时融合了大自然中萌芽、雄鹰的元素，处处体现绿色、自然。三小绿色校园、低碳校园的理念由此体现。

6、校徽下方是一本翻开的大书，象征着在浩瀚的知识海洋里，师生、学校同努力，共发展，推动教育事业蓬勃向前。

校歌

向着春天的方向

—— 灵宝市第三小学校歌

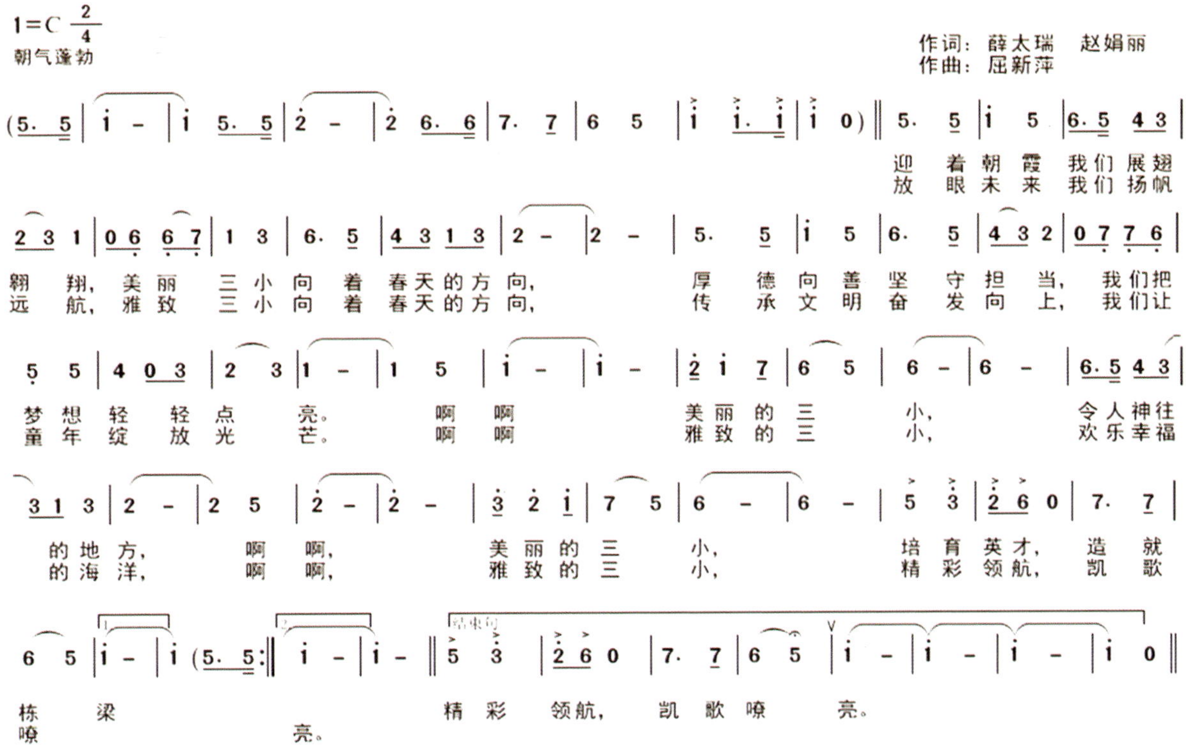

领导关怀

2011 年，灵宝市委书记吕均平（右二）来校慰问师生

2011 年，灵宝市副市长曹丽华（左二）来校指导工作

2012年，教体局副局长刘选林（中）深入课堂听课

2012年，教体局副局长索尚业（中）来校指导工作

2013 年，灵宝市副市长王高风来校指导工作

2014 年，灵宝市委常委、宣传部长李万征（右三）来校调研

2014 年，灵宝市教体局党委书记、局长王建波（右一）深入班级调研工作

2014 年，教体局党委副书记、副局长姜刚雪（左二）来校指导工作

2014 年，教体局副局长赵江峰（右四）来校指导工作

2014 年，教体局副局长李庆霞（右二）深入班级听课

2014 年，教体局副局长何赞朝来校听课

2014 年，教体局纪检书记彭海英来校指导工作

2014 年，教体局党委委员李怀良主任来校指导工作

2015 年，灵宝市副市长孙会方（右三）来校指导工作

2015 年，三门峡市妇联主席张桂珠（右二）来校检查工作

2015 年，三门峡教育局副局长金锐（左二）来校指导工作

2015 年，三门峡市教育局副局长杨伟建（左三）来校指导工作

2015 年，三门峡市教育局副局长高超杰（右一）来校指导工作

2017 年，灵宝市政府党组成员、教体局党委书记、局长张少波（中）来校指导工作

2017 年，教育部国家督学傅国亮（左二）教授来校指导

2017 年，灵宝市教体局副局长赵旭（右五）为名师授牌

2017 年，灵宝市教体局纪检书记彭锁锋（左二）指导工作

2018 年，灵宝市副市长郭仙朋来校参加六一活动

2018 年，三门峡市人民政府办公室副县职督察专员肖梅（右二）来校检查指导工作

2018 年，三门峡市教育局副局长常黎明来校检查指导工作

2018 年，灵宝市委组织部常务副部长李四清（右二）来校检查指导工作

2018 年，灵宝市妇联主席李宝丽为德馨之家教师颁奖

2018 年，灵宝市市直工委副书记李江霞（左一）、市直工委纪工委书记范菲菲（左二）来校检查指导工作

2018年，灵宝市关工委副主任刘鸿远来校参加庆“六·一”活动

2018年，灵宝市教体局党委委员、副局长金红欣指导安全工作

2018 年，河南省普法工作领导小组来校检查

2019 年，灵宝市委副书记、市长何军来校指导工作

2019 年，灵宝市委组织部长李玉林来校指导工作

2019 年，灵宝市常务副市长徐红梅来校指导工作

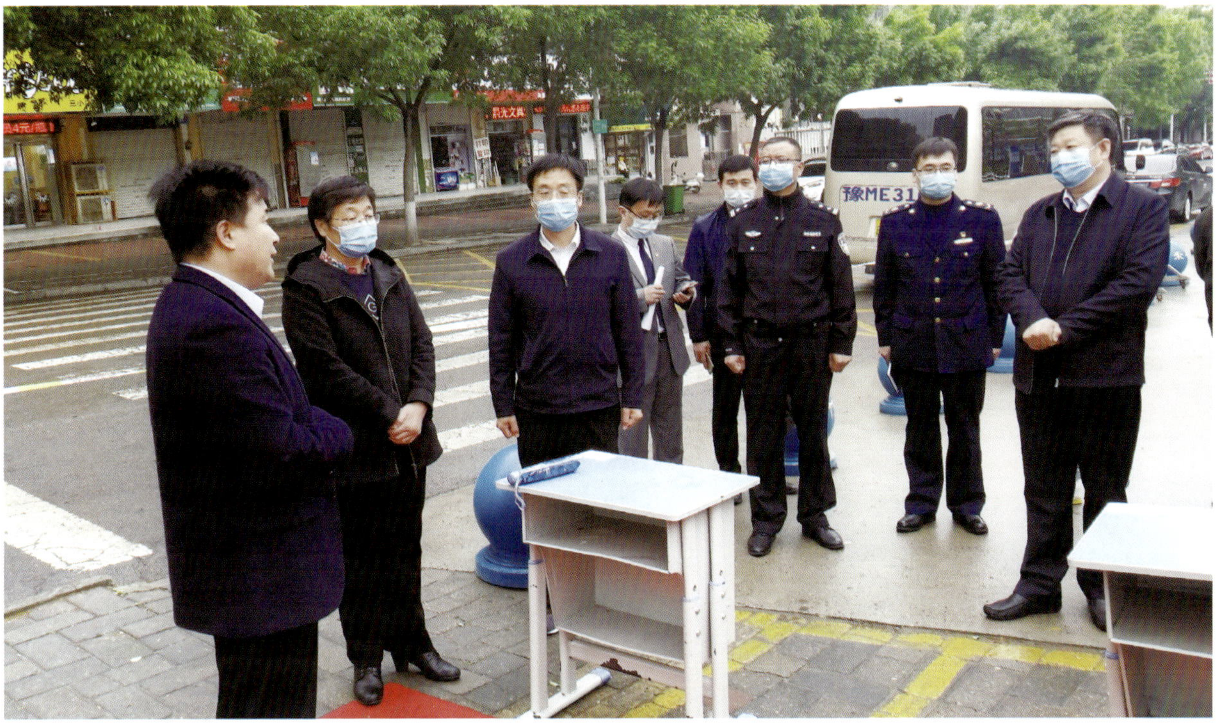

2020 年，灵宝市副市长蒋立庆（左三）来校督导疫情防控工作

2020 年，灵宝市教体局党组书记、局长郭振水来校督导疫情防控开学准备工作

魅力校园

学校大门

教学楼

操场

主题雕塑

连廊

廉政文化长廊

经典文化建设

网络中心

视频会议中心

录直播教室

报告厅

党员活动室

心理健康教育团体活动室

图书馆

阅览室

备课室

仪器室

微机室

实验室

美术室

舞蹈室

学生宿舍

食堂餐厅

教师队伍

2011 年，省级骨干教师合影

2011 年，三门峡市级骨干教师合影

2011 年，灵宝市首届教学名师合影

2011 年，首届教师集体合影

2015 年，全体教师合影

2018 年，全体教师合影

2020 年，全体教师合影

修德养廉

2011 年，师德主题教育月活动总结表彰大会

2012 年，德育主题教育月活动动员大会

2018 年，组织教师学习党章

2018 年，交纳党费

2018 年，组织教师参观修德馆

2019 年，学校开展争做“四有”好老师主题教育活动

2020 年，“不忘初心，牢记使命”主题教育主题教育庄严宣誓

2019 年，师德师风理论知识测试

教学研究

素养大赛展风采

教学技能竞赛

双语课堂

识字教学

跟我学画

小组合作 体验培训

国家级十二五规划全国重点课题《构建双语特色课程的研究》课题组主持人索淑敏

河南省《小学语文谜语进课堂的实践和研究》
课题组　主持人贺雅芳

河南省《利用网络平台培养学生数学素养的研究》课题组　主持人　薛太瑞

三门峡市《用博客资源培养师生数学素养的研究》
课题组　主持人雷书红

三门峡市《班本课程的开发与实施》
课题组　主持人杨君

读写能力提升

整本书阅读

数学之美

课题汇报

卢晓百，灵宝市中小学优质课一等奖。

刘晓霞，灵宝市中小学优质课一等奖、灵宝市优秀教师。

养成教育

站如松

坐如钟

专注

投入

眼保健操

告别不文明行为

雅致餐桌

天天讲卫生

校园最佳“小绅士、小淑女”竞选演讲比赛

养成教育出彩集体

专业成长

“汉之星”应用技术培训

岗前培训

直播课堂领风骚

阴巧飞，小学一级教师。三门峡岗位标兵、灵宝市优秀班主任、灵宝市优秀共产党员。执教的《狮子和兔子》一课获灵宝市小学语文“汉之星”优质课赛讲一等奖。

微课培训

专业答辩

古诗配画

刚劲有力

事事如意

刻苦练习　提升专业

精彩瞬间

整装待发

市三小教师在三门峡市庆“三八”广场健身大赛中喜获金奖

第六届校园文化节暨庆“六一”特色成果展示活动

第八届校园文化节暨庆“六一”特色成果展示活动

书香校园

师生共读

沐浴书香

分享交流

以书为友

书香童年

经典诵读

英语特色

特色定位

特色研讨

看动画 学英语

英语律动

校本教材

英语书写比赛获殊荣

综合实践

缅怀先烈 谨记使命

研学悟道

研学旅行

探索大自然奥秘

探寻黄河文化 品读人文陕州

一日小果农

送教支教

2012年送教下乡

2016年标兵送课

为五亩旭东小学捐赠图书

为阳店峭底小学赠送图书及办公用品

看望五亩支教教师

看望苏村支教教师

少年军校

集中训练

军姿展示

军体操展演

多彩社团

天籁之音

苦练内功

童心童画

翰墨飘香

能工巧匠

街舞炫酷

电脑绘画

声乐

乒乓球

篮球

经典诵读

剪纸

参观交流

《中国教师报》总编室主任李炳亭、河南站站长张志博在教体局领导陪同下来校指导高效课堂

新安县教育同仁来校参观

濮阳市范县教育同仁来校交流

职工活动

拔河比赛

2014年教师集体生日游园合影

拓展训练

2019年，教师节校长慰问教师

参观朱阳革命历史纪念馆

第五届红旗集体

第七届铿锵玫瑰

第八届德馨之家

扶困济弱

嘘寒问暖 雪中送炭

真情无限

爱暖心田

心手相牵

后勤保障

员工培训

确保食材安全

清洗比拼

刀工PK

烹饪美味

消毒杀菌

摆盘大赛

业务学习　强化素质

洗碗比赛

内务整理

服务明星　扮靓校园

荣誉

全国特色教育先进单位
中国教师发展基金会
教师科研基金“十二五”规划全国重点课题
中国学校特色教育建设与发展研究总课题组

全国名校联盟
示范学校
全国名校联盟
《小学语文教学》编辑部
《小学数学设计》编辑部

河南最美校园
河南教育新闻中心　河南教育时报社
二〇一九年一月

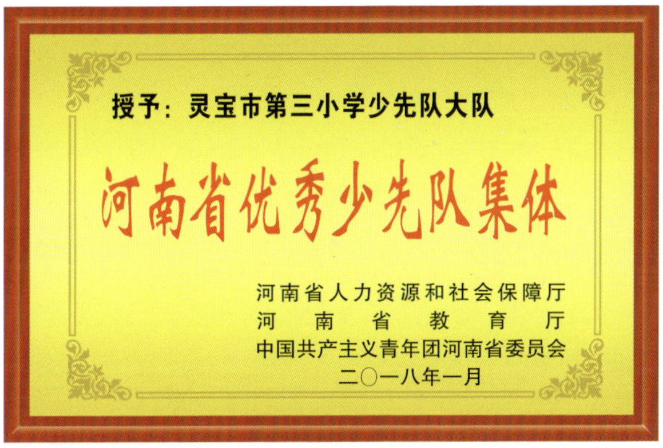
授予：灵宝市第三小学少先队大队
河南省优秀少先队集体
河南省人力资源和社会保障厅
河　南　省　教　育　厅
中国共产主义青年团河南省委员会
二〇一八年一月

河南省
中小学一级食堂
河南省教育厅
二〇一一年五月

河南省
德育实验学校
河南省教育厅
二〇一二年五月

序　言

十年风雨兼程，十年芳菲正妍。

灵宝市第三小学自2010年成立以来，全面贯彻落实党的教育方针，坚持高层次定位，高标准推进，高质量发展，构建了集开拓性、前瞻性、内涵性为一体的系统化的现代办学理念，确立了“厚德向善”的校训、“呵护每一颗心灵，成就每一个孩子”的办学宗旨、“明于德、臻于善、敏于行”的学校精神、“努力培养具有民族灵魂国际视野的一代新人”的办学目标，肩负金城父老重托，勇为教育改革先锋，积极培植具有生命力的校园文化，以德育人，以文化人，德耀芳华，智动未来。

立德树人，培植核心素养。习近平总书记在2018年9月10日全国教育大会上指出，学校教育“要把立德树人融入思想道德教育、文化知识教育、社会实践教育各环节”，“要在加强品德修养上下功夫，教育引导学生培育和践行社会主义核心价值观，踏踏实实修好品德，成为有大爱大德大情怀的人”。学校坚持以课堂教学为主渠道，大力倡导绿色教育，打造充满爱意、富有诗意、饱含创意的生态课堂。以爱国主义教育、理想信念教育为主线，以行为习惯养成教育为基础，以学生综合素质的可持续发展为重点，以丰富多彩的综合实践及文化活动为载体，强化“第一粒扣子”意识，努力提高德育工作的实效性。评选“小绅士”“小淑女”，引导学生规范言行，提高自我约束能力；评选“孝老爱亲之星”“绿色环保之星”，弘扬中华传统美德，崇尚尊重自然；开展多彩社团活动，评选“创新之星”“才艺之星”，激励创新精神，促进个性发展；评选“最美餐桌”“最美宿舍”，倡导勤俭节约，学会和谐相处。注重挖掘地方教育资源，汲取传扬《道德经》文化精髓，全面提高师生素养。为塑造学生优美姿态,培养良好习惯,磨练顽强意志,锤炼健康体魄,塑造优秀品质,自2012年起,学校全力打造“少年军校”,以“三姿”训练为突破口,把“三姿”训练列入学校常规检查:读书上课看坐姿,升旗集会看站姿,行走路队看走姿。每月评选“三姿标兵班”,开展系列卓有成效的军事训练活动,锻造强健体魄,增强坚定信念,养成良好习惯。

学校以校园文化建设为引擎,以教师队伍建设为根本,坚持组织评选年度“金牌教师”“突出贡献教师”“最具潜力教师”“巾帼建功铿锵玫瑰”等,激发教师内生动力;组织评选年度“德馨之家”“红旗集体”“最美家庭”,凝聚和谐奋进正能量;组织举办年度“德馨论坛”“道德讲堂”系列活动,弘扬厚德向善主旋律。

注重研修,构建特色课程。学校以英语特色为突破口,强化校本研修,坚持领导培训抓龙头,全员培训打基础,骨干培训强中坚,名优培训育专家,积极探索“双语校园”特色发展之路。在全面开设国家课程、选修地方课程的基础上,成立“名师工作室”,加大课程研发应用力度,组织英语骨干教师编写《快乐英语ABC》校本教材,率先在三门峡市开展英语书写课,确定每周二为英语活动日,构建了全方位、立体化的校本课程。2015年12月,承办了“三门峡市金三角首届学校特色发展论坛暨小学双语特色研讨会”,受到与会省、市领导及专家一致的称赞。

协同育人,构建多元教育。静待花开,让生命成长更有质量,是新时代教育的重要内核。灵宝市第三小学引入、融注家庭、社会、学校教育资源,拓宽教育渠道,让孩子智慧的雷达广泛收集信息资源,丰盈知识储备。通过家长开放日、家长会、家访、家长课堂等多种渠道汇聚教育合力,组织评选“十佳”家长、“十佳”学习型家庭、“文明家庭”,助推家庭、学校、社会协同育人机制形成。定期对“建档立卡”学生进行大走访活动,让每个家庭和孩子都能感受来自社会和学校大家庭的温暖。组织师生定期赴道德文化胜地函谷关、振宇红色研学基地、寺河山苹果基地等开展丰富多彩的实践活动，师生在行走的课堂中，开阔了眼界、磨炼了意志、陶冶了情操。为学生点亮理想的灯，照亮前行的路。

十年来，学校根植民族、放眼世界，狠抓养成教育，注重双语特色，打造生态课堂，着力经典诵读，尊重个性发展，智创中原名校，追求多元教育，缔造幸福人生，教育教学管理水平不断攀升，教育教学改革成果日益丰硕，现已形成鲜明的学校特色，呈现出芝兰树惠、雅致俊秀的模样。

欣逢盛世，遍地华章书锦绣；喜逢佳时，满目诗情话葱茏。灵宝市第三小学以其深厚的文化底蕴，丰硕的办学成果，一路凯歌嘹亮，一路精彩领航。学校先后被评为全国特色教育先进单位、特色教育实验校、全国名校联盟示范学校及河南省依法治校示范学校、三八红旗集体、最美校园、德育实验学校、中小学心理健康教育示范校、优秀少先队集体、教育系统“五好”关工委、中小学动漫教育实验学校、一级食堂、信息化教学实验学校等一百二十余项三门峡市级以上荣誉。

2020 年，适逢灵宝市第三小学建校十周年。为展现筚路蓝缕之艰辛，传承弦歌兰韵之初心，学校收集了校园建设、教育管理、教学研究、习惯养成、校园文化，社会实践、均衡教育等原始资料，分类编排，以飨读者，并以此为学校十年华诞献礼。

千磨万击还坚韧，宁静致远亦坦然。自 2010 年到 2020 年，十年披荆斩棘，上下求索；十年砥砺奋进，追求卓越；三小人，珍惜曾经的荣耀，坚守教育的操守，涵养特有的情怀，追逐前路的芳华。乘时代东风，育桃李芬芳，在立德树人的教育征程上，脚踏实地，厚德向善，不忘初心，逐梦前行！

是为序。

灵宝市第三小学党支部书记　索淑敏

2020 年 6 月 10 日

凡　例

一、《灵宝市第三小学校志》坚持历史唯物主义和辩证唯物主义的立场、观点和方法，坚持实事求是、存真求实的原则，力求全面、详细、准确记载灵宝市第三小学从2010年建校至2020年十年来的发展过程，以及优秀校长、优秀教师、优秀学生，力求做到思想性、科学性、资料性、可读性为一体。

二、《灵宝市第三小学校志》在叙述上基本以时间为序，有重点地记述学校发展与改革的辉煌业绩，以及涉及的有关方面。

三、《灵宝市第三小学校志》采用章、节、目的行文结构，分类力求科学合理。写法采取述、记、志、传、表、录并用体，配以照片，力求图文并茂。全书除序、凡例、概述、大事记、后记以外，设置12章、48节。

四、行政名称首次出现或用于标题时用全称，行文里面用简称，如“三门峡市教育局基础教育教学研究室”简称为“三门峡市教育局教研室”，“三门峡市教育局体育卫生工作站”简称为“三门峡市教育局体卫站”，“三门峡市级”简称“峡市级”，“灵宝市教育体育局”简称为“教体局”，“灵宝市教育体育局基础教育教学研究室”简称为“灵宝市教体局教研室”，“灵宝市第三小学”简称为“市三小”或“三小”。所有地名一律用现行地名。各种数据一律采用阿拉伯数字。

五、志书中资料来源除参阅相关书籍文字外，均系校志编纂委员会成员提供资料，或知情教师口述，或直录于校园楼廊及墙壁。

六、人物均为在灵宝市第三小学工作过的教职工,排序以文内标注为准。下限至2020年6月底。历史事件和人物记载均尊重历史原貌,如实记载,不做评价。“附件”因篇幅所限,采用节选形式。附录文章保持其作品原貌。

七、语言、文字、标点、表格的使用,均按国家有关规定要求严格执行。所用简化字以国家语言文字委员会1986年10月公布的简化字总表为准。行文使用第三人称(附件除外)。

目　录

概　述

灵宝市第三小学位于市北区崇德路与天宝路交叉处，是市委、市政府2009年“十大重点民心工程”之一。建成于2010年9月，总投资3000余万元，总建筑面积近15000平方米。现有教职工178余人，拥有43个教学班，在校学生2480余人。学校全面贯彻党的教育方针，秉承“着力培养具有民族灵魂、国际视野的一代新人”的办学目标，以“育人以明德，育人以至善，育人以启智”为办学理念，以“厚德向善”为校训，坚持“崇真、尚美、和谐、奋进”的校风和“博爱、严谨、精业、创新”的教风，积极发扬“明于德、臻于善、敏于行”的三小精神，为实现中原名校的宏伟目标而不懈努力。

2010年6月，索淑敏调任学校校长兼党支部书记。当时学校还处于筹建中，一切都是从零开始，工作繁重，头绪繁多。学校首先确立了完善的管理机构，先后建立了教务处、政教处、后勤处、办公室、工会等行政管理机构，学习借鉴国内名校先进经验，研究制定了各处室岗位职责和管理制度，确定了正确的教育理念，保证了教育教学工作的正常进行，其后学校的管理机构日臻完善，教师队伍不断壮大，办学条件日益改善，录直播教室、动漫实验室、报告厅、图书室、实验室等配备一流，为孩子们的快乐学习提供了优越条件；塑胶运动场、健身器械、舞蹈室、餐厅、宿舍，为孩子们的健康成长保驾护航。远程教育“班班通”，数字课堂“堂堂用”，先进的现代化设施为学校发展添彩助力。教学管理规范有序，教学质量稳步提高，各项工作都取得了令人瞩目的成绩，广大家长和社会各界给予了美好赞誉。2019年8月22日，马晓春调任学校党支部副书记、校长。学校持续聚焦核心素养、潜心立德树人，依托特色课程、厚植党建引领，实施内涵发展、提升教育质量，打响灵宝教育品牌，积极创办人民满意教育。

建校以来，市三小在教体局党组的正确领导下，以习近平新时代中国特色社会主义思想为指导，坚持以高质量的党建推动高质量的教育，确立了以党建促校建、以党风促校风的工作思路，做到了“三建三促和三争”。三建是阵地文化建设、廉政文化建设、经典文化建设；三促即党建促队建、促工建、促妇建，三争就是要争当“师德标兵”、争当“教学能手”、争当“课改先锋”；充分发挥党支部的引领作用，党员干部率先垂范，做教师的榜样，大力弘扬正气，传递正能量；学校主题党日采取“6+N”模式，并与以案促改警示教育相结合开展活动。党员干部定期到贫困村开展帮扶活动，做好扶贫攻坚工作及建档立卡贫困户子女营养改善计划，贯彻落实国家教育扶贫政策。开展志愿者洁城活动，助力文明城市创建工作。组织党员教师先后赴窄口水库纪念馆、振宇红色文化馆等地开展研学旅行活动。每年举办庆三八“德馨之家”、“巾帼建功铿锵玫瑰”及“红旗集体”的评选表彰活动，展示教职工良好的精神风貌，展现优秀女教工的靓丽风采。

学校着力构建“德智体美劳”五育并举体系，充分激发“师生家校社”五大主体活力，全面落实立德树人根本任务。优化德育队伍建设，定期召开班主任工作交流会，严格执行班主任考核方案，大力实施“班主任队伍提升工程”，充分发挥名班主任工作室骨干引领作用，组织班主任开展学习研讨活动，促进班主任专业化成长，提高班级管理实效；深入开展“爱学习、爱劳动、爱祖国”教育活动、中华优秀传统文化教育和革命传统教育，将社会主义核心价值观教育融入学校教育全过程。

养成教育，涵孕品性。学校重视路队训练、升旗仪式秩序训练、卫生训练、课间活动训练、文明礼仪训练，充分发挥红领巾监督员的作用，促使学生仪容仪表、集会、两操、课间、路队等一日常规实行自主管理、自我评价，让良好的行为习惯内化为自觉行动；坚持以养成教育为德育主线，全方位、多渠道、深层次培养学生文明习惯，以四大活动——“校园小绅士、小淑女”评选活动、“行为习惯十星班级”评选活动、“少年军校”特色打造活动、寄宿生最美餐桌、最美宿舍评选活动为载体，在培养学生良好的做人、做事及学习生活行为习惯等方面进行了积极的探索与实践。

专题教育，德润心灵。学校围绕“文明校园创建”开展系列活动，观看《开学第一课》，渗透入学常规教育；开展“学雷锋精神，做美德少年”主题活动，进行“爱心献学校”“爱绿护绿”“爱心献社会”“同伴互助”等实践活动，让三小学子乐学向上、厚德向善。

心手相牵，帮扶成长。开展以生命教育为主线的“心理健康教育活动周”，发挥“一课、一室、一箱、一卡、一报、一袋”的功能，关注学生的发展需求，形成了学生心理健康教育模式。目前，学校已经取得国家一级心理咨询师 2 人，二级心理咨询师 5 人，学习能力辅导师 1 人，家庭教育指导师 1 人。学校成立了“一米阳光”心理社团，充分发挥社团作用，建立问题学生档案，定期举行学生心理健康教育、心理咨询谈话和转化追踪，做实青少年教育帮扶工作和心理健康教育工作；编撰《珍爱生命》《远离灾难》《健康成长》系列校本课程，让学生在活动中感悟反省，在学习中认知提高，走出阴影，拥抱阳光。

缤纷社团，快乐童年。开设了艺术、体育、书法绘画、快乐英语四大类共 16 个富有特色的校级社团和41个年级社团。期初定计划、定目标,期中达标检测,期末成果验收。社团活动培养和发展了学生的兴趣、特长和爱好。

阳光体育,健体励志。每天坚持眼保健操、广播体操、军体操、英语律动操运动,让学生“每天锻炼一小时”落到实处;认真开展广播体操比赛,以增强学生集体荣誉感,达到锻炼身体、磨练意志之目的。在市阳光体育运动会、篮球比赛、乒乓球比赛等赛事中,市三小多次荣获局直小学组第一名的好成绩。

家校携手,共谋发展。学校成立了家长委员会,定期组织家长进行听课评教活动;建立家校联系网,使家长成为学生的护航员、学校发展的智囊团,为提高综合办学水平添彩助力;开展优秀家长评比活动、校长接待日活动,严格家访制度,全面实施“走千家、进万户”活动;外聘家教专家,定期召开家教报告会。

精品研学,助力成长。由家委会牵头与研学公司联系,学校精心策化,细心组织,带领学生先后赴三门峡天鹅湖、博物馆,灵宝函谷关、革命烈士陵园、振宇红色文化馆、窄口水库纪念馆等研学基地开展研学旅行;开展“苹果园里说丰年”一日小果农、“探寻黄河文化,品读人文陕州”、“感受黄河印象,传承砥柱精神”等研学活动,让学生陶冶情操、增长见识、体验不同的自然和人文环境,提升学生综合素质,并结集成书40余本“研学成果”。

智慧队建,放飞梦想。组织孩子们学习少先队知识,理解少先队的含义,每年建队日和“六一”儿童节举行“火炬引路 星星导航”主题入队仪式;开展“我的中国梦”演讲比赛,在传承中创新,在创新中发展,经过努力,学校少先大队被评为《河南省优秀少先队集体》。

创建“平安校园”,确保校园平安。学校坚持“安全第一,预防为主”,提倡人人都是安全员,除了每月两次的集中隐患排查外,积极开展“法治综治宣传月”“安全百日行动”“消防教育课”“预防溺水宣传”“森林防火”“校园防欺凌”“扫黑除恶”等专题活动,引导学生增强安全意识,提升法治观念。在学生上学放学期间,校门口安排有四道护学岗,由特警、交警、家长志愿者、值班教师、政教处人员组成,确保学生安全。安排90名教师课间在各楼层执勤,26名教师在学生集会时做楼梯护导,实现了校园安全全覆盖。

课堂是学校的主战场,质量是学校的生命线。自建校以来学校,一直秉承“质量立校”的宗旨,以“重常规、强科研、深教改、提质量”为主线,深入开展规范管理,全力打造“绿色教育,生态课堂”,持续加大“双语特色”教学力度,切实提高教师教学水平,促进教育教学质量整体提升。紧跟教育形势，研学生态课堂，组织包年级领导推门听课、学科带头人作课示范；强化课题研究，形成“一组一题，人人参与”的积极氛围，由索淑敏主持的三门峡市级课题“让绿色教育走进小学语文课堂”、翟希云主持的三门峡市级课题“提升小学生数学核心素养的策略研究”已经结项，索淑敏主持的三门峡市级课题“小学生整本书阅读指导课不同课型的研究”已提交结项申请；“刘雪峰小学语文名师工作室”“南晓华小学数学名师工作室”“张潇小学英语名师工作室”，坚持开展工作室成员“八个一活动”——带好一个学科组、上好一节示范课、主持或参与一项课题研究、指导好一名青年教师、做好一场专题报告、写好一篇调研报告、做好一次解说教材展示、承担一次市级以上教学业务活动。通过开展公开课、主题研修、课题实验、阅读共享等活动，使大家在“听评”“研讨”“改进”的螺旋式交替中，不断汲取先进的教育思想和智慧，为教师的专业成长创造了无限空间。

“双语特色”，成绩显著。2013 年市三小被确立为“国家级特色教育实验校”，先后有一项国家级课题、三项省级课题获得结项，其科研成果被评为省级二等奖。2019 年 4 月，在三门峡市小学英语优质课赛讲活动中，张潇、王珊珊老师分别获得一等奖的优异成绩。每周二早上和中午专门开辟了英语听力和口语练习课、英语书写时间，以培养学生学习英语的兴趣和能力；放学路队高喊英文口号，以营造英语特色的浓厚氛围。

市三小作为灵宝市区唯一一所寄宿制学校，建校十年来，致力于打造一流食宿环境，狠抓职工培训，坚持周一集会，开展“服务明星”“文明餐桌”“最美宿舍”评选活动，成功举办后勤职工技能竞赛，增强服务保障能力，更好地为全校师生提供优质、高效、快捷的后勤服务；实行明厨亮灶工程，严把食品原料采购关，与炊事员人人签订责任书，并经常深入食堂检查工作，保证食品卫生安全；每周认真制定营养食谱，合理安排饭菜品种；成立伙委会，充分发挥“伙委会”的职能，做好全方位监管工作。如今，市三小的寄宿制管理已经成为全市一大品牌。

学校加强工会自身建设，积极维护教职工的合法权益，坚持开好教代会，搞好校务公开；在学校党支部的领导与支持下，组织好“三八妇女节”“五一劳动节”“六一儿童节”“七一建党节”等节日的纪念活动，增强广大教职工的责任感和事业心；继续开展“送温暖”工程，关心职工生活，利用特殊节日关心慰问特困职工、优秀教师，积极为职工办实事、解难事，维护教职工合法权益，融洽教职工的关系，发挥桥梁和纽带作用。

十年风雨，一路高歌。十年来，学校先后荣获“全国特色教育实验校”“全国名校联盟示范校”“第五届‘熊博士’全国青少年科学影像节优秀组织单位”“河南省先进家长学校”“河南省语言文字规范化示范学校”“河南省小学德育实验学校”“河南省三八红旗集体”“河南省中小学动漫教育实验学校”“河南省优秀少先大队”“河南省优秀少先队集体”“河南省心理健康教育示范校”“河南最美校园”“河南省数字校园标杆校”“河南省中小学一级食堂”“河南省两岸儿童绘画、书法比赛优秀组织奖”“河南省防震减灾科普示范学校”“河南省科学调查体验活动优秀组织单位”“三门峡市示范性学校”“三门峡市教育系统德育工作先进单位”“三门峡市师德师风先进学校”“三门峡市语言文字示范校”“三门峡市最美丽的校园”“三门峡市中小学党建工作示范校”“三门峡市未成年人思想道德建设工作特色校”等170余项荣誉。

迈进新时代，迎接新挑战。今天，市三小全体教职员工，一如既往，同心同德，奋力拼搏，积极践行社会主义核心价值观，努力开创教育工作新局面，以更加饱满的激情，饱蘸笔墨运神力，续写精彩新篇章。

大 事 记

2010 年

6 月 2 日下午 3 时，首届领导班子六人到教体局二楼会议室参加会议，任命索淑敏为校长。

7 月 11 日，从局直各校调入的 22 位教师到地矿局家属区临时办公室报到。

8 月 21 日，公开考录的 45 位教师到市三小临时办公室报到。

9 月 10 日，73 位教师参加大合唱，在全市教育系统第一次精彩亮相。

2011 年

3 月 7 日，隆重举行庆“三八”活动暨首届“德馨之家”颁奖典礼。

6 月 1 日，市委书记吕均平等四大班子成员来校慰问少年儿童，并兴致勃勃地参加了市三小“向着春天的方向”首届校园文化节活动。

7 月 18 日至 8 月 16 日，尹庄镇政府和尹庄中心学校在第三小学开展“阳光少年夏令营”活动。市委副书记杨彤、统战部长李万征、人大副主任李东风、张双虎、宣传部长杨海让、时任教体局局长先后来校视察。

10 月 17 日，中央电视台第四频道记者来校采风。

10 月 27 日，灵宝市中小学校园文化建设工作现场会在市三小召开，300 多名教育同仁参会并参观交流。

2012 年

3 月 6 日，隆重举行庆“三八”活动暨第二届“德馨之家”和首届“巾帼建功·铿锵玫瑰”颁奖典礼。

5 月 30 日，举办第二届文化节暨庆“六一”特色成果展示活动，主题为“德馨雅韵”。

2013 年

3月7日,隆重举行庆"三八"活动暨第三届"德馨之家"和第二届"巾帼建功·铿锵玫瑰"颁奖典礼。

5月31日,举办第三届文化节暨庆"六一"特色成果展示活动。

5月31日,综合楼开工仪式于中午12:00举行。

6月,国家阅读推广中心主任孟素琴来校检查工作。

7月17日,宿舍楼开工仪式于中午1:30举行。7月19日早上,宿舍楼扩建工程正式施工。

2014 年

3月5日,隆重举行庆"三八"活动暨首届"三八红旗集体"、第三届"巾帼建功·铿锵玫瑰"和第四届"德馨之家"颁奖典礼。

5月9日,市委常委、宣传部长李万征在教体局党委书记、局长王建波的陪同下,走进校园,给孩子们上了一堂核心价值观教育辅导课。

5月30日上午,"童心唱响中国梦"第四届文化节暨庆"六一"特色成果展示活动隆重举行,副市长孙会方、教体局局长王建波及关工委老干部参加活动。

6月16日下午,三门峡市妇联主席张桂珠一行9人在市妇联主席焦淑娟及市教体局领导陪同下,到校调研家长学校及妇女儿童工作。

6月17日上午,河南省教育厅领导,市人大副主任张双虎、宣传部长杨海让,在三门峡市教育局和灵宝市教体局领导陪同下,莅临学校检查防震减灾工作。

6月17日上午,河南省语言文字规范化示范校检查团在三门峡教育局副局长高超杰、三门峡市教研室副主任耿翠霞和灵宝市教体局副局长何赞朝等领导的陪同下,来校评估验收。

10月24日至25日,校长索淑敏带领师生代表一行五人赴郑州河南科技馆,参加为期两天的2014年河南省青少年科学调查体验活动总结表彰大会及展评活动,并在会上作典型发言。

2015 年

3月5日,隆重举行庆"三八"活动暨第二届"三八红旗集体"、第四届"巾帼建功·铿锵玫瑰”和第五届“德馨之家”颁奖典礼。

3 月 14 日,天津教科院基础教育研究所所长王敏勤教授来市三小调研。

4 月 21 日,灵宝市政协副主席马保民及五十余名政协委员在教体局局长王建波的陪同下,来市三小调研。

6 月 1 日,灵宝市四大班子成员来校慰问少年儿童,并参加第五届校园文化艺术节暨庆“六一”特色成果展示活动。

9 月 16 日上午,义马市教育局张局长及部分学校校长一行十余人在电教馆领导的陪同下来校参观交流。

9 月 24 日,三门峡市教育局副局长金锐来校调研,教体局副局长姜刚雪、普教科科长张民生陪同。

9 月 25 日,在中秋佳节来临之际,由灵宝市教育体育局主办,灵宝市第三小学承办的“孝老爱亲”故事会,在灵宝市第三小学报告厅如期举行。参加活动的有灵宝市市委办、政府办及各局直单位妇委会主任和灵宝市教育系统部分教师代表共计 180 余人。灵宝市妇联、灵宝市教体局的领导出席了活动。

11 月 17 日,三门峡市教育局教研室主任赵晶、部分学科教研员、市直学校校长等一行 7 人,在灵宝市教研室主任任杰的陪同下,到校调研指导工作。

12 月 10 日,校长索淑敏代表灵宝市教育系统参加三门峡市教育局举行的讲校活动。

12 月 16 日,在市三小举行“三门峡市首届学校特色发展论坛暨小学双语教学研讨会”。渭南市教科所专家和渭南市临渭区南塘小学郗莉校长及河南省基础教育教研室专家,三门峡市教育局副局长金锐、高超杰参加了会议。活动由三门峡市教育局主办,灵宝市教体局及灵宝市第三小学承办。灵宝市教体局局长王建波出席会议并致欢迎词。三门峡市各县(市、区)教体局主管副局长、基教股长、师训股长和教研室主任、英语学科教研员及英语学科教师代表 300 余人参加了会议。

2016 年

3 月 4 日,32 位教师代表灵宝市总工会参加“2016 年三门峡市职工全健排舞大赛”,荣膺银奖。

3 月 8 日,隆重举行庆“三八”活动暨第三届“三八红旗集体”、第五届“巾帼建功·铿锵玫瑰”和第六届“德馨之家”颁奖典礼。

3月10日,市三小“春之声”校园广播首次开播。

3月30日,灵宝市委宣传部副部长、文明办主任严过慈一行莅临市三小督查“践行价值观、文明我先行”主题教育实践活动开展情况。

4月23日下午,召开了家长恳谈会暨周慧玲教授家庭教育报告会。

5月30日下午、31日上午,举行第六届文化节暨庆“六一”“阳光路上”特色成果展。灵宝市教体局副局长彭海英、何赞朝及各科室负责人、灵宝市关工委常务副主任、原政协副主席刘鸿远、灵宝市教体局老干部调研团、灵宝市第四教育共同体成员及学生家长二千余人参加了此次活动。

6月12日下午,监控平台升级改建工程完工。

11月4日,灵宝市2016年中小学生阳光体育运动会在市实验二中隆重开幕,市三小120名师生展演的军体操“少年英姿”在开幕式上精彩亮相。

11月11日,渑池县洪阳镇的六位教育同仁来校参观交流。

11月29日,河南省学校安全检查组莅临市三小,对学校的消防安全专项治理、危险化学品治理等安全工作进行全面督查,三门峡市教体局和灵宝市教体局相关领导协同检查工作。

12月13日上午,《人民教育》杂志总编、原教育部基础教育司副司长、现教育部国家督学傅国亮教授,在灵宝市教体局领导的陪同下,莅临市三小,对学校的双语特色建设工作进行调研指导。

2017年

3月7日,隆重举行庆“三八”活动暨第四届“三八红旗集体”、第六届“巾帼建功·铿锵玫瑰”和第七届“德馨之家”颁奖典礼。教体局、教育工会、小学第四城乡教育发展共同体的领导、“德馨之家”获奖教师家属及家委会全体成员、全体教师200余人参加了活动。

3月30日上午,灵宝市中小学生“经典照亮人生”诵读比赛中,市三小代表队的《和韵天歌颂大道》《少年中国说》获一等奖;个人诵读《今天我交给你们一个孩子》获一等奖,学校荣获优秀组织奖。

5月4日下午,天然气泄漏报警系统成功启动并正式投入使用。

5月15日,校歌主题雕塑《向着春天的方向》落成。

5月23日上午,著名儿童文学作家“辫子姐姐”郁雨君走进学校与孩子们亲密互动,并举行“爱上阅读 爱上写作”主题讲座。

6月1日上午,隆重举行第七届文化节暨庆“六一”“筚路放歌”特色成果展示活动。灵宝市人民政府副市长郭仙朋,灵宝市政府党组成员、教体局党委书记、负责人张少波,灵宝市教体局副局长彭海英、何赞朝和教体局办公室、普教科、幼教科负责人,局直各兄弟学校班子成员、共同体各单位负责人、家委会成员及学生家长两千余人参加了此次活动。

9月21日上午,河南省教育厅秋季开学食品卫生安全和传染病防控工作小组来校检查指导工作,三门峡市教育局副局长常黎明等领导陪同检查。

10月31日上午,三门峡市教育局关工委副主任李海全、关工委副秘书长刘雷霆一行3人,在灵宝市教体局党委副书记姜刚雪等领导的陪同下,到校对关心下一代工作进行调研。

11月23日,灵宝市第三小学作为第一站迎来了国家三类城市语言文字规范化评估组。评估组分为巡视组和专家组,巡视组在副市长郭仙朋,市政府党组成员、教体局党委书记、负责人张少波和学校领导的陪同下,实地查看了市三小校园文化建设、功能室、教研组建设和社团成果展。巡视组组长肖梅对学校的办学特色和校园文化建设予以充分的肯定。

2018年

3月5日下午,隆重举行庆“三八”活动及“三八红旗集体”、“巾帼建功·铿锵玫瑰”及“德馨之家”颁奖典礼。灵宝市政府党组成员、教体局党委书记、局长张少波,灵宝市妇联主席李宝丽、副主席张艳丽,文广新局副书记张思虎,教体局副局长彭海英、何赞朝及部分科室负责人、共建单位灵宝市消防大队和尹庄派出所的领导,部分局直学校校长、第四城乡教育共同体单位负责人,家委会成员和部分家长代表及全体师生共计三千余人参加了本次活动。

5月29日,举行第八届文化节暨庆“六一”“筑梦扬帆”特色成果展演活动。灵宝市关工委副主任刘鸿远、张英,市教体局党委副书记姜刚雪及副局长彭海英、何赞朝,文广新局副书记张思虎,教体局相关科室负责人,各共建单位领导、第四城乡教育共同体、兄弟学校负责人,以及千余名家长相约雅致三小,和孩子们一起欢庆“六一”,共享特色建设成果。

7月1日,党支部及工会举行“唱支红歌给党听”合唱比赛,向党的97周岁生日献礼。

10月26日，根据教体局统一安排，召开“向李芳同志学习，争做‘四有’好老师”主题教育活动动员大会。

11月4日，灵宝市第三小学代表队参加了灵宝市2018年中小学生阳光体育运动会，经过参赛队员们的努力拼搏和教练员的悉心指导，喜获灵宝市局直小学组总分第一名的好成绩。

11月7日晚，校工会和教科室联合组织第二届教师综合素质大赛“展才艺秀风采”暨教师集体生日活动。

12月28日晚，全体教师和灵宝市消防大队官兵军民大联欢，举办“庆祝改革开放40周年暨三小好声音共筑中国梦”元旦主题晚会，共同迎接2019新年的到来。

2019年

3月6日，举行2019年“三八红旗集体”、“巾帼建功·铿锵玫瑰”及“德馨之家”颁奖典礼。灵宝市关工委副主任刘鸿远、市妇联副主席张艳丽、教体局副局长何赞朝等领导及部分兄弟单位负责人应邀参加本次活动。

3月20日下午，在灵宝教体局副主任科员李怀良的陪同下，淅川县教体局李晓辉局长一行十余人到校参观学习。

3月28日上午，灵宝市市直机关“基层党支部规范化建设达标”检查组在考核组组长闫佳楠的带领下，一行8人来校进行基层党支部规范化建设达标验收检查。

5月28日，举行以“弦歌兰韵”为主题的第九届校园文化节暨庆“六一”特色展演活动。灵宝市关工委副主任刘鸿远、灵宝市宣传部副部长严过慈、灵宝市妇联主席李宝丽、市文广新局副书记张思虎、教体局副主任科员李怀良及普教科科长张民生，灵宝市老干局刘艳霞主任，城乡教育共同体单位领导以及千余名家长和孩子们一起欢庆“六一”。

8月22日，马晓春同志任灵宝市第三小学党支部副书记、校长。

9月2日，在第35个教师节来临之际，党支部书记索淑敏受邀参加三门峡市“最美是你”优秀教师事迹巡回报告会，先后在卢氏、陕州区、灵宝、三门峡会场做《十年织锦绣 不负桃林人》的事迹报告。

9月5日下午，邀请灵宝市人民法院法官到校开展法治知识报告会。

9月12日下午，开展“沐浴阳光幸福成长”一年级新生入格教育展示活动，家长们见证了孩子迈入小学成长之门这一神圣的时刻。

9 月 20 日，按照灵宝市委要求，根据教体局《关于在全市教育系统党员中开展“不忘初心、牢记使命”主题教育的实施意见》，学校召开了“不忘初心、牢记使命”主题教育动员会。

9 月 24 日，举办以“我和祖国共成长”为主题的讲故事比赛。

10 月 14 日下午，局党委委员、副局长彭海英同志为全体党员干部讲授了“不忘初心、牢记使命”主题教育专题党课。会议由校长马晓春主持，全体党员和班子成员参加了会议。

11 月 2 日至 4 日，灵宝市 2019 年中小学阳光体育运动会召开，学校喜获灵宝市局直小学组团体总分第二名的好成绩。

11 月 21 日，阳平镇教育同仁在中心学校校长郭文东的带领下，一行 20 余人来校观摩交流学校党建工作。

11 月 28 日上午，举行 2019 届家委会成立大会。

2020 年

2020 年春，新型冠状病毒感染的肺炎疫情出现，学校第一时间发出倡议——致奋战在疫情一线的家长朋友们的一封信。在短短的 24 小时内，得到了全校 34 名党员教师的积极响应，党员教师纷纷请命，自觉扛起政治责任，主动联系奋战在一线的医护人员、公安干警及参与抗疫防控执勤干部的子女，全力以赴投身到抗击疫情的战斗“一线”中，无偿为所有奋战在疫情一线的最美“逆行者”的子女提供线上一对一的辅导。

2 月 10 日，学校扎实开展“空中课堂停课不停学”网络直播教学活动，学校领导提前规划、周密部署，教师扎实备课、精心录课，利用钉钉直播课堂服务平台开展直播教学活动。

2 月 29 日，学校党支部认真学习党中央相关会议精神，在尊重党员意愿，坚持自觉自愿、量力而行的前提下，组织党员教师开展向疫区捐款活动。活动一经发起，大家积极行动，短短的半天时间内，学校收到党员捐款 4400 元。

3 月 16 日，全体班子成员返岗上班，坚持疫情防控和空中课堂两手抓，努力提高教育教学质量。

第一章　管理体制变革

第一节　选址与命名

2008年，随着灵宝市城市向北发展的趋势，教育布局也提上了议事日程。是时，北区的发展已经初具规模，虽然暂时人口不多，但从发展趋势估计，三年后人口将达到10000~20000人。城区现有的小学，市第一小学和第二小学在新区——310国道以南，弘农涧河以东，市实验小学在老区——310国道以南，弘农涧河以西，而310国道以北，有灵宝市教育体育局直属学校两所——市第二初级中学一所，市第三实验小学一所，这两所学校都在弘农涧河以西，而弘农涧河以东新开发的区域没有学校。时任灵宝市教育体育局局长，根据市委、市政府会议精神，立即着手筹备，拟在北区办一所全日制小学，以满足人民群众对教育的需求，解决适龄儿童就近入学的问题。

时任教体局局长经过实地考察，文化广场周围小区开发建设众多，人口集中，于是决定在文化广场北边崇德路与天宝路交叉处建一所小学，命名为灵宝市第三小学，报市委、市政府批准。2009年即列为“十大重点民心工程”之一，学校由北区指挥部整体规划投资建设，占地20.368亩，建筑面积14101平方米。建校之初，其主体建筑有4层办公楼一栋，4层教学双面楼一栋，4层单面教学楼一栋，5层宿舍楼一栋。整个校园连廊设计、浑然一体，建筑风格在灵宝市区绝无仅有，经过一年多的紧张施工，于2010年9月投入使用。

第三小学是一所多功能、现代化的半寄宿制小学。2013~2014年，学校为满足教育教学需求，筹资400余万元建设综合楼一栋、宿舍楼一栋。设立了学校实验室、图书室、微机室、心理咨询室、舞蹈室、美术室、荣誉室等功能室。截至2020年6月，学校固定资产总金额为33593215.25元。

第二节　行政机构

一、校长

2010年6月2日下午3时,灵宝市教育体育局通知索淑敏、贺亚芳、李民强、薛太瑞、屈新萍、张晓静等六位教师到局二楼会议室参加会议,任命原灵宝市第三实验小学校长索淑敏为新建的灵宝市第三小学校长,主持全面工作;贺雅芳任副校长;李民强任校长助理;薛太瑞任总务主任;屈新萍任政教主任;张晓静任教务主任。2010年9月3日学校党支部成立,索淑敏任灵宝市第三小学党支部书记。贺雅芳、李民强为支部委员。

校长索淑敏自2010年6月任职始,一直工作到2019年8月22日,因其年龄已到规定年限,被灵宝市教育体育局免去校长职务,同时,灵宝市教育体育局任命川口乡中心学校校长马晓春为灵宝市第三小学副书记、校长。

学校实行校长分工负责制,校长负责学校全面工作,副校长分别负责教育教学工作,总务后勤工作,政教德育工作,纪检、党务、办公室工作,教育科研工作。

校长是学校行政负责人、法人代表,全面领导学校教育教学和行政工作,在国家和上级教育行政部门的有关法律、法规决定所允许的范围内,行使学校的决策和指挥权。其岗位职责是:

1.全面贯彻党的教育方针,认真执行上级领导机关的指示和决定,努力按照教育规律办事,完成学校的教育教学任务。

2.全面规划,统一安排学校的工作,制定和实施学校的发展规划和学期、学年的工作计划,定期做出总结。

3.领导各处室的工作,审批各处室的工作计划,协调各处室的工作关系,并检查督促使其落实。

4.主持行政会议,研究讨论学校日常工作,重大问题形成决议后,责成有关部门执行。

5.根据上级有关编制、规定和本校工作的需要,负责全校教职工的任用、调配和管理,决定学校内部的机构设置和人员配置。

6.组织领导学校教学改革工作,实施课程标准和教学计划,深入教学第一线。总结经验,提高教学质量。

7.领导学生的思想政治教育工作和体育卫生工作,全面关心学生的成长。

8.领导劳动技术教育和社会实践活动,注重开展第二课堂活动,关心体育运动队的建设,抓好文艺活动,贯彻实施《义务教育法》及有关的法规政策。

9.审查学校的基建计划和经费开支,本着勤俭办学和量入为出的原则,努力改善办学条件,管好用好学校设备和经费,抓好勤工俭学,提高教职工福利待遇,关心教职工身体。

二、历届领导班子成员分工表

2010年灵宝市第三小学首届领导班子成员分工表

表1-1

姓　名	性别	担任职务	任职时间	分管工作
索淑敏	女	校长 党支部书记	2010.6 2010.9	学校全面工作
贺雅芳	女	副校长 支部委员	2010.6 2010.9	德育工作
李民强	男	校长助理 支部委员	2010.6 2010.9	教学工作

2011年~2013年灵宝市第三小学领导班子成员分工表

表1-2

姓　名	性别	担任职务	任职时间	分管工作
索淑敏	女	校长 党支部书记	2010.6 2010.9	学校全面工作
贺雅芳	女	副校长 党支部副书记	2010.6 2011.7	德育、党务工作
李民强	男	党支部委员 副校长	2010.9 2011.7	教学工作
李潘东	男	党支部委员、副校长	2011.7	办公室工作
薛太瑞	男	党支部委员、校长助理 副校长	2011.7 2012.7	后勤、工会工作

2014 年灵宝市第三小学领导班子成员分工表

表 1-3

姓　名	性别	担任职务	任职时间	分管工作
索淑敏	女	校长 党支部书记	2010.6 2010.9	学校全面工作
贺雅芳	女	副校长 党支部副书记	2010.6 2011.7	学校德育、党务工作
李潘东	男	党支部委员、副校长	2011.7	办公室工作(下乡支教)
薛太瑞	男	党支部委员、副校长	2012.7	负责后勤、工会

2015 年灵宝市第三小学领导班子成员分工表

表 1-4

姓　名	性别	担任职务	任职时间	专业技术职务	分管工作
索淑敏	女	校长 党支部书记	2010.6 2010.9	中教高级	学校全面工作
贺雅芳	女	副校长 党支部副书记	2010.6 2011.7	小教高级	教务、党务工作
李潘东	男	党支部委员、副校长	2011.7	小教高级	政教工作
屈新萍	女	党支部委员、校长助理	2015.8	小教高级	总务工作

2016 年～2018 年灵宝市第三小学领导班子成员分工表

表 1-5

姓　名	性别	担任职务	任职时间	专业技术职务	分管工作
索淑敏	女	校长 党支部书记	2010.6 2010.9	中教高级	学校全面工作
贺雅芳	女	副校长 党支部副书记	2010.6 2011.7	小教高级	教务、党务工作
翟希云	女	支部委员、副校长	2015.7 2016.7	小教高级	总务工作
潘树波	男	支部委员、副校长	2016.7	小教高级	政教工作
何皎洁	女	支部委员、副校长	2016.7	小教高级	教科室工作
王永沛	男	纪检委员	2016.7	小教高级	党务、纪检 办公室工作

2019年灵宝市第三小学领导班子成员分工表

表1-6

姓　名	性别	担任职务	任职时间	专业技术职务	分管工作
索淑敏	女	党支部书记	2010.6	中小学高级	党务工作
马晓春	男	党支部副书记、校长	2019.8	中小学高级	学校全面工作
翟希云	女	组织委员、副校长	2015.7	中小学高级	总务、教务工作
潘树波	男	宣传委员、副校长	2016.7	中小学一级	政教工作
何皎洁	女	支部委员、副校长	2016.7	中小学一级	教科室工作
王永沛	男	纪检委员	2016.7	中小学一级	办公室工作

第三节　党支部

灵宝市第三小学党支部成立于2010年9月3日，党支部共有3人，书记1人，委员2人。2011年，党支部成员增加至5人。2016年，党支部成员增加至6人。

一、历届支委成员及分工

2010年灵宝市第三小学党支部成员分工情况

表1-7

姓　名	性别	担任职务	任职时间	分管工作
索淑敏	女	党支部书记、校长	2010.9	学校全面工作
贺雅芳	女	支部委员、副校长	2010.9	德育、党务工作
李民强	男	支部委员、校长助理	2010.9	教学工作

2011年~2013年灵宝市第三小学党支部成员分工情况

表1-8

姓　名	性别	担任职务	任职时间	分管工作
索淑敏	女	党支部书记、校长	2010.9	学校全面工作
贺雅芳	女	党支部副书记、副校长	2011.7	德育、党务工作

续表

姓　名	性别	担任职务	任职时间	分管工作
李民强	男	党支部委员、副校长	2011.7	教学工作
李潘东	男	党支部委员、副校长	2011.7	办公室工作
薛太瑞	男	党支部委员、校长助理 副校长	2011.7 2012.7	后勤、工会工作

2014 年灵宝市第三小学党支部成员分工情况

表 1-9

姓　名	性别	担任职务	任职时间	分管工作
索淑敏	女	党支部书记、校长	2010.9	学校全面工作
贺雅芳	女	党支部副书记、副校长	2011.7	德育、党务工作
李潘东	男	党支部委员、副校长	2011.7	办公室工作
薛太瑞	男	党支部委员、副校长	2011.7	后勤、工会工作

2015 年灵宝市第三小学党支部成员分工情况

表 1-10

姓　名	性别	担任职务	任职时间	分管工作
索淑敏	女	党支部书记、校长	2010.9	学校全面工作
贺雅芳	女	党支部副书记、副校长	2011.7	教务、党务工作
李潘东	男	党支部委员、副校长	2011.7	政教工作
屈新萍	女	党支部委员、校长助理	2015.7	总务工作
翟希云	女	党支部委员、校长助理	2015.7	办公室工作

2016 年～2018 年灵宝市第三小学党支部成员分工情况

表 1-11

姓　名	性别	担任职务	任职时间	分管工作
索淑敏	女	党支部书记、校长	2010.9	学校全面工作

续表

姓　名	性别	担任职务	任职时间	分管工作
贺雅芳	女	党支部副书记、副校长	2011.7	教务、党务工作
翟希云	女	支部委员、副校长	2015.7	总务工作
潘树波	男	支部委员、副校长	2016.7	政教工作
何皎洁	女	支部委员、副校长	2016.7	教科室工作
王永沛	男	纪检委员	2016.7	纪检、办公室工作

2019 年灵宝市第三小学党支部成员分工情况

表 1-12

姓　名	性别	担任职务	任职时间	分管工作
索淑敏	女	党支部书记	2010.9	党务全面工作
马晓春	男	副书记、校长	2019.8	学校全面工作
翟希云	女	支部委员、副校长	2015.7	总务工作
潘树波	男	支部委员、副校长	2016.7	政教工作
何皎洁	女	支部委员、副校长	2016.7	教科室工作
王永沛	男	纪检委员	2016.7	纪检、办公室工作

二、支部职责

(一)党支部书记职责

1.负责召集支部委员会和支部党员大会,结合本单位具体情况,传达贯彻党的路线、方针、政策和上级党组织的决议、指示;研究安排支部工作,对支部的重大问题,及时提交支部委员会和支部党员大会讨论决定。

2.负责召集支部委员会和支部党员大会,讨论制订党支部工作计划,并组织实施,做好党支部工作总结。定期向党支部委员会、党支部党员大会和上级党委报告工作。

3.认真搞好党员队伍建设。抓好党员的教育、管理、民主评议党员和组织发展工作,按照党章的要求和发展党员工作的方针、原则,利用多种形式,分层次、有重点地抓好入党积极分子队伍建设。经常深入实际,密切联系群众,认真听取群众的意见和要求,帮助群众解决思想问题和实际困难。

4.注意了解研究党内外的思想政治状况,做好思想政治工作,认真搞好支部建设。

5.经常与支部委员和同级行政负责人保持密切联系,交流情况,支持他们的工作,充分调动各方面的积极性,保证各项工作的完成。

6.认真组织支部委员学习政治理论,检查督促班子成员模范遵守党的纪律,按时主持召开支部委员会的民主生活会,认真开展批评与自我批评,搞好团结,加强支委会的自身建设,充分发挥支委会的集体领导作用。

7.注意讨论研究本级群团组织工作,积极发挥群团组织的作用。

(二)组织委员职责

1.了解和掌握党支部的组织状况,根据需要,提出党小组的划分和调整意见,检查和督促党小组过好组织生活。

2.了解和掌握党员的思想状况,协助宣传委员、纪律检查委员,对党员进行思想教育和纪律教育,搜集和整理党员的模范事迹,向支委会提出表扬、奖励党员的建议。

3.负责对入党积极分子、发展对象和预备党员进行培养、教育和考察,提出发展党员的意见,具体办理接收新党员和预备党员转正的手续。

4.接转党员的组织关系(包括全国党员信息采集系统的维护和更新等),按时收缴党费,定期向党员公布收缴党费情况。

5.负责上传下达;搜集和整理支部日常有关台账资料;协助抓好支部阵地建设管理等工作。

(三)宣传委员职责

1.了解党内外的思想情况,提出党员教育工作的意见,拟定和提出主题党员活动日计划,并组织开展。

2.组织党员学习马克思列宁主义、毛泽东思想、邓小平理论"三个代表"重要思想、科学发展观、习近平新时代中国特色社会主义思想,学习政治理论、时事政策和党章、党的基本知识。

3.围绕本单位的中心工作,开展形式多样的宣传和文化活动,活跃党员和群众的文化体育活动。

4.经常性与工青妇等组织联系,指导与协助他们搞好学习和宣传活动。

5.负责社会主义精神文明创建活动的具体工作。

(四)纪检委员职责

1.负责党的作风建设,经常对党员进行党章党规、党纪教育,防止和纠正党内不正之风。

2.经常对党员进行纪律监督,检查党员执行《准则》、遵守党的纪律的情况,对党员违纪问题及时组织调查,提出处理意见。

3.负责受理党员和群众的来信来访、党员的申诉和控告,及时向支部委员会和上级纪检部门汇报,保障党员的民主权利。

4.考察了解受处分党员改正错误的情况,对他们进行有效的帮助和教育工作。

5.向支部委员会和上级纪检部门汇报和反映本单位党风党纪执行情况。

三、党建工作计划

市三小党建工作计划年年有,此处仅收录2017年党建工作计划。

灵宝市第三小学2017年党建工作计划

一、总体目标

全面贯彻落实十八届六中会议精神,坚持"围绕教育抓党建,抓好党建促发展"的原则,认真抓好党建工作,深入开展以"树立岗位先锋、引领师生成长"为主题的"党员教师先锋工程",不断增强党组织的创造力、凝聚力和战斗力,全面完成各项工作目标,促进学校办学整体水平迈上新台阶。

二、常规工作

(一)加强政治学习,提高党员干部思想素质

1.丰富政治学习内容。按上级党组织的要求,认真做好学习贯彻党十八届六中全会精神,学习习总书记系列讲话,切实增强政治责任感和学习贯彻执行的自觉性、主动性。

2.营造浓郁的学习氛围。一是利用各种会议,提高学习效果;二是通过政治学习、经验交流会等形式进行集中宣讲、专题辅导;三是通过板报、宣传栏、橱窗、校园网等宣传党和国家的重大方针政策和重要思想;四是通过写心得体会,做读书笔记等形式提高学习效果;五是根据学校工作特点,集中学习与个人自学相结合;六是运用现代信息化手段——共产党员微信、远程教育,加强党员的政治学习。树立典型,发挥先进引领示范作用。

(二)健全和落实制度,推进党风廉政建设

1.组织党员学习2016年制定的支部工作八项制度:一是"三会一课"制度,二是党

员联系群众制度，三是党风廉政制度，四是党员学习制度，五是民主生活会制度，六是党员发展制度，七是党员年度考核制度，八是中心组学习制度。并将这些制度逐一加以落实。开展党课创新，进一步规范党建工作，促进各项工作的开展。

2.采取多种形式大力加强反腐倡廉宣传教育。对党员干部进行纪律、法规教育，不断引导党员干部学法、懂法、守法，提高依法执教能力；深入开展"廉洁文化进校园"活动，教育党员干部常修为政之德、常思贪欲之害、常怀律己之心，牢固树立正确的权力观、地位观、利益观，筑牢拒腐防变的思想防线，促使党员教师做到廉洁从教。

（三）抓好党员队伍建设，发挥先锋模范作用

1.师德引航。以《中小学教师职业道德规范》为主要内容，开展"师德教育月"活动，开展师德征文、演讲活动，进行师德承诺，提高党员教师的道德修养，树立真诚服务学生的意识。要求全体党员做到"五带头，五不准"：(1)带头廉洁从教，不准参与有偿家教；(2)带头关爱学生，不准体罚、讽刺和挖苦学生；(3)带头遵守校纪校规，不准随意迟到、早退；(4)带头钻研业务，参与课改，不准墨守成规，照搬教案；(5)带头执行收费标准，不准擅自向学生推销各种报刊、教辅资料或其他商品。

2.育人引路。要求党员为人师表、身正为范，成为学生的引航人。通过教书育人、服务育人、管理育人，引导党员干部真正把心思用到干事创业上，把精力投入到教育教学上来。

3.业务引领。要求党员做好每个环节，成为业务发展的领头雁。通过有组织的参观考察、业务培训、专题讨论、成长论坛等形式，帮助党员教师开阔视野、提高认识。以小组合作的形式开展教学研讨和理论学习，促进党员教师的业务向专业化发展。抓好积极分子培养和预备党员考察转正工作。通过观察、谈心、培训、参加活动等方式，加大入党积极分子的培养。

（四）领导工会、少先队工作，促进学校持续稳定发展

1.以提高教职工素质为核心，加强对工会工作的领导。进一步拓宽教工大会的内容，以教代会为基本载体，推进校务公开工作，加大民主管理和民主监督力度。组织丰富多彩的文体活动，促进学校精神文明建设。营造教师群体健身的氛围。关注教职工身心健康，通过健康体检、心理健康讲座、打造"绿色办公室"等形式，让大家在紧张忙碌的工作节奏中身心真正得到放松，能以饱满的精神投身于学校的教育教学工作中。

2.以德为先，立德树人，创造性地开展德育工作。主抓常规德育工作，加强德育学科渗透，以少先队活动为载体，积极开展好各项活动，进一步培养学生养成良好的行为

习惯和学习习惯。

三、重点工作

1.加强服务型党组织建设。围绕“四个服务”(服务学校发展、服务教育教学、服务教师学生、服务党员群众),把服务型党组织建设与促进教育中心工作结合起来,把推进党的建设与其他经常性工作结合起来,立足本校实际,扎实开展志愿者服务活动。

2.深入开展“两学一做”学习教育。引导党员教师结合自身工作实际,做合格党员。

四、特色工作

完善党建“一校一品”,打造党建特色品牌。学校党支部将继续推进以“树立岗位先锋、引领师生成长”为主题的“党员教师先锋工程”,树立“爱生模范”“教学能手”“服务标兵”岗位先锋,开展“阳光帮扶行动”“阳光课改行动”“阳光为民行动”,继续开展“手拉手”专题活动、示范课专题活动、志愿者专题活动。党支部对这一品牌进行推进和完善,设置示范岗标牌,对特色活动全面总结,将有关资料汇编成册。

附件1:

灵宝市第三小学2017年党建工作月度安排表

表1-13

月度	工作内容	参加对象	责任人
1	总结2016年工作,制订2017年计划	支部书记	索淑敏
	开展阳光帮扶行动	全体党员	贺雅芳
	师德考核	全体党员	赵娟丽
	党员年终评议	全体党员	王永沛
2	党员志愿者行动,党员义工活动	志愿者	刘照照
	走访、慰问支教教师、大病教师	工会主席	刘照照
3	开展向雷锋同志学习活动	全校师生	潘树波
	庆祝“三八”妇女节	女教师	刘照照
	为党员示范岗挂牌	党员教师	索淑敏
4	参加清明祭扫,重温入党誓言	全体党员	贺雅芳
	党员示范课活动	党员教师	刘雪峰

续表

月度	工作内容	参加对象	责任人
5	纪念五四青年节	青年党员	翟淑茹
	“红领巾心向党”活动	少先队员	翟淑茹
	组织一次参观教育活动	党员代表	乔海生
6	组织庆祝“六一”儿童节活动	学生	潘树波
	结对帮扶活动	全体党员	翟希云
	为上半年入党的党员过政治生日	全体党员	贺雅芳
7	建党96周年纪念活动	全体党员	贺雅芳
	志愿者到社区宣传招生政策	全体党员	王佩林
8	志愿者免费辅导	全体党员	王佩林
	治理有偿家教	全体党员	赵娟丽
9	举行教师节表彰活动	全体教师	贺雅芳
	贯彻党风廉政建设有关规定、加强行风建设	全体党员	王永沛
	开展党员教师师徒结对活动	全体党员	贺雅芳
10	召开换岗教师座谈会	换岗教师	王永沛
	举办家长夜校	家长代表	李茂林
	邀请有关领导来校开展法制讲座	学生代表	李茂林
11	手拉手活动	全体党员	刘雪峰
	党员示范课	党员教师	刘雪峰
12	开展教职工冬季运动会	全体教师	刘照照
	开展党员学习心得评比	全体党员	王永沛
	召开教代会	教师代表	索淑敏

四、活动制度

（一）党支部“三会一课”制度

党支部是党的最基层组织，是党联系群众的纽带和桥梁，是党在社会基层中的战斗堡垒，是党全部工作和战斗力的基础。党支部建设得如何、工作质量的高低、作用发挥得怎样，直接关系到党的事业的兴衰成败。

为健全党组织活动，严格党员管理，加强党员教育，提高党员素质，充分发挥基层党组织的战斗力，经学校党支部研究决定，提出强化“三会一课”制度，全面加强基层组织建设的要求。“三会”指定期召开支部党员大会、支部委员会、党小组会。“一课”指按期上好党课。为了认真开展党支部“三会一课”活动，特提出如下要求：

1.按制度要求定期召开“三会”。（“三会”制度附后）

2.每季组织一次党课教育（每季末），届时由学校办公室下发学习材料。

（二）党支部党员大会制度

为进一步规范党建工作，灵宝市第三小学根据“三会一课”的相关规定，特制定党员大会制度。党员大会，是指由党支部全体党员（包括预备党员）参加，讨论研究支部重要议题的一种组织活动。

1.党员大会召开的时间

支部党员大会一般一个季度召开一次。也可以根据工作需要，适当增加大会的次数。

2.党员大会的主要内容

（1）传达学习党的路线、方针、政策和上级党组织的决议、指示，研究决定在本单位贯彻落实的计划和措施。

（2）听取和审查支部委员会的工作报告，并讨论通过支部委员会的工作报告，对支部委员会的工作进行审查和监督。

（3）按照上级党组织的要求，联系实际，讨论决定工作中的重大问题。

（4）讨论决定对先进党小组、优秀党员、优秀党务工作者的表彰，并向上级党组织推荐；对犯有错误的党员、不合格党员，提出处理意见。

（5）选举支部委员和出席学校党员代表大会的代表；讨论罢免、撤换不称职的支部委员或出席学校党员代表大会的代表。

（6）讨论党支部布置的任务和支部委员会提交的其他重要问题。

3.党员大会程序

（1）党员大会一般应由书记主持，书记如果缺席，可由支委主持。主持人应向大会报告党员应出席人数、实到人数和缺席人数及其缺席原因。在报告时要注意将正式党员和预备党员分开。一般实到的正式党员超过应出席会议党员的半数，大会方可召开，大会决议必须经应到会正式党员半数以上通过方能有效。

（2）围绕中心议题组织党员展开讨论。为便于党员大会的讨论和决定，支部可事先提出意见或方案，引导党员发言讨论。支部成员要以普通党员的身份参加讨论和表决。

(3)表决通过决议。在充分讨论的基础上,按照少数服从多数的原则进行表决,党支部应要求党员抱着严肃认真的态度,明确、郑重地表明自己赞成或反对的态度。

(4)做好会议总结,提出贯彻意见。主持人要在党员大会结束前做出简要总结,并对如何贯彻落实党员大会的决议和精神提出意见。

4.党员大会要求

(1)做好会前准备。党员大会要有确定的会议议题,支部委员会要事先围绕议题,进行分析研究,形成初步意见,同时由支部将会议的内容、要求、议程、时间等通知全体党员。

(2)做好会议记录。支部要指定专人做好记录,记录的内容包括会议时间、地点、主持人、党员出席人数、缺席人数和原因、会议议题、党员发言要点、讨论中的不同意见、会议形成的决议等,会后,记录要归档保存。

(3)会议要庄重、严肃、认真,要坚持民主集中制原则,要注意听取每个党员的意见,并按照少数服从多数的原则进行表决。

(4)会议要严格按规定程序进行,不得随意改变程序,特别是接收新党员、预备党员转正和讨论处分党员的大会以及党内选举的大会,必须严格按照特定的程序进行。

5.党员大会注意事项

(1)党员大会是党内的会议,一般不吸收非党同志参加。

(2)党员大会讨论通过的决议,如果是发展党员、预备党员转正、处分违纪党员、支部换届选举等方面的内容,要按照党章规定,报请上级党组织审查、批准方能生效,并要将批准的决议及时向党员公布。

(3)有些提交党员大会讨论的议题,需党员大会做出决议时,必须有超过实到党员半数的赞同,方能生效实施。

(4)党员大会讨论决定问题时,要力求取得一致意见。如遇事情紧急,不能因少数同志持不同意见而拖延不决时,则应根据少数服从多数的原则进行表决,做出决定。

(5)对党员大会做出的决议,支部每个党员,特别是支部成员都必须认真贯彻执行,不允许随意发表与决议不相符合的意见。

(三)党支部委员会议制度

1.会议次数

党支部委员会议一般每月召开一次,如遇紧急事情需要研究,可以随时召开。

2.会议主要内容

党支部委员会议主要研究贯彻执行上级党组织和支部党员大会的决议和意见、支部工作计划、检查和总结、支部成员的民主生活会等。

3.支部委员会与支部党员大会的关系

支部委员会在支部党员大会闭会期间,负责处理支部的日常工作。支部委员会对支部党员大会做出的决议不能修改或推翻,为了便于支部党员大会对问题进行讨论和做出决定,支部委员会可以提出初步意见和方案,但不能把它强加给支部党员大会,更不允许把支部委员会置于支部党员大会之上。支部委员会做出的决议和决定,支部党员大会有权修改和否定。

4.到会人数

支部委员会决定重要问题时,到会支部委员必须超过支部委员人数的半数才有效;如遇重大问题要做出决定,能到会的委员又不超过半数时,必须召开党员大会讨论决定。

5.会议记录

为了正确贯彻支部委员会决议、决定,召开支部委员会议应由专人做好记录。会议记录要专人保管,存档备查。

(四)党小组会制度

党小组会是党员组织生活的重要组成部分,是党小组活动的主要形式之一,也是提高党员素质的有效措施。党小组会一般每月召开一至两次,如支部有特殊任务,次数可增加,也可以推迟召开。

党小组会主要内容:(1)组织党员学习党的路线、方针、政策,以提高党员的政治理论素质和思想水平;(2)讨论支部工作计划和总结,研究如何贯彻支部决议,团结带领群众完成各项任务;(3)研究入党积极分子的培养教育考察工作和预备党员的教育考察工作,讨论发展对象的入党申请和预备党员转正申请,提出意见,供支部研究;(4)召开党小组民主生活会,开展批评与自我批评;(5)研究分析群众的思想状况,明确思想政治工作任务和措施;(6)民主评议党员,改选党小组长等。

开党小组会要讲求效果。会前要有准备,会议的内容要集中,每次党小组会都要有针对性地重点解决一两个问题,不要会前无准备。开好党小组会要注意抓住四个环节:一是会前要与党支部沟通,确定内容、方法,通知党员做好准备;二是抓住中心内容讨论,力求统一思想;三是明确责任,及时检查议题内容;四是做好记录,向支部汇报。

附件 2：

灵宝市第三小学党支部党小组划分情况

（2017 年 1 月 9 日）

第一党小组共 13 人，组长：赵娟丽

索淑敏	何皎洁	阴巧飞	王佩林	乔海生	李川歌	刘学刚
杜红霞	席茹玲	杨亚娟	高江梅	王珊珊		

第二党小组共 12 人，组长：刘照照

翟希云	王永沛	赵冬娟	赵高坤	刘润芝	刘宝建	刘雪层
赵育林	王丽红	卫晓朵	张艳艳			

第三党小组共 13 人，组长：刘雪峰

贺雅芳	潘树波	翟淑茹	王金刚	赵晶晶	南晓华	杨育林
高　蕊	候　剑	吴海峰	雷书红	张　潇		

附件 3：

灵宝市第三小学组织召开“以案促改”专题民主生活会

2017 年 9 月 21 日上午，市三小组织召开了“以案促改”专题民主生活会，会议由学校党支部书记、校长索淑敏主持，教育体育局副局长彭海英以及学校班子成员参加了此次会议。

在此次专题民主生活会上，索淑敏首先要求此次会议不图形式，不是拍几张照片做做样子就行了，要的不只是过程，而是实效。接着，索淑敏回顾了一年来教育教学工作中取得的成绩以及不足，深刻剖析了自身以及学校存在的问题，并指出了今后努力的方向。随后，班子成员逐一发言，并在班子成员之间开展批评与自我批评，采取自查与帮查结合的方式，每位成员的发言都见解深刻，对个人工作中存在问题的剖析都很透彻。

索淑敏指出，此次会议开得非常及时，也非常成功，今后要继续加强以案促改工作，按工作步骤节点做好学校经费使用、校园安全等风险点排查，坚持原因分析不透彻不放过、风险点查找不准确不放过、整改措施不过硬不放过、成效不显著不放过，力争把此项工作落到实处。

最后，彭海英做了总结并提出几点要求：要树立严格党内政治生活常态化的意识；要正确对待批评和自我批评；要学习思想理论知识，不断提高自己的理论素养及政治理论水平，才能始终保持共产党员的先进性，起到先锋模范作用。

附件4：

“不忘初心、牢记使命”党课讲稿（节选）

不忘初心七十载　百舸竞流勇争先

灵宝市第三小学党支部书记——索淑敏

（2019年10月22日）

“不忘初心、牢记使命”主题教育开展以来，按照上级的部署要求，近段时间，我按照“守初心、担使命，找差距、抓落实”的总要求，牢牢把握深入学习贯彻新时代中国特色社会主义思想，锤炼忠诚干净担当的政治品格，把学习成效转化为70周年大庆的责任担当，转化为推进新时代工作的最大激情，推动“理论学习有收获、思想政治受洗礼、干事创业敢担当、为民服务解难题、清正廉洁作表率”的具体目标在日常工作中落地生根、开花结果。

下面，我结合自己的所学所思所悟，从四个“牢牢把握”谈一下自己的感想。

一是要牢牢把握党的绝对领导的要求，始终确保沿着正确的政治方向前进。习近平总书记强调，“对党忠诚要害在‘绝对’两个字，就是唯一的、彻底的、无条件的、不掺杂任何杂质的、没有任何水分的忠诚”。对党忠诚是政治大德、首德，忠诚不绝对，就是绝对不忠诚。对党忠诚是党员队伍不变的政治基因，是共产党员的血脉之魂。旗帜鲜明讲政治，在事关旗帜、事关方向、事关道路的根本问题上，必须牢牢把握党的绝对领导这一根本政治原则。

二是要牢牢把握履行新时代使命任务的要求，始终确保与群众鱼水情深。“人民就是江山，江山就是人民”，人民情怀是中国共产党作为马克思主义政党固有的政治品格。党的十九大报告指出：“中国共产党是为中国人民谋幸福的政党，也是为人类进步事业而奋斗的政党。中国共产党始终把为人类做出新的更大的贡献作为自己的使命。”习近平总书记强调，“我们所做的一切都是为人民谋幸福，为民族谋复兴，为世界谋大同”。

三是要牢牢把握改革创新的要求，始终确保新时代工作后劲更强。要坚定信心、乘势而上，紧跟时代发展大势，坚持向改革要动力、要活力，向科技要动力、战斗力。习近平总书记告诫全党：“一切向前走，都不能忘记走过的路；走得再远、走到再光辉的未来，也不能忘记走过的过去，不能忘记为什么出发。”

四是要牢牢把握管党治党的要求，始终确保队伍整体素质过硬。习近平指出，要坚持自我净化、自我完善、自我革新、自我提高，不断纯洁党的队伍，保证党的肌体健康。就像老英雄张富清60多年深藏功名，一辈子坚守初心、不改本色，无论在部队保家卫国，还是到地方为民造福，张富清用一生深刻诠释了共产党员的“不忘初心、牢记使命”，为新时代凝聚起了强大力量。

习近平总书记指出，一代人有一代人的际遇，一代人有一代人的使命。我们开展“不忘初心、牢记使命”主题教育，就是要传承红色基因，带着责任，带着担当，带着激情，坚持发展为先、实干为要。内化为心，切实把思想和行动统一到习近平新时代中国特色社会主义思想上来，努力争当有信仰、有担当、有气节、有情怀的人民公仆；外化于行，切实做好本职工作，坚守初心和使命，把忠诚刻在心上，让初心照耀人生，一棒接着一棒跑，向党和人民交上一份满意的答卷！

五、工作概况及业绩

灵宝市第三小学党支部自创建以来，在市教育体育局党委的正确领导下，紧紧“围绕教学抓党建，抓好党建促教学”，不断丰富党建工作内容，创新党建活动模式，着力提升党建工作成效，全力发挥党建工作在学校管理中的引领推动作用，实现了与教学工作的相互贯通、相互促进、共同提高。教职工对党支部及领导班子的认同度、学生家长对学校的满意度、社会对学校的美誉度持续攀升。

（一）党支部集体荣誉

建校十年来，学校共获得各级各类荣誉称号130余项。学校连续九年荣获灵宝市教育系统教育教学工作先进单位，连续九年荣获灵宝市教育系统先进基层党组织称号，2016年被灵宝市委、市政府授予“五星党支部”的光荣称号，2018年被评为“三门峡市中小学党建示范校”，2020年4月荣获灵宝市五星级党支部。

（二）党员个人荣誉

灵宝市第三小学历年获得优秀党员一览表

表1-14

年度	优秀党员名单	备注
2011	贺雅芳　李民强	
2012	薛太瑞　李潘东　赵冬娟	
2013	赵娟丽　李民强　侯　剑　阴巧飞	

续表

年度	优秀党员名单	备注
2014	赵育林　刘雪峰　贺雅芳　杨亚娟	
2015	屈新萍　雷书红　王佩林　阴巧飞	
2016	赵晶晶　李川歌　南晓华　翟希云	
2017	索淑敏　赵娟丽　刘　照　张　潇	
2018	王永沛　刘学刚　刘雪层　刘宝建　李茂林	
2019	马晓春　阴巧飞　杨红艳　何皎洁　王佩林	

六、党员名单

灵宝市第三小学 2011 年党员名单(14 人)

索淑敏　贺雅芳　李川歌　乔海生　杨亚娟　侯　剑　高江梅
薛太瑞　李民强　雷书红　吴海峰　刘　照　刘雪峰　赵冬娟
李月琴　屈新萍

灵宝市第三小学 2012 年党员名单(27 人)

索淑敏　贺雅芳　刘润芝　乔海生　席茹玲　杨亚娟　杨育林
赵高坤　刘学刚　杜红霞　王金刚　赵晶晶　赵娟丽　侯　剑
高江梅　雷书红　吴海峰　刘　照　刘雪峰　赵冬娟　李月琴
高　蕊　屈新萍　李民强　薛太瑞　张建杰　李川歌

灵宝市第三小学 2013 年党员名单(31 人)

索淑敏　翟淑茹　杨亚娟　侯　剑　杨育林　屈新萍　乔海生
高江梅　席茹玲　赵娟丽　刘学刚　高　蕊　阴巧飞　雷书红
李川歌　赵晶晶　赵育林　吴海峰　王佩林　贺雅芳　刘宝建
赵冬娟　李月琴　薛太瑞　赵高坤　王珊珊　刘　照　李民强
李潘东　刘雪峰　刘润芝

灵宝市第三小学 2014 年党员名单(35 人)

索淑敏　贺雅芳　李川歌　刘润芝　乔海生　席茹玲　杨亚娟
杨育林　赵高坤　翟淑茹　阴巧飞　刘学刚　刘宝建　杜红霞
王金刚　赵晶晶　赵育林　赵娟丽　王佩林　王丽红　侯　剑
高江梅　雷书红　吴海峰　王珊珊　刘　照　刘雪峰　赵冬娟

李月琴	高　蕊	屈新萍	李民强	薛太瑞	张晓静	李川歌

灵宝市第三小学 2015 年党员名单(37 人)

索淑敏	翟淑茹	杨亚娟	侯　剑	杨育林	屈新萍	乔海生
高江梅	席茹玲	赵娟丽	刘学刚	高　蕊	阴巧飞	雷书红
李川歌	赵晶晶	赵育林	吴海峰	王佩林	贺雅芳	王金刚
刘宝建	赵冬娟	李月琴	杜红霞	薛太瑞	赵高坤	王珊珊
刘　照	李潘东	刘雪峰	刘润芝	王丽红	卫晓朵	张晓静
南晓华	张艳艳					

灵宝市第三小学 2016 年党员名单(37 人)

索淑敏	贺雅芳	翟希云	潘树波	王永沛	何皎洁	李川歌
刘润芝	乔海生	席茹玲	杨亚娟	杨育林	刘雪层	赵高坤
翟淑茹	阴巧飞	刘学刚	刘宝建	杜红霞	王金刚	赵晶晶
赵育林	赵娟丽	王佩林	王丽红	卫晓朵	南晓华	张艳艳
侯　剑	高江梅	雷书红	吴海峰	王珊珊	刘　照	刘雪峰
赵冬娟	高　蕊					

灵宝市第三小学 2017 年党员名单(38 人)

索淑敏	贺雅芳	翟希云	潘树波	王永沛	何皎洁	李川歌
刘润芝	乔海生	席茹玲	杨亚娟	杨育林	刘雪层	赵高坤
翟淑茹	阴巧飞	刘学刚	刘宝建	杜红霞	王金刚	赵晶晶
赵育林	赵娟丽	王佩林	王丽红	卫晓朵	南晓华	张艳艳
侯　剑	高江梅	雷书红	吴海峰	王珊珊	刘　照	刘雪峰
赵冬娟	高　蕊	张　潇				

灵宝市第三小学 2018 年党员名单(38 人)

索淑敏	贺雅芳	翟希云	潘树波	王永沛	何皎洁	李川歌
刘润芝	乔海生	席茹玲	杨亚娟	杨育林	刘雪层	赵高坤
翟淑茹	阴巧飞	刘学刚	刘宝建	王金刚	赵晶晶	赵育林
赵娟丽	王佩林	王丽红	卫晓朵	南晓华	张艳艳	侯　剑
高江梅	雷书红	吴海峰	王珊珊	刘　照	刘雪峰	赵冬娟
高　蕊	张　潇	李茂林				

灵宝市第三小学 2019 年党员名单(44 人)

索淑敏	马晓春	何皎洁	王永沛	潘树波	翟希云	韩雪霞
李茂林	赵高坤	刘宝建	王丽红	张　潇	李川歌	尚伟静
常银茹	翟淑茹	刘雪层	杨育林	杨亚娟	席茹玲	王彩霞
乔海生	刘润芝	赵小芳	符娟丽	代文辉	阴巧飞	刘学刚
王金刚	赵晶晶	赵育林	王佩林	卫晓朵	南晓华	雷书红
张艳艳	侯　剑	吴海峰	王珊珊	刘　照	刘雪峰	高　蕊
杨红艳	王引谋					

第四节　处室人员设置及岗位职责

一、办公室

(一)人员设置

2010~2011 学年办公室人员设置情况一览表(含兼职人员)

表 1-15

姓　名	性别	职 责	任职时间
薛春亚	女	宣传	
张建杰	男	档案	
张　格	女	接听电话、收发公文	

2011~2012 学年办公室人员设置情况一览表

表 1-16

姓　名	性别	职 责	备注
赵娟丽	女	副主任,负责全面工作	2011.7 任职
张　格	女	接听电话、收发公文	
王冠霞	女	档案、版面	
杨育林	男	拍照、考勤	
杨亚娟	女	宣传	

2012～2013 学年办公室人员设置情况一览表

表 1-17

姓　名	性别	职 责	备注
赵娟丽	女	主任,负责全面工作	2012.7 任职
张格	女	接听电话、收发公文	
王冠霞	女	档案、版面、支教	
杨亚娟	女	宣传	

2013～2015 学年办公室人员设置情况一览表

表 1-18

姓　名	性别	职 责	备注
赵娟丽	女	主任,负责全面工作	
张　格	女	接听电话、收发公文	
王冠霞	女	档案、版面、支教	
杨育林	男	拍照、宣传、考勤	
姚文婷	女	报纸分发、会议室卫生	

2015～2016 学年办公室人员设置情况一览表

表 1-19

姓　名	性别	职 责	备注
赵娟丽	女	主任,负责全面工作	
韦慧鸽	女	副主任,负责宣传、对口支教	2015.7 任职
张　格	女	接听电话、收发公文	
王冠霞	女	档案、版面、考勤、拍照	
张娟梅	女	报纸分发、会议室卫生	

2016~2017 学年办公室人员设置情况一览表

表 1-20

姓　名	性别	职 责	备注
赵娟丽	女	主任,负责全面工作	
韦慧鸽	女	副主任,负责宣传、对口支教	
张　格	女	接听电话、收发公文	
王冠霞	女	档案、考勤、拍照	
李艳娥	女	报纸分发、会议室卫生	
王丽红	女	报告厅卫生、外勤统计	

2017~2018 学年办公室人员设置情况一览表

表 1-21

姓　名	性别	职 责	备注
赵娟丽	女	主任,负责全面工作	
高金波	男	副主任,负责党建	2017.7 任职
马俊娥	女	副主任,负责宣传、对口支教	2017.7 任职
王冠霞	女	档案、考勤、拍照	
王亚娟	女	接听电话、收发公文	

2018~2019 学年办公室人员设置情况一览表

表 1-22

姓　名	性别	职 责	备注
赵高坤	男	主任,负责全面工作	2018.7
高金波	男	副主任,负责党建	
马俊娥	女	副主任,负责宣传、对口支教	
王冠霞	女	档案、考勤、拍照	
王亚娟	女	接听电话、收发公文	

2019～2020 学年办公室人员设置情况一览表

表 1-23

姓　名	性别	职 责	备注
赵高坤	男	主任，负责全面工作	
高金波	男	副主任，负责党建	
马俊娥	女	副主任，负责宣传、对口支教	
王冠霞	女	档案、考勤、拍照	
王蕾蕾	女	接听电话、收发公文	

（二）岗位职责

（1）上传下达，处理学校日常事务。

（2）收集保存上级来文及学校有关资料，管理学校文书档案。

（3）电话接听（管好电话、接好电话、记录电话，及时将电话内容通知学校领导或教师）。

（4）会议及大型活动考勤，每月年级量化考评核算。

（5）学校各种材料撰写（计划、总结经验材料、领导讲话、填写报表、请示汇报等）。

（6）完成每学期学校下达的通讯报道任务，做好学校对外宣传工作。

（7）负责会议通知，并做好相关准备服务工作。

（8）负责师德师风建设，制定师德师风有关制度，组织师德师风各种活动。

（9）整理学校大小会议室，做好来人来访接待工作。

（10）管理好学校公章，严格按照规定程序使用公章，做好登记。

（11）完成学校领导交办的各种临时性工作。

二、教务处

（一）人员设置

2010～2011 学年教务处人员设置情况一览表

表 1-24

人　员	性别	职 责	备注
张晓静	女	主任，负责教务处全面工作	2010.6 任职
任　丹	女	教学测试安排、英语学科教学活动、对口支教工作	

续表

人　员	性别	职 责	备注
李月琴	女	职称评定、书写材料、通讯报道、学籍管理、送材料和加班登记、数学学科教学活动等	
乔海生	男	综合学科教学活动、校讯通检查、公布，教务处室内布置，活动拍照、录像，通知公示，送材料，临时事宜等	
伍彦革	男	备课、上课、集体教研等常规检查，收交各种材料，整理档案，请假、代课安排，处室卫生安排等	
刘艳红	女	征订、分发师生报刊，图书管理，分发教师、学生用书，收集教材、教参等	

2011～2012学年教务处人员设置情况一览表

表1-25

人　员	性别	职 责	备注
张晓静	女	主任，负责教务处全面工作。语文学科教学活动，撰写教务处工作计划、总结；安排教学测试	
任　丹	女	副主任，协助主任工作。英语学科教学活动，对口支教，教育帮扶，功能室督查（实验室、仪器室、科普活动室卫生、档案）	2011.7任职
李月琴	女	学籍管理，规范化管理（作业和课程开设、作息时间，平时作业和家庭作业，包括作业普查、评比，作业公示、督查等），教学测试总结（试卷分析总结、潜能生措施），寄宿班辅导安排及汇总，数学学科教学活动（教案检查、口算竞赛等）	
乔海生	男	教师职称评定、教师基本信息统计、考核，小学科教案检查、竞赛活动，书画展等，校讯通检查公布，学校网站教务块建设（检查、公示），拍照、录像，成绩算评，期末各项考核汇总、算评，处室布置，临时事宜等	
伍彦革	男	早读、备课、上课、集体教研等常规检查，收交计划、总结、教学进度表等各种材料，整理档案，请假代课安排及汇总，收集汇总公布教案检查结果，学生基本情况汇总（人数统计、电子档案），处室卫生安排	

续表

人　员	性别	职 责	备注
刘艳红	女	征订、分发师生报刊、教材等，期末回收教材、教参，图书管理，教师和学生读书活动（读书交流、学生课外阅读知识竞赛等），学习习惯检查、公示，期初、期末表彰事宜（学生奖状印发、名单汇总、假期作业检查安排、评比）	

2012~2013 学年教务处人员设置情况一览表

表 1-26

人　员	性别	职 责	备注
张晓静	女	主任，负责教务处全面工作。语文学科教学活动，撰写教务处工作计划、总结，安排教学测试等	
任　丹	女	副主任，协助主任工作。英语学科教学活动，对口支教，教育帮扶，功能室督查	
李月琴	女	副主任，协助主任工作。学籍管理，规范化管理，教学测试总结，数学学科教学活动	2012.7 任职
伍彦革	男	早读、备课、上课、集体教研等常规检查，收交计划、总结、教学进度表等各种材料，整理档案，请假代课安排及汇总，收集汇总公布教案检查结果，学生基本情况汇总，处室卫生安排	
刘艳红	女	征订、分发师生报刊、教材，期末回收教材、教参，图书管理，教师和学生读书活动，学习习惯检查、公示，期初、期末表彰事宜	
刘宝建	男	教师职称评定、考核、教师基本信息统计，小学科教学教案检查、竞赛活动、书画展等，校讯通检查公布，寄宿班辅导安排及汇总，成绩算评，处室布置，临时事宜等	
张晓盼	男	学校网站教务块建设（检查、公示），拍照、录像，成绩算评，期末各项考核汇总、算评，临时事宜等	
李艳娥	女	图书管理（学校图书室和班级图书角），学习习惯检查、公示，教案检查，临时事宜等	

2013~2014 学年教务处人员设置情况一览表

表 1-27

人　员	性别	职 责	备注
张晓静	女	主任,负责教务处全面工作。语文学科教学活动,撰写教务处工作计划、总结,安排教学测试工作	
任　丹	女	副主任,协助主任工作。英语学科教学活动,教育帮扶潜能生(分学科辅导记录、月汇总、期汇总等),对口支教(量化算评);假期学生作业检查安排、评比等	
李月琴	女	副主任,协助主任工作。数学学科教学活动,分项测试,各功能室管理,规范化管理,校本研修(行事历、活动组织),撰写临时性材料等	
伍彦革	男	集体教研(一至五年级语文、英语组、综合一、综合二),尚美楼教学常规检查,整理档案,考试工作(考务安排、考场布置、成绩算评、收交试卷分析总结、潜能生措施等),教师业务笔记、科学教案检查,期末绩效工资算评及各项考核汇总,学籍管理(学生基本情况汇总、人数统计、电子档案、转入转出等手续办理),六年级教学等	
周林红	女	尚美楼早读检查、公布,征订、分发师生报刊、用书,期末回收教材、教参,图书管理(学校博艺楼图书室和班级图书角),期初、期末表彰,品德学科教案检查、活动组织,收集汇总公布所有学科教案检查结果,四、五年级教学等	
邵蓓蓓	女	集体教研(一至六年级数学、六年级语文),语文、科学学科教案检查,学生作业、学习习惯检查,各功能室管理,请假代课安排及汇总,处室卫生安排、花木管理,二、三年级教学工作等	
张　丹	女	博艺楼常规检查,学校网站“雏鹰试飞”栏目管理,通讯报道,收交计划、总结、教学进度表等各种材料,教师职称评定、普通话、计算机等统计、考核等,体音美教案检查、竞赛活动,书画展,寄宿班辅导安排及汇总,科普活动,一年级教学等	

2014～2015 学年教务处人员设置情况一览表

表 1-28

人　员	性别	职 责	备注
任　丹	女	副主任,协助主任工作。英语学科教学活动,教育帮扶潜能生(分学科辅导记录、月汇总、期汇总等),对口支教(量化算评),假期学生作业检查安排、评比等	
李月琴	女	副主任,协助主任工作。数学学科教学活动,分项测试,各功能室管理,规范化管理,校本研修,撰写临时性材料等	
伍彦革	男	集体教研,尚美楼教学常规检查,档案整理,学生考试,教师常规检查,期末绩效工资算评及各项考核汇总,学籍管理,六年级教学等	
周林红	女	尚美楼早读检查、公布,征订、分发师生报刊、师生用书,期末回收教材、教参,图书管理,期初、期末表彰,品德学科教学,收集汇总公布所有学科教案检查结果,四、五年级教学等	
邵蓓蓓	女	集体教研,语文学科教学活动,科学学科教案检查,学生作业,学生学习习惯检查,各功能室管理,请假代课安排及汇总,处室卫生安排、花木管理,二、三年级教学等	
张　丹	女	博艺楼常规检查,学校网站建设,通讯报道,收交计划、总结、教学进度表等各种材料,小学科教学活动,寄宿班辅导安排及汇总,科普活动,一年级教学等	

2015～2016 学年教务处人员设置情况一览表

表 1-29

人　员	性别	职 责	备注
赵冬娟	女	主任,负责教务处全面工作	2015.7 任职
任　丹	女	副主任,协助主任工作。教学常规检查,英语、数学、体音美微机学科相关工作,英语教案、作业检查,教育帮扶潜能生,各功能室管理,处室工作报道,教师业绩库管理,科普工作(主要负责人)等	

续表

人　员	性别	职 责	备注
杨红艳	女	副主任，协助主任工作。教学常规检查，语文、科学、品德、微机学科相关工作；语文教案、作业检查，各种测试工作（主要负责人），规范化管理，教学进度安排及督查，假期学生作业检查、评比等	2015.7 任职
伍彦革	男	集体教研，五、六年级教学常规检查，整理档案，学生考试，教师常规检查，期末绩效工资算评及各项考核汇总，学籍管理	
周林红	女	尚美楼早读检查、公布，二、三年级教学常规检查，报刊、师生用书、图书管理，期初、期末表彰，科学学科教案、作业检查，活动组织，收集汇总公布所有学科教案检查结果	
邵蓓蓓	女	集体教研，一年级教学常规检查，品德学科教案、作业检查，阅览室管理，学生作业，教学常规检查情况汇总，各功能室管理，请假代课安排及汇总；处室卫生安排、花木管理	
刘宝建	男	博艺楼早读检查，四年级教学常规检查，校园网“雏鹰试飞”栏目管理，通讯报道，收交各种材料，教师相关资料整理（如职称评定、普通话、计算机等统计、考核），小学科教学活动（体音美微机教案检查、竞赛活动、书画展等），寄宿班辅导安排及汇总，科普活动	

2016~2017 学年教务处人员设置情况一览表

表 1-30

人　员	性别	职 责	备注
王佩林	女	主任，负责教务处全面工作	2016.7 任职
杨红艳	女	副主任，协助主任工作。整理档案，教学常规检查，语文、科学、品德、微机学科教学，语文教案、作业检查，各种测试，规范化管理，教学进度安排及督查，假期学生作业检查安排、评比等	
南晓华	男	副主任，协助主任工作。教学常规检查，英语、数学、体音美微机学科教学，成绩算评（成绩上分、算评，成绩册整理），数学教案、作业检查，教育帮扶潜能生，各功能室管理，处室工作报道，教师业绩库管理，科普工作（主要负责人）等	2016.7 任职

续表

人　员	性别	职 责	备注
伍彦革	男	集体教研,五、六年级教学常规检查,考试工作,教师常规检查,期末绩效工资算评及各项考核汇总,学籍管理	
周林红	女	尚美楼早读检查、公布,一、二、三年级教学常规检查,报刊、师生用书、图书管理,期初、期末表彰,科学学科教案、作业检查、活动组织,汇总公布所有学科教案检查结果	
邵蓓蓓	女	集体教研,品德学科教案、作业检查,阅览室管理,学生作业,教学常规检查情况的汇总,各功能室管理,请假代课安排及汇总,处室卫生安排、花木管理	
尚卫娜	女	博艺楼早读检查,四、五、六年级、教学常规检查,学校网"雏鹰试飞"栏目管理,黑板书写,收交各种材料,教师职称评定、普通话、计算机等统计、考核,体音美微机教案检查、竞赛活动,书画展等,科普活动	

2017~2018 学年教务处人员设置情况一览表

表 1-31

人　员	性别	职 责	备注
王佩林	女	主任,负责教务处全面工作	
杨红艳	女	副主任,协助主任工作。处室工作报道,第六节教学常规检查,语文、科学、品德、微机学科教学,语文教案、作业检查,各种测试,规范化管理,教学进度安排及督查,假期学生作业检查安排、评比等	
南晓华	男	副主任,协助主任工作。整理档案,第五节教学常规检查,英语、数学、体音美学科教学;成绩算评、数学教案、作业检查,教育帮扶潜能生,教师业绩库管理,科普工作等	
伍彦革	男	第一节教学常规检查,考试工作,教师常规检查,期末绩效工资算评及各项考核汇总,学籍管理	
周林红	女	第四节教学常规检查;报刊、教师及学生用书、图书管理;学习园地检查;期初、期末表彰	
尚卫娜	女	博艺楼早读检查,第二节教学常规检查,教务处黑板公示,收交各种材料,教师相关资料整理,小学科教学活动,科普活动、学校网站科室文件管理	

续表

人　员	性别	职 责	备注
闫飒飒	女	尚美楼早读检查,第三节教学常规检查,品德学科教案、作业检查,学生作业(平时作业和家庭作业,包括作业普查、展评,作业公示、督查等),教学常规检查情况的汇总,各功能室管理,请假代课安排及汇总;处室卫生安排	
刘宝建	男	第七节教学常规检查,学校网"雏鹰试飞"栏目管理,教育帮扶潜能生工作,科学学科教案、科普活动、作业检查、活动组织,收集汇总公布所有学科教案检查结果,花木管理	

2018~2019学年教务处人员设置情况一览表

表1-32

人　员	性别	职 责	备注
王佩林	女	主任,负责教务处全面工作	
杨红艳	女	副主任,协助主任工作。处室工作报道,第六节教学常规检查,语文、科学、品德、微机学科教学,语文教案、作业检查,各种测试,规范化管理,教学进度安排及督查,假期学生作业检查安排、评比等	
南晓华	男	副主任,协助主任工作。整理档案,第五节教学常规检查,英语、数学、体音美学科教学,成绩算评、数学教案、作业检查,教育帮扶潜能生工作,教师业绩库管理,科普工作等	
伍彦革	男	第一节教学常规检查,考试工作,教师常规检查,期末绩效工资算评及各项考核汇总,学籍管理	
邵蓓蓓	女	第四节教学常规检查,报刊、师生用书、图书管理,学习园地检查,期初、期末表彰(学生奖状印发、名单汇总)	
尚伟静	女	博艺楼早读检查,第二节教学常规检查,教务处黑板公示,收交各种材料,教师职称评定、普通话、计算机等统计、考核,科学品德教案检查、竞赛、书画展等,科普活动、学校网站、科室文件管理	
闫飒飒	女	尚美楼早读、第三节教学常规、品德学科教案、学生作业、教学常规等检查及情况汇总,各功能室管理,请假代课安排及汇总,处室卫生安排	
刘宝建	男	第七节教学常规检查,学校网"雏鹰试飞"栏目管理,潜能生帮扶、体音美微机教案检查、科普活动组织、作业检查,收集汇总公布所有学科教案检查结果,花木管理	

2019~2020 学年教务处人员设置情况一览表

表 1-33

人　员	性别	职 责	备注
王佩林	女	主任,负责教务处全面工作	
刘宝建	男	副主任,协助主任工作。整理档案,规范化管理,职称管理,第七节教学常规检查,数学、体音美学科教学,成绩算评(上分、算评,成绩册整理),四、五、六年级数学教案、作业检查,教师业绩库管理,科普工作(主要负责人)等	2019.7 任职
李娟红	女	副主任,协助主任工作。处室工作报道,第五节教学常规检查,语文、英语、科学、品德、微机学科教学,语文教案、作业检查,各种测试(主要负责人),规范化管理相关工作,教学进度安排及督查,学校网"雏鹰试飞"栏目管理,收集汇总公布所有学科教案检查结果,假期学生作业检查、评比等	2019.7 任职
伍彦革	男	第一节教学常规检查,考试工作,教师常规检查,期末绩效工资算评及各项考核汇总,学籍管理	
邵蓓蓓	女	第二节教学常规检查,报刊、师生用书、图书管理,英语教案检查,教育帮扶潜能生等	
尚伟静	女	博艺楼早读检查,第八节教学常规检查,教务处黑板公示,收交各种材料,教师相关资料整理,小学科教学活动,学习园地检查,科普活动、学校网站、科室文件管理	
闫飒飒	女	尚美楼早读检查,第三节教学常规检查,品德学科教案、作业检查,教学常规检查汇总,各功能室管理,请假代课安排及汇总,期初、期末表彰,处室卫生安排	
尚卫娜	女	第六节教学常规检查,体音美微机教案检查,科普活动,作业检查,活动组织	

(二)岗位职责

(1)在校长和主管教学副校长的领导下,认真履行教务处的行政职能,具体负责全校的教学管理工作。严格执行上级教育行政部门制定的政策法规。

(2)牵头拟订本校教育事业发展规划和教学管理的规章制度。提出教学改革意见,经批准后组织实施,为教学副校长当好参谋。

(3)按照上级教育行政部门的原则要求,落实培养目标,负责专业申报工作。负责组织制订专业教学计划和实施教学大纲。编制行事历,编排课程表,下达教学任务,负责调课。

(4)抓好教学基本建设,做好学校教学的日常运行管理和监控考评,对教学质量进行检查和监督,保证教育教学活动的顺利进行;做好教学信息数据的采集和管理工作,组织教师教学质量评估和学生学习质量评估,不断提高教学质量。

(5)组织开展专业建设、课程建设、教学评价、教材建设。加强实践教学,探索学校办学及发展新模式。

(6)协助主管副校长,提出教学人员调整计划,配合做好调入师资的考核;协助人事部门做好师资队伍建设规划;做好教师的业务考核、培养、进修等工作。

(7)负责全校教师业务档案的规范管理和指导检查工作,组织完成教师工作量的统计和上报工作。

(8)负责考试的组织管理、学生专业考试及全校学生专业成绩档案管理工作。

(9)负责与上级主管部门沟通协调,及时完成上报各项统计报表及有关文件材料的收集、保管整理归档工作。

(10)负责学校图书、仪器等功能室的管理工作。

三、政教处

(一)人员设置

2010~2011学年政教处人员设置情况一览表

表1-34

人　员	性别	职 责	备注
屈新萍	女	主任,负责全面工作	2010.6任职
李茂林	男	政教员,安全、德育、一日常规检查	
赵帅权	男	政教员,德育、校车、一日常规检查	
陈卫革	男	政教员,卫生、一日常规检查	
翟淑茹	女	政教员,少先队、班会、升旗、一日常规检查	

2011～2012 学年政教处人员设置情况一览表

表 1-35

人　员	性别	职 责	备注
屈新萍	女	主任，负责全面工作	
李茂林	男	副主任，安全、德育、一日常规检查、2011.7 任职	
赵帅权	男	副主任，德育、校车、一日常规检查 2011.7 任职	
陈卫革	男	政教员，卫生、一日常规检查	
翟淑茹	女	政教员，少先队、班会、升旗、校车、一日常规检查	

2012～2013 学年政教处人员设置情况一览表

表 1-36

人　员	性别	职 责	备注
屈新萍	女	主任，负责全面工作	
李茂林	男	副主任，安全、德育、校车、一日常规检查	
赵帅权	男	副主任，德育、校车、一日常规检查	
陈卫革	男	政教员，卫生、一日常规检查	
翟淑茹	女	政教员，少先队、班会、升旗、一日常规检查	
王江波	男	政教员，卫生组织、一日常规检查	
王金刚	男	政教员，文案工作、一日常规检查	
李普烈	男	政教员，宣传工作、一日常规检查	

2013～2014 学年政教处人员设置情况一览表

表 1-37

人　员	性别	职 责	备注
屈新萍	女	主任，支教	
李茂林	男	副主任，主持全面工作	
翟淑茹	女	政教员，少先队、班会、升旗、一日常规检查	
陈卫革	男	政教员，卫生、一日常规检查	
张勇威	男	政教员，宣传报道、一日常规检查	
尚伟静	女	政教员，文案工作、一日常规检查	

2014~2015 学年政教处人员设置情况一览表

表 1-38

人　员	性别	职 责	备注
李茂林	男	主任，负责全面工作	2014.8 任职
乔海生	男	副主任，德育活动、体育赛事、一日常规检查	2014.8 任职
翟淑茹	女	政教员，少先队、升旗、班会、一日常规检查	
赵育林	男	政教员，两操、体育比赛、一日常规检查	
陈卫革	男	政教员，卫生、一日常规检查	
张勇威	男	政教员，宣传报道、一日常规检查	
张慧锋	女	政教员，文案工作、一日常规检查	

2015~2016 学年教务处人员设置情况一览表

表 1-39

人　员	性别	职 责	备注
李茂林	男	主任，负责全面工作	
乔海生	男	副主任，德育活动、体育赛事、一日常规检查	
翟淑茹	女	副主任，少先队、升旗、班会、一日常规检查	2016.7 任职
赵育林	男	副主任，两操、体育比赛、一日常规检查	2016.7 任职
陈卫革	男	政教员，卫生、安全、门卫、一日常规检查	
张勇威	男	政教员，宣传报道、一日常规检查	
张慧锋	女	政教员，文案工作、一日常规检查	
武占高	男	政教员，卫生、一日常规检查	

2016~2017 学年政教处人员设置情况一览表

表 1-40

人　员	性别	职 责	备注
李茂林	男	主任，负责全面工作	
乔海生	男	副主任，德育活动、体育赛事、一日常规检查	
翟淑茹	女	副主任，少先队、升旗、班会、一日常规检查	

续表

人　员	性别	职 责	备注
陈卫革	男	政教员，卫生、一日常规检查	
张勇威	男	政教员，宣传报道、一日常规检查	
张慧锋	女	政教员，文案工作、一日常规检查	
赵永银	男	政教员，安全、一日常规检查	

2017～2018 学年政教处人员设置情况一览表

表 1-41

人　员	性别	职 责	备注
李茂林	男	主任，负责全面工作	
乔海生	男	副主任，德育活动、体育赛事、一日常规检查	
翟淑茹	女	副主任，少先队、研学、学生社团、创文	
王冠龙	男	副主任，安全工作、一日常规量化、升旗、班会	2017.7 任职
张长波	男	政教员，两操、一日常规检查	
张慧锋	女	政教员，文案工作、一日常规检查	
赵永银	男	政教员，安全、一日常规检查	

2018～2019 学年政教处人员设置情况一览表

表 1-42

人　员	性别	职 责	备注
李茂林	男	主任，负责全面工作	
乔海生	男	副主任，德育活动、体育赛事、一日常规检查	
翟淑茹	女	副主任，少先队、研学、学生社团、创文	
王冠龙	男	副主任，安全工作、一日常规量化、升旗班会	
张慧锋	女	政教员，文案工作、一日常规检查	
张增彦	男	政教员，卫生组织、一日常规检查	
赵　蓓	女	政教员，卫生组织、一日常规检查	

2019～2020 学年教务处人员设置情况一览表

表 1-43

人　员	性别	职 责	备注
李茂林	男	主任，负责全面工作	
乔海生	男	副主任，德育活动、体育赛事、一日常规检查	
翟淑茹	女	副主任，少先队、研学、学生社团、创文	
王冠龙	男	副主任，安全工作、一日常规量化、升旗班会	
张慧锋	女	政教员，文案工作、一日常规检查	
李川歌	男	政教员，协助安全工作、一日常规检查	
杨宝平	男	政教员，卫生组织、一日常规检查	

（二）岗位职责

（1）认真贯彻学校工作德育为首的原则，在政教主任的具体领导下，协助校长搞好学校的德育工作，重点做好学生的思想纪律安全教育以及体育卫生工作，根据学校工作实际制订实施德育工作计划，采取多种有效形式和途径加强校园文明建设。

（2）认真落实《小学生守则》和《小学生日常行为规范》，切实搞好学生的日常管理，促使广大学生自我约束，文明言行，积极进步，树立远大志向，培养崇高的精神情操。

（3）建立健全各种管理制度，建设好相应的学生组织，充分发挥学生干部在学校工作中的重要作用，充分发挥管理人员的工作积极性和主动性，使政教处的工作有章可循，依章办事。

（4）组织实施学生教育评估制度，组织好班级主题班会，升国旗、大型集会等各种政治教育活动，及时处理和解决好学生中发生的重大事故和所发生的一切问题。做好违纪学生的教育处理工作。

（5）经常开展安全纪律、卫生、心理健康教育，负责学校的纪律、卫生防疫、校园责任险，抓好全校体育工作和体育卫生活动。

（6）指导班主任、班委会制订班级工作计划和班级制度，负责督促检查实施情况。指导班主任写好学生操行评语，不断探索德育评定的标准和方法。

（7）经常与学生家长联系，把学校、社会、家庭教育有机结合起来。并在校长的领导下，筹备组织“家长代表委员会”“家长座谈会”，收集家长对学校工作的意见或建议，向有关领导汇报，帮助学校各部门改进工作方法或作风。

(8)指导学生会工作，定期召开学生会干部会，认真选拔和培养学生干部。

(9)定期召开班主任工作会议，总结交流经验。定期培训，召开学生干部会议，培养学生的自主管理意识，启发自觉性。

(10)抓好学生纪律，重点抓好“两课两操、两活动”纪律、集会纪律，负责上述情况的量化考评工作，及时公布考核结果，鞭策各班级改进。

(11)做好升旗准备及各项大型集会，涉外活动的准备工作。

(12)每期组织好德育的评定工作，期末做好“先进班级”“五好学生”“优秀干部”进步学生评定工作。

(13)制定学校安全保卫工作制度及检查考核细则，做好保卫工作。安排好各项卫生检查，做好全校卫生工作。

(14)负责帮扶工作，开展困难学生、问题学生的帮扶活动。

(15)负责学生校外实践活动，制订校外实践活动方案、活动计划人员安排等。

(16)负责科技创新工作，组织师生进行科技创新活动，并组织评比、上报。

四、教科室

(一)人员设置

2010~2011 学年教科室人员设置情况一览表(含兼职人员)

表 1-44

人　员	性别	职 责	备注
刘雪峰	女	负责教科室全面工作。小组合作实施、班级文化建设、高效课堂建设、语文学科教研教改等	2010.9 任职
侯　剑	女	数学学科教研教改，课题的申报、评估及结项	
陈　静	女	双语特色创建、校本研修、英语学科教研教改、活动的策化及主持	
刘肖丽	女	校本研修、评比分数汇总、档案的整理和管理等工作	

2011～2012 学年教科室人员设置情况一览表

表 1-45

人　员	性别	职责	备注
刘雪峰	女	副主任，负责教科室全面工作。小组合作、班级文化建设、高效课堂、语文教研、小学科教研等	2011.7 任职
侯　剑	女	数学学科教研教改，课题的申报、评估及结项	
陈　静	女	双语特色、校本研修、英语学科教研、活动的策化及主持等	
刘肖丽	女	各项活动的督促、检查、落实及评比分数汇总，档案的整理和管理等	
杨建妮	女	校本研修、网络教研、材料的整理与分享、网络维护、档案的整理与管理	

2012～2013 学年教科室人员设置情况一览表

表 1-46

人　员	性别	职责	备注
刘雪峰	女	主任，负责教科室全面工作。高效课堂工作	2012.7 任职
侯　剑	女	第四城乡共同体工作，课题的申报、评估及结项，版面的书写	
王佩林	女	语文教研教改，书香校园创建，校本课程开发，诵读活动设计，培训工作安排等	
田爱琴	女	双语特色、校本研修、各项活动的主持等	
杜　炯	女	各项活动的督促、检查、落实及评比分数汇总，迎检工作的版面摆放，档案的整理和管理	
张晓婧	女	教师专业成长、网络管理、档案的整理、音像资料的保存及制作	

2013～2014 学年教科室人员设置情况一览表

表 1-47

人　员	性别	职 责	备注
刘雪峰	女	主任,负责教科室全面工作。高效课堂工作	
王佩林	女	副主任,语文教研教改、书香校园创建、校本课程开发、诵读活动设计、培训工作安排等 2013.7 任职	
侯　剑	女	城乡共同体,课题的申报、评估及结项,版面的书写	
王珊珊	女	双语特色创建、校本研修、各种活动的主持等	
乔　莎	女	通讯报道、档案的整理和管理等	
张晓婧	女	教师专业成长、网络管理、档案整理、考核评比分数汇总、音像制作及资料的保存	

2014～2015 学年教科室人员设置情况一览表

表 1-48

姓　名	性别	职 责	备注
刘雪峰	女	主任,负责教科室全面工作	
王佩林	女	副主任,语文教研教改、书香校园创建、校本课程开发、高效课堂等	
侯　剑	女	副主任,城乡共同体,课题的申报、评估及结项,高效课堂等 2015.7 任职	
王彩霞	女	书香校园、留守儿童帮扶、小多媒体教室的卫生清扫和保持等	
董振国	男	档案的整理和摆放,临时检查活动的落实	
张晓婧	女	教师专业成长、网络管理、档案的整理和管理等。	
王珊珊	女	双语特色创建、校本研修、活动的主持等	
乔　莎	女	书香校园、通讯报道、档案的整理和管理等	

2015～2016 学年教科室人员设置情况一览表

表 1-49

姓　名	性别	职责	备注
刘雪峰	女	主任,教科室全面工作	
侯　剑	女	副主任,城乡共同体,课题的申报、评估及结项,高效课堂	
王佩林	女	副主任,语文教研、高效课堂	
周社梅	女	书香校园,留守儿童帮扶,小多媒体教室的卫生清扫	
乔　莎	女	通讯报道、书香校园、大多媒体教室的卫生清扫	
张艳艳	女	教师专业成长、网络管理、资料的整理和管理	
张　潇	女	双语特色创建、英语教研等	
郭江锋	女	档案的整理和摆放,临时检查活动的落实	

2016～2017 学年教科室人员设置情况一览表

表 1-50

姓　名	性别	职责	备注
刘雪峰	女	主任,负责教科室全面工作	
任　丹	女	副主任,书香校园建设,语文教研教改及增量阅读	
周社梅	女	通讯报道,留守儿童工作,小多媒体教室的卫生清扫	
王亚娟	女	各种检查考核评比分数汇总,接待工作	
曾明丽	女	教师专业成长,网络管理,音像制作及资料保存	
卢晓百	女	迎检版面摆放,档案的整理和管理	
朱双双	女	档案的整理和摆放,临时检查活动的落实	

2017～2018 学年教科室人员设置情况一览表

表 1-51

姓　名	性别	职 责	备注
刘雪峰	女	主任,负责教科室全面工作	
侯　剑	女	副主任,负责高效课堂,小学数学名师工作室,课题的申报、评估及结项	
曾明丽	女	教师专业成长,双语特色,音像制作及资料的保存	
周社梅	女	通讯报道,灵宝教研投稿,书香校园,城乡共同体等	
卢晓百	女	网络管理,协助做好各种检查考核评比分数汇总,档案的整理和管理	

2018～2019 学年教科室人员设置情况一览表

表 1-52

姓　名	性别	职 责	备注
刘雪峰	女	主任,负责教科室全面工作	
侯　剑	女	副主任,负责生态课堂,小学数学名师工作室,城乡共同体,课题的申报、评估及结项,各种版面的书写	
任　丹	女	副主任,负责双语特色、英语教研,学校电教中心,CCTALK 录直播等工作	2018.7 任职
曾明丽	女	教师专业成长,音像制作及资料的保存	
韩雪霞	女	通讯报道,灵宝教研投稿,书香校园,城乡共同体等	
卢晓百	女	网络管理,检查考核评比分数汇总, CCTALK 录直播等	
屈彩鹏	女	迎检工作的版面摆放,卫生整理,档案的整理	

2019～2020 学年教科室人员设置情况一览表

表 1-53

姓　名	性别	职 责	备注
刘雪峰	女	主任,负责教科室全面工作。做好各项工作的统筹、协调和落实	

续表

姓　名	性别	职 责	备注
杨红艳	女	副主任,负责教研工作,语文教学研讨,校本研修、书香校园、通讯报道、语文名师工作室、灵宝教研投稿等工作	2019.7 任职
南晓华	男	副主任,负责数学教学研讨,生态课堂、师训、数学名师工作室、课题的申报、评估及结项,教科室各种版面的书写等工作	2019.7 任职
曾明丽	女	双语特色,音像制作及资料的保存,各种检查考核评比分数汇总等	
何晓芝	女	书香校园、通讯报道、语文名师工作室,以及语文及小学科教学研讨	
卢晓百	女	网络管理,音像制作及资料的保存(三年级)	
屈彩鹏	女	档案的整理、各种检查考核评比分数汇总,卫生管理,开水、饮用奶的领取及发放,各项上传下达工作等	

(二)岗位职责

(1)协助校长抓好学校的教育科研工作,实施“科研兴校”战略,对教育科研发展趋势做出科学预测,并在此基础上提出合适的科研项目,制订和组织实施学校教育科研的长期、中期、近期计划。

(2)积极配合市教研室开展教研教改活动,努力完成市教研室布置的各项任务。

(3)制订和实施年度学校教研教改工作计划,制订教师教研教改方面的目标管理方案,制定有关学校教育科研的工作制度,撰写学校教研教改工作总结。

(4)从学校实际出发,确定校级研究与实验课题,负责课题管理,组织教改实验,做好课题的申报论证立项、评价及资料管理等工作;鼓励并辅导教师自选实验课题,做好对教师自选课题的审定和管理工作。

(5)及时总结和推介教研教改经验,组织教师撰写教研教改论文和经验总结,负责向上级有关部门推荐优秀论文和经验总结,鼓励教师向有关刊物投搞。做好教育科研信息的收集、整理等工作,及时为教师提供教研教改信息。

(6)负责教师专业能力及业务素质的提高,指导教材教法研究,开展多种教研活动,组织教师外出学习听课评课,提高教师队伍的整体素质。

(7)负责课堂教学改革,指导教师参加各级各类赛课活动,组织高效课堂教学研究与评价活动。

(8)负责书香校园建设,组织师生开展各种读书活动,制定师生读书活动考评机制。

五、总务处

(一)人员设置

2010~2011 学年总务处室人员设置情况一览表

表 1-54

姓　名	性别	职 责	备注
薛太瑞	男	主任,负责后勤全面工作	2010.6 任职
刘　照	男	协助主任工作,负责会计、统计,办公用品采购,水电使用管理、检查登记等	
王晓林	男	负责学校食堂和餐厅管理、食堂会计、食品原料采购、食堂档案整理及炊事班洗碗组管理等工作	
赵高坤	男	负责工程建设、出纳、统计、校产管理、日常办公学习和生活用品采购、发放工作,困难寄宿生工作,贫困生帮扶工作	
王娟丽	女	寄宿管理组长,负责寄宿学生管理,重点组织学生就寝、就餐,寄宿档案整理、保育教师、寄宿仓库管理,寄宿学生请假、离校、报到等工作	
董向杰	男	负责水、电设施和各类校产设备维修,协助赵高坤做好物品发放及校产管理工作	

2011~2012 学年总务处人员设置情况一览表

表 1-55

姓　名	性别	职 责	备注
刘　照	男	副主任,负责总务处全面工作。协助主管后勤副校长工作	2011.7 任职
王晓林	男	负责学校食堂和餐厅管理、食堂会计、食品原料采购、食堂档案整理及炊事班洗碗组管理工作	
赵高坤	男	负责工程建设、出纳、统计、校产管理、日常办公学习和生活用品采购、发放,困难寄宿生、贫困生帮扶	

续表

姓　名	性别	职 责	备注
王娟丽	女	寄宿管理组长,负责寄宿学生就寝、就餐,档案整理、保育教师管理,寄宿仓库管理	
董向杰	男	负责水、电设施和各类校产设备维修和水电使用管理、检查登记,水电管理考核,协助赵高坤做好物品发放及校产管理	

2012~2013 学年总务处人员设置情况一览表

表 1-56

姓　名	性别	职 责	备注
刘　照	男	副主任,负责总务处全面工作。协助主管校长工作	
赵冬娟	女	副主任,寄宿管理组长,负责寄宿学生就寝、就餐,档案整理、保育教师、寄宿仓库等管理工作	2012.7 任职
王晓林	男	负责学校食堂和餐厅管理、食堂会计、食品原料采购、食堂档案整理及炊事班洗碗组管理工作	
赵高坤	男	负责工程建设、出纳、统计、校产管理、日常办公学习和生活用品采购、发放工作	
王娟丽	女	协助赵冬娟做好寄宿管理工作	
付爱华	女	协助赵冬娟做好寄宿管理工作	
杜红霞	女	协助赵冬娟做好寄宿管理工作	
代文辉	男	负责水、电设施和各类校产设备维修和水电使用管理、检查登记,水电管理考核工作	

2013~2014 学年总务处人员设置情况一览表

表 1-57

姓　名	性别	职 责	备注
刘　照	男	主任,负责总务处全面工作,协助主管校长工作	2013.7 任职
赵冬娟	女	副主任,负责寄宿学生管理,档案整理、保育教师管理、寄宿仓库管理工作	

续表

姓　名	性别	职 责	备注
王晓林	男	负责学校食堂和餐厅管理、食堂会计、食品原料采购、食堂档案整理及炊事班洗碗组管理工作	
赵高坤	男	负责工程建设、出纳、统计、校产管理、日常办公学习和生活用品采购、发放工作	
郭会平	女	学校会计、出纳、统计,上级有关财务、工资、法人年检、劳动报表等,日常办公学习和生活用品采购	
付爱华	女	协助赵冬娟做好寄宿管理工作	
王娟丽	女	协助赵冬娟做好寄宿管理工作	
许银菊	女	协助赵冬娟做好寄宿管理工作	
张晶晶	女	协助赵冬娟做好寄宿管理工作	
郝静丽	女	协助赵冬娟做好寄宿管理工作	
杲　倩	女	协助赵冬娟做好寄宿管理工作	
杜红霞	女	协助赵冬娟做好寄宿管理工作	
张婧婧	女	协助赵冬娟做好寄宿管理工作	
刘肖丽	女	协助赵冬娟做好寄宿管理工作	
代文辉	男	负责水、电设施和各类校产设备维修和水电使用管理、检查登记、考核工作,协助赵高坤做好物品发放及校产管理工作	

2014~2015 学年总务处人员设置情况一览表

表 1-58

姓　名	性别	职 责	备注
刘　照	男	主任,负责总务处全面工作,协助主管校长工作	
赵冬娟	女	副主任,负责寄宿学生管理,档案整理、保育教师管理、寄宿仓库管理工作	
王晓林	男	副主任,负责学校食堂和餐厅管理、食堂会计、食品原料采购工作、食堂档案整理工作及炊事班洗碗组管理工作	2014.7 任职
郭会平	女	学校会计、出纳、统计工作,上级有关财务、工资、法人年检、劳动报表等工作,日常办公学习和生活用品采购	

续表

姓　名	性别	职 责	备注
付爱华	女	协助赵冬娟做好寄宿管理工作	
王娟丽	女	协助赵冬娟做好寄宿管理工作	
王丽红	女	协助赵冬娟做好寄宿管理工作	
杜红霞	女	协助赵冬娟做好寄宿管理工作	
许银菊	女	协助赵冬娟做好寄宿管理工作	
刘晓丽	女	协助赵冬娟做好寄宿管理工作	
代文辉	男	负责水、电设施和各类校产设备维修和水电使用管理、检查登记工作,水电管理考核工作,协助做好物品发放及校产管理工作	

2015~2016 学年度总务处人员设置情况一览表

表 1-59

姓　名	性别	职 责	备注
刘　照	男	主任,负责总务处全面工作。协助主管副校长工作	
赵高坤	男	副主任,负责寄宿学生管理,重点组织就寝、就餐,做好寄宿管理档案整理、保育教师、寄宿仓库管理	2015.7 任职
王晓林	男	副主任,食堂管理,食堂会计、食品原料采购工作、食堂档案整理工作及炊事班洗碗组管理工作	
郭会平	女	学校会计、出纳、统计,上级有关财务、工资、法人年检、劳动报表,日常办公学习和生活用品采购和发放等	
付爱华	女	协助赵高坤做好寄宿管理工作	
王娟丽	女	协助赵高坤做好寄宿管理工作	
刘晓丽	女	协助赵高坤做好寄宿管理工作	
代文辉	男	负责水、电设施和各类校产设备维修和水电使用管理、检查登记,水电管理考核,协助赵高坤做好物品发放及校产管理工作	

2016~2017 学年总务处人员设置情况一览表

表 1-60

姓　名	性别	职 责	备注
刘　照	男	主任,负责总务处全面工作。协助主管副校长工作	
赵高坤	男	副主任,负责寄宿学生管理,重点组织就寝、就餐,做好寄宿档案整理、保育教师、寄宿仓库管理工作	
武占高	男	负责水、电设施和各类校产设备维修和水电使用管理、检查登记,水电管理考核工作	
郭会平	女	学校会计、出纳、统计,上级有关财务、工资、法人年检、劳动报表,日常办公学习和生活用品采购	
付爱华	女	协助赵高坤做好寄宿管理工作	
王娟丽	女	协助赵高坤做好寄宿管理工作	
杜红霞	女	协助赵高坤做好寄宿管理工作	
刘肖丽	女	协助赵高坤做好寄宿管理工作	

2017~2018 学年总务处人员设置情况一览表

表 1-61

姓　名	性别	职 责	备注
刘　照	男	主任,负责总务处全面工作。协助主管副校长工作	
赵高坤	男	副主任,负责寄宿学生管理,重点组织就寝、就餐,做好寄宿档案整理、保育教师、寄宿仓库管理工作	
赵育林	男	副主任,负责困难寄宿生,贫困生帮扶,水电管理考核等工作	2017.7 任职
武占高	男	负责水、电设施和各类校产设备维修和水电使用管理、检查登记,水电管理考核工作	
郭会平	女	学校会计、出纳、统计,上级有关财务、工资、法人年检、劳动报表,日常办公学习和生活用品采购等	
付爱华	女	协助赵高坤做好寄宿管理工作	
王娟丽	女	协助赵高坤做好寄宿管理工作	
王丽红	女	协助赵高坤做好寄宿管理工作	

2018～2019 学年总务处人员设置情况一览表

表 1-62

姓　名	性别	职 责	备注
刘　照	男	主任，负责总务处全面工作	
张长波	男	副主任，负责食堂管理，困难寄宿生，建档立卡贫困生帮扶，水电管理考核等工作	2018.7 任职
任 丹	女	副主任，负责寄宿学生管理，重点组织就寝、就餐，做好寄宿档案整理、保育教师、洗碗组、寄宿仓库管理工作	2018.7 任职
郭会平	女	学校会计、出纳、统计，上级有关财务、工资、法人年检、劳动报表，日常办公学习和生活用品采购	
焦肖强	男	负责水、电设施和各类校产设备维修和水电使用管理、检查登记，水电管理考核等	
王丽红	女	协助任丹做好寄宿管理工作	
付爱华	女	协助任丹做好寄宿管理工作	
刘学刚	男	协助张长波主任做好贫困生帮扶工作	

2019～2020 学年总务处人员设置情况一览表

表 1-63

姓　名	性别	职 责	备注
刘　照	男	主任，负责总务处全面工作	
张长波	男	副主任，食堂管理，困难寄宿生、建档立卡贫困生帮扶，水电管理考核	
任　丹	女	副主任，负责寄宿学生管理，重点组织就寝、就餐，做好寄宿档案整理、保育教师、洗碗组、寄宿仓库管理等	
郭会平	女	学校会计、出纳、统计，上级有关财务、工资、法人年检、劳动报表，日常办公学习和生活用品采购	
焦肖强	男	负责水、电设施和各类校产设备维修和水电使用管理、检查登记，水电管理考核等工作	
王丽红	女	协助任丹做好寄宿管理工作	
秦晓玲	女	协助任丹做好寄宿管理工作	
刘学刚	男	协助张长波做好贫困生帮扶工作	

(二)岗位职责

(1)总务处在校长领导下,遵照党的教育方针和勤俭办学原则,协助校长具体管理学校的财务和后勤工作,领导和组织总务处全体工作人员做好本职工作,为教学服务、为师生生活服务。

(2)制订总务处人员学习计划,建立健全各种规章制度,定时定期召开会议,进行政治学习和阶段性工作总结。

(3)有计划地组织办公、教学维修、生活劳保和清洁卫生等各种设备用品的采购、保管和供应。期初要有完整计划,期中有阶段性小结,期末有详尽的总结。

(4)负责学校基本建设和校舍、校产的登记、配发、管理、添置、维修,督促师生执行校产校具的合理使用和保管制度。负责组织学校的绿化美化亮化,校容整建和维修以及道路、围墙等的改造。

(5)负责财务管理,适时制定预决算,严格执行财务制度,合理使用各项经费,定期审核公布财务收支情况,实行民主理财。

(6)抓好食堂、公共福利事业,坚持不懈地抓好节水节电等节约工作以及供水、供电等公共福利事业。开展勤工俭学活动,改善办学条件,解决教职工的实际困难。

(7)负责全校教职工工资造册、发放以及奖励资金的合理正确使用。

(8)负责总务部门职工的管理,加强后勤人员的思想政治工作,关心后勤人员的业务进修和技术培训,合理安排他们的工作,做到用其所长、人尽其才、各负其责。

(9)每学期期初有本部门工作计划,期末有后勤工作的全面总结。做好学校临时分配的其他工作。

六、电教信息中心

至2013年,学校的电教设施已初具规模,拥有计算机150余台,安装了24套液晶触摸一体机,完善了校园计算机网络和数字电视网络,建成校园网络服务器,真正实现了“班班通”,并投资34万元建设录直播教室,随着电教设施的发展和教师培训工作的需要,学校及时成立了电教信息中心,承担起网络管理、日常维护、音视频制作、班班通管理等工作,服务教学,助推教科研跨越式发展。

(一)人员设置

2013~2016年电教中心人员设置情况一览表

表1-64

姓　名	性别	职责	备注
赵冬娟	女	主任,负责全面工作	2013.7
张晓婧	女	音响设备调试、音视频制作、各功能室的管理	
杨育林	男	网络管理、网络日常维护、微机室系统维护	
王向题	女	班班通管理、学校各项临时性工作等	

2016~2017年电教中心人员设置情况一览表

表1-65

姓　名	性别	职责	备注
任　丹	女	主任,负责全面工作	2016.7
张晓婧	女	音响设备调试、音视频制作、网络管理、网络日常维护	
王向题	女	微机室系统维护、班班通管理、学校临时性工作等	

2017~2020年电教中心人员设置情况一览表

表1-66

姓　名	性别	职责	备注
任　丹	女	主任,负责全面工作	
张晓婧	女	音响设备调试、班班通管理、网络管理、网络日常维护	
张　格	女	微机室系统维护、音视频制作、学校临时性工作等	

(二)岗位职责

(1)承担学校网站建设更新维护,开发建设学校各类信息平台。

(2)承担校园网络规划、组建、维护工作。

(3)落实各类电教设备的使用管理制度,及时维护电教设备。

（4）负责各类教学资源库的使用与建设，促进信息技术与学科课程融合，全面推进学校现代教育技术的研究和应用。

（5）加强教师现代教育技术培训，提高教师应用水平与能力。

（6）做好各种大型活动、会议的照相、摄像及音响服务工作，做好音像资料的制作、保存工作。

（7）做好学校广播系统、LED 屏投影及音响系统的日常管理。

第二章　思想教育

青少年是祖国的未来、民族的希望。因此，对小学生开展思想品德教育非常重要。俗话说："十年树木，百年树人"。品德影响着人的一生，陪伴着人的一生，一个人将来发展如何，将取决于他做人的原则。引导学生掌握思想、道德规范，形成学生对事物的是非、好坏、美丑、善恶的辩别和评价能力，培养学生树立正确的人生观、价值观、世界观是学校义不容辞的责任。

第一节　思想教育网络概况

一、学校、社会、家庭相结合教育网络

学校是少年儿童学习和活动的主要场所，承担了过去由家庭完成的大部分教育功能，学校教育对少年儿童的成长和发展起着主要的决定因素。市三小自成立以来，除课堂教学外，就有意识地选择和重组对学生进行思想教育的内容，尤其是创设具有"雅致"特色的校园文化——小绅士和小淑女的宣传、培养、评选，以及养成教育、爱国教育、传统文化教育等，直接或间接影响着学生个人的身心发展，对学生起到了很好的思想教育作用。

家庭是少年儿童成长和发展的重要场所，儿童受到最初的影响就是家庭影响，最早接受到的教育就是来自父母的言传身教。家庭环境——家庭的结构特点、家庭的稳定性，父母的思想意识、文化修养、言行举止，家庭成员之间的关系等，都对子女的身心发展产生不同程度的影响。因此，家庭教育是学生成长过程中的一个重要环节。

市三小成立家长委员会，建立"家长学校"，通过这两种形式，使家长了解学校的育人宗旨、教育方向，以及各种规章制度，促使家长配合协助学校对学生进行思想教育，使家庭教育成为学校教育的延伸和补充，真正形成学校、家庭、社会相结合的教育网络。

二、政教处、班主任、教师以及少先队等组织相结合的教育网络

市三小政教处的工作重点就是做好学生的思想纪律教育和安全教育，以及体育卫生工作，落实《小学生守则》和《小学生日常行为规范》；召开班主任工作会议，总结交流

管理学生的经验,定期培训班主任,提高班主任的工作能力和管理水平,并通过班主任组织好班级主题班会以及升国旗、大型集会等各种政治思想教育活动;召开学生干部会议,培养学生的自主管理意识,启发学生的自觉性。

班主任和任课教师在学校及政教处的领导下,从班级管理和课堂教学、课外活动等方面对学生进行教育。班主任在班级管理过程中,既要落实学校的规章制度,还要落实本班的规章制度,并监督提醒学生按规章制度行事。任课教师在课堂上,不仅对学生进行智力教育,而且结合书本知识,对学生进行思想教育。学校少先队组织,在政教处和少先大队的领导下,在中队辅导员(班主任)和辅导教师的指导下,团结组织队员开展红色研学社会实践活动,教育学生热爱祖国、热爱社会、热爱集体、热爱家乡、感恩父母。在每一次活动中,学校政教处、班主任、教师以及少先队组织结合起来,形成一张多层次的教育网络,直接或间接影响着学生的身心,使其受到良好的教育。

(一)灵宝市第三小学思想教育网络图示

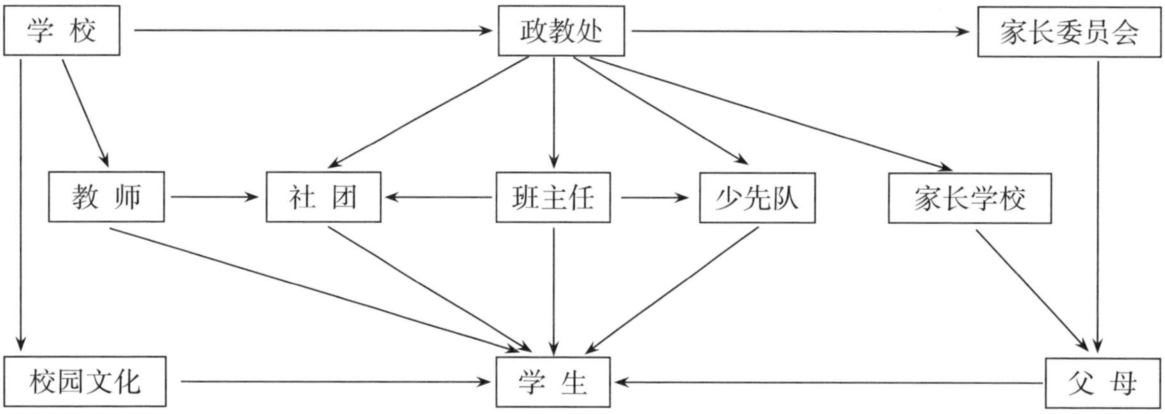

(二)班主任工作

1.班主任工作培训会

班主任是沟通学校与家庭、社会的桥梁,做好班主任工作是做好学校工作的关键,要办好一所学校,必须建设一支强大有力的班主任队伍。市三小为进一步提高班主任队伍整体素质,每个学年定期组织召开班主任工作培训会。

培训会上,政教处领导围绕"德育首位,精细管理"主题,分别从"明确班主任工作职责,促进班级工作的正常有序开展""如何做好班主任工作""遇到突发事件班主任应该如何做"等方面进行指导交流。教师们在工作中不断总结、反思,努力提高自身的管理能力,树立"爱岗敬业、无私奉献"的思想,对学生有更多的关心、爱心和耐心,真诚地对待每一位学生。作为新时期的班主任，只有不断充电，不断提高自身素质，用心去管理，把班级管理工作做实、做细，才能使自己成为一名合格的班级管理者，那么，无论什么样的班级都将成为一个优秀的班集体。

附件1：班主任培训会讲稿

明确职责，注重方法，努力做好班级管理工作（节选）

李茂林

做好班主任工作是做好学校工作的关键，一所好的学校必定有一支强有力的班主任队伍。而学生工作又是班主任的主要工作。学生工作虽不能囊括学校的全部工作，但却说明了班主任工作在整个学校中的重要性。

一、明确班主任工作职责，促进班级工作的正常有序开展

班级是学校进行教育教学活动的基本单位。班主任是班级的组织者和指导者，肩负着具体贯彻党的教育方针，实施学校教育教学计划，沟通师生、学校与家庭以及社会之间的联系，落实学校育人目标，推进全面素质教育的职责。班主任应面向全体学生，促进学生全面发展，起到导师的作用，成为学生的良师益友。为了充分发挥班主任的工作职能，现将班主任工作职责明确如下，大家共同学习班主任每天应该干那些事，争取把班主任工作做好。

第一篇

1.全面了解学生和掌握学生情况，对每一位学生的学习情况、家庭情况、健康水平、兴趣爱好、心理特征都做到心中有数。

2.班主任既要负责对本班学生的管理，又要负责督促协调科任教师全面关心学生的学习，指导学生完成学习任务，共同完成教育教学任务。

3.制订班级工作计划，明确班级管理目标，建立班级常规，抓好班级文化建设，把班级建设成学生美好的精神家园。

4.认真做好班干部的选拔工作，注重培养班级骨干和班干部，充分调动班干部的工作积极性，努力创设学生自主发展、共同成长的教育环境。

5.热爱学生，尊重学生，严格要求学生。认真做好学生教育工作，引导学生明辨是非、善恶、美丑，树立社会主义荣辱观，引导学生明确学习目的，端正生活态度；经常督促和指导学生自觉遵守中小学生守则、日常行为规范，引导学生养成良好的行为习惯。尊

重学生的人格和自尊心,耐心帮助、热情关注每一位学生,做学生的知心朋友。切实抓好“学困生”的思想转化、心理咨询、心理辅导工作。严禁挖苦、讽刺、训斥、体罚、变相体罚学生,对有过失的学生要理解、宽容,态度要和蔼,做到表扬尽量当众,批评尽量个别,与学生建立平等、和谐的师生关系。

6.切实抓好班级日常管理。认真组织学生做好清洁区的打扫和保洁工作,教育学生养成良好的卫生习惯。按学校要求布置好班容,做到有“班训”“图书角”“学习安全公约”“班级制度”,设置一些促进学生整体素质提高的园地,营造良好的班级文化氛围。组织好课间操、路队、班队会、学校集会、大扫除等。

7.组织开展社会实践、课外活动、卫生保健等各种教育活动,做好学生的思想工作。在活动中面向全体学生,培养学生的创新精神、团队精神,增强学生的集体荣誉感和凝聚力。

8.加强安全教育,增强学生的自护意识和能力。教育学生注意安全,如不到危险的地方玩耍、不玩危险玩具、不做危险游戏、不玩火、不私自游泳、不高空抛物、防止触电等。外出活动要制定详细的安全预案。未经学校允许,不得将学生带出校外活动。

9.每周召开一次以上主题班队会,要求目的明确、针对性强、主题突出、准备充分、形式多样。围绕每月主题开展形式多样的中队活动,增强少先队组织的凝聚力和战斗力。

10.按质按量上好安全课、班会课、心理健康教育课,抓好每天的晨会,民主小结,建立良好的班级工作运行机制,维护班级良好的教育和生活秩序,努力营造互助友爱、民主和谐、健康向上的集体氛围,形成有特色的充满活力的班级和少先队文化。

11.教育学生爱护学校财产,爱护花草树木,不践踏,不采摘,放学前关好门、窗、灯,切断电源。如发现学生有损坏公物现象,及时调查缘由,教育学生主动赔偿。

12.对学生进行必要的生活常识培训,如怎样讲究个人卫生、关水龙头、关门窗等。

13.及时发现安全隐患,妥善处理突发事件。如果学生受伤或突发疾病,班主任必须先把学生护送到医院治疗,并及时与学生家长取得联系。重大事件及时向学校政教处或分管领导汇报。

14.坚持“晨检制”“点名制”“清堂制”。早晨和下午学生到校后,询问学生到校情况,经清点如发现学生未到,应及时与家长取得联系,并问清情况。放学之前,清点学生人数,并督促学生按时回家。放学时坚持做到清堂,按时放学,组织学生站好路队,并有秩序地将学生护送到指定的地点,不得推迟放学或将学生留校。检查教室里、校园内是否有学生逗留。

15.着眼学校教育的整体,协调班级教育教学工作,经常与科任教师取得联系,全方位了解学生,不断增强教育的针对性和实效性。

16.负责学校与家庭的沟通,组织好家校联系工作,定期召开家长会,协调科任教师进行有实效的家访,每学期至少要对学生进行一次家访,通过实地走访、电话交流、网络交流等,及时向家长反映学生在校的表现,了解学生在家里的有关情况。要做好学困生、留守生、特殊家庭学生的家访工作,并做到家访前有计划、有准备,家访时有微笑、有沟通,家访后有反馈记录、有效果。

17.组织好每学期一次的家长开放周和家长会,积极邀请家长参加学校组织的各类家校联系活动。接待家长要热情,举止要得体,措辞要得当,不得挖苦、讽刺和训斥家长。

18.准时参加班主任工作例会和业务培训,不得无故缺席、请假,不得迟到或早退。学习期间遵守纪律,关闭通信工具,认真做好学习笔记。

19.加强文化业务学习,积极开展课题研究和撰写教育论文、教育反思、教育个案等,努力提高班级工作的管理能力和水平。

20.负责做好学生的综合素质评价工作,客观公正地对待每一名学生。指导和填写班务日志、队活动记录本、好人好事登记簿、学籍档案、学生素质教育报告单等。

2. 班主任工作经验交流

为了提高班主任工作能力和管理水平,学校每学期都举行一次班主任工作经验交流,通过交流,让大家相互学习,取长补短,以达到共同提高的目的。并且通过班主任工作交流,评选校级优秀班主任。

附件 2:班主任工作经验交流材料

爱无止境

杨亚娟

十年前,怀揣着美丽的梦想,我踏上这条充满希望的阳光之旅。漫漫长路,一路走来,虽有山重水复疑无路的困惑,但更多的时候是柳暗花明又一村的惊喜。七年辛勤耕耘,七年默默守望,使我深深地喜爱着教师这一平凡而充实的职业。

清晨，当黎明的曙光射进教室，我已静候在三尺讲台旁聆听孩子们琅琅的读书声，那是天底下最动听的乐章，而我仿佛在享受人世间最美的旋律；黄昏，踏着最后一抹儿夕阳，我目送他们安然地离去，我在学校一天就这样结束了。夜晚灯光下，看着孩子那稚嫩的笔迹，在我严格要求之中，逐渐成熟起来，我便感到：这就是我人生最大的追求与安慰。

然而，工作的道路并非一帆风顺，班里淘气任性、不求上进、学习成绩一落千丈自暴自弃的学生时常有之，他们常常使我头疼万分，不知所措。但身为人师的职业告诉我：不要放弃！每一朵花都有盛开的理由，每一棵草都有泛绿的时候。用爱去宽容他们、呵护他们，赋予他们怒放的生命。我相信：野百合也有美丽的春天。

七年的工作实践，使我对教师这个职业有了更深的感悟，特别是作为一名班主任，既要有严师的风范，又要有慈母的情怀。人生最大的不幸莫过于失去母爱的痛苦。今年正月十五，当我们沉浸在合家团聚的欢庆时刻，而我的学生——年幼的他，却承受着失去母亲的悲痛，我心里在痛恨这位年轻母亲的自私冷酷、不负责任之余，更多的时候是对我的学生充满着忧虑与同情。我该用什么方式来抚慰那颗受伤的心呢？开学那天，他一如既往地来到学校，当我真正地面对他时，我觉得一切言语都显得那么苍白无力。沉默了好久，我说："到老师跟前来好吗？"我牵着他的手，望着他那无助的眼神，那颗幼小的心灵现在也许还无法丈量生与死的距离。我轻轻地告诉他："你知道吗？你不在的这几天，我们都很想你，同学们有很多知心话想对你说，你一定要坚强！你是男子汉！"几句简单的话，使他顿时泪如雨下。他哭着说："会的，老师，同学们，我一定会坚强！"在以后的日子里，学习上我们时时关心他，生活中，我们处处照顾他。我惊喜地发现：久违的阳光又一次回到他的脸上。

3.班主任讲班

班主任讲班，就是用讲故事的形式，介绍班级管理、班级文化、班级故事和学生成长故事，是一种形式新颖的班主任工作交流。

附件3:班主任讲班材料

一间别样的教室(节选)

张秋平

尊敬的各位领导,各位老师:

生命中有一种不可剥夺的权利,那就是成长;生命中有一种永不凋谢的过程,那就是对成长的捍卫和守望。2016年9月1日,当61位天真可爱的孩子来到这间教室里,从此,我的生命便和61个生命紧密相连。我该如何捍卫和守望生命成长的权利?我该如何铺展和描绘每一天的教育生活?

是和孩子一起创造"自创的班级文化""自订的班级制度""自生的班级课程""丰富的经典书籍"?还是和孩子们共同构思班名、班训、班歌、班徽等一系列外在的文化符号?

不,这些都不够重要,我希望我的教室能让孩子们有一种永远的归属感,当他们走进这间教室的时候,他们心里漾起的是回家的幸福!

请您与我一起走进《一间别样的教室》。

一、这间教室里:家的温暖,我们共同发现

即使你有那么多的不完美又如何,家人总会发现你的亮点!

我用"静待花开"的文字记录下每一个让我温暖的瞬间,记得今年开学初,我的文字这样记录:

美妙的一天

今天是开学第一天,也是我作为六五班班主任走马上任的第一天。

走进教室,刚坐下,门口涌进一群学生,为首的一个男生看到我响亮地喊了一声:"老师好!"我随即回应:"你们好!"

想到昨天下雨,打扫教室时垃圾桶没倒,我吩咐两位男生去倒,这活有点脏,可他们"嗯"了一声便立即出发,真好!发新书时,有一本书书皮皱了,雷玉璇同学立即据为己有,真好!班长帮助排位置,安排值日表,跑腿换音乐书,忙得不亦乐乎;几位小男子汉,跑上跑下搬桌子;几位我叫不上名字的同学帮忙收暑假作业;有人帮着整理发放桌布;有人毛遂自荐担任班干部……

今天,真是美妙的一天!

第二天,当我把自己的发现读给孩子们听时,他们做得比第一天更好了,你说妙不妙!

此后,我的文字、镜头忙个不停。而孩子们"为你点赞"的小便笺,"风云人物评选"活动,"为你欢呼"的祝贺,都让一个个六年级的大男孩、大女孩,仰着红扑扑的脸,迎接属于他们的光荣时刻……

因为发现,孩子们踏入这间教室的脚步是欢快的!

二、这间教室里:家的尊重,我们共同谱写

阿尔弗雷德说:用另一个人的眼睛去看,用另一个人的耳朵去听,用另一个人的心去感受,说的正是对生命的尊重。

小严晨读迟到了,我看着他,给他一个微笑,我的微笑告诉他:我看到你迟到了;我的微笑告诉他:我理解你作为一个孩子赖床的小惰性,但你应该知道明天该怎样做。我知道"习惯养成的周期是21天",我等着你改变,直到每一天早晨在教室门口准时遇见你!

小张偷拿了同学的钱,我知道她身处单亲家庭,家庭教育长期处于几乎空白的状态。于是我请她还回去,并承诺不告诉他人,让这个小插曲成为我们之间的秘密。我的尊重呵护了她一个小女孩的"面子",我相信她会给我一个知错就改的"里子"。

渐渐地,我的孩子们在这间教室也学会了尊重。

同学有人犯错了,没有羞辱、指责、惩罚,班委会立即召开班会,举行头脑风暴,全班同学献计献策帮助他!

最终,我们将这样一则标语书写在了教室:我们不寻求责备,我们寻求解决方案。挑战是什么?解决的方案又是什么?

因为尊重,孩子们踏入这间教室的脚步是轻松的!

三、这间教室里:家的文化,我们共同书写

在一间教室里,围绕着一个个孩子,将会有多少故事发生啊!一桩桩,一件件,便汇成了一个班的"青春大片"——或扣人心弦,或催人泪下,或妙趣横生,或耐人寻味……主演是孩子,导演便是教师。

那为什么不把这些精彩瞬间镌刻成永恒呢?于是,班级专刊便应运而生了——

"向阳花开"是我们的刊名,它书写着我们"一家人"最美好的故事。

这里有:

1.鸿雁传书:我写给家长或孩子的一封。

2.一周明星：包括语、数、英等各门学科的学习明星，以及每周活动后评选的各类单项明星，如运动明星、博爱明星等。

3.优秀家长：为了给其他家长树立榜样，每周评选重视家庭教育、重视孩子习惯养成的家长作为榜样。期末评选感动班级十大家长。

4.友情提醒：下周需要进一步加强或引起注意的方面，以及天气冷暖、早晚及时增减衣服等的提醒。

5.班级故事：学生的优秀日记、作文展示。

6.教子有方：家教经验分享。

因为文化，孩子们踏入这间教室的脚步是向上的！

4.班主任常规考核方案

为发挥班主任在班级教育管理中的主导作用，充分调动班主任工作的积极性、主动性和创造性，促进班级管理工作的制度化、规范化，并为班主任聘任、评优及发放班主任津贴等提供依据，学校特制订本考核方案。

一、考核办法

1.班主任考核分为《班主任常规工作考核》和《班级常规管理工作考核》两部分，各占50%。

2.班主任常规工作考核采用得分制和倒扣分制相结合的办法；班级常规管理工作考核分为综合考核分。

3.班主任考核分数=班主任常规工作考核分数+班级常规管理工作考核分数。

二、班主任常规工作考核(50分)

1.班主任工作会议(2分)

要求：准时到会，并认真做好会议记录，有课必须事先调换，因公或因私外出需报学校备案。

考核标准：迟到扣0.5分，未请假每次扣2分，无记录一次扣0.1分。

2.文案工作(2分)

认真填写班队课教案、班级日志等常规工作。内容具体详实，书写整洁、工整。

考核标准：书写马虎不洁每次扣0.5分，填写内容不完整扣1分，填写项目有遗漏扣2分。

3.班队课(8分)

要求：班队课专时专用，认真安排好主题内容，有活动方案，因公或因私外出需报学校备案。

考核标准：挤占、挪用班队课作他用的扣 1 分，未按要求完成常规教育的扣 0.5 分，抽查不专时每节扣 0.5 分；空堂扣 2 分。班队课教案书写不具体详实，每次扣 1 分。

4.路队组织（3 分）

要求：路队队列整齐，学生精神饱满，班主任每次都要护送，特殊情况需交给副班主任进行。

考核标准：缺一次护送或一次护送不到位扣 0.5 分。路队不整齐、呼号不响亮、精神不饱满每次扣 0.5 分。

5.学生荣誉（8 分）

要求：优秀学生干部、校园之星每生得 2 分，小志愿者加一星得 1 分，感动校园人物每生加 3 分，市级优秀少先队员每生加 5 分，进入“十佳”，在原基础上各加 4 分，此项累计不超过 8 分。

6.班主任个人和班集体荣誉（5 分）

被评为优秀班主任或文明班级，校级加 2 分，市级加 5 分，省级加 8 分。

7.学生安全、违纪现象（3 分）

要求：加强教育，课外学生无安全事故、无严重违纪、无违法犯罪现象。

考核标准：学生违纪现象按情节酌情扣 1~3 分，出现重大安全责任事故扣 5 分，若学生的违纪行为及安全事故是由班主任发现上报，并积极配合政教处做好调查处理及思想工作的，酌情少扣分或不扣分。

8.家访工作（3 分）

要求：及时认真完成学校布置的家访工作，并按记录表要求详细填写家访情况。每月 5 人次。

考核标准：缺访一次扣 0.5 分，上门家访查实弄虚作假每人扣 2 分。家访记录不详实每次扣 0.2 分。

9.组织班级活动（3 分）

要求：积极组织学生参加学校举行的各项活动（如升旗仪式、文艺活动、家长会、大扫除、宣传、体育比赛及布置的各项临时性工作等）。

考核标准：活动开展时，班主任不及时到位每次扣 1 分，组织管理不到位每次扣 2 分。

10.上交材料(4分)

要求:认真完成,按时上交。材料包含广播稿和各项临时工作。

考核标准:迟交扣1分,缺交一项扣2分,扣完为止。

11.卫生跟班(3分)

要求:每天早上、中午两次清扫要有班主任或搭班教师跟班指导学生打扫卫生,跟班指导少一次扣0.5分。

12.班容班貌(4分)

要求:按照班容班貌评比细则十项要求,政教处每周抽查一次,每月汇总一次。

13.班干部培训记录(2分)

要求:每月至少能组织1次班级学生干部会议,每学期不得少于5次,有完整的班干部培训记录。

考核标准:不召开扣2分,记录不具体扣1分。

14.加分项目(在总分外另加,加20分为止)

(1)校内参赛:参加各种校内竞赛活动(含各项活动评比,如板报、歌咏),获一等奖加3分,二等奖加2分,三等奖加1分。

(2)能积极组织学生参加各种竞赛(如读书活动、金钥匙、各类征文等)国家级一等奖加8分,国家级二等奖(省级一等奖)加7分,国家级三等奖(省级二等奖、市级一等奖)加6分,省级三等奖(市级二等奖、县级一等奖)加5分,市级三等奖(县级二等奖)加4分,县级三等奖加3分,不同奖项可累计,同一奖项以最高奖统计(以竞赛公布的结果为准)。

(3)班级好人好事受到社会相关组织表彰(国家级加7分,省级加6分,市级加5分,县级加4分,镇级加3分)。

15.临时工作加分

三、班级常规管理考核(50分)

班级常规管理考核,根据每天常规值班教师及红领巾监督岗检查扣分情况,核实考核。考核内容分礼仪常规、清洁卫生、文明守纪、两操路队等十个部分。每月汇总一次。

四、班主任津贴发放

1.班主任绩效奖金发放实行逐月考核,于每月月底汇总得分,下月初公示结果,发放绩效奖金。

2.资金来源:由非班主任教师每学期出200元。

3.本校实行同年级横比分的方式发放：班主任月考核绩效奖金分为三个等级，月考核分在同年级第1、2名者为一等，月考核分第3、4名者为二等，月考核分第5、6名者为三等。具体津贴发放为：一等170元；二等120元；三等100元。

六、说明

1.学期考核为优秀的班主任被评为本学期优秀班主任。

2.本方案未尽事宜由相关领导解决。

第二节　班级管理

一、班主任职能

1.做好学生一日常规的督促和管理，促使学生养成良好习惯。

2.加强学生的文明礼仪教育，做好每期的班级礼仪风采展示。

3.积极做好班队建设与管理。

4.按时参加班主任各项会议。

5.认真填写班主任工作手册。

6.按时高质量完成班主任计划、总结、班会课教案、安全课教案、案例、手操报等文案材料。

7.负责组织学生参加升旗仪式及各种大型集会，并保持良好的听讲纪律，确保学生集会安全。

8.根据学校要求，依据班级实际，上好主题班会、安全课、健康课等。

9.积极组织学生参加学校举行的各项活动，如“六一”特色展、家长会、学雷锋、运动会、德育主题活动、体育比赛等。

10.踊跃承担并高质量完成个性临时性工作。

11.督促学生养成良好的学习习惯，取得优良的成绩。

12.做好班级财产管理，教育学生爱护公物。

13.对学生的安全全权负责，实行安全事故一票否决制。

14.负责做好每学期每个学生的操行评定和总结评比工作，做到公开、公平、客观。

二、班委会职能

班长：

1.团结全班同学，协助班主任工作，使班级管理制度化、规范化、科学化；2.了解班内各种情况,并能及时向班主任及上级老师汇报;3.每周督促班委召开一次班委会,并将会议情况及时向班主任汇报;4.带领全班同学及时完成班主任及其他有关部门和教师安排的工作;5.对班内出现的问题能够及时向班主任汇报,并召集班委共同处理。

副班长:

1.协助班长工作,班长不在时代理行使班长职权,掌握全班学习情况,及时向任课教师及班主任汇报;2.负责全班劳动卫生、体育、考勤等常规工作,执行班主任临时安排的各项工作。

学习委员:

1.热爱学习,刻苦努力,在班内起好带头作用,根据本班学生情况,组织开展一些有关学习方面的活动,丰富科学文化知识;2.负责收发各科作业,记录各科成绩,填写好学生成绩,经常与任课教师取得联系,执行任课教师安排,及时向任课教师反馈班内学习情况;3.认真了解、分析本班学生的各种学习情况、态度、方法等,并及时向班主任汇报。

劳动与卫生委员:

1.管理好本班的环境卫生,督促组长搞好教室、清洁区卫生及个人卫生的日常清洁工作;2.组织好学校安排的常规大扫除;3.组织学生完成班主任及有关部门安排的突击性卫生及劳动任务;4.安排环境区的清扫及负责清扫质量的监督工作;5.每次扫除的出勤、打扫卫生的质量情况必须有记录并及时向班主任汇报;6.每周负责记录本班教室及清洁区情况,并向班主任汇报。

体育委员:

1.负责体育课及其他集体活动的集队、整队和带队工作;2.组织和带领本班学生参加学校有关部门组织开展的有关体育方面的各种学习、培训及竞赛活动;3.组织好本班学生参加各项集体活动事宜;4.每周负责记录本班体育考勤情况,并向班主任汇报。

纪律委员:

1.负责监督和管理本班一切纪律问题,尤其是课间休息及早读和午间自习的组织纪律问题;2.做好预防和阻止班内恶性事件发生;3.负责对班内违纪同学进行记录;4.配合班级委员对班内情况进行及时处理和记录;5.及时向班主任及班长汇报班内存在的纪律问题。

三、班会课

(一)班会课教案

“我的梦,中国梦”主题班会教案

黄方方

【教育主题】我的梦,中国梦

【育人目标】

1.让学生找到自己的人生奋斗目标。

2.让学生知道怎样去实现人生的目标。

3.使学生懂得中国梦的涵义,增强民族责任感。

【班会内容】

一、导入主题

1. 诗朗诵《梦想》。

2.揭题:同学们,我们三(6)班的主题班会就要开课了!今天的班会主题是——我的梦,中国梦!

二、聆听梦想

1.请看老师带来的第一个梦想小故事《魔术师刘谦的梦》。

2.名人谈梦想视频,寄语孩子。

3. 主持(女):这是一个绽放梦想的时代,每个人都是梦想家。主持人(男):中国梦从我的梦开始。

(1)你的梦想是什么?请同学们说一说。

(2)老师的梦?老师谈。

(3)三6班的梦?班长代表来谈。

(4)市三小的梦?播放校长寄语。

合:同学们,每一个阶段尽情放飞你的梦想,让她带领你前行,照亮你的人生。

4.歌曲《少年强》。

三、追求梦想

1. 师:同学们,梦想很美,有梦就有未来,可实现自己的梦想却需要付出艰辛的努力,梦想永远与眼泪和汗水在一起!接下来老师给大家带来一个关于梦想和坚持的故事《感动中国人物刘伟事迹》……

师:听了这个故事你有什么感想?生谈。小结:有志者,事竟成。也许有的梦想看上去不太可能实现,但如果持之以恒地朝梦想努力,会有实现的一天。

2. 主持人(男):可是,如果空有梦想,会怎么样呢?请欣赏校园AB剧《追梦》,A.

我想成为像姚明一样的国际篮球明星，早上篮球队的训练场上；B.书法比赛活动中某某获得一等奖，我也想像他一样当一个小书法家，我刻苦练习，认真请教别人，终于我也获奖了！

3. 主持（男）：同学们，看了上面的小品，你们知道“该如何去实现梦想”吗？生谈想法。

小结：坚持梦想是超越自我，实现自我的过程，脚踏实地地努力，每天都离梦想近一步。

四、我们的梦和中国的梦

师：刚才我们谈了很多个人的小小梦想，其实我们13亿人的13亿个梦加在一起就构成了伟大的中国梦！

1. 让我们一起聆听前辈们的中国梦——视频《中国梦》。

2. 关于中国梦。

国家主席习近平同志语重心长地说：实现中华民族伟大复兴，是中华民族近代以来最伟大的梦想。这个梦想，凝聚了几代中国人的夙愿，是每个中华儿女共同的期盼。

历史告诉我们，每个人的前途命运都与国家、民族的命运紧密相连。国家好，民族好，大家才会好。

3. 师：让我们把自己的梦与祖国的梦紧紧相连，在小组里说一说我的中国梦。(1)小组讨论，写出梦想之卡。(2)把你的梦分享给大家吧！学生交流，并把梦想卡贴在祖国版图上。

4.主持人（女1）：其实理想不分大小，

主持人（男1）：只要是为了祖国的振兴，

主持人（女2）：为人民造福，

主持人（男2）：为了社会的进步，合：那就是个伟大的理想！

师小结：中国梦承载着自强不息的中国精神，中国梦需要我们每一个人付出自己的努力，共同构筑梦想，让梦想照耀中国，闪亮世界。

5.让我们牢记习主席的教导，全体宣读梦想誓言：国家富强、民族振兴、人民幸福。

五、圆梦时刻

1.情景朗诵《二十年后的我们》

2.主持人（女1）：未来是多么灿烂！

主持人（男1）：我们的理想是多么美好！

主持人(合):只有努力奋斗,才能使理想早日得以实现。

主持人(男 2):几年后或许我们硕果累累

主持人(女 2):或许我们还在梦想之路上跋涉。

主持人(合):我坚信我们的未来,是有成就的未来,是有辉煌业绩的未来!

师:最后祝愿三六(6)班所有的孩子们,都能实现自己的梦想,能成为祖国的有用之才。

主持人(合):“我的梦,中国梦”主题班会到此结束!

(二)2019~2020 学年上期班会安排

表 2-1

周 次	时 间	班会主题	卫生教案	安全教案	法治教案
第 1 周	2019.9.2	《入学常规教育》	饮食卫生	交通安全	五星红旗我为你骄傲
第 2 周	2019.9.9	《安全与你我同行》			
第 3 周	2019.9.16	《爱国教育》			
第 4 周	2019.9.23	《预防校园欺凌》			
第 5 周	2019.9.30	国庆假			
第 6 周	2019.10.7	《安全常系心中》	保护视力	消防安全	做守法小公民
第 7 周	2019.10.14	《好习惯益终生》			
第 8 周	2019.10.21	《消防安全记心间》			
第 9 周	2019.10.28	《冬季安全》			
第 10 周	2019.11.4	《有梦想更有行动》	天气寒冷防冻疮	安全用电	预防未成年人犯罪
第 11 周	2019.11.11	《诚信——珍贵的品质》			
第 12 周	2019.11.18	《依法推广普通话,提升国家软实力》			
第 13 周	2019.11.25	《爱护公物　人人有责》			
第 14 周	2019.12.2	《宪法与我同行》	预防狂犬病	地震来了怎么办	守法不违法
第 15 周	2019.12.9	《冬季安全教育》			
第 16 周	2019.12.16	《珍爱生命,远离毒品》			
第 17 周	2019.12.23	《将节约进行到底》			
第 18 周	2019.12.30	《文明上网正确使用网络》			
第 19 周	2020.1.6	《认真复习,自信迎考》			

第三节　心理健康教育

心理健康教育是根据学生生理心理发展的规律和特点，运用心理学的教育方法和手段，培养学生良好的心理素质，促进学生整体素质全面提高的教育。心理健康教育是素质教育的重要组成部分，旨在通过常规的教育训练来培养学生心理品质，提高学生的基本素质。具体而言，包括智能训练、心理辅导、情感教育、人际关系指导、健全人格的培养、自我心理修养的指导、性心理教育等。由于现实社会以及生活的多种因素的影响，不少学生存在一定的心理问题，表现在行为上如多动、说谎、打架、胆怯等，就需要进行心理健康教育。

一、心理健康教育工作方案

市三小的心理健康教育工作，以教育部《关于加强中小学心理健康教育的若干意见》的精神为指导，严格按照市教体局的要求，成立心理健康教育咨询室，全面开展心理健康教育，开发学生的心理潜能，培养学生的心理素质，预防学生的心理疾病。

（一）成立领导小组，加大宣传力度

学校高度重视心理健康教育工作，特成立以校长亲任组长的心理健康教育研究领导小组，抓紧师资队伍的培训，力求全员参与。为了加强全校教师的职业道德素养，努力提高教师对于心理健康教育的再认识，学校利用校园之声广播站、校刊、墙报、手抄报等多样化工具，宣传普及心理健康知识。

（二）心理培训学习，提高活动质量

为更新教育观念，树立小学生心理健康的意识，在教育教学中树立和谐、平等、民主的新型师生关系，学校积极组织教师听专家、教授的讲座和看教学录相，安排教师参加心理健康知识的培训学习。定期进行研究讨论，积极开展心理健康活动课的教研活动，推选优秀教师上观摩课，认真开展咨询活动课，注意收集整理有关心理健康资料，认真撰写心理健康教育研究心得体会、个案分析、总结论文，并进行交流推广。有计划地开展活动课或专题讲座，包括心理训练、情境设计、角色扮演、游戏辅导、心理知识讲座等，旨在普及心理健康科学常识，帮助学生掌握一般心理保健知识，以增强学生的自我心理修养，培养良好的心理素质。

（三）开设“心育”课

学校认真按照课程计划开足、上齐、上好心理活动课，把要传授的心理知识寓于活动之中,潜移默化地进行心理健康教育。把心理健康教育贯穿在学校教育教学活动之中,把心理健康教育与教师的教、学生的学结合,注重发挥教师在教育教学中的人格魅力和为人师表的作风,结合新课改,努力构建民主、平等、相互尊重的新型师生关系。班级活动与班主任工作均要渗透心理健康教育。教师每学期写一篇心理健康教育的个案分析;每位班主任每学期至少开展一次心理健康教育为内容的主题班会课。

(四)开展心理咨询辅导

心理咨询辅导也是心理健康教育的一个重要环节,它可以帮助学生解决成长过程中的心理问题。学校将"心理咨询室"、"悄悄话信箱"以及电话专线、"心育知识专栏"、校园广播对学生和家长开放,及时做好学生的心理辅导,并动员全体教师加强对本班学生的心理辅导,建立心理档案和典型案例,做好跟踪记录,帮助学生解除心理烦恼、困惑、焦虑。

(五)做好家庭教育指导

家庭教育对学生的心理健康起着奠基作用,家长的言行对学生的心理发展有表率作用。学校将充分利用家长学校、校外辅导员队伍等,结合教育网络,积极向家长宣传"心育"知识,让家长认识心理健康教育的重要性和必要性,做好家庭心理辅导的指导,及时对子女进行心理辅导,同时积极开展丰富多彩的课外活动,组织学生参加各种社会实践及校内外德育基地活动,提高心理健康教育的实效。

(六)建立学生心理档案。给部分有心理问题的学生建立心理档案,有的放矢地开展心理健康教育活动,变被动为主动;帮助学生正确认识自己,帮助家庭更全面地了解自己的孩子、更好地教育孩子。

(七)开展丰富多彩的班队活动,寓心理健康教育于其中,引导学生在这些丰富多彩的集体活动中,提高认知水平,同时学会团结协作,从而健康成长。每期都不定期进行班级整体心理辅导。

二、心理咨询室简介

至2014年,市三小建校五年来,相继建立了阳光小屋、发泄室、沙盘室、团体活动室、放松室等心理健康阵地,实用面积100㎡左右,学校每周二、三、四开放心理咨询室。

在心理宣泄室安排有宣泄墙、宣泄人、宣泄柱、宣泄球、宣泄棒,以及12张不同的宣泄脸谱、12个宣泄玩偶、心理健康自助仪;音乐放松椅,这套设备有三大放松系统,94首放松催眠音乐,还配有专业反馈软件,无线遥控,能够有效减轻心理压力。

沙盘游戏室,配有个体沙盘以及团体沙盘各1个、沙具2000个,为前来进行沙盘治疗的老师和同学提供了一个优雅的环境。

另外，咨询室还配有60本专业心理健康书籍，供同学和老师们阅读学习。

三、心理咨询室开放时间安排

周二下午：14:00～17:00（冬季）
　　　　　15:00～18:00（夏季）
周三下午：14:00～17:00（冬季）
　　　　　15:00～18:00（夏季）
周四下午：14:00～17:00（冬季）
　　　　　15:00～18:00（夏季）

附件4：灵宝教育信息

市三小：创新举措，扎实开展心理健康教育工作

灵宝市教育体育局办公室

（2016年3月29日）

2015年，市三小被三门峡市教育局授予"三门峡市心理健康教育示范校"的荣誉称号，他们在心理健康教育工作中注重硬件建设，善于创新，采取有力举措，扎实开展心理健康教育工作。

一、重视心理教育宣传工作，加强心理健康教育阵地建设

本期，学校成立了"春之声"校园广播站，"阳光频道"栏目为教师与学生的心理沟通搭建平台。每周二、周四早上7:30~7:45，利用广播站向学生宣传和指导心理健康教育："阳光故事会"讲述学生身边的"阳光"故事，用身边人、身边事感染学生，传递正能量；"知心姐姐沟通桥"从知心姐姐信箱里选出的典型问题和同学们一起寻找解决办法；"音乐时空"给同学们播放使人心情愉快放松的高雅音乐；"沟通无极限"由心理健康教师和班主任轮流主持，创建师生和谐氛围。

二、开展以生命教育为主线的"生命教育周"教育活动

围绕"关爱健康，珍爱生命"这一主题，学校将每月的第二周定为生命教育周。根据"生命教育周"活动方案，以班级为单位，每班都举行主题鲜明、形式多样、内容丰富的班会活动。开展"感恩的心"主题活动，让同学们说说自己最感谢的人，并说出感谢理由；开展"生命的意义"辩论会，在辩论中让同学们认识生命的意义；开展交通标志辨认赛，使同学们在认知中更加珍爱生命；通过小品、诗歌、故事等形式宣传生命的价值；

组织观看《珍爱自己,珍爱生命》心理辅导节目;举办心理读书会、心理宣传小报、电影欣赏等其他一系列丰富多彩的班级生命教育活动。学校针对学生心理健康现状还编写了《珍爱生命》《远离灾难》《健康成长》系列生命教育校本课程;心理健康教师开展了《播撒心灵阳光有效管理情绪》《打开心灵之门》等有针对性的心理健康培训。

三、发挥"一课、两室、两卡、一栏"的功能,初步形成学生心理健康教育模式

"一课",即心理健康教育课上对学生进行团体心理辅导。各班级每月上一节心理健康教育课,以"寻找自信的我""如何学更快乐"等为主题进行心理训练和心理品质教育。

专业心理辅导教师与同学们相约"两室":个体心理咨询室及团体活动室,每周一、三、五下午 3:50~5:00 为两室开放时间,心理教师对存在情绪困扰的学生进行面对面的心理疏导。团体活动室主要进行心理社团活动及不定期对前来咨询的有共性问题的学生进行团体心理辅导。

"两卡"即"谈心卡"和"即时评语卡"。学校教师在教育教学过程中对存在心理问题的学生及时使用两卡进行心理疏导,在"谈心卡"的谈心内容栏里,通过一个恰如其分的词汇、一句中肯诚挚的嘱咐,流露对学生心理状态的关注。学生则在谈心卡中及时反馈自身的心理动向,师生以书面形式进行心灵沟通。"即时评语卡"则突出的是时效性,当学生有了点滴进步,哪怕是一种好的苗头,老师就立即写成即时评语卡送给孩子,把老师的支持、赞许和爱抚送到孩子的心里;受到老师的误解、父母离异考试成绩不好等,一张即时评语卡就是及时的心理医生,用无声的语言对学生进行心理感染,实现教育的心理默契。"两卡"已成为架设在师生间的桥梁。

开辟"一栏",在许愿墙壁"种"下一棵绿色的"许愿树",学生将自己短期内通过努力可以实现的心愿制作成漂亮的卡片,粘贴在许愿树上。"我和同学闹矛盾,我希望得到他的谅解""今天上课我没专心听讲,老师批评我了,我很难过""我的朋友太少了,希望能多交些朋友"……心理健康辅导教师和学校心理委员会成员每天都会去看看"许愿树",通过"许愿树"对学生的心理动态一目了然。心理教师在许愿卡下张贴"实现卡",以小故事的形式将问题解决方法呈现出来,帮助许下心愿的学生实现愿望取下许愿卡。未能解决心理问题的学生则在专职心理教师的帮助下进行"一对一"的心理疏导,从而解决问题取下许愿卡。

四、成立"一米阳光"心理社团,充分发挥学生社团的作用

学校"一米阳光"心理社团成立两年来,组织有责任感,性格开朗、心理阳光的社团

成员成立校级心理委员会，担任班级阳光小使者。社团成员每周二、四下午3:50~5:00在团体活动室集体活动，在心理健康教师的指导培训下，通过沙盘游戏、心理健康讲座、心理剧表演、座谈会等活动，对社团成员进行心理知识的普及，使他们在增长心理健康知识的同时，了解、掌握学生常见的心理问题及解决办法；指导社团成员如何帮助学校及时掌握各班级学生的心理动态，及早进行心理危机的预警和干预；指导社团成员定期与心理老师发现本班同学"许愿卡"反映的心理问题，以科学的方法和积极的态度与班主任老师共同做好班级心理健康工作，影响带动全班同学健康快乐成长。

五、家校携手，共育阳光少年

学校组织开展以"让每一个孩子都阳光，每一个家庭都灿烂"为主题的校园"阳光少年""阳光家庭"评选活动，组织并制订评选活动方案，通过班级推荐、年级评选以及"竞选演讲""家庭故事会""我与孩子共成长"经验交流会等形式进行评选。具体操作方法是：首先是每一个学生按照细则要求，认真落实到行动上。然后，由班主任组织评选，各班阳光少年、阳光家庭各推选一位代表；再由年级主任、班主任组织评选，选出候选人各2人，统一在公示栏公示，接受全校师生监督。最后，各年级代表通过参与各项竞聘活动进行校级总决选，评选出"阳光少年"20名、"阳光家庭"10个，张榜公布，制成版面宣传带动，并在每期开学典礼上隆重表彰，家校携手，共育阳光少年。

第四节　安全与保卫

安全保卫工作是学校工作的一项重要任务，安全是学校全体师生学习与生活的重要保障，安全工作已引起各级部门和学校的高度重视。市三小牢固树立"安全无小事""安全重于泰山""安全第一"的观念，坚决采取强有力的措施，防止各类安全事故的发生。

一、组织安全生产大检查

（一）实施方案

灵宝市第三小学安全生产大检查实施方案

（2017年9月4日）

一、指导思想

坚持"安全发展"理念和"安全第一、预防为主、综合治理"的方针，结合"安全生产"活动总体部署和各项目标，加强校园及周边师生安全保卫队伍建设和基础设施建设，推进学校安全教育和安全文化建设，为教育教学工作创造安全、稳定、和谐的环境。

二、组织领导

组　长：索淑敏

副组长：潘树波（全面负责）

组　员：李茂林　乔海生　各处室主任及班主任

三、活动安排

1.营造安全教育氛围。“安全生产大检查”活动期间，充分利用板报、宣传栏等多种宣传媒体，广泛宣传安全法规和安全常识，在国旗下讲话中宣传安全法规的重要意义，营造校园浓厚的安全氛围。

2.进行专项行动，开展安全大检查。在“安全生产大检查”活动期间认真开展自查，排查内容主要是教学楼、教学办公设施、消防安全设施、周边环境等方面存在的安全隐患，并及时进行整改。特别是结合正在进行的学校及周边安全环境建设和治安秩序专项整治活动，制定和完善学校安全预案，并结合“安全生产”活动的要求，认真组织实施。

3.开展安全教育。在师生中广泛开展以安全为主题的讲座、演讲、知识竞赛等活动，充分发挥教学主渠道的教育作用，利用午间教育时间，开展安全知识讲座，普及安全知识，增强师生的安全意识和安全防范能力。

4.突出落实责任，逐级签订安全生产目标管理责任书，严格落实“一岗双责”，严肃领导干部安全生产问责制。

5.制定切实可行的安全生产应急预案，组织开展一次防震应急救援演练。

6.积极开展“安全伴我在校园，我把安全带回家”的安全知识进校园征文活动。同时在暑期前集中对学生进行以防溺水、防道路交通事故等为主要内容的安全教育，以“给家长的一封信”的形式，向学生家长及社会进行安全宣传，从而带动家长、社会提高安全意识，增强责任感。

四、活动要求

1.高度重视。全体教师要高度重视“安全生产大检查”活动，严格按照学校的要求，认真组织，切实做好各项相关工作，取得实效。

2.贴近实际。根据学校实际开展内容丰富、形式多样的安全法规和安全常识宣传教育活动，创新活动内容和形式，真正做到贴近学生思想和生活实际。

3.加强反馈。“安全生产大检查”活动开展情况要及时上报学校安全领导小组。

(二)安全隐患排查安排表

表2-2　　2019年8月30日

排查组	组长	排查项目
英语组	张 潇	厚德楼三、四楼所有设施
一年级语数组	阴巧飞 高金波	尚美楼一楼所有设施(含一楼南连廊前院)
二年级语数组	黄方方 张丽萍	尚美楼二楼所有设施(含二楼南连廊及下楼梯)
三年级数学组	刘宝建	尚美楼三楼所有设施(含三楼南连廊及下楼梯)
三年级语文组	赵晶晶	尚美楼四楼所有设施(含四楼南连廊及下楼梯)
四年级语数组	杨红艳 南晓华	博艺楼四楼所有设施(含四楼北连廊及下楼梯)
五年级语数组	周静静 孙艳丽	博艺楼三楼所有设施(含三楼北连廊及下楼梯)
六年级数学组	李长华	博艺楼二楼所有设施(含二楼北连廊及下楼梯)
六年级语文组	李娟红	博艺楼一楼所有设施(含一楼北连廊前院)
体育组	乔海生	校园围墙、操场、所有学生活动区域设施及校园所有活动器材
音乐组	刘润之	校门口雅苑、停车场、舞蹈室
美术组	王冠霞	厚德楼各功能室
总务处	刘 照	向善楼所有设施(含前院)
电教中心	任 丹	微机室、主控室及网络安全

排查时间:每月1、15日

二、开展安全教育

学生是社会中一个人数众多的群体,是国家的未来和希望。在学生中开展安全教育,可以提高学生的自我防护意识和防护能力。学校尤其重视安全教育,从每期学生入学开始,就紧紧抓住每一次契机,对学生开展安全教育。

学生入学思想教育安排

表 2-3

时间	内容	主讲人	备注
9 月 1 日早第一节课	学生收心教育	各班主任	各班教室
9 月 1 日早第二节课	学生卫生纪律劳动教育	各班主任	各班教室
9 月 1 日早课间操	学生安全教育	政教主任	操场集中教育
9 月 1 日早第三节课	学生心理健康教育	各班主任	各班教室
9 月 1 日早第四节课	学生行为习惯教育	各班主任	各班教室
9 月 1 日第五节课	学生课堂纪律教育	各班主任	各班教室
9 月 1 日第六节课	检查语文作业	语文教师	
9 月 1 日第七节课	检查数学作业	数学教师	
9 月 1 日第八节课	大扫除	各班主任	

附件 5：

2018 年新学期学生安全教育讲稿

同学们：

新学期开始了，首先祝愿同学们身心健康，学习进步。为了保证同学们在上学和放学路上以及在校期间的人身和财产安全，学校利用集会时间对同学们进行一次安全教育。

1.注意交通安全

上学前，遇到大雪、大雾、大雨、大风等灾害天气时，不可盲目上学，在搞不清情况时，可事先与班主任联系一下再做决定；如果在路上遇到灾害天气，要及时找一个安全的地方临时躲避起来，如果等待时间较长了，危险仍未解除，可用公话或他人手机通知家长来接，不要冒险行走；放学时，突遇灾害天气时，不要冒险离校，要听从班主任和学校的安排，学校会启动应急预案保护大家安全的。冬天道路结冰时，同学们要慢走，小心摔倒。同学们在路上要自觉遵守交通规则，要注意道路上的车辆，不与机动车抢道，不嬉戏打闹，经过路口时要四处观望，确认安全后再通过。在大门口等待进校时，不要离公路太近，要在安全区域内等待。

2. 保护好自己的财产

同学们上学时身上不要带较多的零花钱。生活上要俭朴，不要和别人攀比。个人物品要保管好,家门钥匙及买饭用的零花钱要随身携带,不要往书包和桌斗里放。遇到不法分子要进行周旋,伺机离开或报案。当自己财产受到侵害时,要告诉家长和老师,不给犯罪分子以可乘之机。

3.注意食品安全

同学们不要购买街头无营业执照、无卫生许可证的商贩出售的食品,不食用来历不明的可疑食物。

4.注意校园内的安全

(1)不携带易燃易爆物品进校。

(2)不携带管制刀具进校。最近有许多同学把甩棍带进学校,被学校发现的已经没收。甩棍容易伤害到自己和他人,同时也给学校带来了极大的安全隐患,希望同学们今后不要再带入学校。

(3)不焚烧垃圾。

(4)不乱动水暖设备和教室内的用电线路。

(5)课间及体育课上不要你追我赶、胡乱打闹。

(6)上下楼梯要靠右慢行,千万不要拥挤;遇到雨雪天时,上下楼梯要格外小心,以免出现拥挤踩踏事件,给同学们带来生命危险。

(7)同学们之间有矛盾时,要找班主任和学校解决,千万不要打架斗殴,更不能找人报复;否则,不但会两败俱伤,而且还会触犯法律,后悔莫及。同学们之间的友谊是非常珍贵的,大家在一起同窗共读是一种缘分,望大家能珍惜这份情感,能互相关心、互相帮助。也希望同学们要珍惜自己人生中最美好的时光,多学点知识,将来报答父母的养育之恩,为祖国多做贡献。

(8)要爱惜公物,特别是消防、水、电、暖等设施,一旦损坏,后果将十分严重,还可能会危及同学们的人身安全。

总之,为了你和他人的生命与财产安全,希望同学们要自觉遵守国家的法律法规和学校的规章制度,将来做一个对社会有用的人才。

三、签订安全责任书

安全责任重于泰山,为了打造平安校园,保证校园财产及师生的人身安全,市三小结合学校实际情况,签订了一系列安全责任书,防患于未然。

(一)值日领导安全责任书

为保证学生安全,为学生创造一个健康、安全、和谐的生活和学习环境,增强师生安全防范意识,消除安全隐患,特与值日领导签订安全责任书。

1.值日领导对当天的教学秩序、学生到校、离校、课间活动、环境卫生等进行全面督查,发现问题及时解决。

2.值日领导对学生的就餐秩序、饭菜质量、值班教师的到岗情况进行督查,及时排查安全隐患。

3.值日领导对寄宿班学生的辅导、午休及辅导教师到位情况进行督查,保证安全有序。

4.值日领导要对当天的安全工作负责,及时检查、排查校园设施、学生活动、课堂教学、体育活动、楼梯执勤等方面的安全隐患,发现问题及时处理,无法处理的要及时上报主管领导。

5.学校实行安全工作一票否决制和责任追究制。

6.责任时效为:2019 年 8 月 31 日至 2020 年 8 月 31 日。

校长签字: 值日领导签字:

(二)政教处人员安全责任书

为切实加强学校安全教育和管理工作,明确责任,确保师生人身安全,构建安全文明校园,特与政教处每个人员签订本安全责任书。

1.值日当天每节课间巡逻,检查学生课间活动安全,有情况及时处理与上报互通,对当天校园安全负全责。课间巡逻地点一人在尚美楼,一人在博艺楼。

2.值日教师每天早上 7:00、下午 2:00 前到校,维持好校门口秩序,负责校门口的学生安全,组织学生进校,检查门卫到岗情况并做好记录。

3.督促和指导班级做好学生的日常行为规范工作,加强对学生课间活动的指导,发现学生玩危险游戏、玩具,及时制止,避免发生校内伤害事故。

4.及时发现校园安全隐患,发现问题及时上报。

5.认真抓好教师的值勤工作,加强对值勤教师的管理和指导。

6.关注学生集会、两操时上下楼梯的安全,及时检查楼梯护导教师到位情况,阻止学生上下楼梯的不文明行为。

7.对因忽视安全工作,工作不负责任,玩忽职守,造成学生受到伤害,对当事人依据责任的大小给予相应的处理。

8.责任时效为:2019 年 8 月 31 日至 2020 年 8 月 31 日。

甲 方(主管副校长)签名: 乙 方(政教员)签名:

（三）班主任安全目标责任书

班主任平时要加强学生安全教育，增强安全防范意识，切实保证学生有一个安静、和谐、健康的成长环境，现结合学校实情，对班主任做如下要求：

1.加强对学生的饮食、交通法规及防火、放电、防煤气中毒、课间活动、上下楼梯等安全知识教育，增强安全防范意识。

2.组织学生学习掌握一些安全常识和各种危急情况下进行自救、互救和自我保护的知识与技能。

3.加强班级管理，培养学生在校（课堂、课间活动、上下楼梯、集会、放学等）、在社会上的良好文明行为习惯，杜绝一切意外事故的发生。

4.做好本班学生的值勤安排，督促值勤学生及时上岗。

5.做好本班学生课间活动、课前及饭后的监管，严格履行请假手续。

6.及时发现和排除班级中存在的安全隐患，不定期对班级中存在的危险物品（管制刀具、易燃易爆）检查，一经发现，立即报政教处。发现学生有传染性疾病或可疑病例，应及时给予隔离并报政教处，通知家长。

7.经学校研究决定，实行班级安全工作一票否决制，凡班级学生发生安全事故，取消该班当年评先资格；发生重大事故，取消当年班主任评先、晋级资格，追究法律责任。

8.责任时效为：2019 年 8 月 31 日至 2020 年 8 月 31 日。

主管领导签字：　　　　　　　　班主任签字：

（四）教研组组长安全责任书

为加强学校安全文明工作，强化学校管理，消除不安全的隐患，杜绝师生伤害事故发生，创建良好的教育、教学环境，特拟定教研组组长安全责任书。

1.教研组长要积极配合班主任的教育工作，共同抓好本年级所属各班级学生的教育与管理工作。协助学校经常地开展安全、卫生、纪律等教育，增强“安全第一、预防为主”的意识，创建一个安静、和谐、健康的学习环境。

2.教研组长对所属各班级学生中一些比较普遍的或较严重的问题应及时向政教处、总务处汇报。

3.教研组长对学校安全保卫工作所制定的一系列制度、规章等应予理解和支持，积极安排好本年级的教师值勤工作。

4.教研组长要教育本年级组教师关心爱护学生，坚决制止对学生进行体罚和变相体罚。提醒老师们对学生的不良行为要耐心教育，不要采取过激的处理方式。

5.教研组长对所属各班级要定期召开安全文明会议，了解各班的学生安全文明情况，发现安全隐患和不文明行为，要及时解决或上报学校。

6.责任追究：在教研组长工作职责范围内发生责任事故的，学校将对教育管理不力、玩忽职守、违反制度而造成事故的相关教研组长进行批评教育，并追究其责任。

7.责任时效为：2019 年 8 月 31 日至 2020 年 8 月 31 日。

主管领导签字： 教研组长签字：

（五）任课教师安全责任书

为进一步明确学校对任课教师安全工作的责任，切实落实“谁上课、谁负责”的原则，确保学校课堂无安全事故，任课教师要在努力圆满完成教学任务和教学科研的同时，还必须加强对学生的安全教育和管理，切实做好以下工作：

1.任课教师负责本堂课全班学生的安全工作。

2.任课教师上课前应认真清点学生人数，对缺席、迟到学生应查询原因，做好记录，并及时向班主任和学校有关部门报告。

3.任课教师在上课期间应禁止学生擅自离开课堂（包括实验室、微机室、语音室及体育场地等）。学生上课时擅自早退的，要追究本节课任课教师的责任。

4.任课教师在上课时要严格管理学生，严禁学生携带有害安全的物品和器具，消除不安全隐患。

5.任课教师应维护课堂不受侵扰。上课期间，谢绝外客来访。无学校指令，禁止他人从课堂带走学生。严禁在教室、走廊接打电话。

6.教学期间安全工作实行任课教师课堂责任制和责任追究制。各任课教师应做到按时上下课，不迟到，不早退，不中途离开教室，不拖堂延时，如因个人原因而造成学生伤害事故的，由教师本人负全部责任。

7.各任课教师在上课前和下课时都应对学生进行简单的安全教育，发现不安全因素要及时制止并及时上报主管领导。

8.科任教师有责任及时向班主任或学校有关部门汇报各类不安全隐患，若因未及时汇报而造成经济或法律事故的，该科教师必须负相应经济或法律责任。

9.责任时效为：2019 年 8 月 31 日至 2020 年 8 月 31 日。

主管校长签字： 责任人签字：

（六）教师值勤安全责任书

为了贯彻“安全第一、预防为主”的方针，坚持“全员育人，齐抓共管”的原则，切实防止事故的发生,加强校园的安全工作,落实安全防范措施,结合学校实际,特与值勤教师签订安全工作责任书。

1.严格遵守学校的值勤时间:每节课间及时到岗,上午和下午放学时等学生离校后方可离岗。各教研组长要每天提醒值勤教师按时到岗,认真履行职责。

2.关注值勤时段学生的安全情况:发现存在的不安全行为要及时履行劝告和制止义务,制止学生追逐打闹、破坏卫生和推搡拥挤等行为,并进行安全教育。

3.在值勤时段学生发生安全事故时,应负责及时组织抢救,并立即向带班领导报告,协助做好事故的善后处理工作。

4.值勤人员因故不能值勤,必须自行安排好替换人员,并向政教处说明情况。

5.发现可疑现象或其他事故,及时和学校联系。

6.学校政教处每天安排专人检查评比教师值勤情况。

7.对由于脱岗而造成的安全事故,依据情节追究其责任或移交上级部门处理。

8.责任时效为:2019 年 8 月 31 日至 2020 年 8 月 31 日。

主管领导签字:　　　　　　　　　　值勤教师签字:

(七)楼梯护导教师安全责任书

为了进一步贯彻落实《学校安全管理条例》,加强学校的安全管理工作,确保教育教学的正常秩序,特与楼梯守护引导教师签订如下安全责任书。

1.关注执勤区域设施的安全情况,发现安全隐患要及时报告政教处和主管副校长。

2.认真履行守护引导值班工作职责,学生集会、课间操等学校统一组织的活动,学生上下楼梯,楼梯守护引导教师都要提前到位,履行职责,维护好学生上下楼梯秩序,劝说、制止学生不文明行为,杜绝楼梯踩踏事故发生。

3.楼梯守护引导教师因事不能值班,必须自行安排好替换人员,并向政教处负责人说明情况。

4.在值日时段学生发生安全事故时,应负责及时组织抢救,并立即向学校领导报告,协助做好事故的善后处理工作。

5.责任追究:对由于脱岗而造成的安全事故,依据情节追究其责任或移交上级部门处理。

6.责任时效为:2019 年 8 月 31 日至 2020 年 8 月 31 日。

主管领导签字:　　　　　　　　　　值勤教师签字:

(八)门卫安全工作责任书

为了切实加强校园综合治理，牢固树立“安全第一、预防第一”的思想，坚持“以人为本”的观念，认真开展创建“平安校园”活动，确保校园平安，特制定本责任书。

1.门卫人员应有高度责任感，对学校安全工作负责。24 小时上岗，不得擅自离岗。

2.按学校作息时间规定，定时开、闭大门。按时对学校划分的清洁区域进行打扫，禁止车辆在大门外停放。

3.负责外来人员的登记，外来人员须问清情况，填写来访登记单，征得学校有关人员同意后，方可放行。

4.严禁闲杂人员、商贩、传推销人员进入校园，对在校门口聚众闹事影响教学秩序的现象应予以劝阻。

5.发现私人向外运、拿公物的情况应及时阻止或向学校报告。

6.学生在上课期间离校，学生须有相关教师的准假条或班主任陪同方可离校。

7.门卫人员必须早上 7:00、下午 2:00 拉开校门口警戒线，协助政教处维护好学生上学、放学时门口秩序，防止学生家长等无序拥挤造成安全事故。

8.门卫人员要定时巡视校园，做好夜间巡查工作，发现可疑情况，及时上报。放学后检查学校门窗等是否关好，应及时妥善处理，同时报值日领导。

9.门卫人员工作职责，接受值日领导的监督和检查，并将检查结果记入值日统计表，年终作为本人的工作业绩纳入量化考核。

10.认真执行《市三小门卫岗位职责》条例，门卫人员如因工作失职，造成学校财产损失或人员伤亡，需承担相应责任。

11.责任时效为：2019 年 8 月 31 日至 2020 年 8 月 31 日。

主管校长签字： 主管主任签字：

主管政教员签字： 门卫签字：

（九）学生安全目标责任书

教育孩子是学校和家长的共同责任。为了确保学生在校内、外安全，增强其安全防范意识，掌握必要的安全知识和自救自护技能，现特与学生及家长签订如下安全目标责任书：

1.家长要自觉学习小学生安全教育知识，担负起法定责任。加强对孩子防火、防溺水、防触电、防交通事故、防煤气中毒等安全知识教育，教会孩子掌握一些危急情况下的自救自护知识和技能，培养孩子具有良好的文明习惯。

2.家长要教育学生遵守学校作息时间，不让学生过早到校。按时接送学生上学、放学，严禁学生骑车上学。因学生不按规定时间来校、自行滞留学校和家长接送原因造成的安全事故，由学生家长承担全部责任。

3.上学、放学时家长不要让学生在小摊小贩处购买食品，防止引起食物中毒。发现孩子有传染性疾病，应及时隔离治疗并向学校请假说明情况。家长要教育学生不携带危险物品、玩具进入校园。

4.学生有特异体质、特定疾病或异常心理状态，学生及家长应及时告知班主任和学校。

5.家长应经常教育孩子在校内活动时，模范遵守学校规章制度和安全注意事项，严禁攀爬楼梯护栏、下滑栏杆，不在走廊、楼梯追逐打闹，防止拥挤踩踏事故发生。违反规定造成安全事故的，承担相应责任。

6.学生不得到有安全警示标志的建筑物或场地玩耍，体育课、活动课、实验课应按指导老师的要求操作，违反规定造成安全事故的，承担相应责任。

7.严禁不假私自外出，擅自离校；有事请假。未履行请假手续私自逃课，所发生的一切事故，责任由其监护人承担。同学之间要团结友爱，发生矛盾应及时报告老师，在老师调解下化解矛盾，严禁骂人、打架事件发生。学生之间违纪造成伤害的由肇事方负责，并承担一切费用。

8.责任时效为：2019 年 8 月 31 日至 2020 年 8 月 31 日

班级：　　　　　　　　班主任签字：

学生签字：　　　　　　家长签字：

（十）校外寄宿生安全责任书

为了加强学校管理，确保校外寄宿生安全，落实责任，特制定本责任书。

1.一年级学生一律不得在校外寄宿、就餐。学校将定期对一年级学生在校外寄宿和就餐情况进行专项检查，若发现一年级学生在校外寄宿和就餐，学校立即将学生退回原籍就读或责令转学。

2.二至六年级学生原则上不得在校外寄宿班寄宿或就餐，若已经在校外寄宿班寄宿或就餐的学生，家长要尽快让学生退出在校外寄宿和就餐。

3.家长要尽到监护人的责任，上学、放学接送孩子，确保孩子的食宿安全。

4.为了消除学生校外寄宿、就餐存在的安全隐患，学校要求所有学生不得在校外寄宿班寄宿或就餐。如果孩子在第三小学无就读条件，家长不能按时接送孩子和保证孩子食宿安全，学校将通过劝说、退回原籍、责令转学等方式，逐步消除学生校外寄宿、就餐现象。

5.若学生在校外寄宿班寄宿或就餐，发生任何人身伤害或任何事故，学校不承担任何责任，家长承担全部责任。

6.责任时效为：2019 年 10 月 15 日至 2020 年 8 月 30 日。

班级：　　　　　　　　班主任签字：

学生签字：　　　　　　家长签字：

附件 6：灵宝市第三小学一日安全巡查记录表

表 2-4

<table>
<tr><td rowspan="9">安全教育及重点部位检查情况</td><td colspan="2">安全教育</td><td colspan="5">门卫室</td><td colspan="7">校园周边</td></tr>
<tr><td>一日安全教育主题</td><td>记录是否落实</td><td>大门是否上锁</td><td>安保器材是否齐备、正常</td><td>学生出校手续是否齐备并登记</td><td>上下学时段是否有专人维护秩序</td><td>各项记录是否落实</td><td>校园周边是否有安全隐患</td><td colspan="2">是否有乱摆摊设点现象</td><td colspan="2">校门通道是否通畅</td><td colspan="2">治安是否稳定</td></tr>
<tr><td></td><td></td><td></td><td></td><td></td><td></td><td></td><td></td><td colspan="2"></td><td colspan="2"></td><td colspan="2"></td></tr>
<tr><td colspan="5">校园、教室及楼道</td><td colspan="9">功能室（微机室、备课室、网络中心、图书室、实验室、仪器室、美术室、体育室、档案室等）</td></tr>
<tr><td>校园设施围墙是否正常</td><td>教室内设备设施使用是否正常</td><td>课间活动巡查是否落实</td><td>楼道等关键点教师值守是否落实</td><td>楼道走廊是否畅通有序</td><td>物品摆放是否整齐</td><td>是否配备灭火器且能正常使用</td><td>危险药品是否专柜双人双锁保管</td><td colspan="2">各功能室电源线路是否规范正常</td><td colspan="2">各功能室使用是否规范、正常</td><td colspan="2">各项记录是否落实</td></tr>
<tr><td></td><td></td><td></td><td></td><td></td><td></td><td></td><td></td><td colspan="2"></td><td colspan="2"></td><td colspan="2"></td></tr>
<tr><td colspan="5">监控室</td><td colspan="5">食　堂</td><td colspan="4">宿　舍</td></tr>
<tr><td>摄像头总个数</td><td>正常使用个数</td><td>监控平台运行情况</td><td>是否会操作</td><td>记录是否落实</td><td>卫生情况</td><td>从业人员着装是否规范</td><td>特种设备运行是否正常</td><td>相关台账及管理记录是否落实</td><td>校内商店管理是否规范</td><td>卫生情况</td><td>内务整理情况</td><td>设备设施使用是否正常</td><td>各项记录是否落实</td></tr>
<tr><td></td><td></td><td></td><td></td><td></td><td></td><td></td><td></td><td></td><td></td><td></td><td></td><td></td><td></td></tr>
<tr><td rowspan="2">安全隐患排查情况</td><td colspan="4">存在的隐患</td><td colspan="4">整改措施</td><td colspan="3">整改落实情况</td><td colspan="3">整改责任人</td></tr>
<tr><td colspan="4"></td><td colspan="4"></td><td colspan="3"></td><td colspan="3"></td></tr>
<tr><td>分管安全领导意见</td><td colspan="7">签字：
日期：</td><td colspan="2">处理结果</td><td colspan="5"></td></tr>
</table>

四、学校反恐防暴工作

(一)2019年学校安保暨反恐防暴应急预案

为营造良好安全的社会氛围,维护学校正常的教育教学秩序,保障师生员工生命财产安全,保持社会政治稳定,根据市教体局关于加强安保暨反恐工作的通知,全面提高应对恐怖和暴力能力,根据学校实际情况,特制定校园反恐防暴预案。

一、指导思想

学校是人群密集场所,学校的安全稳定关系千家万户。为有效预防、及时控制和消除校园重大突发事件的危害,保障师生身体健康与生命安全,维护学校正常的教育教学秩序,防止安全事故的发生。

二、工作要求

1.认真贯彻落实省、市有关文件精神,提高认识,把学校的安全保卫工作提到重要工作议程,抓紧抓实。加强学校安全排查及安全管理工作,确保师生安全。2. 校长要对学校安全保卫工作负总责,主管校长(含负责人)要对本校的安全保卫工作负直接责任。3.对全体师生进行法制教育,加强师生的法制观念。4.制定安全保卫工作预案,对可能出现的各种突发情况进行预先准备。5.加强门卫安保工作。要增强门卫力量,落实门卫职责,严格执行24小时值班、巡逻制度,坚决杜绝陌生人进入校园。

三、组织机构

1.领导小组

为切实加强学校安全保卫工作的领导,成立灵宝市第三小学安全保卫工作领导小组:

组　长:马晓春

副组长:潘树波　王永沛　翟希云　何皎洁

成　员:李茂林　乔海生　刘照照　刘雪峰　任　丹　赵高坤　王佩林及各班主任

领导小组下设办公室,由李茂林兼任办公室主任。

2.工作职责

学校发生或接到突发安全事故后,要在事故现场指挥救援行动,并及时向公安、交警、卫生、消防等相关部门汇报和请求援助,要本着“先控制,后处置,救人第一,减少损失”的原则,果断处理、积极抢救、指挥现场师生离开危险区域,保护好学校贵重物品,维护现场秩序,做好事故现场保护工作,做好善后处理工作,并按规定及时向上级和主管部门汇报。

(一)校园内犯罪分子持刀行凶事件应急处理程序

本应急程序的要点是:迅速集结优势力量阻止犯罪分子行凶。

1.获得事件信息的任何人都应当在第一时间向学校领导报告,并同时拨打110报警。

2.学校领导或任何工作人员立即组织现场人员,不惜一切代价建立警戒线,使犯罪分子无法靠近学生,防止事态扩大。

3.应急领导小组宣布学校进入全面应急状态,立即实施应急救援行动。

4.集结优势力量,携带防卫器械,与犯罪分子周旋劝阻,制止犯罪行为,为警方援助赢得时间,在有利条件下设法制服犯罪分子。

5.尽快把所有学生和无关人员撤离至安全区域。

6.救护受伤学生和其他伤员。

7.实施事件现场警戒,阻止无关人员进入学校,维护现场秩序,防范别有用心的人肇事,引导外部救援人员进入事件现场。

8.事件发生后,学校应立即向教育主管部门报告。

(二)校园内发现可疑人物应急处理程序

本应急程序的要点是:迅速采取措施控制可疑人物。

1.在校园内发现形迹可疑、四处游荡、可能作案的可疑人物,在场人员都应当立即向校领导报告。

2.学校保安人员和领导指派人员要立即对此人进行询问,同时把他的行动限制在局部区域内。

3.若此人自述进入校园的目的明显缺乏可信度,无人证、物证可以证明,甚至说话前后矛盾、蛮不讲理,保安人员应当将其带入办公室进行进一步盘问。

4.若有证据表明此人是危险人物或犯罪嫌疑人,应立即打110报警,由警方带走做进一步调查。

5.若可疑人物在盘问时夺路逃跑,单位人员应当将其相貌、身高、衣着及其他特征和逃走方向向警方报告,同时,学校应当做好可疑人再一次闯入校园作案的思想准备。

6.在整个过程中,学校应采取切实有效的措施,防范可疑人物使用暴力,要确保周围人员的安全。

7.学校应把事件情况及时向教育行政主管部门报告。

（三）校园内发现可疑物品的应急处理程序

本应急程序的要点是：防范易燃易爆有毒有害物品伤害事故。

1.收到可疑邮包或发现可疑物品的任何人员都要在第一时间向校领导报告。

可疑物品是指：物品外表、重量、气味可疑，非本单位物品，也从无看到过此种物品，不知此物品有何用途，为何会摆放在学校某处。

2.发现可疑邮包和可疑物品的任何人员，都不应当试图打开或随意摆弄，要禁止在周围吸烟或使用手机，或发动机动车辆等。

3.学校应当指定有专业知识和经验的人员进行初步鉴别，判断是不是危险物品，若不能排除危险物品，应立即打110报警请警方专业人员进行检测和处理。

4.若可疑邮包和物品被警方确定为危险物品，学校应立即在其周围设置警戒线，无关人员应立即撤离，并采取严密的防范措施。

5.学校应当配合警方组织人员在校园其他区域搜寻检查，确定在校园内是否还有其他可疑物品。

6.学校配合警方开展各项处理工作，并及时向教育行政主管部门报告。

（二）校园反恐防暴演练方案

为有效预防和处置各类恶性伤害师生案件，提升师生安全意识和逃生自救能力，确保演练活动顺利进行，增强演练实效，特制订本方案。

一、指导思想

检验和提升对突发性暴力事件的反应和处置能力，确保校园和谐稳定。

二、参演人员

全体师生

三、演练时间

2019年9月6日

四、演练目的

1.宣传和普及防暴应急知识和技能，增强广大师生员工应对暴力事件的危机意识，逐步提高应对暴力事件能力，减少暴力事件损失。

2.检验全校师生应对暴力事件应急机制的运作水平，进一步完善暴力事件应急体系。

3.检验学校应对暴力事件的组织协调能力、应急处置能力和安全自保能力。

4.针对应急演练中暴露出来的问题,加强应急预案的动态管理。改进和完善应急预案体系,提高应急管理工作水平。

五、演练准备

1.通过教师会议,使全体教职工明确此次防暴应急演练的任务和注意事项。

2.演练前由班主任认真组织学生学习本次演练方案,让学生熟悉应急的正确方法,讲明演练的程序、内容、时间和纪律要求,以及注意事项,同时强调演练是预防性、模拟性练习,并非真正的防暴应急和疏散,以免发生误解而引发谣传。

3.演练前教师对学生安全疏散路线必经之处和到达的“安全地带”进行实地仔细检查,对存在问题及时进行整改,消除障碍和隐患,确保线路畅通和安全。

4.检查学校防暴工具器材是否完备。

六、演练要求

1.不要惊慌,听从指挥,服从安排。

2.保持安静,动作敏捷、规范。严禁推拉、冲撞、拥挤。

3.按规定线路疏散,不得串线。

4.各班级严密组织,认真对待,避免危险情况的发生。

七、人员分工及职责

1.马晓春校长负总责。在第一时间赶赴现场,负责整个事件的处置指挥。

2.潘树波校长在第一时间赶到现场,负责疏散学生,拨打报警电话 110 和急救电话 120。

3.各班班主任负责维持正常的教育教学秩序,做好学生的思想工作,消除学生的恐惧心理。同时强调演练是预防性、模拟性练习,并非真正发生暴恐事件,以免发生误解而引发谣传。

八、演练步骤

现场:学生正进校时间,一男子手持棍棒闯入学校。值班保安见状马上用对讲机报告总指挥。

(1)总指挥接到发生校园暴力消息后,立即启动学校反恐防暴应急预案,潘校长按下警报器发出“防暴警报”信号。李茂林主任带领防暴应急队员前往现场与保安人员控制暴力分子跑进校园。

(2)副总指挥负责指挥学生,迅速疏散到教室,然后拨打报警电话 110 和急救电话 120。

(3)班主任指导学生在室内做好防暴应对措施,指挥学生迅速关好所有门窗,走廊靠近窗户的学生向内转移,教师就地获取防暴工具,比如拖把、木棒、凳子等,做好防暴准备。

(4)班主任在教室做好学生心理疏导工作。教育学生应沉着应对突发事件,相互配合,相互团结,统一听从教师的指挥。

九、演练注意事项

(1)现场呼救并报警。安保人员发现可疑人员进入校园,向其他安保人员大声呼救。用对讲机马上告知校长,得到命令后启动应急预案,按下报警装置。其他保安人员立即拿起器械进行周旋与搏斗。

(2)隔离并劝告"犯罪嫌疑人"。学校发出防暴紧急信号后,护校队员迅速将"犯罪嫌疑人"控制在与师生隔离区域,对其进行劝说。在劝说无果的情形下,手持木棒、警用钢叉、橡胶棒、强光手电等安保器械与"犯罪嫌疑人"搏斗。

(3)疏散师生并制服"犯罪嫌疑人"。教职工听到警笛声后按分工组织学生按指定路线依次迅速疏散到教室,关锁好门窗,做好防暴准备。保安人员制服"犯罪嫌疑人"并扭送至警务室。

(4)各班班主任或任课教师清点完人数。

(5)由总指挥宣布演练结束,解除应急状态,总指挥潘树波校长对本次应急演练进行总结讲话。

五、安全生产集中整治活动

2019~2020学年安全生产集中整治活动实施方案

为全面提升学校安全管理水平,确保广大师生人身安全和学校财产安全,学校决定开展为期四个月的校园安全集中整治活动。制订方案如下:

一、指导思想和工作目标

以习近平新时代中国特色社会主义思想为指导,牢固树立"发展绝不能以牺牲生命安全为代价"的红线意识,按照"谁主管、谁负责"的原则,坚持"安全第一、预防为主、综合治理"的方针,认真落实各项安全措施和管理要求,切实加强校园安全管理力度,全面落实校园安全建设标准,维护校园安全稳定。

通过集中整治,进一步加强校园安全管理,使学校的安全保卫、校舍、食品、消防等安全工作再上新台阶,杜绝重特大校园安全责任事故,预防一般安全事故,确保校园安全无事故。

二、集中整治重点

校园安全集中整治活动期间，重点做好安全保卫、校舍、食品、消防等内容的集中整治。

三、方法步骤

校园安全集中整治工作分四个阶段组织实施：

1.组织发动阶段(2019 年 12 月 12 日至 12 月 15 日)。学校建立集中整治领导小组，制订工作方案，广泛发动，层层部署，全面启动集中整治活动。整治工作方案于 12 月 15 日前报灵宝市教育体育局。

组　长：马晓春

副组长：翟希云　潘树波　王永沛　何皎洁

成　员：李茂林　赵高坤　刘雪峰　刘　照　王佩林及各班主任

2.自查整改阶段(2019 年 12 月 16 日至 2020 年 3 月 10 日)。结合这次集中整治重点，立即开展校园安全拉网式排查，排查要全面彻底、不留死角。尤其是宿舍、食堂、会议室、教室等人员相对集中，以及重点部位的消防隐患排查，消防设施和器材的定期保养，电器设备、电源电路的检查整治，疏散通道和安全出口的畅通等方面的排查。对排查出的所有问题和隐患，都要建立台账，对一般安全隐患要立即进行整改；对一时难以整改的，要采取必要的防范措施，制订完善的整改计划，逐步进行整改；对学校自身难以整改的，在采取必要的防范措施的同时，及时上报教育体育局。每周四下午上报校园安全隐患排查汇总表和整治清单。

3.总结工作阶段(2020 年 3 月 11 日至 3 月 15 日)。

对学校安全隐患自查、整改落实情况进行全面总结，巩固集中排查整治成果，进一步提高学校安全管理水平。

四、工作要求

(一)加强领导，精心组织。为加强本次集中整治活动的领导，学校成立集中整治领导小组，制订切实可行的实施方案，全面部署集中整治活动。

(二)健全制度，落实责任。进一步完善各项安全管理制度，按照“一岗双责”要求，细化校园安全职责，做到目标到岗、责任到人、措施到位、不走过场，确保校园安全集中整治活动取得实效。

(三)营造浓厚氛围。充分利用板报、网站、电子屏幕等媒介，做好集中整治信息发布工作，广泛宣传、普及安全生产常识，营造浓厚舆论氛围。积极发动师生员工参与集中整治，提升师生安全意识和防控水平。

六、依法治教工作

2019年市三小依法治教工作计划

一、指导思想

为进一步做好学校法治宣传教育工作，深入贯彻依法治国、依法治教方法，对学生开展多种形式的普法宣传教育，增强全体师生的法治观念和法律意识，增强依法维护自身合法权益的能力，养成守法、用法的自觉性，努力使学生的违法犯罪率降低到零。

二、工作重点

1.保证课堂教育，坚持集中教育，坚持每学期1～2次的集中法治课教育。聘请校外辅导员、派出所民警，来学校讲解有关法律法规，要求学生通过集中教育，懂得有关法律法规，并组织学生进行讨论，引导学生、结合实际，根据所学法律知识，剖析发生在身边的不良现象，增强师生法治观念。同时将法治教育有机地渗透到学校各学科教育之中，尤其通过晨会课、思品课、红领巾广播站及国旗下讲话，有针对性地开展。

2.进一步完善管理、规范办学，使法治学校走向成熟。健全完善法治学校的组织网络，明确法治学校的岗位职责和有关制度，使法治学校科学化、系统化、透明化。

3.分层对学生实施法治教育，真正把法治教育具体化、实效化。小学低段结合思品课、晨会课、日常行为规范，对学生进行通俗易懂的法律常识教育。通过学习，使学生初步了解《宪法》《国旗法》《义务教育法》《未成年人保护法》《道路交通管理条例》等。了解国家法治建设内容和依法治国的基本方针。

4.积极开展形式多样、内容丰富的法治实践教育活动。为了增加学生的法律知识，取得法治教育的效果，巩固理解法治教育的内容。组织学生开展法治知识竞赛，召开以法律法规知识为题材的主题班队课。板报定期刊出法治教育专栏。

5.强化对后进生的帮教工作。重视做好学业成绩还暂时落后学生的帮教工作，教师首先应努力学习和领会新的、科学的教学观念和手段，坚信每一位学生都是天才，每个学生的学习类型是不一样的，教师的教学方法可以丰富一点。同时，在班级中发动学生，开展“一帮一”活动，设置进步奖、最大进步奖，让后进生也感受到成功的喜悦。

6.把法治教育与学生的日常行为规范教育紧密结合起来，通过法治教育增强学生遵纪守法意识，自觉遵守《小学生守则》《小学生日常行为规范》为根本目的。在学校开展争做“规范生”、争当“规范小队”、争创“规范班级”活动，要求学生做到“静、净、竞”。

7.以家长学校为依托，把法治教育与家庭教育有机结合起来。

（1）通过家长学校和其他传媒，向家长传授法律知识，明确家长的法律责任，树立法治教育观念。一方面，家长为孩子树立了正确的榜样；另一方面，也使家长能及时、有效地对自己的孩子进行法治教育。

（2）通过家访、家长会、班主任和任课教师及时把学生在校期间的遵纪守法表现告诉家长；同时也能从家长的反馈中了解学生在双休日、节假日、寒暑假中的表现。及时发现问题，有针对性地对学生进行教育，真正使法治教育与家庭、学校教育相沟通。

附件7：法治报告会讲稿

法润花季，快乐成长（节选）

尊敬的各位领导、各位老师及同学们：

大家好！

首先，非常感谢市三小给我提供了这次和大家共同学习法律知识的机会。今天很荣幸来到咱们学校，与在座的老师和同学们一起学习一些法律知识。我将结合自己在刑事审判庭的工作实践，就青少年犯罪这一方面与大家共同探讨。希望大家能够从中有所收获，少走一些弯路，顺利地完成你们的学业，为你们美好的将来奠定一个良好的基础。

今天我主要谈以下四个方面：

一、要学习法律知识，增强法制观念

在这里，我主要结合真实的案例向大家介绍发生在学校或者学校周边的三大类犯罪：盗窃、抢劫、故意伤害。这三类犯罪年龄均集中在十四岁到十八岁之间。

（1）盗窃：指以非法占有为目的，秘密窃取数额较大的公私财物或者多次秘密窃取公私财物的行为。也就是我们通常所说的偷偷拿别人钱财的行为。在学生中，常常发生的有2种情况，第一种是偷偷拿自己家里的钱，第二种是偷拿同学的钱和物。这里有一件发生在我们灵宝一所学校的真实的事情，一个学生趁妈妈不注意，从妈妈的包里偷拿了一万多元，没地方存放就放到教室抽屉内，需要花钱的时候就偷偷地摸出一张。这时可能有同学会问了，她家很有钱吗？其实不是的，她父母均是下岗工人，兄妹五个，为了养活他们、供他们上学，她妈妈辛苦推销保险，这笔钱就是别人交的保险费，她妈妈还没来得及去给人家办理保险手续就被她拿去了，那这位同学拿这么多钱都干了什么呢？

在家庭那么困难的情况下,她竟然用这笔钱买一些高档的发卡,一个200元,她竟然一下买了10个,到一些高档西餐厅吃西餐,同时还摆阔气请同学吃喝等,还有一部分钱因为她放在抽屉内,被其他同学偷去了。有些同学该问了,她拿的是她家里的钱,也是盗窃吗?在这里我肯定地告诉大家,不管你拿的是谁的钱,只要是偷偷拿的都是盗窃,但拿自己家的钱,如果取得家人的谅解,可以对你从轻处理。

还有陈某来自农村,自进入本市某中学就读后,看到别的同学花钱大手大脚,穿着打扮时尚,内心羡慕不已,为了满足自己不断膨胀的私欲,他开始把手频频伸向自己的同学,在不到半年的时间里,就连续作案多起,窃得手机三部、人民币累计一千多元。后来被判刑。爱慕虚荣致使其最终走上了犯罪道路,给自己的历史留下了不光彩的一页。

(2)抢劫:抢劫就是采取殴打或者威胁手段强行劫取别人钱财的行为。这类犯罪在学校发生的最多,主要表现为个别学生在校内或者校外向其他学生要钱,有些学生还纠集校外学生向本校学生要钱,如果不给就殴打吓唬,使被要钱的学生感到害怕,没办法只得给他钱。为什么会发生这样的事情呢?我讯问了好多这样的小罪犯,他们都不知道向学生要钱这是犯罪行为,稀里糊涂地就将自己送到了监狱。给大家讲一个案例,刘某年仅15周岁,虽是在校学生,但其一直沉迷于网络游戏,经常旷课溜出去上网,但父母给的零花钱花完了怎么办呢,他想到了向同学要钱。一天,他在操场玩时,看见比较胆小的同学方某,刘某就走上前,拿出随身携带的水果刀威胁方某说"把你身上的零钱给我,我认识许多社会上的人,不给钱就叫人来修理你",方某很害怕,就将自己身上仅有的10元钱给了刘某。刘某觉得这样来钱挺方便的,于是凭借自己人高马大,逞强耍横开始向其他同学要钱,从1、2块到5、10块,再到后来的20元、30元。最后一次,刘某逼方某要50元,方某说自己没有那么多钱,刘某便将方某带到一个偏僻的地方,用刀子划伤方某,威胁方某"明天中午必须把钱拿来,否则有你好看"。在这种情况下,方某才将这件事告诉了父亲,方某父亲马上到公安机关报案,刘某很快就被抓获归案。后来刘某因涉嫌犯抢劫罪被提起公诉,在接受审判时刘某才说道:"我以为只是向同学要点小钱花花,没什么大不了的,根本不知道会有这么严重的后果",但法院鉴于刘某系未成年人,还是在校学生,认罪态度比较好,对其从轻处罚,判处有期徒刑二年。

此前我还看到过一个这样的案件,一个学校九个学生他们都是篮球队的,个子高,体质好,经常在放学后纠集在一起,向同班同学或者是低年级同学收取所谓的保护费,如果不给就群殴对方,可以说威震一方,吓得那个学校的一些学生纷纷转学,但多行不义必自毙,他们几个后来分别被判刑,最多的判了十年,最少的也判了三年。

在这里我想告诫大家的是，抢劫犯罪是一种行为犯罪，只要你实施了殴打、威胁这种行为，不管你有没有要到钱，都是要被判刑的，而且判的刑也比较重，最少也在三年以上。作为那名被欺负的同学，我们更提倡的是，当这种情况第一次出现时，你就应该及早告诉老师、家长，才能杜绝更深的伤害。

(3)伤害犯罪：简单地说就是打架造成严重后果，在学生中间常常会因为一句闲话、哥们意气，或者高年级学生为了女孩争风吃醋等引起打架的事情。一个乡镇中学初三学生李某，是一个品学兼优的好学生，一个周五的下午放学后，其他同学邀请他去上网，他想着紧张一周了去放松一下也可以，于是和其他同学一起去了，谁知道在上网过程中他的同伴和其他人发生口角然后就打起来了，他看到他的同伴受欺负，立即从地下捡起一个棍子朝对方的头上打了过去，一棍子下去将对方打成脑挫裂伤，后来他被关到了看守所，当我去提审他的时候，他泣不成声，一个劲问我他什么时间才能从这里出去到学校去上课呢？殊不知，这里是布满了高墙电网、武警严守的看守所，是一个不能随便进出的地方啊。看着后悔不已的他，我很心疼也很无奈，不过值得欣慰的是，这个孩子在看守所除了接受改造外还坚持学习，由于他认罪态度好，家人给受伤的孩子积极治病，取得了对方的谅解，后来他被判缓刑。

七、卫生健康工作

(一)市三小卫生健康教育工作计划

(2011年2月)

为了认真贯彻国家教委、卫生部颁发的《学校卫生工作条例》，积极开展各种形式的健康教育活动，加强学生健康知识教育，培养学生良好的卫生行为习惯，改善学校环境和教学卫生条件，加强对传染病、常见病的预防和防治，切实做好学生的预防近视、预防疾病工作，本学期对健康教育工作安排如下。

一、教育卫生方面

1.根据学生的年龄特点合理安排作息时间，切实保证学生每日体育活动时间。

2.在教学上，各班主任要定期调换桌椅及学生座位；督促学生做好眼保健操，控制近视率；每月进行一次卫生广播，每月出好一期黑板报。

二、体育卫生和劳动卫生方面

提倡卫生工作与体育工作相结合，教育学生经常参加体育锻炼和适当的劳动，根据学生不同的生理特点进行医务监督。

三、个人卫生方面

1.从小培养学生良好的卫生习惯和行为习惯。

2.坚持个人卫生检查制度,以促使学生逐步养成良好的习惯。

四、医疗保健方面

1.定期对学生进行健康检查并建立健康卡。

2.对残疾、体弱学生要加强照顾和心理卫生工作。

3.做好急、慢性传染病的预防和控制工作。

4.开展学生健康咨询以及心理咨询活动。

5.对高年级同学进行青春期卫生知识讲座。

五、学校卫生管理方面

1.加强学生的饮食安全,对食堂严格进行监督,杜绝一切食物中毒的不安全因素侵入学校。

2.对学生饮用水进行卫生监督管理。

3.对学生的教室、采光、课桌椅等进行卫生监督。

六、月工作安排:

2 月份:

1.制订学校健康教育工作计划。

2.制定《健康教育》课时安排。

3.制定个人卫生检查评比制度,并进行抽查打分。

4.办好第一期健康园地。

5.建立好医务室门诊登记、药品登记以及学生因病缺课登记档案。

6.举办“爱牙日”专题讲座。

3 月份:

1.各班认真抓好卫生工作,注意学生的个人卫生。

2.出好第二期健康园地。

3.一年级接种白百破疫苗。四年级接种风疹疫苗。

4 月份:

1.一、三、五学生体检。

2.做好流感疫苗的宣传接种。

3.办好第三期健康园地。

5 月份：

1.期末视力测试,统计近视率和新发病率。

2.各项卫生评比打分,表彰优秀。

3.办好第四期健康园地。

6 月份：

1.进行健康教育期终复习、考试。

2.卫生工作总结。

3.进行期末“六病”及视力统计、汇总、上报。

4.完成各类卫生报表。

5.办好第五期健康园地。

(二)卫生健康教育教案

【课题】预防流行性感冒

授课时间:2011 年 4 月 19 日授课人:周社梅

教学目的要求：

初步了解流行性感冒的一些症状和预防流行性感冒的方法.

教材重点难点：

怎样做才能有效地预防流行性感冒。

教具和学具:电视教学片

教学过程：

1.导入新课

(1)师:现在已经进入春季,天气开始暖和了。各种流行性疾病也随之而来,你知道为什么？小朋友每天早上做什么？

(2)感冒是一种常见病,可能每个人都得过,让老师来统计统计,我们班上有患过感冒的小朋友吗？你记得感冒的时候有哪些地方不舒服吗？

(3)感冒让我们感到这么多不舒服。可有一种比这种感冒还要厉害的感冒叫“流行性感冒”,简称流感,你们知道吗？今天就让我们初步了解它。

2.学习新课

(1)了解流感

①师:为什么叫“流行性感冒”呢？它和普通的感冒有什么不同的地方？它的厉害之处就是会流行。在病人呆过的地方,空气中、灰尘里、飞沫中都有流行病毒的存在。

它是流行性感冒引起的急性呼吸道传染病。

②与感冒相似的地方

除了以上症状,还会有其他症状。

(2)认识和了解预防的办法

①师:你们有预防流感的好办法吗?

②归纳总结,联系插图讨论

第一幅图表现的是流感预防针与病毒之间的较量;第二幅漫画告诉我们病毒在什么时候最容易侵犯人的身体。

③讨论:怎么样预防

小组讨论

汇报

即兴表演

(3)一旦患上感冒,要积极治疗

①观察插图

②讨论,这样对身体的恢复有什么好处?

(4)巩固与反馈

①说一说:流感和感冒是通过什么传播的?

②议一议:得了流感应当注意什么?

③做一做:你认为怎样做才能有效地预防流行性感冒?

④朗读:《小小感冒一扫光》。

第三章　教学与研究

第一节　管理制度

教学管理是学校管理的核心，是稳定教学秩序、提高教学质量的保障，为使教育教学管理有章可循、有法可依，学校根据实际情况不断完善和调整教学管理制度，从而逐步形成科学化、规范化、制度化的教学管理模式和质量监控体系，保证了学校常规教学行为的良性循环。

一、教学常规管理制度

（一）备课

为促进教师钻研教学、练就扎实基本功，实现教师个人业务素质和学校课堂教学质量的整体提升，特制定教师备课制度。

要求每一个教研组在小组议课的基础上写出集体教案。教案书写步骤完整，应包括课题、执笔人、预习目标、教学目标、教学过程、教学重点和难点、教具准备、课时、教学过程、当堂检测作业、教后小结、板书设计等。

教案书写要求结合学科特点，规范整洁，书写认真，教学目的明确，教学容量和时间分配科学合理，重点难点突出，教法指导和学法渗透体现到位，当堂检测作业适量适度，教后小结有独到之处，板书板画大方美观。评价分为A、B、C三个等次，凡符合以上要求的记为A等，有两处不合格的记为B等，有两处以上不合格的记为C等。

（二）听课

1.学校每学期必须根据教学工作的特点，确定教学改革的方向，主管教学的领导，要经常深入课堂、教研组听课与评课，推动教改工作顺利进行。学校领导每学期听课不得少于30节。

2.各教研组每学期必须围绕教研组教研课题，在组内相互听课评课，教研组长每学期至少听本组每位教师一节课，并在互相听课评课的基础上推荐1~2节校级公开课。各任课教师每学期听课不得少于40节。

3.凡是学校组织的观摩课、公开课,每个教研组组长和所有无课教师必须参加听课和评课。

4.各任课教师应积极欢迎其他教师听课,不得因有人听课而改变教学计划和教学进度,更不能拒绝别人听课。

5.教务处学期检查两次教师听课记录,并把检查结果纳入教师综合考评。要求写清执教者姓名、所用的班级、讲课类型、听课时间,并且要用规范的字体记下主要的教学环节和教学中的亮点,还要及时中肯地写上评价意见和建议。每次检查依据听课记录的数量和质量,评出 A、B、C 三个等次。凡符合以上要求的记为 A 等,有一项不合要求的记为 B 等,没有按时上交或节次不足的记为 C 等。

(三)评课

1.凡是听课教师都应在听课后,把自己的评议实事求是向授课人说明,相互交换意见,并认真做好听课记录,填写评价表。

2.对所听课进行认真的评议,要严格按照《课堂教学评价标准》进行评价,不但要指出一节课的优点和成功之处,更要评出这节课的不足,还要写出自己的见解和建议。听课评价科学,具有一定针对性;评价要有过程评价、终结性评价;过程评价要突出教学方法与课堂高潮的契机。

(四)业务学习

要求业务笔记每周至少书写 2 页,每个教学月不少于 8 页。要求书写认真,不出现错别字,字体工整,整洁美观,实用性强,提倡写一些教育前沿材料,笔记保管完好,每次检查根据数量和质量按 A、B、C 三个等次记分。

(五)学生作业

各个教研组力求统一学生的作业内容和作业批改次数。语文尽量做到一课一次,数学、英语一天一次,其他学科一节一次。学生作业书写规范整洁、美观大方,保管完好。老师批改及时认真,批改符号清晰明确,有鼓励性的批语,学生的错题有订正。教务处每个教学月检查一次,各班学生作业由教务处统一抽取,按优、中、差各抽取 1~2 本。按批改的质量评出 A、B、C 三个等次。如发现有加改作业现象的,该项记为 0 分。学校检查作业的类型:语文作业本、作文本,数学、英语、美术、书法等学科作业本。

(六)课堂教学

1.认真钻研课标、课本和教师参考书。明确每一课的教学目标和基本内容。

2.根据学生特点,设计与所学内容联系紧密、趣味性强、参与度高的课堂活动。

3.以学生为中心,充分调动学生的学习积极性,让学生真正成为课堂的主人。

4.充分利用多媒体等直观教具,使信息技术与学科特点结合起来,激发学习兴趣,提高教学效率。

5.教学活动形式多样、衔接自然紧凑,注重“独学”和“群学”,充分发挥集体的力量,展开小组合作学习。

6.多鼓励表扬,激发和维持学生的兴趣与积极性。更多关注学习困难的学生。

7.布置有趣味性、以听读(说)为主的课外作业,认真批改并做好记录。

8.重视教学反馈和教学方法及效果的反思。及时采取补救措施和改进教学。

9.上课教师应每节课提前 3 分钟候课,做好课前各项准备工作;上课铃响后,组织学生安全、有序进入教室。

(七)早读管理

1.各任课老师必须在前一天下午放学后,在黑板上写出第二天的早读背诵任务。任务必须细致,读到什么程度、背诵哪些内容等,都要有明确的规定,并且书写认真规范。

2.走读班 7:50、寄宿班 8:00(体育队学生 8:10),学生全员参与早读。老师必须提前到教室进行辅导,早读结束时老师要对早读内容进行检查验收。

3.教务员每天早上 7:50 开始对全校的早读情况进行检查。

(1)看学生是否全部到位;(2)看早读任务是否明确;(3)看早读气氛是否好;(4)看早读效果是否好。检查结果及时公布,并与各年级、各任课老师的量化考核挂钩。

4.教务员每天早上 8:00 检查校园流动学生人数,每发现一人次,不论什么原因,扣当天辅导教师个人量化分 1 分。

(八)自习课要求

1.教师要求:自习课由各班科任教师负责管理班级纪律,不得作为讲课时间,教师不得以有这节自习课,而加重学生的课业负担,将作业安排在这节自习课完成,必须按相关要求,布置作业。老师可利用一定时间进入自习课解决学生在学习中的疑难问题,作个别讲解,严禁集体授课。

2.学生要求:本节课作为学生巩固复习当天的学习内容、预习新知识的时间,作为学习有余力的学生自主学习的时间,学生可针对学习中的疑问,及时向巡查的教师咨询,解决心中疑问。

3.总体要求:一要充分利用这一难得的时间复习巩固当天所学内容,预习将要学习的知识。二要制订好这节课的计划。在学习中按自己拟订的计划合理安排这节课的时间。三要有一定的自主学习知识的时间,同时做好查漏补缺。四要充分利用这一时间抓好弱势学科的学习,以达到各科均衡发展,共同提高。

(九)课外辅导要求

辅导是教学的必要补充,是因材施教、发展个性、分类指导、培优补差必不可少的环节。辅导教师必须以个别辅导和重点辅导为主,抓好两头,培优补差,不要利用辅导时间对全班学生统一讲解,更不能利用辅导时间上课。

对学科尖子生的辅导,可鼓励阅读课外读物,布置一些难度较大、灵活度较高的习题,定期举办讲座,组织学科兴趣小组,开展科技活动,发展其特长,鼓励拔尖。

对潜能生的辅导,要热情关怀,耐心指导,在充分了解的基础上,按平衡补差的原则,制定补差计划和措施,进行针对性的辅导,使其有较快的进步。辅导中,既要考虑对知识上的拔高或补缺,也要注意学习方法的指导,纠正不良学习习惯,帮其调整心态,充分发挥非智力因素作用,提高辅导效率。

(十)预习要求

语文学科

低年级组:

1.按老师要求查字典,预习字词。读准字音、认清字形。2.阅读课文,根据课后问题找出答案。3.读课文,了解课文的主要内容。

中年级组:

1.自读课文,划出生字新词,读准字音,认清字形。2.根据老师要求,解释有关词语。3.根据课后问题,了解课文内容,试给课文分段。4.提出自己不能理解的句子。

高年级组:

1.把新课读两遍。2.遇到生字词查字典解决音、形、义,并结合课文理解词的意思。3.给课文分段,并试写出段意。4.能根据课后问题,了解课文内容。

数学学科

低年级组:

1.每次上新课前要求预习一道例题,学会看数学书。2.每次上新课前要准备学具,再根据老师提出的预习内容进行思考。3.预习新课时要联系旧知识,自己先试练,遇到难理解的地方做好"△"号。4.预习应用题时,用学具摆一摆,数一数,帮助弄清数量间的关系。

中年级组:

1.学习计算题时,先预习例题的计算法则和定义。2.学习应用题时,可先划线段图,或用分析法、综合法、列表法等其中的一种方法作例题数量分析。3.概念教学或意义教学先看一遍,对概念或意义稍作理解。4.预习有疑问,不理解的地方打上"△"符号,等待新课学习时理解。

高年级组:

1.每次上新课时要求预习例题的内容。2.从预习中找出解题的方法、规律。3.从中找出问题的难点、疑点,并用线画出来。4.有些重点内容,教师要给出预习提纲,以指导学生预习,为授课作充分的准备。5.根据授课内容,预先准备好学具。

英语学科

1.预习教师准备讲的新内容。2.预习新内容时,要复习有关旧的知识,纵横联系,才能牢记,才能真正掌握。3.预习新单词时,查字典,先注出单词的音标,了解词性、词义及各种用法。4.描出每课单词部分所出现的图画,并拼读出单词。5.听课文录音,弄清楚本课所出现的情景。6.预习课后作业。

(十一)复习要求

1.制定复习目标

制定复习目标应注意如下三点:全面、准确、具体。

2.回忆

回忆,就是要求学生将学过的旧知识不断提取而再现的过程,这是学生独立联想的有利时机,应尽最大可能让其独立完成。如果是低年级,可让学生先看书本再回忆并说出来;中高年级也可让学生提前一天预习,这样课上会节省一些时间。当然,回忆过程也离不开教师的启发引导。可以采用如下策略:(1)独立地默写。(2)同桌相互说。(3)启发得结果。

3.梳理

梳理,就是将旧知识点按一定标准分类。因此,梳理是复习中的重点。梳理要完成两项任务:一是将知识点联接起来(求同),二是把各知识点分化开来(求异)。

4.练习

复习课中的练习与新授课或练习课中的练习都有明显不同。新授课中的练习主要是为了巩固刚学过的新知识,因此其练习成分是基本习题占70%左右,侧重于知识方面;练习课中的练习则是为了技能向能力转化,侧重于数学能力的形成;复习课上的练习侧重于知识结构转化为认知结构,因此应出示综合性较强的习题让学生练习。

二、教务处绩效考评方案(试行)

(满分100分,折算后分值20分)

(一)常规工作(80分)

1.早读(10分)

(1)任务提前布置,内容具体;教师7:50开始组织早读,计4分。没有提前布置任务扣1分;内容不具体扣1分;教师不能按时到位扣2分。

(2)早读组织有序、有效,学生读书兴趣高、气氛浓,计4分。有学生不参与早读,做与学习无关的事情,每人次扣0.5分;早读组织凌乱,整体效果不好扣2分。

(3)走读班7:50、寄宿班8:00(体育队学生8:10)学生全员参与早读,计2分。学生不能按时参与早读,每人次扣0.5分(本项分值不够,可得负分)。

2.课前候课(5分)

(1)每节课提前3分钟候课,做好课前各项准备工作;上课铃响后,组织学生安全、有序进入教室,计3分。教师不能提前入班扣1分;上课铃响后才调试一体机、安装设备、寻找内容扣1分;上课铃响后,学生才开始准备文具或擦黑板扣1分;学生进入教室拥挤、打闹、喊叫扣1分。

(2)下午第一节上课的老师需提前候课,并组织学生唱好"课前一支歌",计2分。不能按照要求按时到岗者扣1分;课前歌曲无力、涣散,学生边做作业边唱歌扣1分。

3.集体教研(10分)

(1)包学科领导、全体学科组成员按时参加教研,计4分。包学科领导不按时参加集体教研扣1分;学科组成员不按时参加集体教研,每人次扣0.5分。

(2)集体教研组织有序,全体学科组成员认真参与、积极讨论,教研效果好,计4分。集体教研时间聊天或做其他与教学无关的事情,每人次扣1分。

(3)认真填写教研记录。教研记录每周5次,记录认真详细、字迹工整,计2分。不能按照要求认真填写,酌情扣0.5~1分;记录本不能及时上交扣1分。

4.课堂组织(包括自习)(15分)

(1)课堂组织有序,全体学生能够认真听讲或完成作业,计10分。学生在课堂上交头接耳、睡觉、做小动作、自由走动,教师没有及时指正,每人次扣0.5分;教师上课(含监考)接打手机、收发短信、上网聊天,每发现一次扣1分;教师布置学生自习或做作业,自己离开教室扣2分;学生做作业时,教师做与教学无关的事情,每次扣2分。

(2)课堂教学中注意学生学习习惯的培养,学生坐姿、读书姿势、写字姿势正确,计

5 分。学生有不良学习习惯,教师不能及时发现并指导改正,每人次扣 0.5 分;课堂教学中学生课桌凌乱扣 1 分。

5.课外作业布置(5 分)

教师能严格遵守教体局关于课外作业的各项要求,一、二年级不留书面课外作业,三、四年级书面课外作业每天总量不超过 30 分钟,五、六年级书面课外作业每天总量不超过 1 小时,达标者计 5 分。

(1)在检查或抽查中发现不合规定的课外作业,每次扣 3 分。

(2)家长举报作业量过大,一经查实,每次扣 5 分。

6.教案检查、作业检查、听课记录及业务笔记检查,全部合格者计 20 分。

(1)教案检查中,及时上交并得 A 及 A+,计 6 分,得 B 计 3 分,得 C 不计分;晚交,每次扣 1 分。

(2)作业检查中,及时上交并得 A 及 A+,计 6 分,得 B 计 3 分,得 C 不计分;晚交,每次扣 1 分。

(3)听课记录检查中,及时上交并得 A 及 A+,计 4 分,得 B 计 2 分,得 C 不计分;晚交,每次扣 1 分。

(4)业务笔记检查中,及时上交并得 A 及 A+,计 4 分,得 B 计 2 分,得 C 不计分;晚交,每次扣 1 分。

7.资料上交(5 分)

(1)教务工作中要求上交的各种资料,能及时上交并按要求高质量完成,计 3 分。晚交或应付了事,每次扣 1 分。

(2)期末回收教材(2 分)

全部上交或缺 3 本以下,计 2 分。每缺 4~6 本扣 0.5 分,缺 7~10 本扣 1 分,缺 10 本以上扣 2 分。

(二)临时性工作及教学活动(10 分)

积极参加教务处组织的各项活动,按时完成任务者,计 10 分。

(1)迟到,每人次扣 1 分;请假,每人次扣 2 分;无故不参与活动或故意推脱、拒不参加扣 4 分。

(2)各种检查评比(包括班级图书角、班级文化墙等),按照要求完成任务,得 A 计 4 分,得 B 计 3 分,得 C 计 1 分。

(3)教务处组织的各种竞赛活动,获一等奖者,计 2 分;获二等奖者,计 1 分。

(三)工作量(10分)

根据每学期教师任课情况而定。如:本学期全校语文教师任课节次总和÷全校语文教师人数=语文学科标准工作量。每跨一个课头加1节,处室人员加计8节。满工作量记10分,每超一节加0.5分,每缺一节扣1分。

(四)其他(10分)

1.学历进修(3分)

2.校级以上教学竞赛(7分)

(1)教师个人获奖(3分)

灵宝市级:一等奖2分,二等奖1分;三门峡市级:一等奖3分,二等奖2分,三等奖1分(只有名次没有等级的,按照参赛单位的数量,前三分之一按一等奖计,中间的三分之一按二等奖计,后三分之一按三等奖计)。

(2)辅导学生奖(4分)

灵宝市级:一等奖3分,二等奖2分;三门峡市级:一等奖4分,二等奖3分,三等奖2分(辅导教师按学生获奖等级计分;只有名次没有等级的,按照参赛单位的数量,前三分之一按一等奖计,中间的三分之一按二等奖计,后三分之一按三等奖计)。

三、集体备课制度

一、集体备课的时间和形式

1.时间:每天一课时。

2.形式:以备课组(年级)为单位,年级组长负责,教研组和教导处监督。

二、集体备课的基本要求

1.每学期初(或上学期末),各备课组要制订出切实可行的集体备课计划,一式二份,一份备课组留存,一份交学校教务处。

2.集体备课需在各人深入钻研教材,注意广泛学习并了解学生实际,充分准备的基础上进行。要准确把握相关的课程要求。每次集体备课时首先要组织反思前一阶段教学工作的得失,认真完善教学工作的每一个环节,然后交流近期备课的心得体会,研讨备课中碰到的各种问题,以形成共识。

3.每位教师需在集体备课的基础上集各家之长,写出个性化的课时教案,不得抄袭或直接使用他人的现成教案。一般情况下应保持1~2个课时的提前量。教案应包括教学目标、教具准备、预习指导、教学过程、板书设计、练习安排、相关活动等,并应预留"教后反思"栏目。教案内容的主体部分,应当体现新课程理念,以学生应当关心又能够理解的社会生活和学生成长之中的实际问题为载体,安排师生共同参与的形式多样的双边活动。

4.教师可用活页备课、电子备课等方式进行备课。集体备课首个循环,每位教师均备详案。教龄五年内教师备详案,注重规范性;教龄五年以上教师,重在教学设计的实效性,“详案”数量,一般教师不少于70%,校级骨干教师不少于60%,市级骨干教师不少于50%。市学科带头人以上教师可采用“书头备课”、“旧案新备”等方式,突出创新性和个性化。

三、集体备课的主要内容

1.教材分析:认真钻研教材,确定重点、难点,理清所备内容在全册教材中的地位和作用,以及在所在知识体系中的上下联系。

2.教学设计:即每课时的教学设计,着重体现“教什么、怎么教和为什么这么教”。

3.课例示范:选取单元或章节中具有典型性的课题,由“主备人”开课示范。

四、集体备课的实施程序

基本程序为:分配任务—个人自备—集体研讨—专人整理—反思修改。

1.以年级为单位,由年级组长将教材按章节(内容体系)分工至组内每位教师,教师独立钻研教材,备好教案的初稿(前两周教案可在寒暑假中完成)和主讲稿的书面材料。

2.每次活动前两周,“主备人”将初稿上交年级组长。组长把好质量关,杜绝抄袭,不合格一律要求发回重备,确保提前两周将初稿发给组内教师。

3.每轮次集体备课操作过程如下:

⑴由各单元“主备人”作为主讲,进行单元教材分析、说课,并选择其中典型内容、篇目,开设公开教学。⑵其他教师结合自己对教材的理解和听课后的想法,与“主备人”进行交流。⑶“主备人”结合课后反思及组内教师意见或建议进行修改,并将修改稿分发至组内教师。⑷各类材料(包括分析、课例、反思),由年级组长收集存档。每学期按上述操作方法进行多轮次集体备课。

4.所有备课教案留1/3用于教师根据实际修改补充,即“二次备课”。要求每篇都留下反思的痕迹。

5.选上的公开课,同年级的必须听课,并摄像,在教研组中再研讨,形成“精品课例”。

五、集体备课的检查和评价

1.检查内容及分值

有效备课总分20分，具体为：①备课规范3分，②二次备课5分，③集体备课12分（教材分析3分、教学设计6分、课例示范3分）。

2.考核评价方式

以上①②由教研组长考核，③由年级组长和组内教师评价，各占50%。

四、作业布置及批改制度

1.作业的类型

作业按照完成的时间和场所，可分为课堂练习和课外作业。按照形式可分为三类：口头作业、书面作业和实践活动作业。按照目的可分为五类：预习作业、强化记忆性作业、加深领会性作业、拓展阅读性作业和应用性作业。

2.作业的布置

教师布置作业要有明确的目的，要紧扣教学目标，紧紧围绕授课内容，选择难易、数量适当的课堂练习和课外练习。教师对所留的作业题要先做后布置。布置作业时，要注意以下几点：

（1）要根据教学需要和教材的内在逻辑体系来确定课外作业。

（2）要注意和掌握知识与训练技能相结合，做到通过作业掌握知识，通过作业训练技能。

（3）在内容上要做到由简到繁、由易到难，在形式上做到由模仿到独创、由典型到变式，充分体现循序渐进的原则。

（4）要注意适量，一般每科不超过一个课时。作业的布置要少而精，作业的重点是学生易混淆、易忽视的教学重点内容。

（5）要注意适度。教师在布置作业时要做到难易适度，要体现出梯度，并提倡针对不同学生的不同水平布置不同的作业和选做作业。

（6）教育学生独立完成作业，禁止留惩罚性作业。

3.作业的批改

（1）教师对学生作业要严格管理。作业的书写、格式等要统一、明确、具体，对作业马虎拖拉、缺交、抄袭等现象，教师要及时批评教育，并要求其补做或重做，做错的要更正，但禁止罚抄罚做。

（2）作业批改要认真仔细，指导意见准确、恰当。课堂练习要落到实处，课上问题争取课上解决。课外作业应全批全改。必做题要全收全改，选做题至少选三分之一批改。少数由学生互批互改的作业，教师也要检查订正。

(3)作业批改要及时。一般应在下一堂课前将作业本发给学生,同时,要求学生认真查看教师的批改和评语,并根据教师批改要求订正或重做。学生对教师批改有不同意见的,允许学生以口头或书面形式向教师提出,教师要耐心给予答复。

(4)教师批改作业一律用红钢笔或红圆珠笔,且书写要规范,字迹要清楚工整。批改符号大小要适中。要有书写得分、质量得分和批改日期。

(5)提倡面批面改;提倡学生自我订正、修改作业,养成自我检查、反复探求的良好习惯。

(6)教师对学习困难的学生要多加关注和帮助,对他们能按时完成作业要给予鼓励。批改他们的作业要侧重于面批面改,及时订正作业中的错误,使其增加信心,不断进步。

(7)教师要专备"作业批改"摘记本,做好作业批改记载,对独创性的见解和有代表性的错误应予记录,作为讲评和辅导的依据。

4.作业讲评

(1)作业讲评要鼓励先进,启发和帮助后进,切忌挫伤学生的自尊心和积极性。

(2)作业讲评要指出共性问题,提出改进意见和建议。

五、实验室管理制度

(一)实验教师岗位职责

1.热爱本职工作,认真做好实验室工作,积极完成实验教学任务,定期向领导汇报实验教学及仪器设备管理等情况。

2.熟悉教材,开全演示实验和学生分组实验,并做好实验记录。

3.熟练掌握教学仪器设备的规格、型号、构造、性能、工作原理和使用方法,熟悉实验材料和药品的性能;负责做好仪器设备的验收、保管、使用、保养、维修和补充更新,以及材料、药品的保管、使用、回收、报废和处理等工作,并能及时妥善处理实验室突发事故。

4.努力创造条件,积极开展实验教学研究和师生共同制作教具活动,组织学生开展多种形式的科技活动,发挥实验室的多功能作用。

5.建立健全实验室的各项规章制度,建立完整规范的实验室和实验教学管理档案,认真做好各项基础资料的记录、整理和分类保存工作。

6.确保师生安全和身心健康,保护好国家财产,按规定做好处理"三废"(废液、废气、废渣)工作。

7.不断总结经验,改革管理方法,努力提高实验室工作水平,逐步实现科学化、规范化管理,以适应现代化教育的需要。

(二)学生实验守则

1.实验课前,必须认真预习实验内容,明确实验目的和要求,掌握实验的基本原理,设计实验方法和实验步骤,明确注意事项,并认真写好实验预习报告,经教师检查合格后,才能进行实验。

2.进出实验室要保持良好秩序,不准喧哗、打闹,做到“三定”,即定组、定位、定仪器。

3.实验前,必须认真听取教师讲解实验内容和要求,仔细观察教师的示范操作。

4.实验开始时,首先要检查实验仪器、药品和器材是否齐全,若发现短缺或破损,应立即报告教师,给予补齐或调换。未经许可,不得擅自动用仪器和药品。

5.实验时,必须严格遵守实验室纪律,遵循实验操作规程。同学间要发扬团结友爱、协调一致的精神,认真、规范地完成实验任务。

6.实验过程中,要注意安全,防止意外事故发生。如出现异常现象,应立即停止实验,及时报告教师,在教师指导下妥善处理。

7.实验后,及时切断电源和火源,清洗有关器皿,整理教学仪器、药品和器材,并按要求摆放整齐。若教学仪器有损坏,须及时报告教师,并按学校有关赔偿规定执行。

8.要爱护实验室里的一切设施和用品,注意节约水、电、药品和实验材料。

9.要保持实验室的清洁卫生。

三、实验室物品管理规则

1.教学仪器、药品要按照国家统一的配备目录编号(或教材章节)分科、分类、分室,科学、合理地存放。

2.要根据仪器、药品的特点,做好防尘、防腐、防潮、防晒、防震、防压、防磁、防冻等养护工作。保持清洁卫生,做到室内及仪器表面无尘土,达到干净、整齐、美观。

3.实验室应有防火、防盗设施,并定期检查设备是否完好、有效。室内无人时,要切断火源、电源,并关好门窗。

4.要建立、健全科学的教学仪器、药品账目,设仪器设备总账、分类账、明细账、低值易耗品明细账和自制教具账,并严格账目管理制度。

5.危险品库(柜)要有专人负责,严格执行双人双锁管理制度。危险品的取用要经主管主任批准、定量取用,登记在册。

6.实验室要建立仪器借还制度,设专门登记册,内容包括:借还的时间、仪器编号、名称、借还数量和完好情况。

7.每学年要全面清理一次教学仪器和药品,将结果上报学校领导。对于消耗的药品、材料,应及时补充。

8.实验教师工作变动时,必须办理教学仪器和药品的账、物移交手续,经学校领导和交接双方三人签字后方可离岗。

第二节　课程设置

学校规范办学,严格按照灵宝市教体局学制规定实行六年学制,按照国家及地方的课程开设标准,开足开齐所有课程。

一、课程标准

学校按照《河南省义务教育课改实验区课程计划(试行)》,小学一至六年级每周课时30节。六个年级使用新教材,课程开设为:

1.小学学科类课程主要有:思想品德、语文、数学、英语、科学、体育、音乐、美术、信息技术、书法、社会、劳动。

2.三年级、五年级的地方课程增开民族团结教育课程。一至六年级增设实践课程,内容为:劳动教育课程、学科综合实践课程、社区服务与社会实践活动等。

3.开设地方课程:综合教育、安全教育与健康教育。综合教育内容为省情、礼仪、安全教育等,安全教育课每学年不少于12节;健康教育包括心理健康教育,心理健康教育课每年不少于12节。

二、校本课程

1.每周增设三节校本课程:整本书阅读,如《读老子,学成语》《跟着课本学阅读》。

2.周二、周四下午开设体育、音乐、美术、微机、心理健康教育、戏曲、书法、泥塑、剪纸等20多个社团活动。

第三节　教学工作

教学工作是学校的中心工作,教学质量是学校的生命线,学校成立教务处,加强教学管理,制订学校教学工作计划,开展教学活动,明确教学工作目标,加强教师的教学质量和学生的学习质量管理，保证学校教学工作有计划、有步骤、有条不紊地运转。

一、加强常规管理

每学期开学前，灵宝市第三小学认真做好各项准备工作，如教材、教参、备课簿、影像资料及课程安排的准备与发放。

开学初，学籍管理员要加强学籍管理，严格执行休学、复学制度。严格做好“控辍保学”工作，积极做好电子学籍管理，确保适龄儿童入学率为100%，保证学生流失率、失学率为0%，巩固率为100%。严格按程序做好学生的转学、借读、休学工作，做好记录并及时更新学生登记表，及时提供准确的班级学生人数以及学生情况，坚决杜绝私自安插学生进班现象。

在教学中，加强课堂教学常规督导，通过每节课的严格检查，对教师的教学情况及学生的学习情况进行及时指导，确保步步走实、不留漏洞。日常，严控学生到校时间、课外作业量，坚持每周检查学生的作业，每月进行电话家访，切实减轻学生的课业负担。同时，严格教案、作业、课例分析、听课记录检查，及时公示检查结果，促使教师在日常教学中严格要求自己，扎实做好各项工作。

重视电教室、实验室设备的管理、维护和使用，发挥现代信息科技应有的作用。加强图书室的管理，认真做好教材以及教学资料的征订、装运、分配、发放、调剂工作。同时对公共图书严格执行借阅制度，安排好借阅时间。

做好课务协调工作。教师外出开会、进修、学习、听课等，教务处要主动为其安排好课务，以保证教学秩序正常。同时要认真做好工作量的统计与核算。

二、深化质量意识

加强年级管理制度，提高集体教研、集体备课的实效性。年级主任要强化质量意识，深入教研组和教师一起认真研究课程标准及教材，根据学科自身特点，进行重点突出的备课。语文：夯实双基，扩大学生的阅读面，围绕教材打开学生思路，加强习作练习；数学：把握例题所蕴含的数学思想，设计具有探索性和开放性，并切合学生实际的问题，发展学生的数理逻辑能力。综合学科：要注重过程的规范，抓好综合能力的提高。

抓好课堂教学，提高教学效率。实行教师候课制，每位任课教师必须提前1~2分钟进教室，了解学生的课前准备情况，提醒学生进入上课状态，杜绝教师上课迟到、旷课及接打手机的现象。在整个课堂教学中，倡导“精讲、善导、激趣、引思”的课堂八字要求，推行“设问、研讨、答疑、训练、反馈”五步一体的教学模式。积极探索运用启发式教学法、导学教学法、情境教学法、愉快教学法等先进教育方法，利用现代化教学媒体优化教学活动,使教学过程达到最优化。加大推门听课的力度,对整体成绩落后的班级要加强沟通,及时反思总结,促进提高。

认真搞好教学质量检测,通过严密组织“月教学”质量检测,期中、期末考试及毕业班考前自测等工作,及时查漏补缺,巩固教学成绩。加强和改进对体音美、实验操作和信息技术等薄弱学科的教学质量监测工作,每学期进行一次监测考核;学校建立德、智、体、美、劳全面评估教育质量的科学标准,不以考试成绩排列班级、学生的名次,不以考试成绩作为衡量教学质量、评定教师工作的唯一标准。

强化学生的智力开发和养成教育,使学生养成良好的学习习惯。通过课堂教学常规检查、作业普查与抽查、“三姿”及写字练习检查等,关注学生的学习习惯,及时矫正不良习惯,持续督促学生良好学习习惯的保持,为学生高效学习提供保障。

认真抓好毕业班工作。关注学生思想动态,引导学生掌握科学、高效的学习方法,全面提高教学质量,力争在毕业考试中取得优异成绩。

三、加强队伍建设

加强教研组建设,各备课组在开学初结合学校实际,分别制订出具体、实用的教研组工作计划,凝聚骨干教研力量,发挥教研组全体教师的集体力量,实现抱团发展,彻底消灭弱科。利用集体教研时间认真学习各学科课程标准,提高教师对学科教学目标及重点的把握,每月撰写一份高质量的课例分析。

为提高教师素质,加强教师基本功的训练,每周练习写一张钢笔字、毛笔字,画一张简笔画,每月以教研组为单位上交教务处。每学期举行一次教师基本功大赛;举行一次命题大赛,提高其命题能力和钻研能力;举行一次教师习作大赛,提高其写作水平。

倡导教师有计划地开展阅读活动,每位教师自选一本专业书籍和一本文学书籍阅读,撰写阅读札记,分学科举行读书交流会。

四、开展多彩活动

积极组织师生参加各级各类竞赛,丰富课余生活。积极做好科学实验和科学实践活动,提高学生的科学素养。重视开展综合实践活动课程,加强对学生课外、校外活动指导,改变学生的学习方式,培养学生的创新精神与实践能力。

1.组织美术教师参加三门峡市“银杏杯”少儿书画大赛,三小选送了 11 件作品参展,闫飒飒老师的作品被评为三门峡市一等奖。

2.组织美术、微机教师参加三门峡市动漫节活动,并选送动漫画、科幻画、动漫作品 21 件参展,推动了三小动漫实验进一步发展。

3.组织“学名人,知英雄,明荣辱,立志向”系列活动,通过“读一位名人故事”“写一则读后感悟”“出一期学习园地”“办一次班级交流活动”,使学生从名人、伟人、英雄们的身上汲取正能量,从而形成正确的人生观、价值观,为自己的远大理想而努力。

4.组织“童心唱响中国梦”学生书写竞赛,通过竞赛促进学生养成良好的书写习惯,并通过优秀作品激励学生书写规范,人人争做“小小书法家”。

5.组织学生假期实践作业展评活动。国庆节假期期间,学生的假期作业不再局限于抄写和做题,而以剪纸、树叶贴画、图片等形式展示了孩子们在社会广阔天地中的真实体验。

6.积极组织学生参加“全国科普日”活动,通过网上答题活动、班级“学科学,用科学”主题班会、出办“科学在我身边”学习园地等活动,使全体学生积极学习科技知识,提高科技素养。因为有效组织和出色表现,第三小学与豫灵二中组队代表三门峡市赴郑州参加全国青少年科学体验活动,第三小学教师刘亚婷老师带领六(2)班学生程尹龙参加现场展示,以全省第一名的突出表现载誉而归。

7.组织师生参加灵宝市第十一届科技小制作小发明展评活动,30余件参展作品有8件获得一等奖、7件获得二等奖,三小被评为“优秀组织单位”,张丹老师被评为优秀科技辅导员。

8.建设好学校科技作品展室,向来校参加家长会的家长展示了三小的科技成果,赢得了家长的好评。

9.开展“推普周”活动,2019年9月16日~9月22日以“七个一”系列活动:一次国旗下讲话、一次主题班会、一次主题墙报、一次经典诵读比赛、一次“书写经典,传承文明”、一次主题黑板报、一次“啄木鸟”纠错等为载体,培养学生“说好普通话、写好规范字”的良好习惯。

第四节　教学研究

根据教育改革与发展的需要,学校成立教科室,制订并实施学校教育科研规划、计划。教科室主要负责学校重大教育科研课题的立项、组织、实施。负责教师的各级各类培训,采取多种形式培养教育教学和科研骨干。负责学校校本教材的整理与编撰工作。指导和帮助教师学习、掌握教科研知识,总结教科研经验,撰写教科研论文,应用教科研成果。参与学校公开教研活动的策划、准备、组织、指导和实施工作,不断提高学校教研活动的质量和影响力。

一、常规教研

(一)开展“高效课堂”教学达标活动

2011 年,在灵宝市第二届教师“高效课堂”达标活动中,为了更快更好地实现早日达标,市三小全体教师在学校教科室的指导下,努力做到“四定”,从教学常规上划定课改的标准。“四定”的基本内容是:

一是备课定型:由原先备教案、教教案向备学案转变。同一学科教师集体备学案。关注学生独学、对学、群学环节,了解学生知识基础、主要学习方式、学习习惯,明确学生活动的内容、方法、时间,有针对性地设计复习巩固题等。一堂课结束后,尽量做到堂堂清。

二是上课定模:要求课堂围绕模式上课,为了使教师较快地适应新型教学模式,教科室安排了教学模式解读提炼研讨活动,确保独学时间要留够,对学、群学要学透,疑难问题要点拨,教师台前退幕后。

三是评课定调:教科室下发了市三小教师观课议课一般标准,标准的核心是坚持让学生动起来、课堂活起来、效果好起来。

四是课堂定位:灵宝市第二届教师“高效课堂”教学达标活动是广泛推进学校课堂教学改革,提质增效是为高效,“高效课堂”教学达标活动步步深入、层层推进,“亮相课、过关课、达标课、示范课、赛讲课”等课型,是三小进行课堂教学改革的抓点。

此外,市三小还采取了两项特别措施,以促进“高效课堂”教学达标活动:

1.集体教研,“磨”出好课。在全面推进高效课堂达标活动的过程中,学校严格按照市教研室下发的“备课、上课、观课、议课”一般标准,加强了以“说课、备课、上课、观课、议课”为主要模式的教研活动。广泛开展课堂教学研究,积极倡导“磨课”活动。认真磨好每一堂课,做到磨透、磨细、磨精、磨深、磨实。每个教研组每天有一节集体教研,由包年级领导主持并负责教研的落实:共同研讨课标、教材,由一人主说,其他人补充,最后由一人执笔写出详案,然后实现资源共享。在每周的集体教研中,坚持集体说课,重点谈教学反思及对策,关注课堂教学细节。

2.推门听课,“规范”教学。为规范教师的教学行为,学校实行课堂开放,校领导坚持“推门听课”,通过推门听课、巡查听课、指导听课、解剖听课等方式,加强课堂教学管理,及时发现并矫正课堂教学中存在的问题,提高课堂教学效率,保证课堂教学质量。每周学校领导听课不少于 5 节,教师听课不少于 3 节。此举加强了领导与教师之间的交流，也促使教师在备课、上课时更加专心、更加用心，有效提高了课堂教学效率。

（二）拓展“高效课堂”达标形式

1.研读“课标”，解说教材。2011年，市三小的教师队伍又增加了几十人，而这些“新教师”大多来自中学，对小学教材并不熟悉。因此，学校及时组织教师认真研读课程标准，研读教材，先后组织了两次说教材活动，一是开学前从整体入手，弄清楚教材的编排体系和知识结构，以及每课内容在整本书中和单元中的位置、作用等。二是校级达标开始后，选取一个单元来进行解说。在说课过程中，不但要注意教学方法的运用，还要求注意教学理念的运用。如教什么，怎样教，为什么这样教，为什么这样练等。

2.随机“抽号”，同课异构。在校级达标活动中，采用随机抽号的办法来确定当天的授课教师，以检测教师在课堂教学中的真实表现，也为教师展示自身素质、展现个人魅力提供了机会。教研组长在当天早上到教科室进行三次“抽号”，一抽是否讲课，二抽讲课顺序，三抽讲课老师。若“中号”，早上立刻上课。这样的组织，随时都有可能“中号”，促使教师们提前准备，时时候课。

“同课异构”是学校达标课采取的主要形式。校级的“同课异构”活动由学科领导组织进行，不同年级推选出的教师主讲同一课，形成了年级之间教师“比拼”业务的格局，促使教师快速完成从“要我研”到“我要研”的转型。活动前，各教研组精心讨论选课、选人；活动中，执教者在课堂教学中展示出了不同的风格。

3.视频课堂，反思成长。学校利用信息技术的优势，为每一节达标课做全程拍录，并及时地把录制的课例传送到各人的电脑上。这样，每个老师都能从观者的角度再次审视自己的课堂，“镜头重放”，促使教师自觉地对自己的教学特色和优点进行反思。

4.课改论坛，提炼教学“金点子”。在达标活动中，教科室及时组织组长和学科中心组成员就老师们的苦恼、困惑，先后举办了三次课改论坛，给予建议、指导等，并把论坛中的发言整理成册，形成了教学“金点子”。

5.公开课：教师专业成长的催化剂。市三小主要有两类公开课，一种是校内公开课，为老师们提供一个真实的研讨情境，大家互相听课、互相借鉴和研讨，并从中找到课堂教学改革的方向；一种是校级以上各类观摩课、赛课或评优课，准备一节这样的公开课，倾注了全体教师及相关专业人员的集体智慧。老师们常常有这样的感受——“我是在听公开课的过程中成长的，也是在上公开课的过程中成长的”。学校举办公开课，既是对“高效课堂”达标活动的提升，也是对其进行验收。

（三）锻造教师队伍，夯实“课改”基础

1.开展“过三关、创三杯”活动。2012 年,市三小为了夯实“课改”基础,加强了教师队伍的建设:培养名师,实现典型带动。学校制定了“过三关、创三杯”活动规则。让新调入教师过“适应关”,进校工作一到两年的教师过“成长关”,省市级骨干教师和教学标兵、能手过“特色关”。同时开展“希望杯”“创优杯”“特色杯”系列学科大赛及教师魅力风采大赛。如:领导、名师示范课,师徒结对课,视频集锦课,抽号展示课,英语教师儿歌律动展评,数学教师知识测试,音乐教师基本功大赛等活动,有效促进了高效课堂工作进一步升华,教学质量稳步提升。

2.创建课改“四梯队”,为打造高效课堂作保障。“第一梯队”由包学科领导组成,负责全校各学科的课堂教学指导工作。组成人员:语文——贺雅芳,数学——李民强,英语——任丹,品德——张晓静,科学——刘雪峰,体育——刘照照,音乐——屈新萍,美术——赵娟丽,微机——李潘东。要求包学科领导深入教研组,深入课堂,引领指导本学科课堂教学,提高教师的教学水平,及时了解并解决学科教学中存在的各种问题,研究推动教学改革。“第二梯队”由教研组长组成,负责本教研组的教学研究工作。要求从研课、备课、上课到组内研讨课、课题研究、校级汇报课等工作进行全程指导和监管,带领教研组全体教师扎实认真上好每节课,提高本组教师的业务素质。“第三梯队”由课改带头人组成。每个教研组产生 1~2 名学科骨干,组成校级课改带头人团队,负责各教研组学科教学引领和指导工作,组织开展小课题研究,推动课改。“第四梯队”由学科精英(开学初成立名师工作室)组成,负责本学科各种对外公开课的指导工作,每个学科根据需要组建 1 个团队,每个团队不超过 5 人。要求团队成员要不断学习,提升自身业务能力,每期重点物色培养 2~3 名青年教师作为种子选手,扎实认真指导好每节校外公开课,力争将每节课打造成精品示范课,让种子选手在各级各类赛事中得到成长。

3.发挥信息技术优势,助力教师成长。至 2012 年,学校已建起校园网络,实现了班班通,为发挥信息技术优势,助力教师成长,提高课堂教学效率,学校加大使用检查力度,督促教师使用。同时,通过“班班通应用在课堂”课题组成员的示范课,指导教师更有效使用多媒体;积极参加灵宝市电教馆组织的第三届“班班通”课堂应用暨优质课观摩周活动,学校推荐何晓芝、侯剑、张潇等老师各录制一节班班通优质课到电教馆参赛,接受电教馆的指导,阴巧飞、雷书红、张潇、张晓盼 4 位老师为全国基础教育教学研究网录制三分屏课例。

4.“师徒结对”“年级赛课”,快速提升教师素质。“师徒结对”研讨课,促进教师同进步。按上期四次测评成绩,各教研组长在教师自愿的基础上,将教师进行合理结对,结对备课,酌情跟班听课,组内研讨课由师徒结对共研,先安排师傅示范课,再安排徒弟汇报课,师徒两人在磨砺中同进步。

“年级赛课”,提升教师素质,推动课改向纵深发展。学校把年级赛课与教研组展示课相结合,每周语文、数学各安排一节年级课改展示课,共组织2轮。第一轮研讨形式为年级推荐,主讲教师由年级确定(为年级学科带头人),研讨主题为:规范运用模式,恰当提出问题,促进有效学习;第二轮研讨形式为抽号,研讨主题为共同模式下不同学科及课型的流程掌握,如:语文的“增量课内,读写结合”,数学的“概念、计算、解决问题三类课的有效性探索”,英语的“单词课、句型课、阅读课”,每轮结束打一次分数。

5.评选“金牌教师”,激励教师成长。学校成立“名师工作室”,同时组织“金牌教师”评选及教师魅力风采大赛,在榜样的引领下,通过教师综合素质大赛,以赛促训,督促教师不断学习,提高自身素质,激励教师快速成长。

(四)以活动为载体,实现“高效课堂”常态化

2013~2014年,学校为实现“高效课堂”常态化,开展了一系列教学研讨活动。

1.借题发挥,开展说教材活动。2013年9月,市教研室组织大型培训,分别对语文、数学、英语、科学四个学科进行新教材培训,市三小共派出95名老师参与学习,其中语文36人,数学36人,英语15人,科学8人。回校后,参与受训的老师人人撰写对新教材的体会与困惑,并在本组内再次进行研讨交流,进行了说教材活动,使人人做到胸中有教材、心里有课标。

2.“以解决共性问题为主线”开展研讨活动。针对语文课堂中的“增量阅读”读本的数量、国学经典内容的确定等问题;针对数学课堂中的计算、变形、实际应用等问题;针对英语课堂中的读与说、读与写、读与用的问题;针对音乐课堂中唱会与唱好、唱会与会唱的问题;针对体育课堂中体质与意志、规定动作与创新动作的问题,教科室及时组织有关教师,分类别、分主题进行深入研讨。

3.积极参加赛事活动,锤炼教师综合素养。学校组织教师参加了全市举行的多项活动:韦慧鸽参加了小学语文学科教学素养大赛;侯剑参加了小学数学学科教学素养大赛;张潇、王珊参加了小学英语学科教学素养大赛;杨育林参加了小学信息技术学科教学素养大赛;数学教师侯剑、英语教师张潇、音乐教师姚文婷、美术教师王冠霞分别代表三小参加了三门峡市小学青年教师技能大赛;语文教师阴巧飞代表三小参加了灵宝市“汉之星”课堂教学大赛;语文教师黄方方代表三小参加了灵宝市小学语文课堂教学技能大赛，取得了一等奖，其课堂教学实录获得了三门峡市级二等奖；还组织语文教师、微机教师参加三门峡市“汉之星”实验优秀论文及优质课评比活动。

4.在教师个人大赛基础上，开展“金牌教师”候选人“五个一”（一节公开课、一篇教学设计、一篇教学叙事、一篇高效课堂论文、一次现场答辩）评比活动。

5.开展“一师一优课，一课一名师”优课竞赛活动，把高效课堂工作推向高潮。学校先后举行组内赛课、抽人赛课等听评课活动，促进了“目标引领，合作学习”课堂教学模式的落实。经过层层选拔，研课、说课、赛课，一批优秀的青年教师脱颖而出，美术组的董春燕，音乐组的刘润芝，英语组的田爱琴、王亚娟老师参加了灵宝市青年教师技能大赛，在说课、优质课赛讲环节均获一等奖。此项活动推动全体教师向40分钟要质量，高效轻负地完成每节课的教学任务，也为省级的“一师一优课，一课一名师”活动积蓄了力量。三小的“优课”活动还吸引了卢氏城关一小、朱阳一小、中州实验学校的部分教师代表前来观摩学习，在研讨沟通交流中共同提高。

（五）做实“名师优课”，探索生态课堂

2015年，在第二届“名师优课”活动中，市三小创造性地提出“1+3+5”的研讨模式，“1”即选定一种课型，选定一人讲课；“3”即一人讲课，三人打磨，三个人包括学科领导、教研组长、一名同学科的指导教师（该指导教师，可以在全校乃至全市邀请有较高知名度的学科骨干指导帮扶）；“5”就是从5个关注点进行听课评析，这五个关注点严格依照市教研室下发的第二届“优课”评价标准，分别是目标认定、流程设计、合作探究、指导点拨、达标检测。在选定课型后的备课环节执行“三级备课”，即小组初备、集体研讨、个人复备等，一节课经过三级研磨，课的精华就逐步展现了出来。

2016年，以课堂为基点，打造生态课堂。生态课堂是以学生为主体，以强调每一个学生的需求、欲望和意识，兼顾学生的个性发展，通过现代课堂教学手段，实现教学与学生发展真正统一的课堂。为了解决学生“作文难”的问题，教科室请王佩林老师执教三年级的习作课《一件最__________的事》，让学生轻松学会了作文；杨红艳老师执教四年级的习作课，巧妙的引导，有效激发了学生的写作兴趣，变被动作文为主动作文，从而化难为易。

经过近一年的探索与实践，市三小的教师对于生态课堂的基本形态、基本标准和基本教学过程有了更加详实的了解，做到了“教学设计精当、讲课精炼有效、主体作用发挥、分层教学落实、师生关系和谐、教学目标达成”，使课堂变成和谐、紧张、活泼、以学生为本的课堂。在2017年灵宝市组织的公开课赛课活动中，何晓晓、阴巧飞、王冠龙老师获得灵宝市一等奖；曾明丽、王宁泊老师获得灵宝市二等奖。《灵宝教研》第一期的封底对市三小的“生态课堂”工作进行了专题报道。

在河南省第二届“名师优课网上赛课”活动中，学校教科室共组织20多位教师参加了三门峡市网上赛课活动，雷书红、王宁泊、张潇、杨亚娟老师获得了河南省一等奖；杨亚娟老师获得部级——中央电教馆一等奖；田爱琴、王冠龙、阴巧飞、周静静、尚伟静老师获得三门峡市级二等奖，叶青、张秋平、马俊娥老师获得三门峡市级三等奖。

2019年，市三小的“生态课堂”已实现常态化，主要开展了以下几种类型的活动：其一，充分发挥“名师工作室”的引领辐射作用，刘雪峰名师工作室团队成员针对语文课堂中的“关注语用”问题，何皎洁、刘雪峰、王佩林等老师各执教一节公开课，为语文阅读课起到了引领示范作用；其二，确定12月为学校的“生态课堂研讨月”，语文薛春炜老师、数学刘艳红老师分别取得了生态课堂擂台赛第一名的好成绩；其三，深入开展“高效课堂星级达标活动”。

附件 1：

灵宝市第三小学高效课堂教学模式图

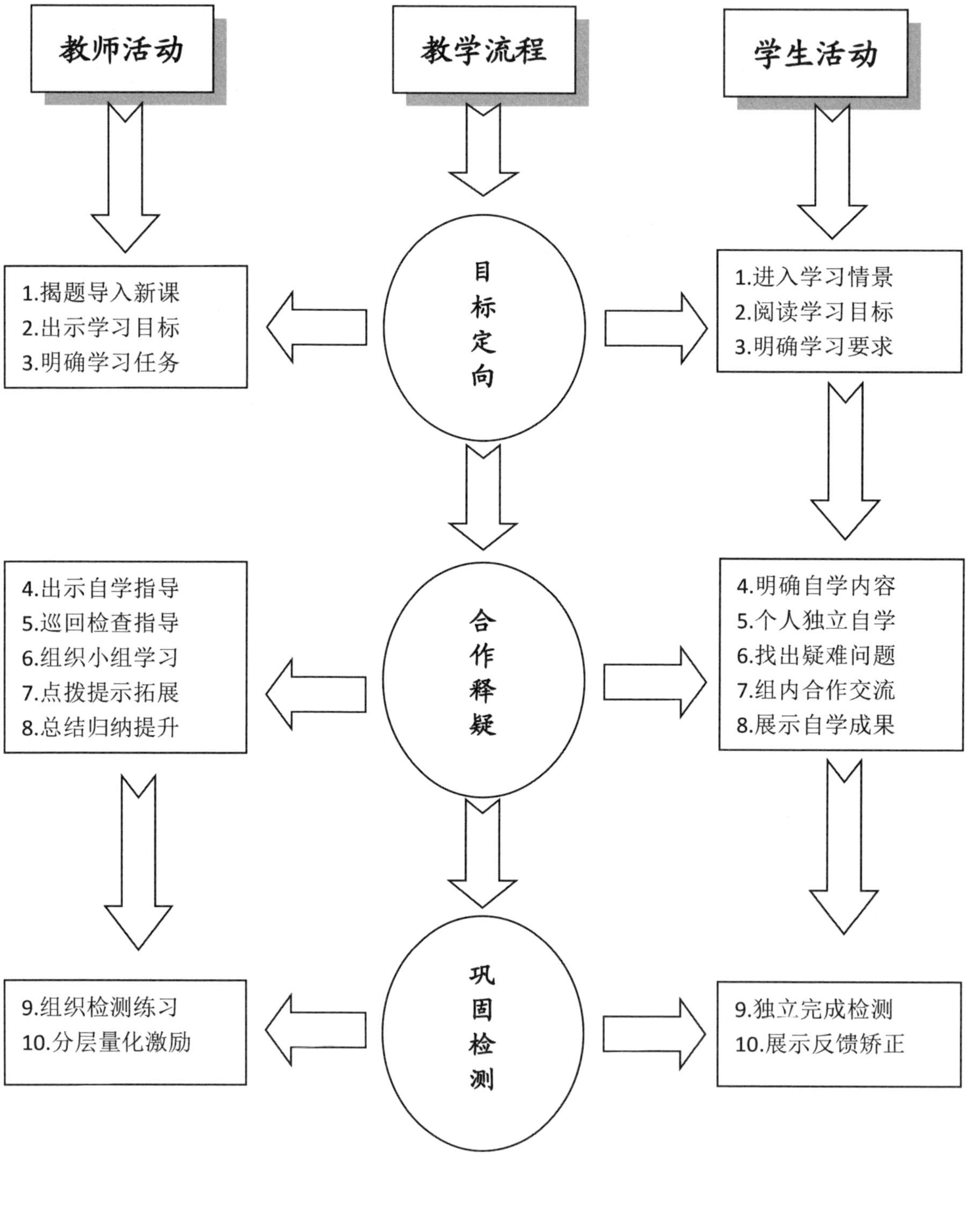

附件 2：

灵宝市第三小学“高效课堂”基本标准

1.教学设计精当。准确解读教材与学生，能在把握学情的基础上对教材、教学资源进行加工提炼，形成目标明确、重点突出、脉络清晰、方式灵活、学法指导切合学生实际的教学设计。同时，教学设计要把每一课教学的知识点与整个知识体系相联系，并提出实现整体目标的教学策略。

2.讲课精炼有效。能抓住知识主线，做到层次分明、思路清晰、重点突出、讲练适度、组织严密。彻底改变“满堂灌”“一讲到底”的落后教学方式，做到三个精讲：核心问题精讲、思路方法精讲、疑点难点精讲；三个不讲：学生已经掌握的内容不讲，讲了也不会的不讲，不讲也会的不讲。一般情况下，教师连续讲课把握在 5~10 分钟，做到精讲、互动、与媒体交流（包括学生看书、练习等）有机穿插进行，力求课堂教学的每一分钟都发挥最大效益。

3.主体作用发挥。加强学法指导，努力改变学生的学习方式，真正从接受性学习转换为自主性学习。充分调动学生积极性、主动参与性，发挥学生在教学中的主体作用，使学生在激励、鼓舞和自主中学习，掌握知识与技能，培养创新能力和实践能力。一般情况下，每节课学生自主学习和训练的时间应不少于一节课的三分之一。

4.分层教学落实。根据学生个性、认知能力、思维类型等差异，实行分层设计、分层教学、分层指导、分层训练，使每一个学生都在原有基础上获得充分的最大化的发展。

5.师生关系和谐。师生之间具有愉快的情感沟通与智慧交流，课堂里充满欢乐、微笑、轻松、和谐、合作和互动。教师与学生建立了一种民主、平等、尊重、温暖、理解的师生关系。教师的亲和力与教学艺术对学生产生积极影响，90%以上的学生喜欢学科教师并对这一门学科产生浓厚的学习兴趣。

6.教学目标达成。完成教学任务，达到既定的教学目标。“两基”落实，作业与练习当堂完成率 100%，正确率 90%以上；掌握基本的学习方法并获得积极的情感体验，有成功喜悦的学生达 95%以上。

附件 3：

高效课堂教学评价表

表 3-1　　授课教师：__________ 评委：__________ 时间：__________

指标	权重	指 标 要 求	优秀	良好	合格	一般
目标认定	10	知识与能力目标准确适度，符合课标要求和学生实际	4	3	2	2
		情感态度价值观目标与教学内容联系密切	4	3	2	2
		学习目标导向、激励功能发挥到位	2	2	1	1
自主预习	30	预习内容明确，时间充分，指导具体，安排科学有效	7	6	4	3
		预习问题设计明确，符合本科目标，梯度适中	7	6	4	3
		小组合作学习机制健全，全员参与度高，伙伴互助积极有效	8	6	5	3
		重视探究能力培养，学生学习投入，勤学好问，质疑内容多、质量高	8	6	5	3
展示交流	20	展示形式多样，参与面广，效率高	10	8	6	4
		课堂资源意识强，动态生成，体验成功	10	8	6	4
点拨升华	20	善于捕捉动态学习资源，营造“愤悱”情景，点拨简洁、透彻、明了	10	8	6	4
		教师示范能力强，有良好的专业素养	10	8	6	4
达标检测	20	创新达标作业设计，精编、精选作业题。作业当堂完成	7	6	4	3
		利用口头、书面、实践操作等多种形式检测课堂达标情况，目标达成度高（80%的学生完成 80%的目标）	7	6	4	3
		反馈贯穿始终。及时反馈矫正，做到“堂堂清”	6	5	4	2
总　分						

附件 4：

灵宝市第三小学“高效课堂”教学标兵、教学能手名单

表 3-2

序号	姓名	类　别	评定时间
1	雷书红	教学标兵（三门峡市级）	2010.9
2	赵娟丽	教学标兵（三门峡市级）	2010.9

续表

序号	姓名	类　别	评定时间
3	薛艳红	教学标兵(灵宝市级)	2010.7
4	张晓静	教学标兵(灵宝市级)	2010.9
5	陈 静	教学标兵(灵宝市级)	2010.9
6	杨娅娟	教学标兵(灵宝市级)	2010.7
7	刘江会	教学标兵(灵宝市级)	2010.7
8	张丽萍	教学标兵(灵宝市级)	2010.7
9	苏水苗	教学标兵(灵宝市级)	2010.7
10	孙艳丽	教学标兵(灵宝市级)	2010.7
11	翟淑茹	教学标兵(灵宝市级)	2010.7
12	周社梅	教学标兵(灵宝市级)	2010.7
13	杨华丽	教学标兵(灵宝市级)	2010.7
14	索金花	教学标兵(灵宝市级)	2010.7
15	李月琴	教学标兵(灵宝市级)	2010.9
16	郭会平	教学标兵(灵宝市级)	2012.9
17	王英芳	教学标兵(灵宝市级)	2012.9
18	任 丹	教学标兵(灵宝市级)	2012.9
19	王冠霞	教学标兵(灵宝市级)	2012.9
20	杨红艳	教学标兵(灵宝市级)	2012.9
21	张晓芳	教学标兵(灵宝市级)	2012.9
22	赵永银	教学标兵(灵宝市级)	2012.9

二、书香校园建设

市三小在重视“高效课堂”的同时，又提出了以“构筑书香校园，植养人文气韵”为目标的书香校园创建活动，精心构思创建“书香校园”工作方案，以“品味阅读”引领师生“与经典同行”。意韵悠远的“书香校园”文化墙、励志醒目的读书标语、校园网站的读书专题、教室里的图书角、办公室里的小书架等多种形式的“书香校园”文化实实在在做到了墙壁说话、草木劝学。

为使书香校园创建活动落到实处，教科室组织了以“晨诵、午读、暮醒”为主题的书香校园推进会。同时，按上级要求，《道德经》、古诗、儿童诗作为三小的校本课程，学校统一阅读时间，拓展阅读交流空间，鼓励师生共同参与，着力培育特色阅读品牌。积极开展各种有益的读书活动，如：小舞台诗文诵读展示活动、讲故事比赛、好书推荐会、课前说说听、手抄报大赛、悦读悦美主题班会、学生读写能力竞赛、师生共读优秀儿童书籍、教师读书交流会等。师生们在活动中沐浴着文化的恩泽，享受着经典的快乐。

2011 年，第二届校园文化节暨“德馨雅韵”庆六一活动，矗立在校中央主干道边的 57 块“书香校园”主题版面惊艳亮相，赢得了所有参观者的赞许与褒奖，成为此次文化节上最为抢眼的风景。这些堪称美轮美奂的艺术品，凝聚了全体制作人员的智慧、心血和汗水。而《咏鹅新唱》《白雪公主和七个小矮人》《大美黄河》等节目的精彩演出，更是对师生们读书活动的集中展示与汇报。全校有 72 名学生被评为“阅读小天使”。杨娅娟、赵娟丽、雷书红、乔海生、张勇威等 13 位老师被评为“书香教师”。

2012 年，学校结合教研室开展的增量阅读实验活动，继续组织师生开展丰富多彩的读书活动：

1.晨诵课。开学前（2 月 25 日~28 日），各语文教研组长首先组织本组的语文骨干老师对本年级的儿童诗整理完善并制成课件，低年级的晨诵内容要加上《三字经》（两年四个学期要完成）；中年级晨诵内容加上《弟子规》（两年四个学期要完成）；高年级的晨诵内容加上教研室配发的《道德经读本》（两年四个学期要完成）。晨诵内容确定后，教科室把全校的晨诵诗歌结集成册，方便班级使用，晨诵诗歌意境优美，适于诵读，语文组把晨诵诗做成 PPT。

2.整本书共读。一、二年级以绘本为主，每年级每期在阅读课上至少完成阅读 12 本绘本（两年内共计读绘本至少 48 本），统一打包在学校书香校园专题贴中共享，并发在本年级组的读书专题贴中。二年级每学期还要组织学生读两本共读优秀儿童读物。

三到六年级每学期至少阅读 4 本共读书。按本年级主体单元拓展来购买书，不要求全班人人买，最好两个班结合，班与班交换，年级间不要重复，四年时间至少在教师引导下精读 32 本经典图书。每期的四本书，每月一本，教师每周都有计划布置读书进度，并把导读题通过校信通发给家长，要求学生在课余时间读书。读书时间为：周二、周五早上晨诵（课件展示晨诵内容），周一中午和周三下午最后两节阅读共读书和同步拓展书。

3.做好读书笔记检查展出工作。要求一、二年级人人要有写话本，内容可以是一句话日记、造句、儿童诗仿写等。三至六年级学生人人准备一个阅读笔记，随时记录读书过程中的好词好句和感想体会。每期每人至少写 4 篇读书心得，摘抄好词句 20 页，教科室每月抽查读书笔记一次,及时公布学生笔记记录情况;每月以教研组为单位上交一次优秀读书心得,每班各5篇,以年级为单位装订成册;每期组织一次读书笔记成果展,展出学生的优秀读书笔记。

4.做好全校学生的读写能力竞赛工作。5月举行全校学生读写能力竞赛,教科室组织命题,教务处组织考试。

5.做好校内刊物的创编工作。编辑整理了5本校内刊物。二、三年级为优秀儿童诗仿写共一本,四、五、六年级为优秀读书体会、优秀习作各一本。还有全校教师个人读书心得体会一本、教学叙事一本。

6.做好班级图书角的使用和管理工作。充实班级图书架,每生给班级捐5本书,对图书角各班安排专人进行管理,做好借阅情况登记。教科室每周定时检查读书情况,对存在问题予以指导。

7.教科室组织全校36个教学班出办了“春天”“珍惜时间”“书香”三期黑板报;并组织师生开展丰富多彩的读书活动,如“课内增量阅读”研讨课、语文课前“说说听”、“讲故事比赛”、“课本剧表演大赛”、“好书推荐会”等,在活动中,教师和孩子们一起分享读书的快乐。

8.4月23日为第十八个世界读书日,其主题为“阅读,让我们的世界更丰富”。学校在师生中开展系列读书活动:(1)出一期主题为“读书”的黑板报。(2)每位老师办一张关于读书的手抄报。(3)在师生中开展晾晒我的读书故事和优秀读物心得体会活动,1~2年级做诗配画,3~5年级学生撰写读后感,6年级做读书推荐卡。(4)做好学生读书笔记的展评工作,邀请学校领导及家长参加。(5)全校教师阅读共读书目《汤姆叔叔的小屋》,写一篇心得体会。

9.语文教师参加全三门峡市“快乐阅读”现场会,三小的实验经验交流材料和韦慧鸽老师的先进事迹发表在《灵宝教研》增量阅读专刊上。在灵宝市“增量阅读”前期实验的基础上,三小积极申报二期实验学校,36个教学班均为实验班级。

10.在校信通第九届“书香班级”评选活动中,雷书红、付娟丽、张风老师荣获“启明星”奖,雷书红老师所带班级荣获“书香班级”,三小多位同学荣获“阅读之星”“小小数学家”“小小科学家”称号。

2014年,学校编写的经典诵读系列教材——《道德经》《弟子规》《三字经》《经典诗词》分年级段投入试用,成为孩子们积累语言、丰富文化积淀的良师益友。组织37个教学班出办了“开学迎新”“读经典,品书香”“悦读悦美”为主题的黑板报,开展了丰富多彩的读书活动，如“课内增量阅读”研讨课、“阅读经典读书交流会”、“好书推荐会”等，在活动中，既让学生在方寸之间展现阅读心路，展示阅读成果，又让师生一起品味书香，共同成长。

另外，教科室向老师推荐了《改变自己 改变世界》《莫言作品精选》《中国智慧》《平凡的世界》四本书，向家长推荐《中国美德读本》《看见》《正能量》。老师们读书、写文，先后有《合作共赢抱团促发展，城乡教育携手谱新篇》《品德教学的困惑和思考》《课外作业，要想爱你其实也容易》《市三小组织教师进行课堂组织与管理培训》《增量读写让 1+1>2》《听<学校变化真大呀>心得体会》等 13 篇文章相继在《灵宝教研》上发表。

三、双语特色品牌建设

市三小自 2010 年建校以来，就确立了以双语特色为突破口，推动品牌建设，自 2013 年起，又进行了国家级“构建双语特色课程”的课题研究，使学校的双语特色发展更快、品牌更亮。

2014 年，为了“提升师生能力，铸造双语品牌”，学校本着科学的态度与精神，把英语教学作为学校双语特色的突破口，大胆实践，敢于创新，具体措施如下：

1.利用教研时间一起学习各种专业理论并联系教学实际，钻研课题，提升教师的业务素质和专业理论水平，同时增设了英语校本课程，大大加快了双语特色进程。

2.学校在“迷你英语”学习的基础上，又在全校范围推广了英语韵律操，让学生在听说英语的同时感受双语学习的魅力。为了进一步丰富校园文化生活，提高英语口语水平，促进学生全面发展，搭建交流展示平台，本期还举行了四至六年级的英语演讲比赛。更好地让学生继续学英语、说英语、用英语、练就英语口才，成就精彩梦想。每天午饭后观看英语动画、放学路队赛唱英语儿歌、晚上亲子英语对话等活动，极大激发了学生学英语的热情和兴趣。同时，学校注重展示学生学习成果，特在教室门前开辟了英语专栏、包括师生的英语作品、优秀作业、手抄报、单词卡、英语活动宣传介绍、西方国家文化的小知识普及、英语谜语及趣味活动等，让学生在潜移默化中提升双语学习的兴趣。英语校本教材、校园文化，促进了双语教学的内涵发展。

3.开展社团活动，拓展学生视野，英语社团汇集各班英语小精灵，每周二和周四下午最后一节课一起学习英语歌曲、英语儿歌，开展英语课本剧、英语对话、英语演讲等活动，一面激发学生参与的热情，在活动中提升他们的综合语言能力；一面辐射带动更多的学生学习英语。

4.举行书写大赛，学校每学期都会举行 3～6 年级学生的英语书写竞赛，以此来规范学生书写,激励学生养成良好的书写习惯,同时优秀作品的展示更大大增强了学生学习的自信心,让学生对双语学习保持长久的兴趣。

2015 年,学校的英语特色教学实行“12345”课程,其内容具体如下:

一个主题——合理规划英语特色。为孩子量身打造系统的英语培养规划,结合灵宝市教研室对小学生英语考核的要求及标准,合理规划课程内容,让孩子学得系统,学得进步,从而在自信、知识、能力方面得到三重收获!

两个层次——普通型、兴趣型。采取分层式教学,有利于孩子从自身现有的水平进行学习,实现英语学习上的更大突破。英语老师应该将自己班上的学生分为普通型及兴趣型两种类型。兴趣型为已具备较好英语基础的孩子,需进行更深更广层次知识的拓展与学习,为全力参与各种英语活动及比赛打下良好基础。普通型,针对全校所有班级的孩子,通过系统的学习也能够达到课标的基本要求,最终确保每一个孩子都能拥有一手规范的英语书写、一口流利纯正的英语口语。

三个主线课程——PEP 小学英语、校本教材英语、活动日社团英语。

PEP 小学英语启发孩子学习英语的兴趣,培养良好的英语学习习惯,掌握基本的听、说、读、写能力。校本教材英语扩展孩子的词汇量,培养篇章阅读与分析能力,构建孩子扎实的语法知识学习基础;深化孩子的听、说、读、写以及做题解题的能力。活动日社团英语以丰富多彩的英语活动来帮助孩子构建系统的英语知识框架,各个突破英语词类、英语时态语态、英语从句等核心知识模块,让学生既长知识又增乐趣。

四类辅线课程—语音课程、阅读课程、词汇课程、语法课程。【语音课程】主要有国际音标和语音突破两种课程。语音突破课程将全面采用英语自然拼读法,使学生在轻松愉快的氛围中,了解和学习英语字母组合的奥妙,掌握英语拼读规律。国际音标课程将音标学习与单词记忆相融合,按照字母组合拼读规律,让孩子迅速掌握 48 个国际音标的书写及发音,在较短的时间内掌握单词的拼读技巧,攻克发音。【阅读课程】适合迫切需要提高阅读题解题能力,并掌握阅读题答题技巧的学生学习,课程主要让孩子熟悉各类阅读题型,同时让孩子能够掌握阅读的核心技巧方法,轻松拿下阅读。【词汇课程】主要着眼于学生对于词汇的强化理解和记忆,达到课标所要求的各个学段的词汇量。【语法课程】是语法内化课程,帮助孩子构建系统的语法框架,理清核心语法点知识,从而轻松搞定英语语法。

五大英语活动——听、说、读、写、秀。

听:1.学生早上进校或下午放学,校园广播播放英语歌曲或律动。2、周二下午学生到校后观看英语动画片,从孩子喜欢的动画片入手,来提高学生的英语兴趣。

说:1.硬性规定每节课前2分钟英语教师让学生大声喊出英语名言警句,保证课堂上学生有激情上课。2、课前一支歌让学生唱英语歌曲。

读:1.小学英语要重视培养学生的语感,不能培养一些只会做题而没有能力的哑巴英语学生。低年级可以进行读的检测,高年级进行背的检测。并且每次比赛要面向全体学生,并给好的班级任课教师进行量化加分。2.读经典。英语教师要选一些适合学生的英语读物,由易到难,有一个量的积累肯定有质的飞跃。可与周二看动画片轮周进行。

写:1.规范学生作业的同时,开展英语书法大赛。从最简单的26个字母开始,比比看谁写的英文最漂亮,慢慢过渡到比赛写单词、写句子。2.提倡三年级每天写一句话,四年级每天写两句话,五年级每天写两到三句话,六年级写一段话。以此作为英语的一个作业,天天检查、批改,时间长了,学生的写话水平就提高了。

秀:为彰显学校双语特色品牌学校创建的成果,举办了"三门峡市首届特色学校论坛暨小学双语特色教学研讨会",全体英语教师群策群力,大力合作,不仅为所有的校园文化版面配上了英语解说,还为大会准备了六个精彩的英语节目,12位英语老师全方位地展示了个人的课堂教学技能。张潇老师作为年轻教师的代表,为与会领导汇报了三小英语老师在音标教学方面的出色做法,受到大家的一致好评。在灵宝市教研室举行的英语优质课教学评比活动中,卢晓百、刘晓霞双双获得一等奖的好成绩。

2018年,学校被确立为"国家级特色教育实验校",有三项课题获得省级结项,其科研成果也被评为省级二等奖,英语校本教材被评为市级优秀成果一等奖。在本年度灵宝市小学生英语演讲比赛中,闫卓轩、李佳琪喜获一等奖,张艺心、王若涵获二等奖。王珊、叶青、田爱琴、曾明丽荣获优秀辅导教师。学校教科室组织召开全体英语老师会议,再次加强"双语特色"工作,每周二早上和中午专门开辟出英语听力和口语练习课,以及英语书写时间,学生放学路队喊英文口号,极力营造双语特色的浓厚氛围。

四、课题研究

课题研究具有促教、导学、兴师的功能,是青年教师成长的有力助推器。学校教科室重视课题管理,指导各级立项课题的研究,为高效课堂引路导航。学校规定:1.各课题组,要在每期开学时订好学期的阶段实施计划,在期末结束时做好小结,并按时将计划和小结交教科室。2.每期组织一次课题研究汇报交流会,进行课题中期检查,检查各课题组阶段实验及调查资料、数据、论文、总结等资料的收集、管理情况。3.课题组主要参与者每人每期至少上一节与课题研究相关的教学观摩课；至少有一次在课题活动中作与课题研究相关的发言（最好以书面形式）；至少有一篇与课题研究相关的文章在各级报刊杂志上发表、评奖或在校内交流。

2011 年，全校任课教师紧紧围绕“小组合作学习策略”这一课题展开课堂教学研究，所申报的八个课题，有两个被河南省课题规划办评审立项，全校语文教师还承担着“小学语文课内增量阅读”省级实验课题，英语教师共同研究英语特色学校创建。课题将老师们“单兵作战”变为“集体攻关”。申报的省级课题“小学语文多元化识字教学研究”“低年级学生数学作业良好习惯养成的策略研究”获得省教科所立项，并通过了中期评估。

2012 年，由校长索淑敏主持的“十二五”规划全国重点课题“构建双语特色课程的研究”获得国家级立项，三小被定为全国特色教育实验校。副校长贺雅芳主持的“小学语文多元化识字教学研究”和副校长李民强主持的“低年级学生作业良好习惯养成的策略研究”准备结项，各项材料已报送教研室。学校积极申报 6 个省级实验课题，等待审批立项。

2013 年，由索淑敏主持的国家教科研“十二五”规划全国重点课题《构建双语特色课程的研究》，取得了较为突出的成果，学校举办的英语教学月活动，得到了三门峡市级教研员焦秋红和灵宝市级教研员马若飞的高度赞扬；以“双语特色”为主要内容的第四届校园文化节取得圆满成功。

骨干教师杨君主持的三峡市级课题“班级课程的开发与实施”获 2013 年三门峡市基础教育科研课题立项，实验工作正式启动。校级课题“构建‘益智手工’校本课程的研究”上报教研室。副校长李民强主持的“低年级学生作业良好习惯养成的策略研究”获得省级课题结项，并获得 2013 年度河南省基础教育教学课题研究优秀成果三等奖。同时积极申报省级课题“用博客资源培养师生数学素养的研究”“小学语文谜语进课堂的实验与研究”。

同时，由市教研室各学科教研员主持的省级课题——小学“语文增量阅读”实验、“小学数学学案导学”课题实验、“小学英语音标教学”课题实验、小学品德课题实验——在三小有序进行，市三小被评为优秀单位，刘雪峰、王佩林、韦慧鸽、黄方方、李彩红、薛春炜、杨君、阴巧飞等 8 位教师被评为优秀实验教师。

学校还以“增量阅读”课题实验为引领，大刀阔斧地瘦身语文课堂。采用单元整体教学方式，长文短教，一节课完成一篇课文的教学任务，每周三下午和周五早上为快乐阅读时间。本学期,师生的阅读从量到质有了飞跃。

2014 年,全校 37 个教学班进行“班本课程”的研究。学校要求课题组成员做到:(1)带头上好一堂课题研究课;(2)写好一篇围绕课题的论文;(3)合力搞好每次的课题研究活动,定期召开课题研讨会,实验教师将各自分工的研究情况及时总结交流,用集体的智慧解决了课题实验中的问题。

2015 年,学校启动为期五年的“课题促进工程”。使“人人行动 一组一题”“示范带动 分层推进”“注重过程 突出实效”成为三小课题研究的主要特点。以课题研究引领校本研修,在研究过程中普及教育科研方法,使老师们“眼前有方向”“脑中有内容”“手中有技术”,从而实现想研修、会研修,提高教研能力,促进教师专业成长,培植教科研骨干的理想。

2016 年,学校共有 6 项课题立项,其中综合实践活动课程、校本课程、社团活动 3 项,群文阅读 2 项,英语个性化作业设计 1 项,省级课题“英文绘本在小学英语课堂中的应用与研究”已结项。

十年来,市三小共有 1 个国家级课题、16 个省级课题、10 个三门峡市级课题、8 个灵宝市级课题立项与结题。

第五节　电化教学

为全面落实教育信息化 2.0 行动计划,打造省级“数字化校园”,全方位、高效率服务现代化教育教学,灵宝市第三小学着力优化办学条件,在信息化基础建设方面,加大资金投入,开展网络环境下教育教学及研究,并取得了一定成效。

一、数字化校园现有规模

学校拥有普通教室 43 个,微机室 2 个,录直播室、舞蹈室、音乐室、大型多功能会议室、图书室各一个,均配有多媒体设备。另外,美术室、仪器室、实验室、心理放松室、沙盘室、团体活动室、体育器材室、卫生保健室等各种功能室均配备了学科专用设备和现代教育技术设备。

二、数字化校园为教育教学奠定基础

第三小学是灵宝市的窗口学校,在信息化建设方面,做到了高起点、高标准,把学科教学与信息化素养强强联合,为教育教学工作做好保障。

1.师资配备

学校电教中心有专职信息技术教师3人，兼职教师1人，分别负责设备管理、网络管理、学生活动、视频录制等工作，他们技术过硬，为数字化校园建设提供了技术保障。同时，学校建立了校园网络化管理平台，成立了信息技术与学科整合小组，完成了信息技术与学科整合工作。

2.硬件配备

建校以来，在各级领导的关心支持下，学校大力开展教育信息化建设，在硬件上不断投入，现拥有P5表贴全彩LED显示屏一台、P2.5全彩LED显示屏一台，超清校园网络监控系统实现校园及周边全覆盖，所有班级均配备多媒体教学设施，实现了教育信息化和管理科学化的有效融合。

3.教师培训

学校成立了以校长为组长，各分管副校长、处室主任、年级领导为主体的数字化建设领导小组，依托信息技术实力，开展教师电教应用能力的培训，并组织师生参加各级信息技术竞赛，如信息技术专题讲座、在线听课评课、信息技术与学科整合教学展示等，促使教师信息技术能力不断提升。

三、数字化校园为网络资源提供保障

学校以应用为根本，将教学、教研、管理等功能集成在统一的平台上。主要功能有cctalk网络课堂直播、会议直播、优秀课例、会议培训、平安校园、网络教研、影视课堂资源库、学校微信公众平台、“春之声”校园广播等，实现了信息化设施和软件平台之间无缝对接，保障了常态化的应用，其功效有三：

一是在线观课，交流提升。在数字化校园平台上，领导和教师可以相互观看学校的教学、教研情况，掌握第一手资料。

二是相互借鉴，整合资源。学校有计划地将优质课程资源、微课程充实完善，逐步形成教学资源库。老师们可以查询优质教学资源；可以进行网络直播，实时评价；可以根据录相课，进行教学反思。

三是自主学习，兴趣为先。数字化校园平台为学生提供了自主学习的空间，学生根据自己的兴趣自主学习、上传、阅读各类资料，由学校后台审核，统一发布。

四、数字化校园与特色课程有机融合

学校坚持以“培养具有民族灵魂、国际视野的一代新人”为育人目标，文化立校，特色强校，将数字化校园与特色课程有机融合。

数字化校园与双语特色有机融合。学校以建设“智慧校园”为抓手，开发了4套适合低、中、高不同年级段学生的英语校本教材，并下载、拍摄了大量的英语活动，以电教课程为双语特色的重点，整合电子教学资源，强化双语特色的落实，建立了一套属于双语特色的“智慧校园”。

数字化校园与少年军校有机融合。在学校的少年军校活动中，信息技术也充分发挥其优势，运用各种媒体对学生进行安全教育、国防教育、思想道德和素质教育，培养学生的团队合作精神。在全体师生的努力下，市三小多次被评为各级各类国防教育特色学校。

数字化校园与 cctalk 网络直播有机融合。2017 年，市三小率先在灵宝市开展了 cctalk 网络直播课，授课内容涉及语文、数学、英语、班会、手工、音乐、美术等。其中，英语学科张潇、王亚娟、田爱琴等老师带来了英语视听网络课；数学学科李长华、孙萍芬、张丽萍等老师参与了“网络援疆”课程，老师们在学校上直播课，新疆南部地区的孩子们通过网络平台听课，并积极回答问题，学习课堂知识，真正做到了一根网线连接全国课堂；同时，任丹老师代表市三小先后给灵宝市实验小学、第二小学、第四小学、故县镇全体教师、五亩乡全体教师等进行了“cctalk 网络直播课”的专题培训，有效地推进了灵宝市信息化教育的进程。

第六节　综合实践活动

综合实践活动是义务教育阶段国家规定的必修课程，是学校学科课程的一项重要组成部分，是国家新一轮基础教育课程改革开设的新型课程，反映了当代以创新精神和实践能力培养为核心的素质教育的新要求。市三小为培养学生的创新精神和实践能力，积极开展社会实践活动，取得了一定成效。

一、国庆节综合实践活动方案

为了迎接祖国生日庆典，丰富同学们的社会文化生活，引导学生体验伟大祖国的繁荣富强，感受家乡日新月异的变化，激发广大同学爱国家、爱家乡的情感，特举办“祖国在我心中”国庆实践活动。

一、活动主题

祖国在我心中

二、活动时间

10 月 1 日至 10 月 7 日

三、活动内容

(一)开展“丰收节里庆丰收”活动

假期里家长可以亲自带孩子走入果园、农田,采摘果蔬、收获五谷,体验丰收的喜悦;或者走街串巷,去小商小贩们的摊位上感受丰收时节里果实飘香的成熟气息。

活动呈现:小卡片、活动照片配简单文字均可,1~6年级各班上交3份优秀作品。

(二)开展“我们的节日·祖国发展我成长”国庆节实践活动

一、二年级:我是祖国好孩子

1.爱国“五知道”:国名、国旗、国歌、国徽、首都。

2.国歌我会唱。

3.知道香港、澳门回归的时间,知道台湾、黄岩岛、钓鱼岛是祖国不可分割的一部分。

活动呈现:①小卡片,记下国名、国旗、国歌、国徽、首都的名称;②活动照片,自己演唱国歌或与国旗合影的照片配简单文字;③A4纸手绘彩图,画出香港或澳门的区旗。学生三选一完成,返校后,每班各项内容上交5份作品。

三、四年级:热爱家乡赞美景

1.能说出灵宝名胜古迹景点与名优特产三种。

2.发现或体验灵宝新变化,如拍拍如今更加整洁的街道、看看新建成的三灵快速通道函谷大桥、坐坐公交电车、搜搜灵宝未来五年的发展规划等。

3.研学旅行,走进家乡风景名胜。

活动呈现:①小卡片,选择灵宝名胜古迹景点或名优特产,做简单介绍;②灵宝新变化,图片配文字,可以是自己亲身体验到的,也可以搜集相关新闻、图片;③研学旅行美篇。学生三选一完成,每班各项作品分别上交5份。

五、六年级:国防知识我知道·了解时事爱祖国

1.了解祖国近几年来所取得的国防科技成果。

2.认识祖国各军种的军旗。

3.了解神州火箭发射、潜艇潜海及祖国宇航员太空活动和潜海员的有关情况。

4.了解近年来祖国的变化(可从经济、环保、教育、科技、军事等各方面入手调查),搜集相关新闻、图片资料,畅谈自己的感想。

5.研学旅行,畅游祖国,感受山川美好。

活动呈现:①小卡片,记录我国近几年取得的国防科技成果;②绘画,绘制某一军种

的军旗;③文字配图,内容为:a 神州火箭发射、潜艇潜海及祖国宇航员太空活动和潜海员等其中一项或几项情况;b 畅谈祖国的变化,书写自己的感想,配祖国变化图或自己与游历祖国山川图片;④研学美篇。学生四选一完成,返校后,每班各项作品分别上交3份。

(三)开展“创文在行动”活动

天下兴亡,匹夫有责。作为炎黄子孙,要用实际行动为社会发展贡献自己的一份力量,为祖国、为家乡增光添彩。家乡灵宝正在创建文明城市,大家要做文明的使者,提倡同学们打扫自己的小家;捐出自己的旧衣物;倡导父母绿色出行,骑自行车或乘坐公共汽车……

活动呈现:1~6 年级各班上交 3 篇美篇或拼图。

温馨提示:同学们,生命诚可贵,安全铭于心。生命对于每个人只有一次,假期请时刻注意安全,远离隐患,珍爱生命。要遵守交通法规,安全用电,严防交通、溺水、用电事故的发生。

二、灵宝市第三小学寒假实践作业

家长朋友:您好!

愉快的寒假即将开始,为使您的亲子时光过得更有意义,建议您在指导孩子完成必要的巩固复习的基础上,陪孩子享受书香、感受世界。寒假里,请您和孩子一起完成以下实践作业:

(一)亲子共读,在阅读经典名著中找寻启智明理的钥匙

博览群书、积极阅读,是构建成功人生的必经之路。请您陪孩子一起读书,让孩子体会到“我和爸妈正在共同做一件很重要的事”:

表 3-3

年级	共读书目	展示形式
一年级	《会说话的红绿灯》	读书摘录卡
二年级	《我们的祖国是花园》	读书摘录卡
三年级	《猫头鹰访恩人》《又一个草环》	读书摘录卡、读后感
四年级	《生命的掌声》《头顶上的鸡窝》	读书摘录卡、读后感
五年级	《蚂蚁识途的秘密》 《爱自己本来的样子》	读书摘录卡、读后感
六年级	《一枚硬币》《听听雪的声音》	读书摘录卡、读后感

(二)亲子携手,在欢度佳节中晒晒咱家文明事

新春佳节,合家欢聚,文明过节,欢乐祥和。春节期间,家长可以带着孩子一同走进社区,积极参加社区劳动,共同创造整洁的社区环境;可以带着孩子慰问孤寡老人,给爷爷奶奶拜年;可以让孩子学习剪纸、绘画、书法等文化,制作一份传统文化作品,迎接新年;可以积极参与传统文化活动,感受节日喜庆,了解当地过节传统和风俗习惯,参观历史文化古迹……让孩子用摄影、绘画、书法、征文的形式展现春节期间家庭团圆、邻里和睦、积极向上的新气象。1~6年级学生每人上交一幅作品(摄影、绘画、书法),3~6年级学生每人写一篇征文。

(三)加强锻炼,在阳光运动中强身健体、快乐成长

古希腊山岩上刻着这样一句格言:"如果你想变得睿智,那就运动吧;如果你想保持健康,运动吧;如果你想更加健美,运动吧。"生命因运动而美丽,身体因运动而健康,生活因运动充满活力和欢乐。假期中要养成早睡早起的习惯,注意饮食卫生,牢记"生命在于运动",每天坚持运动1小时,呼吸清新空气,拥抱阳光,让身体和心灵跃动起来!

(四)巧手制作,在动手实践中点燃探索求知的激情

1.一、二、三年级的孩子认识各种图形,用彩纸剪出各种各样的平面图形,再在A4纸上拼贴成一幅美丽的图画。四、五、六年级的孩子制作一份天气日历,记录寒假每天的天气情况,并尝试把数据做成合适的统计图。

2.新年里亲手种植一种植物,比如:水仙花、大蒜,观察、记录植物的生长过程和自己的感想。

(五)探寻年俗,在传统习俗中追寻民族文化的魅力

作为中华民族最盛大、最隆重、最热闹的传统节日,春节在千百年的历史发展中,形成了一些较为固定的风俗习惯,有的相传至今。买年货,贴春联,祭祖先,围炉守岁,逛庙会,迎来送往,各种活动丰富多彩,繁忙而喜庆。在这些独特的仪式中,传统的民族文化特色得以集中地展示,处处洋溢着浓浓的亲情和年节的氛围。同学们和父母一起回归传统中国年俗,品尝丰富的年俗文化"大餐",用照片或文字的形式记录你的收获,与大家分享。

请将你的寒假实践作业按照顺序装订成册,并为自己的实践作业设计一个封面。开学来将评选优秀寒假作业进行表彰。祝大家过一个愉快的春节!

三、“传承红色基因，品读仰韶文化”研学活动

1.研学活动方案

根据灵宝市教育体育局研学旅行工作计划的活动安排，结合学校的实际情况，制订研学实践教育活动方案如下：

一、指导思想

读万卷书不如行万里路。《教育部关于培育和践行社会主义核心价值观进一步加强中小学德育工作的意见》中提出：改进实践育人工作。要求各级教育部门和中小学校广泛开展社会实践活动，充分体现“德育在行动”，要将社会主义核心价值细化贴近学生的具体要求，转化为实实在在的行动。

二、活动目的

利用八路军渑池兵站、刘少奇旧居红色文化教育基地、仰韶文化的魅力，秉承“生活即教育、社会即学校”的办学理念，开展研学旅行大课堂，夯实学生的核心素养。让学生通过集体旅行、集中食宿的方式走进大自然，在与平常不同的生活中拓展视野、丰富知识，加深与自然和文化的亲近感，增强对集体生活方式和社会公共道德的体验，培养学生的自理能力、观察能力、团队意识和创新精神。

三、活动安排

时间：2019 年 5 月 17 日

人数：120 人（含老师）

导师与学生的人数比例为 1：20。

地点：渑池仰韶博物馆研学基地

路线：学校出发→八路军渑池兵站→刘少奇旧居→渑池仰韶博物馆研学基地→返回学校

四、活动流程

（一）8：00～8：30【启动仪式】

研学导师主持仪式流程，校领导致辞，授旗并宣布活动开始。

（二）8：30～10：30【移动课堂】

集合坐车，开启沿途教学。途中由研学导师发布本次研学活动的要求和目标，强调注意事项，讲解研学任务。

（三）10：30～12：00【游览学习】

刘少奇故居内学习红色文化，聆听导师讲解刘少奇同志的生平及革命事迹，观看文物史料。

（四）12:20~13:20【午餐修整】

用中餐

（五）13:40~16:00【知识探究】

了解仰韶文化遗址的社会组织、生产生活、经济形态、婚姻状况、风俗习惯、文化艺术等丰富的文化内涵，共同探寻中华文明的起源。

（六）16:00~17:00【团队微拓】

集体拓展、班级才艺 PK，提高学生主观能动性，提升班级荣誉感！

（七）17:00~19:00【坐车返回】

点名集合，返回校园。途中学生分享自己在本次活动中的收获。

五、课程准备

推荐阅读书籍

★★★《领袖少年丛书：刘少奇——为真理而战斗》

《刘少奇——为真理而战斗》由李平编著，为“领袖少年丛书”之一。书中他们带领中国人民取得了新民主主义革命的伟大胜利，建立了新中国，是当之无愧的共和国的缔造者和领袖。可是你知道他们的少年时代是怎样的？他们在怎样的环境里长大？怎样走上革命的道路？又是怎样成为革命的中流砥柱？《刘少奇——为真理而战斗》以前所未有的权威史料和平实通俗的叙述，完整而生动地呈现了领袖刘少奇艰辛曲折的成长经历和伟大的精神品格。

★★★《仰韶文化》

本书对中国新石器时代中最重要的仰韶文化做了科学的总结，是仰韶文化发现、发掘和研究八十年来的学术回顾史。重点介绍了仰韶文化的考古成就与原始社会史的密切关系，展示了对仰韶文化研究的发展脉络以及争论观点，广纳各家之见，博采诸家之长，并对新世纪的仰韶文化研究进行了展望。书中配有彩图 8 幅、插图 30 幅，资料翔实，图文并茂，具有较高的学术价值和参考价值。

推荐阅读诗词《七律·长征》·毛泽东，《天津桥上》·刘少奇

《七律·半坡情思》（新韵）。

推荐观看影集 纪录片《共和国主席刘少奇》，纪录片《中原大发现》第一集、第六集《仰韶文化的探秘》。

六、课程总结

参加研学旅行归校后，及时组织主题班会，小组深化研学活动，提交学习心得，展示学习成果，总结学习收获，规划未来学业，确立学习目标。进一步巩固研学旅行的学习效果，深化研学活动的意义价值，真正做到“活动结束，研学不止”。

2.研学活动课程表

表 3-4

课程名称	课程内容	知识点	课时
走进八路军渑池兵站	在抗日战争时期，渑池兵站对发展壮大党的队伍，扩大抗日民族统一战线，巩固豫西革命根据地，乃至对抗日战争的胜利都做出了不可磨灭的功绩。 刘少奇在渑池兵站工作、居住期间，写下了彪炳史册的《论共产党员的修养》提纲。 各种具有珍贵历史价值的报纸、档案、照片、旧物等，无一不讲述着渑池兵站在抗日战争中的地位与意义。	1.了解中国共产党发展的各个阶段； 2.抗日战争时期渑池兵站的地位和意义。	60 分钟
学习刘少奇的革命精神	通过聆听导师讲解，学习了解刘少奇同志的生平及其革命事迹，观看文物史料，学习老一辈革命家的精神。	刘少奇生平及主要事迹。	60 分钟
从仰韶文化里读懂 7000 年前的中国	了解仰韶文化遗址的社会组织、生产生活、经济形态、风俗习惯、文化艺术等丰富的文化内涵，共同探寻中华文明的起源。	仰韶文化是什么时候由谁发现的及其分布范围，共有几处？	90 分钟
仰韶酒酿造流程	1.观看仰韶酒形象大使陈凯歌导演的《仰韶酒文化》宣传片； 2.进入万吨恒温酒窖，上下 3 层的酒窖珍藏着上万缸仰韶原浆酒，大红盖头覆盖下的仰韶酒坛，感受仰韶美酒的魔力和魅力之所在； 3.观看仰韶酒的酿造流程。	1.哪位古人发明了酒？ 2.中国酒文化的产生地； 3.仰韶酒是如何酿造出来的？	60 分钟

3.研学活动安全应急预案

为贯彻落实“安全第一，预防为主”的安全工作方针，切实保障学校广大师生研学旅行活动的安全，特制定研学旅行活动安全应急预案。

旅途所用车辆均为三门峡运管处备案的正规车辆,确保旅途顺利、安全。

一、组织领导

为加强对这次师生外出安全的管理,学校成立了研学旅行领导组和工作组,成员如下:

1.领导小组

组　长:潘树波　　副组长:李茂林

成　员:乔海生　王冠龙　翟淑茹　侯　剑　马俊娥

6名班主任、6名搭班教师和4名政教处教师

二、安全工作小组具体分组情况及职责

1.人员点名组:各班班主任老师负责汇总人数,确保人员齐整。

2.交通安全组:责任人为班主任。组织学生有序上下车,提醒同学途中注意事项,保障行车旅游途中安全。每次上车前要清点人数。

3.食品安全组:责任人班主任、各班班长,积极应对各种突发的食品安全问题,提醒同学们注意饮食卫生。

4.学生活动安全组:责任人班主任。防止学生体验活动中受到意外伤害。

5.抢救小组:各班班主任、全体老师。积极应对各种突发性的安全事故,做好伤员的救治和转移工作。

6.宣传组:王冠龙负责文字报道等工作。

三、安全教育

为确保此次活动的安全顺利,学校将于活动前召开参加研学旅行班会,有针对性地对参加学生进行安全教育,主要内容如下:

1.各班级具体分成各个小组,确定好组长,负责同学们的集合和联络。要求每个负责人都要以高度的责任心对每个学生的安全负责。

2.要求每个同学在与陌生人打交道时,既要注重礼仪,也要“慎重”对待陌生人的各种“友好请求”,自己把握交友分寸。

3.对可能发生的突发事件,通知具体的处理程序和处理方法。要求每个人在遇到突发事件时,要保持冷静,保护好自身安全,服从指挥。

四、应急事故处理

(一)处理程序

1.如遇突发事件,第一时间报告带队教师。

2.所发生的事件在自己能够处理的范围之内的，各组长要及时联系带队班主任老师，组织班级同学做好各种应急工作，采取应急措施；如果不能处理，需要相关部门处理的，要保护好现场，及时拨打110、120向有关部门求救。

3.突发事件处理完成后，要及时向带队老师汇报处理情况。

（二）具体处理方法

1.研学旅行前

（1）如遇恶劣天气和自然灾害不能出行，则将活动延期；（2）如遇特殊情况，部分人员身体不适，则向带队老师汇报，并为其请假；（3）若有同学晕车，提前做好准备，同时了解其是否对晕车药过敏，不过敏者提前半个小时服晕车药，对晕车药过敏者，食用可以预防晕车的相关食品；（4）熟记班主任、研学导师的电话号码。

2.研学旅行途中

（1）万一发生意外，及时向有关部门求助，如拨打110、120等，同时维持好现场的秩序，由各班班主任负责，同时抢救小组做好应急抢救工作；（2）行车过程中，要求同学保持车内秩序，不乱跑，不把头伸出车窗外，注意行车安全。

3.研学旅行过程中

（1）要求学生在研学旅行途中要保证不脱离队伍，维持可互相看见的原则，如若迷途，则要求先镇定情绪，拨打班主任电话，告知情况，然后停留在原地，不要再乱走；（2）若有摔伤、滑伤，承办单位准备了云南白药、气雾剂、邦迪、万金油等，若遇到紧急情况，承办单位将及时给予解决；（3）注意饮食安全，要求不得随便购买路边的小吃等问题食品、饮料，一旦出现问题，及时与当地医院等医疗部门联系，及早解决病患。

五、研学旅行过程中的纪律要求

1.研学旅行过程中，带队老师和各小组成员要明确自己的职责，时时注意班级成员的动向，确保研学安全、顺利地进行。

2.所有班级成员按照指定时间准时集合，在研学过程中不得擅自离队，如有紧急事情，需要向带队老师报告，得到允许后方可离去。

3.研学过程中，全体成员必须遵守非遗物质园的各种规章制度，特别注意园内的安全提示，争做文明的研学旅行者。

四、“朱阳、窄口水库”红色教育基地研学活动

1.研学活动实施方案

一、指导思想

坚持德育为首，以"全面发展、个性优良、特长明显、身心健康"为培养目标，实施主体性德育，推进学生自主管理，提高学生综合素质，建设自主、自律的学生文化。树立安全第一、以学生为本、服务学生、发展学生的宗旨，提高学生的综合能力，培养学生爱祖国、爱生活的意识，树立团队精神，为学生终身发展打下坚实的基础。

二、发展目标

拓展视野、丰富知识，加深与大自然的亲近感，增加对集体生活方式和社会公共道德的体验，增强爱祖国、爱家乡的情感，培养创新精神、团队精神和实践能力。

三、活动原则

1.坚持教育性原则

精心设计研学旅行活动方案，认真规划活动路线，设计活动确保立意高、目的明，活动前提前做好具体活动方案，带着目标开展活动。

2.坚持安全第一的原则

在组织研学旅行活动前，对目标地点进行充分了解，根据考察情况，制订详细的活动方案和安全应急预案，确保交通、饮食的安全。根据实际情况合理安排学生数量，针对活动内容对学生进行必要的安全教育。活动由信誉良好的研学旅行机构承办，学校领导、教师参与全程管理。

3.坚持学生自愿的原则

学校公布研学旅行活动具体方案和收费标准，以班级为单位，由学生自愿报名参加，并且由学校和家长签订自愿报名参加协议，活动内容、活动时间及费用收支公开、透明，接受家长监督。

4.坚持统一管理的原则

研学旅行的根本目的是让学生接触社会和自然，在体验中学习和锻炼，培养学生刻苦学习、自理自立、互勉互助、艰苦朴素、吃苦耐劳等优秀品质和精神。活动中将统一安排就餐、学习等活动，保证卫生、安全、适用、节约，防止追求豪华、舒适，杜绝铺张浪费。

四、活动步骤

1.考察调研(9 月 21 日)

学校成立研学旅行领导小组，联系有资质的研学旅行公司，详细了解公司研学旅行活动设计方案，确立活动目标地，建立专人负责联络机制，确定活动的详细计划及实施方案，经领导小组审核通过。

2.宣传发动(9 月 24 日)

(1)成立研学旅行领导小组,领导小组成员如下:

组长:潘树波,副组长:李茂林

成员:翟淑茹 王冠龙 乔海生

(2)印发致家长的一封信,广泛征求意见。

3.活动实施(9 月 29 日)

根据学校确定的研学旅行活动目标地及方案,组织制定详细的研学课程安排,课程包括名称、行程安排、活动计划、主要负责人、参加人员分组等各项内容,为每一名参加活动的学生、老师提供一份全面的保险机制,确保活动顺利有序开展。

4.总结交流(10 月 8 日)

结束研学旅行活动,参加活动的各班级要做好总结,并通过主题班会、活动拼图、制作美篇等形式进行总结交流。学校把学生的成果汇编成册,与全体学生及全体家长分享。

2019 年 9 月 24 日

2.灵宝市第三小学研学活动审核备案表

表 3-5　　填报时间:2019 年 9 月 24 日

研学时间	2019 年 9 月 29 日
研学主题	追寻红色记忆,发扬艰苦奋斗精神
研学地点	灵宝市朱阳红色教育老区、窄口水库
参与学生年级及人数	三(1)班、三(2)班 100 人
参与研学的导师及教师人数	6 人
研学公司名称(必须有研学资质)	河南睿智研学旅行服务有限责任公司
所需车辆安全状况	良好
主要安全措施	详见应急预案
校外活动中心意 见	年　月　日
教体局意见	年　月　日

学校(盖章):　　校长签字:

3.研学活动总结

为了庆祝新中国成立70周年,不忘革命先烈英雄事迹,发扬爱国精神。2019年9月30日是第六个烈士纪念日,为弘扬烈士精神、缅怀烈士功绩、继承革命遗志,在这个秋高气爽的日子里,灵宝市第三小学三年级师生开启了愉快的研学之旅。一百多名师生前往窄口水库纪念馆和朱阳革命纪念馆开展红色研学活动。学生们通过导师的讲解和聆听革命故事,深深体会到今天的幸福生活来之不易,今天的新中国是革命先烈用鲜血铸就的。孩子们纷纷表示,将探寻革命足迹,立志成为国家的栋梁之材。

第一站:“灵宝市窄口水库纪念馆”,地处灵宝市城区南端,位于灵宝市五亩乡与朱阳镇交界的山峪地带,距灵宝市区23公里。水库的位置,坐落在黄河支流、古老的弘农涧河上,是豫西地区唯一一座集防洪、灌溉、养殖和旅游为一体的综合利用的大型水利工程。

窄口水库是灵宝市确定的革命传统、爱国主义教育基地。是艰苦奋斗精神的结晶,是集体主义、爱国主义精神的成果,是“红旗渠精神”的再现。每当一批批的青年学生、共青团员站在窄口大坝上,环顾四周,看着一批一批经过岁月风蚀的窑洞,读着那依稀可辨的当年的壮志凌云的标语口号,无不心潮激荡,感慨万千。

第二站:“朱阳革命历史纪念馆”,重走红军路,弘扬长征精神,真切感受革命先辈的爱国斗志和革命豪情,缅怀革命先烈的英雄事迹和崇高精神。

朱阳革命历史纪念馆投资260余万元,占地313平方米。筹建人员历时18个月,先后赴信阳、郑州、西安、洛南、卢氏等地查阅档案资料,整理图片300余幅,文字资料5万余字。布展内容以时间为序,分为五大部分,通过图片、文字、地图,并结合现代声、光、电等多媒体技术,生动展现了革命老区朱阳的辉煌历史和革命先辈的英雄事迹。真实反映了朱阳人民在中国共产党领导下,和中国工农红军第二十五军七十四师、中国人民解放军陈谢兵团鱼水一家,同仇敌忾、并肩奋战,付出了巨大牺牲,建立了不朽功勋的历史事实。

“研学旅行”既能培养团队意识、责任意识,又能培养学生的审美能力,能让学生从社会、大自然中汲取自身发展的力量,锻炼实践能力、团队协作能力、处理问题能力。好的教育就是无痕迹的教育,“研学旅行”就是这样的教育形式。

第四章　体　育

体育工作是学校工作的重要组成部分,也是实施素质教育的渠道之一,灵宝市第三小学认真贯彻落实《学校体育工作条例》,把素质教育和提高学生健康水平当作学校体育工作的根本任务,加强师资队伍建设,确保体育教学课时,树立"每天锻炼一小时,健康工作五十年,幸福生活一辈子"的现代健康理念,开展"阳光体育"活动,多次受到灵宝市教体局的表彰。

第一节　开设体育课程

体育课程是学校课程体系的重要组成部分,是实施素质教育和培养全面发展人才不可缺少的途径。学校严格执行国家课程标准,开设体育课程:1~2 年级每周开设 3 节体育课,3~6 年级每周开设 2 节体育课,保证开足开齐体育课,上好体育课。

《体育课程标准》是体育教师开展体育教学活动的指南,为使体育教师尽快树立全新的体育教学观念,学校要求体育教师熟练掌握《体育课程标准》,要求体育教研组围绕课程标准和新的教材体系,开展教研活动和多种形式的校本培训,促使每位教师的观念发生深刻的变化,制订课改教学计划,人人上课改实验课。

《学生体质健康标准》是促进学生体质健康发展、激励学生积极进行身体锻炼的教育手段,是学生体质健康的个体评价标准,是《国家体育锻炼标准》在学校的具体实施,也是学生毕业的基本条件之一。为顺利完成学年度体育标准测试工作,提高体育标准成绩,期初学校即制订达标计划,要求各达标班级认真开展训练和测试工作,校医室协同配合,使《学生体质健康标准》测试顺利进行,高质量地完成任务。

第二节　阳光大课间活动

市三小每天上午、下午课间操组织全体师生做眼保健操、广播体操、自编英语律动操和第一、第二套军体操各一次,保障学生最少每天运动一小时,课间操时间,体育老师和政教老师分年级指导学生做操。2014 年 10 月，在灵宝市阳光体育大课间展评活动中，市三小获得优秀表演奖。

课外活动要求师生全员参与，每班确立一个特色项目（如田径、跳绳、毽球、篮球、足球、乒乓球、羽毛球、棋类等），以班级特色活动内容为主，各班可根据实际情况操作，尽量做到顾全点面，让每个学生活动起来，并注意安全。

为此，学校还重视场地、器材建设，根据教育部印发的《中小学体育器材设施配备目录》，除教育局投入资金购买的肺活量测试仪、坐位体前屈测试仪、握力计、攀登架等仪器外，学校根据需要逐步配齐体育器材设施，并落实体育室器材出借登记、管理制度。

第三节　体育特色项目

以武健体、以武育德，市三小从学校的实际出发，从传承祖国悠久的传统文化、增强学生的身体素质出发，充分利用学校的课程资源，自主开发武术特色课程，学校以此课题研究为抓手，形成了人人懂武、爱武的校园氛围，通过武术课程教育促进学生主动全面发展。

学校还有计划、有组织地开展学校体育特色项目——军体操训练（第一套和第二套军体操），通过练习军体操，锻炼儿童身体、磨练儿童意志，把在温室环境里成长起来的独生子女锻炼成生活的强者。让每一位学生的个性得到更多的张扬。为学生成长发展创设多元的优良环境，从而推动学校整体教育品位的提升，产生良好的社会效应。

学校每年召开春季球类比赛和秋季田径运动会，活跃学生的课余文化生活，提高学生集体主义荣誉感，锻炼培养学生的体育精神。

第四节　体育运动竞技

市三小坚持普及与提高相结合，在抓好普及的基础上，大力抓提高，坚持长年训练，向科学训练要成绩，不断提高学校竞技体育水平。

为进一步提高竞技体育水平，学校多措并举：一是组织体育老师参加校级综合素质大赛，提高教学水平，并评选出优秀教师参加全市中小学体育课堂教学竞赛活动，高现代、常楠楠老师获得灵宝市中小学体育课堂教学竞赛二等奖。二是认真抓好运动队的训练与管理工作，为更好地统筹安排各项资源，做到教练员、运动员、训练时间、训练场地器材四落实,制订计划,按计划系统地进行训练。三是将兴趣小组进行合理的分工,王建永、杜晓刚、常楠老师带篮球队,高现代老师带乒乓球队,焦肖强老师带足球队,充分调动运动员的积极性,调整好训练时间,以保证训练质量。四是学校运动队坚持常年训炼,积极参加教体局组织的各项体育赛事,争取获得好成绩。在2017年3月举行的灵宝市中小学生篮球比赛中,市三小获小学女子组亚军和男子组第三名。在2018年1月教体局举办的中小学乒乓球比赛中,获女子团体冠军、男子团体第五名。在2018年10月举行的灵宝市中小学生阳光体育运动会比赛中,获局直小学组总分第一名的好成绩。

附件1:

市三小"阳光体育"活动方案

(2014年9月)

为了贯彻落实市教体局关于在全市中小学开展"阳光体育"活动的会议精神,树立"每天锻炼一小时,健康工作五十年,幸福生活一辈子"的现代健康理念,积极开展"阳光体育"活动,确保学生每天锻炼一小时,促进其身心健康和谐发展。特制订三小"阳光体育" 活动方案。

一、领导小组

组　长:索淑敏

副组长:贺雅芳

成　员:全体教师

二、活动主题

阳光点燃生命 运动成就未来

三、活动时间:2014年9月至2015年1月

四、活动内容:

(一)学校于3月8日下午3:00举行"阳光体育"活动启动仪式。

(二)活动时间分配:

1.早 上 8:00 眼保健操(5分钟)

2.课间操 9:40~10:10

(1)广播操(5分钟)

(2)英语律动操(5分钟)

(3)军体操(10分钟)

3.下 午 2:00 眼保健操(5分钟)

4.活动课 下午4:30~5:00 班级活动 (30分钟)

(三)确保体育课程开设,落实好"两操一课",突出体育特色项目

1.确保体育课程开设

保证各年级开足开齐体育课,上好体育课。体育教师要认真对待每节体育课,组织好每节体育课的教学活动,任何体育教师不得把体育课上成放羊式教学。

2.落实好"两操一课"

每天早上到校后,组织全体师生做眼保健操;课间操时间全体师生做第三套广播体操、自编操舞和武术操,下午上课前再次组织学生做眼保健操,使学生养成良好的锻炼习惯和用眼卫生习惯;课外活动要求师生全员参与,每班确立一个特色项目(如田径、跳绳、毽球、篮球、羽毛球、棋类等)以班级特色活动内容为主,各班可根据实际情况操作,尽量做到顾全点面,让每个学生活动起来,并注意安全。

3.突出体育特色项目

有计划、有组织地开展学校体育特色项目——武术操(五步拳、第二套少年拳、太极拳等),让学生在学、练的过程中树立遵守纪律、团结友爱的良好作风,培养勇敢顽强、不怕苦难的优良品质。

五、活动要求

1.营造舆论氛围。利用校园广播宣传开展体育活动的意义和价值,各班班主任要做好家长的工作,引导其理解支持学校开展这项工作,确保学校开展"阳光体育活动"工作各项目标得以实现。

2.因地制宜,加强指导。各班结合学校实际,因地制宜地开展各类适宜学生运动健身的活动,做好运动前的各项指导,吸引广大少年儿童积极参与自己喜爱的体育运动。

3.加强体育安全管理。全体教师要树立"安全第一"的原则,要加强学生体育运动的安全意识的教育,要完善体育运动场地的建设和体育器材的管理,要有安全管理制度,完善安全措施,每日的各项体育运动要有专人负责,集中活动日要有教师在场维持学生秩序和安全,要有安全记录。

4.注重实效性。要重视此次阳光体育活动的重大意义,要有计划、有安排,要做好每一次活动的资料收集整理工作,确保学校活动顺利完成。

5.总结活动成果。活动开展过程有报道，期末有总结。

六、各月份工作安排

9 月，进行学校自编操舞和军体操特色项目的学习与训练。

10 月，组织举行学校广播体操比赛，组织开展秋季趣味体育活动和比赛。

11 月，做好《学生体质健康标准》的检测和上报工作，并对全体学生进行一次常规身体检查，让每个孩子都能健康快乐地成长。

12 月，做好“阳光体育”活动的验收评比与经验总结工作。

附件 2：

市三小 2019 年春季校园篮球比赛通知

为活跃学生的课余文化生活，通过球赛增进互相了解和沟通的机会，提高学生集体主义荣誉感，培育学生的体育精神，经学校研究，决定在寒假开学后举行五、六年级班级篮球比赛，现将具体事宜通知如下：

一、比赛时间

2019 年 2 月 26 日（周二）中午饭后和下午课外活动；

2019 年 2 月 28 日（周四）中午饭后和下午课外活动。

二、比赛地点

学校 1、2 号篮球场。

三、参赛范围

学校四、五年级，以班级为单位参加。

四、比赛具体要求

1. 2 月 22 日下午放学前每班上报运动员 8 人（男女均可），报名时标注清楚班级、姓名、男女等信息。

2.比赛组织成员，必须职责明确，做到公平、公正、公开。

3.整个比赛过程中，队员应服从组织安排、听从指挥。

4.比赛过程中，注意安全。

5.所有队员应发扬团队精神，保持“友谊第一，比赛第二”的良好心态。

6.比赛过程中必须服从裁判的判罚，否则取消参赛资格。

五、比赛办法：

1.第一阶段采用淘汰赛办法,抓号决定比赛班级。

2.第二阶段采用循环赛决出名次。

六、比赛规则

比赛采取两场制,并做如下规定:四节比赛计“毛时”,每节 10 分钟,中场休息 5 分钟,每半场每队有两次暂停机会。

七、录取名次及奖罚办法

1.录取各年级前 3 名班级队伍颁发奖状,分别加计班主任量化 7 分、5 分、3 分。

2.大赛设体育道德风尚奖一个,颁发奖状,加计班主任量化 2 分。

3.在比赛中出现不服从裁判判决、打人、故意伤人、罢赛及弄虚作假等违纪现象,经核实,取消比赛资格和比赛成绩。

附件 3:

市三小 2019 年队列队形展演方案

一.指导思想

为丰富校园生活,增强学生体质,进一步规范学生队列队形练习,深入推进少年军校建设,经学校研究,决定举办二至六年级队列队形展演活动。希望通过此项活动增强学生集体荣誉感,培养学生团队协作和竞争意识,展示班级良好的精神风貌。

二.组织机构

组　长:马晓春

副组长:翟希云　潘树波　王永沛　何皎洁

组　员:政教处人员、体育组教师及各班班主任

三.展演时间

9 月 11 日(周三)下午

四.展演地点

学校操场

五.展演内容

入场、退场、队列队形展演(包括整队、报数、站姿、转向、走姿、跑步、口号等,可自由编排增加项目,但不能缺项。)

六.展演要求

1.各班由班主任领队,文体委员指挥(低年级可以由老师指挥)完成动作,要求声音宏亮,口令准确,指挥规范。

2.服装统一,穿运动鞋。

3.各班全员参加(包括老师),特殊情况除外。

4.出入场紧促,各班口号鲜明,积极向上,队列整齐。

5.队列整齐,动作规范、整齐划一。

七.奖励办法

1.优秀领队各年级2名。

2.分年级设集体奖:一等奖1名,二等奖2名

(比赛结果计入9月份班级量化,一等奖加5分,二等奖加3分)

八.评委计分安排

评 委:马晓春 翟希云 潘树波 王永沛 何皎洁

李茂林 刘雪峰 刘 照 王佩林 赵高坤

两名学生代表

计 分:王冠霞 尚伟静 闫飒飒

九.评分标准

指挥:10分,服装:10分,入场、出场:10分,精神面貌:10分,队列队形:60分。

(参赛班级每缺勤一名学生在最后得分中扣2分,班主任未参加扣6分、搭班教师未参加扣4分,特殊情况除外。)

展演顺序:年级内抽签决定。

第五章　后勤管理

第一节　岗位设置与职责

市三小后勤主要职能部门即总务处，其岗位设置主要有财务管理，寄宿管理、食堂管理、财产管理、资助管理。总务处人员设置及岗位职责，见第一章第四节“总务处”。

一、总务主任一日工作流程

早上7:00前到校，查看寄宿学生上早操或读书情况。要求王丽红老师6:50到校，做好准备，认真组织，值班教师做好配合，各班级学生步伐一致，口号洪亮，队伍整齐，文明守纪，认真上好早操。

7:10查看伙务主管、楼层主管及后勤职工工作状况。职工早饭工作包括：炊事班早餐是否准备到位，要求做好保温，7:15及时送餐到三个餐厅。保育教师在7:15之前摆好各自区域学生餐具，7:30之前饭菜要全部准备到位。学生就餐期间要求三位楼层主管认真组织各自餐厅纪律，并监督保育教师工作状况。

8:20前完成校园、班级巡查，巡查内容：校舍安全、财产使用状况。认真做好校舍巡查，看各种物品是否归位，有无损坏校产，看是否存在安全隐患，发现问题及时上报和整改。

8:00~10:00处理公务，按时完成上级下达的各项指标任务，积极参加集体教研。

10:00~10:20检查课间操水电使用，教师穿高跟鞋进操场情况。宿舍卫生抽查。工作人员代文辉、王丽红及时到岗，认真检查并做好记录。

10:20~11:30处理公务，按时完成上级下达的各项指标任务，积极参加集体教研。

11:30~11:50到餐厅检查午饭准备是否到位，餐具是否摆放到位。按时、保质、保量及时供应。

11:50~12:15学生用餐期间，巡视各主管及后勤职工工作情况、学生就餐期间纪律。认真巡视，发现问题及时纠正。

12:15~1:00午休情况巡查。检查教师组织学生情况，职工辅导午休情况，各班级学生表现等。要求午休期间职工及值班教师认真组织学生午休,多转多看,防止安全事故发生。

15:00~18:00 处理公务,高标准,严要求,按时完成上级下达的各项指标任务。

二、伙务主管一日工作流程

7:00 前到校,检查洗碗组开窗通风及餐具准备、炊事班人员工作情况及个人卫生,查看早餐的准备是否正常。

7:15 检查餐厅各块出饭的准备情况,是否人人到岗、到位,打饭工作是否正常,保证按时足量供应。

7:30~7:50 查看开饭期间洗碗组收餐具情况、炊事班加餐人员到岗情况。

8:00 领取午餐所需物品。检查操作间卫生。

9:00 对当天送来的货品进行验收、核对,严把食品进货关,及时记录台账,核算伙食费开支情况。

10:00~11:00 监督午饭加工过程,菜的摘洗、切配等环节,做好过程监管。

11:00 后勤职工开饭,11:25 准备出饭, 11:35 开始打饭, 11:45 学生开饭,以上各个环节期间做到人员到岗、菜汤配置到位。

12:00 操作间卫生打扫,监督到位情况,检查后统一下班。

15:00 检查餐厅、操作间卫生,后勤人员到岗情况。

15:30~16:00 领取当天下午及第二天早上所需物品。

16:00~17:00 检查饭菜加工过程。

17:30 职工开饭,17:40 摆餐具,17:50 打饭,18:00~18:30 学生开饭,做好饭菜调配,人员岗位检查。

18:30~19:00 检查餐厅各处门窗是否关闭、上锁,电源是否关闭,对一天工作进行小结,以便于第二天更好地开展工作。

三、炊事班一日工作流程

早上 5:30 到岗晨检:按要求着工作服,佩戴健康证,站好队由炊事班长进行晨检,并做好晨检记录;按七步洗手法进行洗手。

5:35 打扫工作区卫生。

5:40 开始做早餐,炊事班长做好过程监管:(1)加工食品期间要戴好口罩(一次性口罩),防止加工过程中二次污染食品原料;(2)加工前对原材料进行安全检查;(3)粗加工、切配、烹饪要严格按照规范进行操作,确保食品安全。

6:50 职工开饭,由炊事班安排一位主厨人员给职工打菜,做到菜量合适,秩序井然。

7:20 出饭。(1)根据就餐人数,各块菜、汤、馍的量要分配合理;(2)提前要准备好足量的菜勺、汤勺,以备打饭。

7:30 学生开饭,炊事班各负其责,做好馍、菜、汤的二次供应,二次打饭。

7:50 清洗炊具,按"除残渣、碱水刷、清水冲"的流程,规范清洗,达到无油渍、无残留、无灰尘的要求;各卫生区责任人认真打扫,将炊具归位。

8:00 出库,按量领取所需食品原料。

8:20~10:50 开始做午餐,炊事班长做好过程监管(要求同早餐)。

11:00 职工开饭,由炊事班安排一位主厨人员给职工打菜,做到菜量合适,秩序井然。

11:35 出饭。(1)根据就餐人数,各块菜、汤、馍的量要分配合理;(2)提前要准备好足量的菜勺、汤勺,以备打饭。

11:45 学生开饭,炊事班各负其责,做好馍、菜、汤的二次供应,二次打饭。

12:00 清洗炊具,打扫清洁区卫生(要求同早餐)。

14:30 到岗,打扫卫生,清洗炊具表面。(1)按要求着工作服,佩戴健康证,按七步洗手法进行洗手,站好队由炊事班长进行个人卫生检查;(2)炊具表面要无灰尘、无杂物。

14:35 出库,由炊事班长按需领取原材料。

14:40~16:30 开始做晚餐,炊事班长做好过程监管(要求同早餐)。

16:30 职工开饭,由炊事班安排一位主厨人员给职工打菜,做到菜量合适,秩序井然。

16:50 出饭。(1)根据就餐人数,菜、汤、馍的量要合理;(2)提前准备好足量的菜勺、汤勺,以备打饭。

17:00 学生开饭,炊事班各负其责,做好馍、菜、汤的二次供应,二次打饭。

17:15 清洗炊具、打扫清洁区卫生(要求同早餐)。

四、保育教师一日工作流程

1.全寄宿保育教师

6:30~6:55 组织学生起床、洗漱,负责学生纪律、安全。

6:55 组织学生站队、到操场集中上早操,负责学生从宿舍到操场的纪律、安全。

7:00 到餐厅摆盘、打饭,确保学生 7:30 正常开饭。

7:30—7:50 学生就餐时,负责就餐学生纪律,为学生发馍、添饭。

7:50 就餐。

8:20~10:00 打扫宿舍卫生,负责整理学生床铺、地面卫生、连廊走廊卫生、楼梯及卫生间卫生。

10:00~11:00 休息。

11:00~11:50 餐厅摆盘、就餐、打饭,确保学生 11:50 正常开饭。

(夏季)

12:10~14:30 负责学生午休,负责学生洗漱、午休及午休起床后的纪律、安全,14:30 与班级老师交接,确保学生全员、安全交于班级老师。

14:30~16:00 打扫宿舍卫生,负责整理学生床铺、地面卫生、连廊走廊卫生、楼梯及卫生间卫生。

(冬季)

12:10~13:30 负责学生饭后活动或在教室做作业、读书、看电视,负责学生纪律、安全,13:30 与班级老师交接,确保学生全员、安全交于班级老师。

2.半寄宿保育教师:

6:30~7:30 工作准备,餐厅摆盘、打饭、就餐。

7:30~7:50 学生就餐时,负责就餐学生纪律,为学生发馍、添饭。

8:00~9:00 打扫餐厅卫生、宿舍卫生,负责打扫餐厅卫生、宿舍公共区域卫生、连廊走廊卫生、楼梯及卫生间卫生。

11:00~11:50 餐厅摆盘、就餐、打饭,确保学生 11:50 正常开饭。

(夏季)

12:10~14:30 负责学生午休,负责学生洗漱、午休及午休起床后的纪律、安全,14:30 与班级老师交接,确保学生全员、安全交于班级老师。

14:30—16:00 午休,打扫宿舍卫生,负责整理学生床铺,打扫地面卫生、连廊走廊卫生、楼梯及卫生间卫生。

(冬季)

12:10~13:30 负责学生饭后活动或在教室做作业、读书、看电视,负责学生纪律、安全,13:30 与班级老师交接,确保学生全员、安全交于班级老师。

注:1.保育员要明确一日工作流程,按照要求完成工作。

2.出现突发事件,保育员要妥善处理并及时向主管老师汇报。

3.保育教师要服从学校的统一安排,积极参与临时性工作。

五、清洁工职责及考核办法

1. 工作职责

(1)每天按时到岗,及时签到。做到上午7:30、12:30,下午2:30(冬季1:50)、6:30进出校时4次签到。遵守工作纪律,不迟到,不早退,遇到突发事件需打扫卫生随叫随到。

(2)厕所每天按时冲洗,卫生间保持清洁,尽量做到每节课冲洗一次。

(3)做到小便池、大便池无污垢,地砖、墙面砖无污垢、污物和积水,卫生间墙壁、蹲位隔断、门、窗等无污渍。确保厕所地面清洁、无死角、无杂物、无脏痕;窗户、窗台、墙壁、门保持清洁、无灰尘。

(4)养成良好工作习惯,清洁工具不乱放,每日清理垃圾1次,每2周用草酸清洗一次。

(5)负责卫生间定期和不定期消毒工作;春秋季每周1次,夏季天气热,厕所气味大,要及时点香,每周2次打药杀虫。

(6)爱护清洁工具和用品,节约用水。发现水龙头漏水、下水道堵塞等公共设施损坏的,要及时上报维修,发现异常情况及时上报。

(7)完成政教处临时分配的其他工作任务;遇到重大活动和临时性活动,必须听从学校统一安排和调遣,协助政教处做好卫生工作。

2. 考核办法

(1)按时上岗,不迟到、不早退,严格服从时间规定。工作时间要坚守岗位,不得串岗、离岗。工作期间如发现捡拾垃圾等违规行为一次扣5元;发现脱岗到后门休息等违规行为,一次扣10元。

(2)工作应付塞责,未尽到责任,清扫不到位或不及时,每次扣2元。

(3)如有特殊情况不能按时上岗或早退,必须经管理员批准,否则按旷工处理,旷工一次扣10元。

(4)工作期间尽量不要请假,如确需请假,8小时及以上按一天算,扣除当天工资。其他不同情况,视情节轻重给以相应的处理。

第二节　管理制度

一、灵宝市第三小学后勤职工考勤制度

为了切实维护广大后勤职工的合法权益,促使后勤职工尽快形成爱岗敬业、勤奋守

纪、克己奉公的良好风尚，真正实现奖优罚劣、优劳优酬的管理方略，特制定本制度。

（一）全体后勤职工必须守岗守时，按时上岗，每周日下午提前到校做好各项准备工作（冬季 15：00 前到校，夏季 16：00 前到校）。每迟到一次罚款 2~5 元，早退一次罚款 2~5 元。

（二）后勤职工严禁出现旷工现象，一旦出现旷工的，每小时罚款 2 元，一天以上，按自动解聘处置，并扣除全部押金。

（三）后勤职工请假制度：

1.后勤职工因实际需要请假的，要严格履行请假手续，凡请假 2 小时以上者，必须填写请假条，两天以内的由总务主任签字批准，报总务处登记，两天以上的由校长签字批准，报总务处登记，请假 2 小时以内的要口头告知主管或组长。后勤职工请假两小时以上一天以内的，每次扣除一天工资，请假一天以上的，第一天扣一天工资，第二天扣一天工资的 2 倍，第三天扣一天工资的 3 倍，依次类推，直至扣完工资，扣完工资后按自动解聘处理。

2.全体后勤职工严禁电话请假，凡电话请假的一律不予批准，未经批准不按时上岗的，按旷工处理。

3.后勤职工婚假为 7 天（指本人，含星期天），丧假为 3 天（指直系亲属），后勤职工请假前本人要妥善安排好自己的各项工作，请假期间取消各项假期内的福利待遇。

（四）后勤职工一个月内无一次缺勤、迟到、旷工、请假现象的，学校要给予 10 元全勤奖励。

（五）后勤职工考勤管理工作由各块主管或组长负责，总务处人员不定期进行抽查，对于主管或组长考勤工作不严格、不公正的，一经查出，要追究主管或组长的连带责任并从重处罚。

（六）本制度从 2010 年 9 月 1 日起执行，特殊情况由学校研究处理。

二、计算机使用管理制度

为了加快学校校园信息化建设进程，促进信息技术与学科整合，保障计算机正常运行，有效延长其使用寿命，特制定本制度。

1.教师办公计算机是学校财产，由学校依照有关制度统一管理，未经许可，任何人不得将计算机及部件带出校园。

2.各处室主任、教研组组长负责本部门计算机统一管理，使用教师是办公计算机的直接责任人。

3.学校网络管理员负责全校网络、办公计算机的维护维修工作,未经管理员同意,任何教师不得私自打开机箱或拆装机器,不得擅自对计算机网络设置进行修改。

4.各部门的计算机应做到专人专用,任何人未经同意,不得擅自使用他人的计算机,不得随意调换他人计算机的某些部件。严禁带家属、小孩进办公室玩计算机,严禁外单位人员使用本校办公计算机。

5.办公计算机只服务于学校的教育教学工作,禁止利用计算机玩游戏、聊天、看电影;不准擅自安装各种游戏及其他软件,如确实由于工作需要,安装其他软件,需经网络管理人员同意。

6.禁止浏览登录反动、色情、邪教等非法网站、浏览非法信息以及利用电子信箱收发有关上述内容的邮件,以免造成系统故障。如需使用和安装外来文件或下载互联网上的文件必须先进行杀毒,确认无毒后,才能应用到本地机器,不要接收和下载来历不明的文件,要定期升级杀毒软件,查杀病毒。

7.全体教师要对所属计算机倍加爱护、科学使用,做到人走关机断电,注意节约用电,延长计算机使用寿命,在平时要做好清洁和保养工作。

凡违反上述规定或人为造成计算机损坏的,每次扣教师量化考核积分 5~10 分,并由本人承担所有维修费用;因本人离校前未按要求关锁好门窗造成计算机丢失的,由本人承担全部损失。

三、水电管理制度

为了加强学校水电使用管理,节约开支,杜绝浪费,经校委会讨论通过,对学校水电使用管理做如下规定:

1.全体教职工应树立节约用水用电意识,养成“人走灯灭、人去水停”的良好习惯。

2.全体教职工要教育学生,爱护水电设施和设备,尽量使用自然光照明,避免“白昼灯”现象(晴天:早上 8:00 之前关闭所有照明灯;阴天:视情况而定)。

3.各处室应建立值日制度,负责值日的教师,下班前要检查,做到关门窗、关饮水机和计算机电源,杜绝浪费现象。

4.负责值日的学校领导要检查、督促当晚教师离校后班级水电关闭情况以及各室的“关门、关窗、断电源”情况。

5.教学楼卫生间门口的开水器要求早上打开,晚上下自习前关闭电闸,晚上学生就寝后,值班男教师要负责检查教学楼、办公楼热水器开关情况。

6.水电工、校产管理员每日要对全校水电设施巡查两次,并及时维护。

7.各处室禁止使用电暖扇、暖手宝、电水壶等大功率电器设备，所有用电设施必须经总务处同意后方可使用，禁止私拉乱接电源。

8.保育教师负责宿舍楼水电管理，晚上学生就寝后及节假日期间及时关闭电源和水阀。

9.对违反以上任意一条情形者，总务处将根据规定对教师个人每次扣除量化2分，同时对直接责任人罚款10元。

四、学校空调使用管理规定

为满足师生冬季取暖和夏季降温需要，既保证设备正常运行，又降低能耗、减少故障、节约用电，最终达到为师生服务的目的，现对各教研组、各处室及各宿舍空调使用提出如下规定：

1.爱护公共财产，规范使用空调；冬季空调温度设置应不高于23摄氏度，夏季空调温度设置应不低于25摄氏度。

2.使用空调的时间规定

(1)宿舍：每天早上6:30~7:00，晚上7:00~9:00。

(2)处室、教研组：每天上午8:00~11:00，下午2:00~4:00。

(3)班级：每天上午8:00~9:50，下午1:30~3:00。

注：遇到恶劣天气，启用空调时间段另行通知。

3.空调启动后，必须关闭门窗；室内无人时，要随手关闭空调。

4.各部门要加强对室内空调的管理，下班最后离开办公室的教师，要检查空调电源是否已经关闭。

5.发现空调有异常现象，要及时断电并通知总务处及时维修。

6.注意用电安全，发现电路或空调故障要及时停止使用并到总务处报修，不得强行使用。

7.节假日期间及雷电天气必须切断电源，消除安全隐患，防止因雷电造成空调损坏。

8.严禁用手强行拨动空调扇叶，不得在空调面板上随意粘贴或将重物、花盆等杂物放置于空调上。若发现一次扣量化分2分。

9.若发现有不按规定私自使用空调或规定时间外没有关闭空调的，每次罚相关负责人20元，扣除相关责任人量化分2分。

10.各处室、教研组和宿舍保育教师要妥善保管好空调遥控器，期末统一上交总务处，人为造成损坏或丢失的要照价赔偿，并扣除相关责任人量化分2分。

五、寄宿班量化考核制度

(一)半寄宿考核制度

1.文明就餐(10条要求)

(1)要求带队教师按时带领学生到餐厅就餐,有序组织学生排队进入餐厅,不拥不挤。(2)进餐厅前要求背诵歌谣或古诗词。(3)就餐时要求遵守纪律,不大声喧哗,不交头接耳,不敲击餐具,文明就餐。(4)要求珍惜粮食,不随便乱倒饭菜、乱扔馒头。(5)就餐完毕后,要求桌面、地面没有饭菜残羹、食品包装袋、纸屑等杂物。(6)爱惜餐具,就餐后合作收餐具,将餐具轻放到收餐车或收餐筐。(7)就餐前轻放餐凳,就餐后轻扶起凳子。(8)就餐后严禁带馍出餐厅。(9)就餐后要求带队老师整好学生队伍,然后带学生回教室。(10)有学生请假,应及时告知保育教师。

根据班级学生表现,就餐期间符合以上10条得A等,符合9条到7条得B等,符合7条以下得C等,分别记5分、3分、1分。

2.文明午休(5条要求)

(1)午休要求排队进入宿舍。(2)午休时要求学生遵守纪律,不大声喧哗,安静、文明午休。(3)午休期间宿舍卫生要始终保持干净整洁。(4)午休时无安全隐患,没有学生在床上打闹、头伸出床外、上下床或左右床递东西等现象,没有出现安全事故。(5)午休后站队有序回到教室。

根据班级学生表现,午休期间符合以上5条得A等,符合4条到3条得B等,符合3条以下得C等,分别记5分、3分、1分。

3.文明活动(饭后活动3条要求)

(1)饭后整队回教室,要求路队排面、步伐整齐。(2)饭后活动不追逐打闹,文明活动,做有益于身心健康的锻炼或游戏活动。(3)在教室认真读书、写作业或看电视期间,不喧哗、不走动,秩序井然。

根据班级学生表现,午休期间符合以上3条得A等,符合3条以下得C等,分别记3分、1分。

(二) 全寄宿考核制度(2010年9月至2014年9月)

1.文明就餐(10点要求及量化,同半寄宿班)

2.文明就寝(7点要求)

(1)下晚自习后要求排队进宿舍,进入宿舍不奔跑、不打闹。(2)回宿舍吃零食统一在宿舍门口,不能在床上吃零食,吃零食产生的垃圾要自觉放入垃圾篓内,19:20过后不允许任何学生再吃东西。(3)19:20后要求快速、有序地洗脸、刷牙、洗脚。(4)19:40洗漱完毕,安全上床,用心读书,读书期间要遵守纪律,不在床上跳动,不喧哗,不影响他人读书。(5)熄灯后要求脱外套安静休息,不允许乱跑、乱说话。(6)宿舍卫生要始终保持干净整洁。(7)严防安全隐患,不允许有学生在床上打闹、上下床和左右床之间互递东西现象,严禁带打火机、刀具进入学校宿舍。

根据班级学生表现,就寝期间符合以上7条得A等,符合5条到6条得B等,符合5条以下得C等,分别记5分、3分、1分。

3.文明午休(5点要求及量化,同半寄宿班)

4.文明活动(饭后活动3点要求及量化,同半寄宿班)

(三)寄宿部白班教师考核制度

【考核对象】女值班教师

1.餐厅工作

(1)及时到岗,早上7:30、中午11:45、下午5:00到餐厅。(2)学生进餐厅前,在餐厅门口组织学生有序进餐厅,教育学生进餐厅不奔跑、不拥挤。(3)学生就餐时,值班教师重点协助保育教师维持好所管区域学生的就餐纪律,教育学生做到文明就餐,不乱讲话,坐姿端正,讲究卫生。(4)协助保育教师为学生做好服务,协助保育教师为学生打饭,学生就餐时,为学生发馍、打饭。(5)学生吃完饭后,值班教师要协助保育教师组织学生站好队伍,有秩序地离开餐厅。

(6)值班教师提前就餐,学生就餐时,值班教师不能就餐。

根据教师工作表现,餐厅值班期间符合以上6条得A等,符合5条到4条得B等,符合4条以下得C等,分别记5分、3分、1分。

2.午休工作

(1)中午学生吃完饭后,值班教师应及时跟随学生进入宿舍值班,一位教师负责二、三楼,一位负责四、五楼。(2)协助保育教师维持好所管楼层学生的午休纪律。(3)值班期间,值班教师应认真巡查学生午休情况,不能在宿舍睡觉。

根据教师工作表现,宿舍值班期间符合以上3条得A等,符合2条得B等,符合2条以下得C等,分别记5分、3分、1分。

3.午间辅导

(1)按时到教学楼所负责楼层巡查。(2)认真协助保育教师组织学生纪律。(3)值班期间应工作认真,不得中途脱岗。

根据教师工作表现,宿舍值班期间符合以上3条得A等,符合2条得B等,符合2条以下得C等,分别记5分、3分、1分。

(四)寄宿部夜班教师考核制度

【考核对象】男值班教师

1.晚上下自习后,应及时到宿舍4楼值班。2.晚上7:00~8:00值班期间,应认真协助保育教师组织学生纪律。3.值班期间应工作认真,不得中途脱岗。

4.晚上10:00至次日早上6:00间协助处理学生生病及意外事故情况。

根据教师工作表现,宿舍值班期间符合以上4条得A等,符合3条得B等,符合3条以下得C等,分别记5分、3分、1分。

未尽事宜,经学校研究决定。

六、市三小"文明餐桌"行为准则

(一)就餐七字要求

安静、坐好、不浪费。

(二)就餐纪律

1.就餐学生要以班为单位列队前往餐厅,在餐厅门口洗手,然后站好队安静等候进入餐厅。2.进入餐厅时,两人一排,轻声慢步走向餐位。3.就餐时,要保持安静;需要加餐,举手向保育老师示意,然后安静等候加餐。4.就餐时,要保持静默,专心用餐。

(三)坐姿要求

1.就餐时,保持良好坐姿:上身挺直,双脚平放在地上。

2.就餐时,要保持身体平稳,不晃腿、不抖肩。

(四)"光盘"行动

1.就餐时要自觉践行"光盘"行动,每餐饭至少要将所打饭菜吃完;一次所打饭菜不够,吃完后可以向保育老师示意,要求加餐。

2.吃完饭菜后自觉将餐具交回收餐车;爱护餐具,餐具要轻轻放入收餐车或筐里,尽量不要因为碰撞使餐具发出响声。

3.保持良好的饮食习惯,每餐饭的量要大体相等,任何一种饭菜都应吃饱吃好;各种蔬菜和肉类都要乐意吃。

(五)爱护餐具

1.就餐完毕,送交餐具时必须两人合作,确保行走安全、拿稳餐具。2.菜盘、饭碗、饭勺要轻放在指定位置,避免碰撞发出声音。

（六）有序离开

1.就餐完毕，要安静离开餐厅。2.出餐厅后，要以班为单位在指定区域站好队，在老师或生活管理老师的带领下有序离开。

七、采购加工、陪餐留样制度

1.严把食品原料采购、存储关。所有食品原料均实行定点采购，并与供货商签订供货合同和安全责任书，食品原料实行出入库检验登记制度、食品原料索证制度和食品原料检验签字制度。

2.严把食品加工关。整个食品加工过程必须按照科学、卫生、安全的操作流程进行粗加工、清洗、切配、烹饪、配送。加工期间必须做到生熟分开、荤素分开，防止交叉加工。炊事员每次工作前、处理食品原料后、便后要用洗手液及七步洗手法洗手。炊事员在食堂工作期间一律穿工作服，带工作帽、佩戴健康证上岗。倡导健康理念，力求做到“色、香、味、美”俱全，让学生“吃得舒心，生活开心”。

3.学校严把食品配送发放关。每餐饭菜配送发放前，均实行“领导尝餐制”和食品48小时留样备查制，每份留样不少于250克。配送发放食品的炊事人员要求带一次性手套和口罩进行操作。

4.严把炊事用具和餐具洗涤、消毒及卫生清扫关。餐具清洗干净后放入消毒柜进行消毒处理，盛放食品的盆和桶等炊具每天下午放在开水锅里进行蒸煮消毒，确保餐具和炊具的卫生。

5.严把评比奖惩关。学校食品卫生安全管理人员和食品卫生监督组织每学期对照《河南省中小学食堂等级量化评分细则》认真进行自评，查找问题，及时整改。每天都必须对检查监督情况进行总结公布；学校专门在食堂安装监控系统，全面监控记录炊事员工作流程和食品卫生安全状况；每月评比优秀职工给予奖励，增强其责任心和工作热情。

第三节　改善办学条件

2011年，学校先后投资56.6万元购置安装24套液晶触摸一体机，投资6.9万元完善校园计算机网络和数字电视网络，建成校园网络服务器，真正实现了“班班通，堂堂用”；学校投资5万余元为新调入教师购置15台联想计算机，扩充了现代化办公设备数量，为打造数字校园奠定了坚实的基础。暑假，学校投资20余万元在教学楼和宿舍楼的楼梯、走廊外墙壁上贴上了瓷砖，油漆刷新了教室和宿舍内墙壁、校园周围透镜景栏杆和楼梯、连廊、走廊的栏杆；投资2万元在花池边安装白色PVC护栏；投资4.5万元建成具有现代气息的文化照壁墙；投资4万元设计制作校园主题雕塑；投资20余万元进行校园文化建设，使校园面貌焕然一新。为保证校产安全，先后投资5万元为尚美楼和博艺楼一楼教室分别安装了防盗门和防护网；投资5.5万元进一步加高加固校园北围墙和餐厅西围墙；投资2.5万元在后门建成彩钢活动房，有效改善了校园安全状况。

2012年，学校投资300余万元，进行了综合楼及宿舍楼扩建工程，用以改善学生餐宿和教师办公条件；投资近12万元购置图书，在原有图书数量上又增加了6731册，满足国家规定的每生17册；投资18万余元购置了体育科学仪器，充实了教学设备，刷新木质花箱，对博艺楼走廊、餐厅墙壁进行了粉刷，对宿舍卫生间进行了防水改造施工。

2013年，学校投资13万余元，增加综合楼的室外美化工程；投资7万余元添置了宿舍楼的电梯设备；投资34万元建设录直播教室；投资近2万余元对连廊的楼梯栏杆进行加高，保证学生安全；投资1万余元对全校卫生间冲水洁具和宿舍二楼男卫生间防水工程进行改造；投资3万余元加强校园文化建设，在学校大门内西面墙壁安装了社会主义核心价值观的文化，在博艺楼安装了部分班级文化；投资1.5万元为六年级教研组配备5台计算机，满足人手一台的教学需求。

2014年，学校综合楼及宿舍楼扩建工程暑期通过验收，投入使用。投资13万元添置学生餐桌53套及各类炊事用具；投资9万元规划餐厅，对餐厅布局进行改造，满足全体师生一次性就餐需求；投资15万元增加校园监控设备，增强学校安全防范能力；投资6万元为宿舍添置军用高低床103套；投资15万元为新宿舍、新餐厅、综合楼部分功能室添置35台空调；投资5万元刷新校园栏杆；投资5万元制作餐厅文化，设计安装校园文化不锈钢橱窗2个和不锈钢水池7个；投资2万元对宿舍、博艺楼卫生间进行了防水改造施工；投资12万元为四楼大报告厅、录直播教室、综合楼活动室采购了桌凳；投资15万元对图书室、仪器室、心理咨询室、阅览室进行装潢装修；投资1万元建设晚班教师值班室、实验操作准备室及学校财务室；投资1万元利用国庆节假期对学校食堂操作间大型抽油烟机进行了清理和维护；投资13万元对主控室进行了装修及设备添置，建成了现代化的网络控制中心。

2015年，学校投资12.8万元对监控设备进行升级改建，监控平台由4台55寸液晶电视和4台23寸显示屏构成视屏墙，实现了监控平台现代一体化设计，从原来的63个摄像头增加到现在的107个，校园位置实现全覆盖；投资14万余元为师生安装了11台饮水平台设备，彻底解决师生在校饮水困难问题；投资 5 万余元改造了博艺楼 8 个不锈钢洗手水池，制作了 2 个蓄水罐，2 个拖把池，1 个大型垃圾房；投资 3.2 万元为学校大门和尚美楼 4 楼安装 LED 电子屏，办学条件不断优化；投资 5 万元建设全市一流的视频会议中心；投资 3 万元为舞蹈室、心理咨询室铺设了木地板；投资 9 万元更换操场文化，为学校餐厅、厚德楼、综合楼设计安装艺术发光字，为大餐厅安装菜谱灯箱，为仁德厅安装三台风幕机；投资 3 万元为新宿舍楼楼梯铺设地板革；投资 3 万元为报告厅设计安装 LED 电子显示屏；投资 1 万余元重新修补校园连廊文化；投资 10 万元为心理咨询室和团体辅导室购置设施设备，建成了全市首家先进的心理咨询室。

2016 年，学校投入 20 余万元，对学校内外走廊、连廊、房屋钢构进行重新喷漆；投资 10 余万元改造了小会议室、食堂职工更衣间；投资 30 余万元建设悬浮篮球场和塑胶跑道修补翻新；投资 11 余万元建设校园外围文化制作；投资 3 万余元为舞蹈室、门卫室、三个班级教室安装空调；投资 12.8 万元建设安装了学校大门的 LED 电子彩色显示屏，安装了餐厅电子显示屏；投入 3 余万元对餐厅监控设备进行升级扩建；投资 13.4 万元对 37 个班级墙群进行了补贴瓷砖工程，对校园 122 个木门进行了油漆；投资 4.8 万元对校园栏杆进行了油漆；投资 3 万元对宿舍楼两个卫生间进行了防水改造尚美楼不锈钢水池；投资 30 余万元对综合楼荣誉室、美术室、音乐室、走廊、校园连廊、中道、宿舍文化进行设计制作安装；投资 2 万元添置 50 套学生使用桌凳，暑期进行了 37 个班级课桌维护工作和班级一体机的除尘工作。

2017 年，学校投入 35 万余元，新建大型舞蹈室，促进硬件设施升级换代；投资 1 万余元购置了十二生肖及梅兰竹菊彩塑隔离墩；投资 20 余万元实施了防护栏工程，为全校的栏杆配置了月季花木，使整个学校绿叶与红花相伴；投资 14 万元对教学楼的卫生间、升旗台进行加固改造；投资 20 余万元新建楼梯拐角文化护栏；投资 5 万元对学校文化、栏杆油漆进行更新；投资 8 万元为聚雅厅进行了装修；投资 13 万余元对学校办学理念、培养目标、育人宗旨、三小精神等发光字进行了更新；投资 18.9 万元建设大型 P5 彩屏，时时以视频形式向社会展示办学成果；投资 11 万余元建设校门口“雅苑”和更换校园操场周围文化；投资 15.1 万元建设安装了学校大门的 LED 电子彩色显示屏，安装了餐厅电子显示屏、学校大门内电子屏；投资 3 万余元对餐厅监控设备进行升级扩建；投入 3.5 万元建设校歌主题雕塑。

2018 年，学校先后投入 10.5 万元为一年级学生新购 430 套桌凳；投资 3.5 万元为一年级七班采购空调和教学一体机；投资 1.1 万元购置图书 800 余册；投资 3.4 万元新购电子计算机3台、速印机1台、多功能复印机1台;投资2.3万元维护班级门锁和木门油漆;投入4.8万元对校园走廊栏杆进行油漆;投资1.8万元新建博艺楼西侧库房;投资2.5万元建设“雅苑”地面仿真草坪;投资4.3万元更换校园操场周围文化;投资0.8万元新做校园木质花箱;投资16.1万元更换食堂排烟系统;投资20余万元,新建廉政文化长廊和综合楼楼梯党建文化;投资2.2万元更换学校电动门;投资10余万元建设党建室和文化阅读长廊;投资6万余元建设学校操场东墙花池;投资3.5万元为办公室、创文办购置打印机2台,为三(6)班购置空调1台;投资18万元更新购置食堂操作间蒸车、大型抽油烟机、留样柜、饺子机等设备。

2019年,学校投资13.2万元,为六年级班级安装95寸激光投影一体化白板;投资17万元为学校报告厅装置P2.5全彩屏LED;投资9.5万元为校园中道铺设人工草坪。投资2万元为博艺楼西侧班级建设读书长廊。校园环境的不断优化、师生工作和学习的条件不断完善升级,有力保障了教育教学工作顺利进行。

第四节　财会工作

一、会计工作规范及流程

(一)会计工作

1.交接的票据在第一时间汇总、归类、报账。当天及时将报账单据录入做账系统。2.月底及时对账、结账,上报财务报表,每月5日前向校长办上交账户开支结余情况报表。3.及时向领导传达各级财务部门下发的各项通知及要求。4.按规定时间认真落实完成上级要求的各项工作,不拖泥带水。

(二)档案及文字处理工作

1.明确所收材料的内容和要求。2.记录清楚教师上交时间及质量。3.高效率汇总材料。4.及时公布教师材料上交考核情况。5.各类材料归类存档。6.通讯报道保证每周发稿一篇。

(三)其他工作

1.困难寄宿生及贫困生帮扶工作的统计工作,要做到及时准确、落实到位。2.上级分配的各项临时性工作,要做到讲时效、质量高。3.教师领用办公用品,按学校有关规定及时提供相应服务并做好登记。4.对于教师提出的一些意见或合理要求及时向领导汇报并提出合理化建议。

二、“两免一补”工作

自2010年建校，学校根据上级指示及相关文件精神，认真实行农村义务教育阶段贫困寄宿生生活补助政策，为了把民心工程、阳光工程政策落到实处，学校组织教师认真学习有关上级文件精神，广泛宣传农村义务教育“贫困寄宿生生活费补助”的政策和意义，做到家喻户晓。制订“贫困寄宿生生活费补助”实施方案；组建“贫困寄宿生生活费补助”领导小组；确定“贫困寄宿生生活费补助”的范围和对象。每学期界定一次，不搞平均分配、优亲厚友，不搞轮流享受。

学校“贫困寄宿生生活费补助”的运行程序：1.符合资助条件的学生，向学校提出申请，并出具村委会核实的材料；2.学校根据上级下达的贫困学生数和“贫困寄宿生生活费补助”对象资助条件确定学生名单，并在校内进行公示，公示期不少于10天；3.公示无异议后，学校组织受资助学生填写《义务教育贫困学生申请表》，建立资助学生档案，将受助学生名单及评审公示情况上报教育局核算中心。

受助学生确定后，待补助寄宿生生活费拨付到位后，学校积极造册，到支付中心及时拨款，举行发放仪式。

2010年秋至2016年春享受资助一览表

表5-1

时间(秋-春)	人数	金额(元)	时间(秋-春)	人数	金额(元)
2010~2011	34	17000	2011~2012	52	39000
2012~2013	163	122250	2013~2014	26	23500
2014~2015	20	20000	2015~2016	10	10000

三、贫困生“建档立卡”工作

自2016年秋季以来，在市教体局资助中心的正确领导和关心支持下，学校高度重视贫困生资助工作，为使资助贫困生工作家喻户晓，学校通过橱窗宣传、开学时班主任向家长告知、学校集会等形式对贫困生资助政策及工作流程情况进行宣传，让广大贫困学生、家长了解国家的惠学政策，熟悉贫困生资助申报程序。

学校采取多种途径进行调查摸底，了解贫困生真实状况；各班级上报贫困学生名单前，由本班学生进行讨论和不记名投票的方式反映情况，无异议再上报到学校。最后，学校领导小组结合摸底情况进一步核实，做到不看人情、不徇私情。受助学生确定后，为做到公开、公正、公平，每期都对受助学生名单进行为期五个工作日的张榜公示，并公布举报电话、信箱，主动接受师生及社会的监督。同时，为使资助款项无截留、无挪用，专款专用，学校严把资金管理关，成立资助工作领导小组、资助项目评审小组、家庭经济困难认定工作小组和资助工作监督小组。截至2019年底，建档立卡及家庭经济困难享受资助学生174人次，资助金额共计62700元。

2016~2019年享受省定营养餐计划资助一览表

表5-2

时间	人数	金额(元)	时间	人数	金额(元)
2016年秋	9	3600	2017年春	9	3600
2017年秋	15	6000	2018年春	17	6800
2018年秋	23	9200	2019年春	22	8800
2019年秋	33	13200	2019年秋	46	11500

注:2019年秋有46人获家庭经济困难补助。

第五节　财产管理

学校严格执行《中小学固定资产管理办法》，进一步完善学校采购、保管、使用等财产管理制度，做到制度健全、职责明确。

1.教室、办公室、各功能室、伙房、餐厅、宿舍等财产一律由总务处统一安排调配，任何人不得擅自调换或霸占使用，违者追究责任。学校一切房、地产及硬件设施由总务处负责全面监管，定期组织大检查。做好防护、防损、防水、防雨、防漏及各项修缮工作。

2.上级拨来或购入的一切资产必须凭票经公物保管员或主管领导签名核对验收，以票对物，并通知会计员及时入账，做到账实相符。

凡学校为各教室、办公室、各功能室、伙房、餐厅、宿舍等配置的各类办公用品、教学仪器或专用设备等公物均应登记入册，妥善保管。若遗失或损坏，视情节作价赔偿。若因岗位调换或工作调动需离岗，要经总务处核对个人公物财产，并交回全部锁匙方能离岗。

3.建立财产登记、报损制度。每学期初总务处对各教室、办公室、各功能室、伙房、餐厅、宿舍等所有校产全部登记造册，由班主任、处室或各部门负责人签字。如中途有破损,及时报告总务处,一周内进行调换或修理。期末按各班处室入册情况检查核对一次。

4.完备购物采购的申请和审批以及进出库手续,财产保管使用责任到人,严格遵守学校《校产管理制度》。对于校产外借实行校长签字审批制度,借出前和归还时对物品进行细致检查并详细记录。

坚持校舍每天巡查制度。安排专人管理校产公物,校产管理实行服务窗口承诺制,保证学校教育教学正常运转。

5.将校产管理工作纳入教师绩效工资量化考核。期初登记,期中、期末复检,强化过程性监管。利用班会、寄宿生集会、黑板报、国旗下讲话对学生进行爱护公物教育,增强师生爱护公物的意识。

6. 重视校园花草管理,适时抓好除草、施肥、治虫、修剪各环节的工作,确保环境净化、美化、绿化。

第六节　卫生工作

一、依据《学校卫生工作条例》《学校卫生管理制度》,认真执行上级有关学校卫生工作的法规、政策,做好学生健康教育和师生保健,建立学生健康卡片,学校每年组织新生进行体检。

二、落实岗位责任制,每日进行两次卫生清扫与检查,做好教室与卫生区的保持,每周进行一次全校性的卫生大扫除,认真开展学校卫生工作的检查评比。

三、建立常规工作制,每年 4 月、11 月作为“健康教育宣传月”,以广播、讲座、板报形式进行以保护视力为中心的宣传教育活动,坚持每日做两次眼保健操,不断提高眼保健操的质量。

四、完善疾病防控制度,切实重视学生的常见病、多发病防治工作,同时针对学生近视、龋齿、沙眼、贫血和营养不良、肥胖的六病防治工作,制订具体的防控宣传计划。

五、强化传染病的防控和报告隔离制度,积极配合防疫部门对学生做好防治工作,并做好宣传工作,发现疫情及时上报,采取有效措施,切断传播途径。

六、建立学校卫生档案管理制度,健全学校卫生工作档案,对卫生工作要建档立卷,做到系统化、经常化、规范化,并对档案进行科学化管理。

七、厨房卫生

2010年建校初，学校有1个食堂，有58张餐桌凳，就餐人数420余人，炊事班设4名主厨，5名帮厨，洗碗组4人，并且均是经过卫生监督部门审核，已取得《餐饮服务卫生许可证》。

学校食堂自主经营，不对外承包，设专职人员进行管理，严格遵守《食品原料索证制度》原料存储管理制度》《蔬菜粗加工岗位卫生责任制》《餐具消毒卫生责任制》《食品24小时留样备查制度》《食堂从业人员健康检查和卫生制度》《食堂员工患病调离制度》《食品卫生安全应急预案》等一系列食品卫生安全管理制度，使食品卫生安全管理有章可循。

学校成立伙食管理委员会，定期召开专题会议，坚持每周对食堂餐厅卫生情况进行监督检查，对炊事班工作情况进行监督；重视食品卫生安全，与食堂工作人员签订《食品卫生安全责任书》，防止发生食品卫生安全事故，保障师生员工身体健康。

发现食品中毒或疑似食物中毒事故后，要及时做好应急处理，并立即报告上级部门。凡由于违反以上规定和要求，造成师生食品卫生安全事故，危及师生生命安全和身体健康的，依法追究相应责任人的法律责任。

第六章　团体组织

第一节　工会和教代会

学校现有工会成员 121 人,其中中小学高级教师 56 人,省、市级骨干教师、教学名师、标兵 92 人,中共党员 35 人。工会和教代会是学校民主管理的主要组织形式,加强工会和教代会组织建设,充分发挥其职能,对于促进学校管理的民主化和科学化具有重要意义。

一、性质及任务

学校工会和教代会都是学校民主管理的重要组织形式,是学校的“参政议政”组织,是学校的监督和审议机构,非决策机构。学校工会和教代会的任务是:在学校党组织的领导下大力推进学校民主管理,依法维护教职工的合法权益,调动广大教职工的积极性和创造性;依靠教职工办好学校,发动教职工为办好学校献计献策;推进校务公开,促进学校廉政建设;在学校和教职工之间架起一座“连心桥”,增强沟通和理解,凝聚人心;深化学校教育、教学改革,促进教师专业发展和学校可持续发展。实行民主集中制,个人服从组织、少数服从多数。

按照工会章程规定,学校教职工只要本人自愿申请,经工会小组讨论通过、工会基层委员会批准即可成为工会会员;会员为终身制,离休、退休或待业,仍可保留会籍;会员可以申请退会,或因违反会章被除名或因严重违法犯罪被开除;工会委员会由会员或会员代表选举产生,是常设机构(有任期规定);工会组织不仅实行“个人服从组织、少数服从多数”,还要求“下级组织服从上级组织”。教代会代表由教职工选举产生(有任期规定);教代会会议由会前代表推举的主席团主持,教代会没有常设机构;教代会除接受学校党组织的领导和上级主管部门的指导外,不存在上级教代会领导的问题。

二、工会职责

工会的主要职责是“维护权利”,维护教职工的合法权益(含民主政治权利、经济文化权利等各种法律规定的权益)。工会的会员代表会议(或会员大会)主要审议工会委员会的工作,包括:审议和批准工会委员会的工作报告;审议和批准工会委员会的经费收支情况报告,即经费审查委员会的工作报告;选举工会委员会和经费审查委员会等。教代会的主要职责是"行使权利",可概括为"五议一问":审议学校工作报告(含经费);决议学校重大问题;评议校长和学校领导班子;以提案的形式为学校建言献策;商议校长提请讨论的有关事项;质询(问)——就学校发展和涉及个人切身利益的事项向校长提出质疑和询问,获得答复和解释。

三、工会工作方式

学校工会的工作方式以"活动"为主,组织教职工开展文体活动、读书活动、竞赛活动、节庆活动以及扶弱帮困等,以创建"职工之家"为载体,让教职工体验到"家"的温暖、关怀与和谐。教代会的活动方式以"会议"为主,一年召开一至二次会议,通过会议履行其职责。

在市三小,一般情况下教职工都可能是工会会员。教代会一般采用教职工大会的形式。工会和教代会属于一套人马两个机构,主体相同,任务相同,形式不同,之所以采用不同的形式,是为了给教职工行使民主权利提供更多的机会。工会作为常设组织,在教代会闭会期间就成为其办事机构。在教代会召开前,工会要认真做好筹备工作;在教代会召开期间,工会就是教代会的主办者;教代会闭幕后,工会要负责落实教代会交办的各项工作(主要是督促学校落实教代会的各项决议)。学校校长高度重视工会和教代会的工作,充分发挥其作用,通过工会和教代会为办好学校凝心聚力,克难奋进。

四、工会与教代会的职能作用

《国家中长期教育改革和发展规划纲要》指出:"建立健全教职工代表大会制度,不断完善科学民主决策机制。""工会依照法律规定通过职工代表大会或者其他形式,组织职工参与本单位的民主决策、民主管理和民主监督。"民主的制度化、程序化是民主的重要保证,加强教代会制度建设和工会组织建设既是校长负责制的应有之义,也是推进学校管理民主化、科学化的根本途径。教代会是教职工群众行使民主权利、参与学校民主管理与民主监督的基本形式和制度,是学校管理体制的重要组成部分。教代会能否充分发挥其职能,取决于工会组织的运作。为此,市三小工会组织在发挥自身职能作用的同时,把教代会制度建设作为重要任务。一是加强党的领导,把工会工作自觉地置于学校党支部的领导之下,主动请示汇报。二是建章立制,按章办事。三是规范程序,如代表的产生、会议的程序、会议的主持等。规范的形式能使教职工代表得到深刻的体验,并增强自豪感。四是固定时间,每年定期召开会议,必要时可临时召开。

五、工会组织机构及职责

1.历届工会组织机构

第一届

主　席:薛太瑞

副主席:张建杰

委　员:王晓林(财务委员)　赵高坤(组织委员)
郭会平(女工委员)　杨育林(宣传委员)
刘润芝(文体委员)

第二届

主　席:赵冬娟

副主席:李茂林

委　员:赵高坤(财务委员)　郭会平(女工委员)
杨育林(宣传委员)　刘润芝(文体委员)
刘　照(组织委员)

第三届

主　席:刘　照

副主席:李茂林

委　员:赵高坤(财务委员)　郭会平(女工委员)
杨育林(宣传委员)　刘润芝(文体委员)
赵育林(组织委员)调出

2.主要职责

(1)工会主席职责:

①主持工会全面工作,传达上级工会和校党委的有关指示和文件精神。②做好工会工作人员的分工和协作工作。③根据财务制度,管好用好工会经费,并向工会代表大会做工会经费使用情况的报告。

(2)工会副主席职责:

①在校党委和上级工会组织的领导下,协助主席主持工会日常工作,领导、组织、协调工会委员履行工会职责。②负责工作计划的制订、实施,检查、总结工作。③关心会员的物质和文化生活,积极开展文体活动、协助校领导解决会员的实际问题。④完成学校党委、上级工会及工会主席交办的其他工作。

(3)组织委员职责：

①负责工会的组织发展和建设工作,组织开展好各项活动。②抓好各教研组、各处室工作,安排好工会民主生活。③做好工会积极分子、先进工会小组的评选和管理工作。④协助做好民事调解工作。

(4)宣传委员职责：

①组建工会信息通讯小组,及时报道校工会动态。②做好工会委员会议及活动记录,负责工会有关活动的摄影摄像工作,撰写新闻报道,对工会活动记录资料进行整理、归档和保管。③组织、宣传每年的“三八”节、教师节等节日活动。

(5)女工委员职责：

①宣传有关妇女的法律、法规和有关政策,贯彻落实学校和上级领导的有关指示,维护女工合法权益,组织开展多种形式的女工健身活动。②协助并主持工会女工委员会的全面工作。

(6)财务委员职责：

①协助主席管理工会的一切经费开支,按照财务制度和开支标准使用全年经费。②审核一切收支凭证,及时结算记账。③做到各项开支手续完备、内容真实、数目准确、账目清楚。④对经费的使用情况和存在问题及时向上级汇报。⑤及时整理、装订、保存一切凭证。

六、具体工作

学校工会长期以来,一直关心职工生活,坚持教代会制度,充分发挥教代会的桥梁、纽带作用,增强教师的主人翁精神,参与学校的民主管理。积极维护教职工合法权益,加大以人为本的师德建设力度,不断完善教代会制度,带领全体教职工以实事求是的科学态度、艰苦奋斗的工作作风,开拓进取,努力推动学校工会工作的顺利开展,为学校全面发展做出了积极的贡献。

(一)全面贯彻,广泛宣传教职工代表大会的职能。校工会制定了学校的《教职工代表大会实施办法》,并利用会议、广播、版面等形式,组织教职工学习宣传《学校教职工代表大会规定》,领会实质内容,真正认识到学校教职工代表大会的重要意义及作用,增强民主管理意识和维权意识,进一步推进学校民主化管理进程。

(二)坚持校务公开,加强行风建设,发挥工会的监督功能。学校成立了校务公开工作领导小组,同时制定校务公开制度,不断巩固校务公开的成果,使之制度化、经常化。公开形式包括:在教代会上公开校务。由学校行政领导向教代会代表汇报财务、收费、福利、工资、干部任用、基建、职评、评先、考核等情况,接受代表的询问。二是经常更新校务公开栏的资料,接受教师监督。三是深入各教研组,听取意见,转达反馈,增进了解。

(三)加强工会、教代会建设,充分发挥工会、教代会的职能作用。学校定期召开教职工代表大会。会前由教职工代表提出教代会讨论的提案主题及要点,在教代会会议上让教师积极参与学校管理。列出学校发展的目标改革、管理体制的改革与设想、关于学校食堂与师生生活等近十条提案要点,让全体教师参与讨论。

工会在协助学校行政进行管理体制改革的同时,始终参与学校的民主管理,参与学校的重大决策。对学校试行的改革方案和制定的各项规章制度广泛征求意见,不断修改完善,保证实施效果。教代会发挥监督职能,对学校中层干部提出述职的要求,学校年终考评,对工作能力强、上级主管部门未行文任命的同志,学校择优聘任,并享受中层干部待遇。从而形成能者上、平者让、庸者下的竞争机制。

(四)建好《职工之家》,关心关爱教工,丰富教职工业余生活。

1.学校地处灵宝市新城北区,上班下班有诸多不便,工会积极为教职工排忧解难,改善食堂条件,让教师在学校就餐,深受欢迎。

2.学校还投入巨资建设现代化室内形体舞蹈训练馆,添置了乒乓球台、健身器械、钢琴等设备,开放校园绿色网吧,为教职工业余活动创造条件。

3.积极关心教职工的生活,开展送温暖活动,组织慰问困难和生病教职工,为教职工多做好事和实事。

4.定期开展丰富多彩的文化娱乐活动,组织书画展评、卡拉 OK 大赛、冬季趣味运动;组织“德馨之家”、“铿锵玫瑰”、“三八红旗集体”、道德模范评选活动;组织篮球比赛、韵律操比赛、集体生日聚会等,提高教师的幸福指数。

5.积极落实中央专项彩票公益金励耕计划,及时成立励耕计划审核小组,在全校教职工中进行摸底排查,最后经过领导小组审核,确立了代文辉作为资助对象,为困难职工排忧解难。

6.积极组织学校老师参加三门峡市教育工会组织的技能大赛,三小教师先后有多人获奖:负彩虹、刘晓霞、李川歌、王宁波获一等奖,王冠霞、闫飒飒获二等奖。

(五)征订工会刊物,营造学习氛围。校工会积极征订《中国教工》《妇女生活》《河南教育》《中国教师》等杂志,营造学习氛围,提高教工素养。

(六)发挥工会经审委员会职责,监督财务公开透明。1.审查学校经费收支和财产管理情况,监督学校执行国家财经政策、纪律、法规情况。2.督促定期公布财务账目,报告财务收支情况,实行财务公开。3.检查关于工会财务工作决议的执行情况,以及对经费审查委员会的建议或决议的执行情况。4.积极同铺张浪费、私分钱物、贪污盗窃、侵占国家和工会财产现象做斗争;对模范执行财经法纪、工作成绩显著的建议给予表扬、奖励。5.工会组织机构变动和财务、财产管理负责人工作调动时,负责监督交接工作和离任审计工作。6.参与政府和上级工会规定的其他审查审计工作。

(七)开展活动,丰富教职工生活。

1.教师"展才艺,秀风采"暨集体生日活动

活动主题:我行我秀,幸福 Party,做幸福教师,展青春风采。

活动时间:2018 年 11 月 7 日业务会。

活动形式:展才艺,秀风采,过生日,享幸福。

活动地点:学校尚美楼四楼报告厅。

参加人员:全体教师

各科室任务安排:

(1)电教中心:按照议程设计编排制作相关的 PPT、音乐及视频,任丹负责。(2)美术组:舞台的设计和布置。赵高坤、美术组负责。(3)李茂林:寿星统计,座位安排(中区前五排),组织上场过生日顺序(6 月 7 月第一批 17 人、8 月第二批 16 人、9 月 10 月第三批 17 人),分三批上台。(4)物品供应:双层蛋糕 2 个、生日帽 50 个、生日蛋糕卡 50 张、生日蜡烛 50 个、小金橘 2 件、花生 1 袋,7 日下午 4:00 前全部安排到位。责任人:张长波、杨育林、焦肖强、王丽红、付爱华。(5)节目负责:刘雪峰、刘润芝。(6)主持:张潇、刘宝建。(7)照相及通讯报道:杨育林。

2.庆祝"三八"国际劳动妇女节,举行"红旗集体""铿锵玫瑰""德馨之家"评选活动

每年为庆祝"三八"国际劳动妇女节,弘扬最美家风、展示最美风采,传递榜样力量,树立正确的核心价值观,加强市三小教职工的精神文明建设和师德师风建设,学校工会决定开展庆祝"三八"国际劳动妇女"德馨之家""铿锵玫瑰""红旗集体"评选活动,安排如下:

“德馨之家”评选活动

一、评选对象

学校在职全体教职工及家庭。

二、评选条件

(一)爱岗敬业,工作积极

1.爱党爱国,爱乡爱校,廉洁奉公,遵纪守法。2.语言文明,举止端庄,忠于职守,业绩突出。3.家庭成员积极参加文明家庭创建活动,大力支持学校教职工工作。4.大力弘扬“仁、义、礼、智、信、孝、悌、忠、廉、耻、勤、勇、敬、恕、谨、俭、忍、友、慈、和”等中华传统美德,积极参加学校各项公益活动。

(二)家庭和睦,勤俭持家

1.夫妻恩爱,民主和睦,勤俭持家。2.尊老爱幼,赡养老人,教育子女有方,子女优秀。3.参加全民健身活动,家庭成员身体健康。

(三)邻里友爱,团结互助

1.邻里之间团结互助,礼貌待人,济困扶危。2.遵守社会公德,不扯是非。3.共同维护公共秩序,邻里友善。

(四)遵纪守法,爱护公物

1.积极参加普法教育,自觉学法、执法、守法。2.移风易俗,家庭成员不参与封建迷信活动。3.自觉遵守《婚姻法》。4.自觉遵守公共秩序,爱护公共财物,敢于同违法犯罪行为做斗争。

(五)家庭美化,清洁卫生

1.积极参加爱国卫生运动,自觉参加公共卫生清扫。2.积极开展居家环境净化、美化、绿化活动,生活方式文明健康。3.保持室内整洁,不乱倒垃圾、脏水、脏物,不影响他人卫生。

三、评选名额及评选要求

1.要求各教研组、处室推荐1个家庭参与评选。请各教研组、处室认真评议,广泛进行宣传动员,对照评选条件,认真组织评议、推荐工作。2.评选活动必须坚持公平、公正、公开的原则,严格按照评选条件进行,评选出有代表性的德馨之家。3.近三届被校工会评为“德馨之家”的先进个人,不参与本年评优。

评选完毕后,认真填写“德馨之家”推荐表,交工会委员处。

巾帼建功“铿锵玫瑰”评选活动

一、评选对象

学校在职全体女教师。

二、评选条件

1.在教学和学生日常管理工作中，能从学生实际情况出发，不断创新、探索新的教育教学方法，做到既教书又育人，切实提高教学成绩，受到同事及学生的一致好评。

2.积极工作，锐意进取，在教学和日常的工作中取得良好成绩。

3.工作踏实，在管理工作中发扬团结协作精神，不断强化服务意识，在服务育人、管理育人工作中有较突出的表现。4.遵守各项法律法规，不违反国家各项规定和政策。

三、评选名额及评选要求

1. 各教研组、处室认真评议，广泛进行宣传，对照评选条件，认真组织评议、推荐工作，每个教研组和处室推荐 1 名“铿锵玫瑰”。

2.评选活动必须坚持公平、公正、公开的原则，严格按照评选条件进行，真正推荐出具有先进性和代表性的优秀女教师。

3.评选完毕后，认真填写“铿锵玫瑰”推荐表，交工会委员处。

4.近三届被校工会评为“铿锵玫瑰”的先进个人，不参与本年评优。

“三八”红旗集体评选活动

一、评选条件

1.教研组或处室成员敬业爱岗，服从学校分配，积极为学校发展建言献策，能较好地完成学校各项工作任务。2.教研组或处室想方设法提高妇女综合素质，引导女教师创造新业绩、树立新风尚、争做时代新女性。3.团结和谐，锐意进取，乐于奉献，集体研讨交流、教研氛围浓厚，整体工作纪律、工作态度和工作水平较好。4.在理论创新、机制创新、科技创新和教书育人方面有突出表现，具有示范引领作用。

二、评选办法

1.每个集体应认真填写“三八”红旗集体申报表，并积极撰写申报材料，要求事迹突出、内容真实，详细写清本组成员近年来取得的荣誉。

2.去年被校工会评为“三八”红旗集体的教研组、处室不参与本年评优。

注：以上三项评选，经教研组和处室推荐，然后经校委会评议并公示后，在“三八”节前夕隆重召开表彰大会予以表彰。

附件 1：2011～2019 年“三八”活动评选结果

表 6-1

2011～2019 年“三八”国际劳动妇女节获奖——红旗集体					
第一届	第二届	第三届	第四届	第五届	第六届
屈新萍政教处	教科室刘雪峰	韦会歌组	教科室刘雪峰	六语组张秋萍	二语组阴巧飞
雷书红三数组	黄芳组	高蕊组	杨亚娟六数组	教务处王佩林	四语组薛春炜
				办公室赵娟丽	总务处刘照

表 6-2

2011～2019 年“三八”国际劳动妇女节获奖——德馨之家								
第一届	第二届	第三届	第四届	第五届	第六届	第七届	第八届	第九届
刘雪峰	侯　剑	吴海峰	杨亚娟	杨红艳	张秋萍	李茂林	雷书红	高金波
田爱琴	赵帅权	王佩林	王　彬	何晓晓	王冠霞	李川歌	张长波	孙飞燕
雷书红	刘艳红	赵高坤	赵冬娟	乔海生	李长华	马俊娥	南晓华	何晓芝
屈彩鹏	席如玲	高　蕊			王冠龙	周珍珍	潘树波	刘学刚
刘　照	王宁波	王海霞			李娟红	刘润芝	张丽萍	索金华
翟淑茹	孙艳丽	杜晓刚				杨育林	张增彦	刘玉婷
张艳妮	杨娅娟							
屈新萍	赵娟丽							
李彩虹	张江华							
	李民强							

表 6-3

2011～2019 年“三八”国际劳动妇女节获奖——铿锵玫瑰							
第一届	第二届	第三届	第四届	第五届	第六届	第七届	第八届
屈新萍	郭会平	王海霞	王佩林	贺雅芳	何晓芝	李娟红	黄芳芳
张晓婧	赵冬娟	阴巧飞	侯　剑	席如玲	李长华	赵晶晶	李艳娥
薛春伟	韦会歌	王英芳	叶　青	雷书红	孙艳丽	王冠霞	薛春炜

续表

2011～2019 年“三八”国际劳动妇女节获奖——铿锵玫瑰							
李月琴	薛艳红			刘雪峰	翟淑茹	翟希云	赵春梅
王　彬	张　潇			任　丹	何晓晓	李 波	何皎洁
杨红艳	李媛媛				孙萍芬	赵晓芳	王彩霞

3.2019 年庆祝“教师节”系列活动方案

一、指导思想

2019 年教师节的主题是：弘扬高尚师德，潜心立德树人。各处室要围绕今年教师节主题，集中展示全校教职工学习贯彻习近平新时代中国特色社会主义思想和党的十九大精神，展现广大教师坚守讲台、潜心育人的新形象、新风貌，进一步团结凝聚广大教师，不忘初心、牢记使命，深入落实立德树人根本任务。

二、六项活动安排

（一）鲜花赞美献园丁

时 间：9 月 10 日周二早上 7：00

承办部门：校工会　　　　负责人：刘照

9 月 10 日 6：50 8 名礼仪岗成员在校级领导带领下，在校门口迎接教师上班，亲自送上祝福祝、愿和鲜花，以此感谢教师对学生的辛苦付出，感谢老师对学校做出的贡献，引导广大教师进一步树立正确的世界观、人生观和价值观，争做教书育人、为人师表的楷模。

（二）优秀教师风采展示

组织实施：电教中心　　　　负责人：任 丹

按照教师量化考核标准，对 2018～2019 学年优秀教师进行表彰，并通过校园网教师风采专栏、公众号等宣传优秀教师先进事迹，营造尊师重教的良好氛围。

（三）“吉祥果盘”送祝福

时间：9 月 10 日 10：20

组织：校工会　　　　负责人：刘 照

教师节当天上午第三节课开始，校长特意为教师送上“吉祥果盘”。吉祥果分为五种：1.苹果，寓意平平安安；2.桂圆，寓意团团圆圆；3.火龙果，寓意红红火火；4.柚子，寓意宝柚（保佑）；5.香蕉，寓意甜美、智慧。以此感谢教师对学生的辛苦付出、对学校做出的贡献，让教师感受到学校的关心，不断提升教师的幸福指数。

（四）走访慰问困难教师

时间：9 月 10 日 下午

组织：校工会　　负责人：刘照

开展走访贫困在职教师慰问活动。送上节日祝福，关心困难教师生活、身体、家庭情况，送上学校的关怀与慰问，积极主动为困难教师办实事、办好事，尽力帮助贫困教师解决各种实际困难。表达学校的问候，让受助教师感受学校的关怀。

（五）庆祝建国七十周年教职工书画作品征集评选活动

时 间：9 月 10 日至 9 月 13 日

地 点：校园

组 织：校工会、美术组　　负责人：杨育林

参赛作品以庆祝建国七十周年、歌颂新时代取得的丰硕成果、培育和践行社会主义核心价值观等为主要内容，展现积极进取的时代风尚，弘扬不忘初心、砥砺奋进的主旋律。

作品要求：

1.本次征集作品分为书法和绘画两类，作品需自行装裱。

书法：竖幅，四尺整张以内。

绘画：国画为竖幅，四尺整张以内。

2.参展作品，须题材内容健康向上，格调清新高雅。

3.参展作品须为个人原创，且没有参加过其他评选活动的作品，否则取消评选资格。

4.参展作品需在作品背面右下角用铅笔正楷注明作品名称、作者姓名、单位及联系方式。

5.9 月 8 日下午放学前上交作品，规定美术教师人均 1 副作品，每个处室教研组最少上报 1 副作品。

6.活动设一等奖 5 名，二等奖 10 名。获奖教师由学校推荐参加上一级比赛。

（六）欢乐运动会

时　间：9 月 9 日下午

负责人：李茂林

承办部门：校工会、总务处

地　点:操场

组　织:体育组

运动项目:跳大绳、沙包投准

三、工作要求

(一)学校各处室、教研组要充分认识庆祝教师节活动的意义,把庆祝活动作为学习贯彻各级教育工作会议精神的重要载体,作为加强教师队伍建设的重要举措。广大教职工要以主人翁的精神,积极参加庆祝教师节主题教育活动,进一步弘扬高尚师德,提升专业水平。

(二)学校各部门要按照方案,提前筹划,制订切实可行的实施方案,精心组织各项庆祝活动。要突出庆祝活动的主题性、教育性、群众性、实效性,广泛发动、积极动员,引导广大师生参与到庆祝活动中来,力求活动实效。

(三)教师节庆祝活动秉着隆重节俭、热烈务实的原则,力戒形式主义,反对铺张浪费、奢靡之风。

第二节　少先队

市三小少先队大队在各级团委的领导下,以培养少年儿童创新精神为主要内容,以实践育人为基本途径,以少先队员为主体,以校园为舞台,大力开展形式多样的教育活动,努力为少年儿童成长创造条件。

一、少先队组织机构

(一)联系领导

校长:2010 年 7 月至 2019 年 7 月为索淑敏,2019 年 8 月至今为马晓春。

政教主任:2010 年 7 月至 2014 年 7 月为屈新萍,2014 年 8 月至今为李茂林。

(二)大队辅导员

翟淑茹

(三)中队辅导员

各班班主任

(四)大队部学生干部

冯艺河 贺军瑞 赵品涵 张咨同 侯文坤 南明浩 邱希坤

二、职责及分工

（一）大队辅导员职责

1.主持少先队大队部的全面工作。

2.策划、安排、组织少先队的各项活动，少先队的日常管理。

3.负责少先队的各种学习。

4.负责少先队组织的发展和建设、队干部的日常教育和管理。

（二）各中队辅导员职责

1.负责本中队少先队活动计划的制订、实施，组织、开展好本中队的各项活动。

2.做好本中队日常工作资料的收集、整理、归档上报工作。

3.配合大队部制订、实施好少先队大队部活动计划。

（三）第一届少先队大队委成员分工情况一览表

表 6-4

职　务	姓　名	职　　责
大队长	冯艺河	1.召集并主持大队委员会，研究、讨论、布置工作，交流工作经验；主持大队活动；2.负责上传下达、检查队委会的决议及执行情况，帮助各委员、各职能部及各中、小队工作。
副大队长	贺军瑞	1.协助配合大队长开展工作；2.负责整理和保管大队委员会的文件和资料。
文艺委员	赵品涵	1.组织大队的文化娱乐活动，建立各种文艺社团；2.向“红领巾广播电台”、各中队推荐好的歌曲和舞蹈；3..协助学校组织好节日庆祝和文艺汇演。
纪律委员	张咨同	1.负责每次大队活动各中队纪律评比工作；2.培训各中队纪律委员管理队员的有效方法。
学习委员	侯文坤	1.负责组织大队科技和各种知识性竞赛活动；2.帮助各中队围绕学习开展活动；3.负责红领巾读书读报活动。
劳动委员	南明浩	1.负责社会公益活动；2.负责宣传和推动美化校园的工作；3.组织自我服务等实践活动；4.管理大队的卫生工作。
体育委员	邱希坤	1.组织大队的体育游戏和体育活动，发动队员参加体育锻炼；2.协助培训体育骨干，组织领导体育社团和各种球队的活动。

三、少先队活动

市三小的少先队活动，在学校少先大队的领导下，每年“六一”节和建队日都要举行隆重的庆祝仪式，同时招收新队员入队。平时，根据节假日和学校工作开展活动，如清明节祭英烈扫墓活动、国庆节队形队列比赛迎国庆活动，以及走出校门开展综合实践研学活动，学校以丰富多彩的活动达到育人之目的。

（一）建队64周年庆典暨新队员入队仪式

2013年10月13日，市三小举行中国少年先锋队建队64周年庆祝活动暨新队员入队仪式。校园内红旗招展，少先队员们身着队服，佩戴红领巾，列队站立在操场的升旗台前。先是升国旗，接着是出队旗，唱队歌，给学校行政领导佩戴红领巾，大队辅导员翟淑茹老师宣读批准192名新队员入队决定，给新队员佩戴红领巾，然后是新队员集体宣誓，授中队旗，新队员代表发言，大队辅导员讲话。

1.少先队大队辅导员讲话

杨　君

尊敬的各位领导、敬爱的老师、亲爱的同学们：

大家上午好！

十月是多彩的季节、成熟的季节、硕果累累的季节。它充满浪漫的色彩，洋溢着灿烂的花香，铭记着许许多多让人激动、催人泪下的故事。十月是红色的，一个多世纪以来，千千万万的革命志士前仆后继，英勇奋斗，坚毅的颅骨垒就了共和国大厦的基石；十月是金色的，党亲手创建的少先队，风风雨雨走过了64年的历程，在硕果累累的金色秋天里，我们将迎来中国少年先锋队建队64周年。

每个少先队员都应该知道，中国少年先锋队有着悠久的历史，在漫长的岁月中走过了一条光辉的道路。从童子团到儿童团到少先队，再到新中国成立后的少年儿童队、少年先锋队，都是始终如一地为革命“准备着”！“准备着”不仅仅是口号，更是行动，无论是战争年代还是和平年代，少先队都是中国革命的参与者，并发挥了重要作用。

今天，我们灵宝市第三小学少先队又迎来了新一批少先队员，看着你们胸前飘动的红领巾，老师真为你们感到骄傲，祝贺你成为一名光荣的中国少年先锋队队员！愿胸前的红领巾能时刻激励着你们取得一个又一个进步！

老队员们，作为一名优秀的少先队员，要不忘使命，不断进取。借此中国少年先锋队建队64周年之际，我代表辅导员老师们，向新老少先队员发出倡议：

1.以身作则，树立榜样。在学习上要认真勤奋，善思好学，在日常行为习惯上，要遵纪守法，文明有礼，做好大家学习的榜样。

2.学会感恩,奉献爱心。感恩是做人的起码修养。作为一名市三小的学生,要珍惜现在所拥有的环境和条件,好好学习,感恩父母,感恩社会,回报祖国。

3.注意安全,遵守纪律。大家要时刻把安全牢记心中,严格遵守校内外的规章制度。在学校里要做到课堂有纪律、课间有秩序。校内不做危险游戏,校外自觉遵守社会公德,维护公共秩序。

红领巾飘在胸前,更飘扬在理想的天空。同学们,你们是祖国的未来,更是祖国的希望!老师相信:在红领巾的引领下,你们一定会更加努力,用实际行动,证明自己无愧于少先队员这个光荣而又神圣的称号。用实际行动,为胸前鲜艳的红领巾增光、添彩!

谢谢大家!

2.优秀少先队员发言

敬爱的老师、亲爱的同学们:

大家好!(敬队礼)

我是一(4)班新队员陈明远。今天是我最开心、最激动的日子。因为,我终于戴上了鲜艳的红领巾,成为一名光荣的少先队员,我感到无比的骄傲和自豪!

老师告诉我们,红领巾是少先队员的标志,它代表着红旗的一角,是无数革命先烈用鲜血染成的,我们一定会像爱护自己的眼睛一样爱护它、珍惜它。

敬爱的老师,亲爱的同学,请相信我们!我们一定会更加努力,在学校做个好学生,在家里做个好孩子,以三小"小绅士""小淑女"的标准严格要求自己,向先锋们学习,为班级争光,为学校争光!为红领巾添彩!

谢谢大家!(敬队礼)

3.新队员入队前教育

教育内容:"六知四会一做到"。

六知:一、知道少先队是中国共产党创立和领导的。党委托共青团来直接领导少先队,共青团聘请大中队辅导员来指导少先队。队旗上的五角星代表着共产党的领导。少先队员要听党的话。

二、知道红领巾是队员的标志。它代表红旗的一角,是革命先烈鲜血染成的,每个队员都应该佩戴它、爱护它,并为它增添新的荣誉。少先队之所以用"先锋"命名,就是要求队员向先锋学习。

三、知道队礼：右手五指并紧，高举头上，它表示人民的利益高于一切。队员不能自私自利，要团结友爱，热心为他人服务，学习为人民服务。

四、知道少先队的目的：团结教育少年儿童，爱祖国、爱人民、爱劳动、爱科技、爱护公共财物，立志为建设社会主义的现代化强国贡献力量。

五、知道少先队的作风：诚实、勇敢、活泼、团结。

六、知道队员的五个“都要”做到。队章里规定：每个队员都要遵守纪律，服从队的决议，积极参加队的活动，做好队交给的工作，热心为大家服务。凡是队章中规定“都要”的事情，就是组织纪律。

四会：一会唱队歌；二会系红领巾；三会行队礼；四会呼号。系红领巾：领巾披在肩，左边压右边，右边绕一圈，右角圈中过，两角拉拉紧。行队礼有五个要点：一是右手五指并拢；二是手臂应从胸前举起，礼毕后从胸前放下；三是手掌举过额头上3~5厘米，一拳左右高；四是小臂与手掌成自然直线；五是手掌心对着自己的左前下方。会呼号，老师：准备着，为共产主义事业而奋斗！学生回答：时刻准备着！

一做到：队员入队要为人民做一件好事。这是队章的规定。做好事的习惯从入队前就要培养。入队后队员还要经常做好事。好事可以组织起来做，更需要同学们自己找着去做。

（二）2018~2019学年少先队特色活动

1.上好每周一次主题队课。每一次的队课，都使学生受益匪浅，如《习爷爷教导记心中，争做新时代好队员》主题队课，震撼着每个队员的心。队员们心中逐渐清晰：“不忘初心、牢记使命”，并决定响应党的号召，做红色精神的传承者，争当新时代的好队员。

2.开展“与国旗、队旗合影”活动。在建队日，组织队员和国旗、队旗合影，让少先队员们在建队纪念日留下美好的回忆，形成珍贵的“红领巾相册”。通过和队旗合影活动，旨在进一步弘扬社会主义核心价值观，增强少先队员光荣感和组织归属感，教育引导队员们努力成长为担当民族复兴大任的时代新人。

3.观看《开学第一课》。组织队员们观看《开学第一课》，开学第一天举行以“五星红旗，我为你自豪”为主题的升旗仪式。

4.扎实开展校园“阳光体育”活动。以“阳光体育”活动为抓手，切实抓好校园精神文明建设和日常行为规范训练，进一步强化学生的纪律观念，规范班级管理，培养学生竞争协作精神和集体荣誉感。

5.隆重举行中国少年先锋队建队69周年庆祝活动暨新队员入队仪式活动，践行社会主义核心价值观，培育学生的爱国情怀和民族自豪感。

6.开展“我的中国梦”演讲比赛活动，组织队员重温少先队标志、礼仪，严整队容礼仪，增强热爱祖国、热爱集体的思想观念。

7.研学旅行，提高素质。通过对“探寻黄河文化，品读人文陕州”“弘扬中华文化，铸就少年担当”函谷关研学，“最美四月天”河滨公园踏春游园等研学旅行活动，陶冶情操、增长见识，体验不同的自然和人文环境，提高学习兴趣，全面提升少先队员的综合素质。

8.配合三门峡市少先队工委的工作，认真开展“红领巾小提案”活动，组织队员填写提案卡，了解少先队员的心理世界，征集队员们的建议。

9.开展主题入队仪式。精心组织2019年庆祝“六一”儿童节新队员入队仪式。在入队仪式前，组织新、老队员一起进行队前学习，使学生了解队史、队情、队知，使其对少先队组织有更深刻的了解。

10.以各中队为单位，组织全体少先队员开展“习爷爷教导记心间，争做新时代好队员”活动，通过活动使少先队员知道习近平爷爷是伟大领袖，了解习爷爷讲话的内容，深刻领悟社会主义核心价值观的内涵，懂得价值观的重要性，初步树立社会主义核心价值观。

附件2：

2018~2019学年少先队大队、中队辅导员名单

表6-5

姓名	姓别	所在中队	姓名	姓别	所在中队
翟淑茹	女	大队	黄方方	女	一一中队
郭伟丹	男	一二中队	雷书红	女	一三中队
杨娅娟	女	一四中队	孙萍芬	女	一五中队
王宁泊	男	一六中队	张 丹	女	一七中队
赵蓓蓓	女	二一中队	刘江会	女	二二中队
张艳妮	女	二三中队	阴巧飞	女	二四中队
马海娟	女	二五中队	韩雪霞	女	二六中队
刘雪层	女	二七中队	周真珍	女	二八中队

续表

姓名	姓别	所在中队	姓名	姓别	所在中队
赵晶晶	女	三一中队	苏水苗	女	三二中队
周林红	女	三三中队	卫晓朵	女	三四中队
狄海荣	女	三五中队	米文娅	女	三六中队
王彩霞	女	三七中队	索金花	女	四一中队
张丽萍	女	四二中队	贠彩虹	女	四三中队
周静静	女	四四中队	孙爱萍	女	四五中队
席茹玲	女	四六中队	李聪丽	女	五一中队
李娟红	女	五二中队	张艳艳	女	五三中队
赵春梅	女	五四中队	何晓芝	女	五五中队
李长华	女	五六中队	张春英	女	五七中队
何晓晓	女	六一中队	李川哥	男	六二中队
张 风	女	六三中队	钱平平	女	六四中队
张秋萍	女	六五中队	孙飞燕	女	六六中队

附件3：

2019年灵宝市优秀少先队员、辅导员、少先队集体汇总表

表6-6

序号	单 位	姓 名	类 别	备注
1	灵宝市第三小学	王宁泊	优秀辅导员	
2	灵宝市第三小学	张秋平	优秀辅导员	
3	灵宝市第三小学	许翊翰	优秀少先队员	
4	灵宝市第三小学	田嘉玄	优秀少先队员	
5	灵宝市第三小学	二(8)中队	优秀少先队集体	班主任:周真珍

（三）2019~2020学年上期少先队活动

为庆祝新中国成立70周年，落实立德树人根本任务，深化“中国梦”宣传教育，帮助学生树立正确的世界观、人生观、价值观，激发广大学生为实现伟大的“中国梦”而刻苦学习、努力奋斗，市三小贯彻落实上级的安排部署，组织实施了“我和祖国共成长”系

列活动。

2019年9月1日晚,学校组织队员们观看了以“五星红旗,我为你自豪”为主题的“开学第一课”专题电视节目。让学生知道今年是中华人民共和国成立70周年,爱国是永恒的主题,而守护五星红旗是爱国的显著特征。

9月16日,在第22届“推普周”来临之际,学校以“普通话诵七十华诞,规范字书爱国情怀”为主题,开展系列推普宣传教育活动。

9月20日下午,学校举行了庆祝新中国成立70周年队列队形比赛,以此落实日常行为规范,达到强化学生的纪律观念,规范班级管理,培养学生竞争、协作精神和集体荣誉感的目的。

9月24日,学校举办了“我和祖国共成长”为主题的讲故事比赛。在庆祝新中国成立70周年之际,学习、宣传革命人物的英雄事迹,展现三小学生的精神面貌和“爱党、爱国、崇敬革命先烈”的意志和情怀。

9月25日下午,学校组织六年级队员开展“时代新人说——我和祖国共成长”演讲比赛。参赛队员们紧扣主题,讴歌了革命战争年代、社会主义建设时期和改革开放以来的英雄模范人物。

9月26日下午,学校举办“我和祖国共成长”歌咏比赛活动。全体少先队员,为庆祝新中国成立70周年唱响爱国主旋律,构建和谐校园的同时,也丰富了队员们的校园生活,激励其积极向上、乐观进取,进一步增强了集体主义观念。

9月29日,学校组织开展烈士纪念日主题活动和红色研学活动。

附件4:

“我和祖国共成长”系列活动颁奖词

为庆祝新中国成立70周年,深化“中国梦”宣传教育,帮助同学们树立正确的世界观、人生观、价值观,激发同学们为实现伟大的“中国梦”而刻苦学习、努力奋斗的热情,学校在9月24~26日分别组织举行了一、二年级讲红色故事,三、四、五年级唱红歌比赛,六年级“我和祖国共成长”演讲比赛。首先给讲红色故事的获奖同学颁奖。

经过评委公平、公正的打分,获得“讲红色故事,传承红色基因”三等奖的是:一(3)景梦馨、一(4)张雨昕、一(8)纪紫涵、二(5)毛昱童、二(6)王睿轩、二(3)建佳宜。

获得二等奖的是:一(2)寇紫涵、一(6)杜阅霖、一(1)乔梓萱、二(4)张家乐、二(2)

王欣雨、二(7)王子乐。

获得一等奖的是:一(5)马梓涵、一(7)吕旭云、二(1)郭昱丞。

在六年级“时代新人说——我和祖国共成长”演讲比赛中。参加演讲比赛的14位参赛选手,语言规范,表达流畅,情感真挚,感染力强,演讲的内容也能紧扣活动主题。经过评委公平、公正的打分,获得演讲比赛优秀奖的是:六(4)赵嘉贤、六(3)李云汐、六(5)张博涵、六(6)杜牧涵、六(7)董睿杰。

获得三等奖的是:六(6)张文敏、六(5)李心怡、六(1)黄子涵。

获得二等奖的是:六(4)焦浩然、六(1)杭佳倪、六(2)李佳毅。

获得一等奖的是:六(7)张艺心、六(2)曹家森、六(3)何佳琦。

本次红歌演唱比赛,各参赛班级的表演形式新颖,将合唱与朗诵、舞蹈结合,凸显出新时代的红色气息,各班同学以饱满的热情赛出了风格,赛出了水平。获得三等奖的班级是:三(6)、三(5)、三(3)、四(7)、四(4)、四(6)、五(5)、五(2)、五(1)。

获得二等奖的是三(8)、三(7)、三(4)、四(1)、四(3)、四(5)、五(3)、五(6)。

获得一等奖的是:三(2)、三(1)、四(2)、五(4)。

第三节　学生社团

学生社团是指学生在自愿基础上形成的各种群众性文化、艺术、学术团体,由兴趣爱好相近的同学组成。市三小自2010年至2020年一直坚持举办学生社团(有校级社团和年级社团),在保证学生完成学习任务和不影响学校正常教学秩序的前提下开展各种活动。旨在活跃学校学习氛围,提高学生自治能力,丰富课余生活;交流思想,切磋技艺,互相启迪,增进友谊。以达到营造校园文化和创建学校特色,发挥学生个性特长,努力实现学校、教师与学生共同发展,把学校办成学生喜爱的乐园,教师幸福工作的家园,社会满意、家长放心的校园。

一、社团设置

(一)2010~2013年,市三小依托体、音、美学科和英语特色,根据学生兴趣、爱好和要求,结合学校实际情况,成立校级学生社团特色队11个,活动时间为每周二和周四下午。其设置如下:

1.艺术类

表 6-7

活动小组名称	备选年级	人数	指导老师	活动地点
“天籁之音”合唱队	四、五年级	80 人	王慧敏 卫晓朵	大多媒体教室
“秋之韵”舞蹈队	四、五年级	30 人	刘润芝	四楼舞蹈室
“春之梦”舞蹈队	二、三年级	30 人	姚文婷	四楼舞蹈室

2.英语类

表 6-8

活动小组名称	备选年级	人数	指导老师	活动地点
快乐英语	三、四、五年级	36 人	英语组	小多媒体教室

3.微机类

表 6-9

活动小组名称	备选年级	人数	指导老师	活动地点
微机社团	四、五年级	30 人	王向题、杜江峰	微机 1 室
动漫社团	四、五年级	30 人	张晓盼、董春燕	微机 2 室

4.体育类

表 6-10

社团名称	人数	指导教师	活动地点
五、六年级男篮	20 人	常楠楠	操场
五、六年级女篮	20 人	杜小刚	操场
三、四年级男篮	20 人	王建勇	操场
三、四年级女篮	20 人	高现代	操场
乒乓球社团	15 人	王江波	乒乓球训练场

（二）2013～2014 学年，校级学生社团新增加 2 个，计 14 个，活动时间不变。其设置如下：

1.艺术类社团

表 6-11

社团名称	备选年级	学生人数	辅导教师	活动地点
“天籁之音”合唱队	四、五年级	80 人	王慧敏、王蕾	大多媒体室
“秋之韵”舞蹈队	四、五年级	30 人	姚文婷	舞蹈室
“春之梦”舞蹈队	一、二、三年级	30 人	卫晓朵	舞蹈室

2.体育类社团

表 6-12

社团名称	备选年级	学生人数	辅导教师	活动地点
女篮一队	四、五年级	20 人	高现代	操场
男篮一队	四、五年级	20 人	王建勇	操场
女篮二队	五、六年级	15 人	杜晓刚	操场
男篮二队	五、六年级	15 人	常楠楠	操场
乒乓球队	四、五年级	15 人	王江波	操场

3.英语、微机类社团

表 6-13

社团名称	备选年级	学生人数	辅导教师	活动地点
快乐英语	三、四、五年级	36 人	任 丹、张 潇	小多媒体室
微机社团	四、五年级	30 人	杨育林、张晓婧	微机 1 室
动漫社团	四、五年级	30 人	张晓盼、董春燕	微机 2 室

4.益智手工类社团

表 6-14

社团名称	备选年级	学生人数	辅导教师	活动地点
剪纸社团	二、三年级	15 人	尚伟静	办公室
泥塑社团	二、三年级	15 人	闫飒飒	办公室
编织社团	四、五年级	15 人	屈彩鹏	办公室

（三）2016~2017 学年又举办了年级社团，年级社团是以班为单位，人员组成为各

班参加校级社团以外的所有学生,活动时间为每周二、周四下午。年级设团有六大类:1.艺术手工类;2.经典诵读类;3.写作类;4.快乐英语类;5.心算奥数类;6.书法类。年级社团仅存在一年时间,因效果不佳,第二学年取消。

(四)2018~2019 学年校级社团调整变化为 13 个,活动时间不变。其设置如下:

表 6-15

社团名称	辅导教师	活动地点
“天籁之音”合唱队	王慧敏 王 珊	综合楼多媒体教室
“秋之韵”舞蹈队	刘润芝	舞蹈室
“云鬓珠花”戏曲社团	王 蕾	微机室
快乐英语	张 潇 英语组	音乐教室
动漫社团	张晓婧	动漫室
“一米阳光” 心理咨询社团	周社梅 张 格	心理咨询室
男篮一队	王建勇	操场
男篮二队	常 楠	操场
女篮	杜晓刚	操场
足球队	焦肖强	操场
乒乓球队	高现代	操场
“能工巧匠”泥塑社团	严飒飒	团体咨询室
“智绘童年”儿童画社团	郭飞飞	地下室

(四)2019~2020 学年校级社团再次调整变化为 14 个,活动时间不变。其设置如下:

表 6-16

社团名称	辅导教师	活动地点
“天籁之音”合唱队	王慧敏、杨丽娅	综合楼多媒体教室
“秋之韵”舞蹈队	刘润芝	舞蹈室
“云鬓珠花”戏曲	王 蕾	微机室
快乐英语	张 潇 英语组	音乐教室
动漫	张晓婧	动漫室

续表

社团名称	辅导教师	活动地点
拉丁舞	赵齐升(外聘)	
武术	吴 昊(外聘)	操场
五年级男篮	焦肖强	操场
六年级男篮	常楠楠	操场
女篮	杜晓刚	操场
乒乓球队	高现代	操场
巧手剪艺	尚伟静	办公室
创意黏土	严飒飒	团体咨询室
“智绘童年”儿童画社团	郭飞飞	地下室

二、社团简介

(一)乒乓球社团

乒乓球社团,成立于2011年9月,辅导教师王江波。2017年9月起辅导教师为高现代。前7年,社团训练一直在摸索学习,积累训练经验,最好成绩是灵宝市团体总分第三名。2017年后,社团训练有了长足的进步。2017年在灵宝市乒乓球比赛中,学校代表队取得了女子团体总分第一名、男子团体总分第五名的好成绩。2019年在灵宝市乒乓球比赛中,学校代表队取得了女子团体第一名、男子团体第二名、团体总分第一名的优异成绩。

(二)女子篮球(田径)社团

女子篮球(田径)社团成立于2010年9月,辅导教师杜晓刚。2010~2014年,由于年级建制、生源等原因,仅在市运动会中跳大绳项目比赛中,女队获丁组第三名(队员均为三年级学生)。2015~2016年辅导教师常楠,2016~2017年,社团成绩突出,参加各类比赛一直保持前三名的水平。在2018年、2019年田径运动会中分获丁组第一名、第二名。在2017~2019年篮球比赛中两次获得亚军,一次获得季军。

(三)男子篮球社团

男子篮球社团,成立于2012年9月,教练员由常楠老师担任。2017~2018学年,男子篮球社团分成两组,五年级男篮教练员由王建勇老师担任;六年级男由常楠带队,在灵宝市中小学生篮球比赛活动中,六年级男篮获得小学组第三名。2018~2019学年,王建勇带队训练六年级男篮，同年，在灵宝市中小学生篮球比赛活动中，六年级男篮获得小学组第三名。2019～2020 学年，五、六年级男篮再次合并，教练员仍由常楠担任。

（四）快乐英语社团

“快乐英语”社团成立于 2010 年 9 月，先后参加英语社团的辅导教师有任丹、张潇、田爱琴、叶青、杨华丽、赵永银、王亚娟、曾明丽、张晓芳、王珊珊、贾元元、郭晓娟等 12 人。社团活动旨在进一步开拓学生的视野，积极引导和激发学生自主、创新学习的兴趣和能力。2014 年 10 月，由田爱琴编排的英语情景剧《Little red ridding hood》，由叶青、刘晓霞编排的英语情景剧表演《A proud peacock》，在河南省教育信息化应用优秀成果展评中，均获优秀教育电视节目一等奖。2015 年 10 月，由张潇和王亚娟编排的英语情景剧《The wolf and the sheep》，由杨华丽、王珊珊编排的英语情景剧《Rainbow flower》，在河南省教育信息化应用优秀成果展评中，分别获得优秀教育电视节目一等奖和二等奖。

（五）天籁之音合唱团

“天籁之音”合唱团成立于 2010 年 9 月，辅导教师王惠敏。自 2010 年至 2020 年 10 年间，先后有多位教师担任辅导工作：卫晓朵、王蕾蕾、王金刚、王珊珊、任丹、杨丽娅。在平时训练中，每个教师目标明确，各司其职，互相学习，取长补短，经过老师和队员们的努力合作，合唱团取得了一定的成绩。2013 年 5 月，在灵宝市合唱比赛中荣获一等奖；2014 年 9 月，在河南省中小学学生教材歌曲评比活动中荣获一等奖；2017 年在灵宝市中小学艺术展演活动中，荣获合唱类一等奖；2018 年在灵宝市艺术展演活动中获二等奖；2019 年在灵宝市中小学合唱节目评选活动中荣获一等奖。

（六）泥塑社团（创意黏土社团）

“益智手工”泥塑社团成立于 2011 年 9 月，辅导教师杲倩。2014 年 9 月学校新组建了“益智手工”能工巧匠泥塑社团，辅导教师闫飒飒。“益智手工”泥塑社团以全面培养学生的创新精神和实践能力为重点，在培养学生动手能力的同时，激发学生创造性思维、创新精神和动手实践能力。2015 年学生创作的泥塑作品参加三门峡市第三届青少年动漫节荣获一等奖；2018 年学生泥塑作品《美人鱼》荣获三门峡市第八届学生艺术展演二等奖；同年学生作品《水仙花》荣获灵宝市中小学师生书画展评一等奖。

（七）“智绘童年”儿童画社团

“智绘童年”儿童画社团，成立于 2010 年 9 月，辅导教师闫飒飒。2016 年 9 月至 2020 年辅导教师郭飞飞。2016 年参加“中国梦 · 墨翰情”中小学书法绘画比赛获得灵宝市一等奖,2017 年 9 月参加全国中小学电脑制作活动《鸡鸣社火》获得河南省三等奖,2018 年 12 月组织学生参加“万人共绘白天鹅,寄语魅力三门峡”活动,获得三门峡市优秀辅导奖。2018 年和 2019 年参加灵宝市、三门峡市艺术展演分别获得一等奖。2017~2019 年连续三年其学生作品参加灵宝市科技创新活动,荣获一、二等奖。

(八)“秋之韵”舞蹈社团

“秋之韵”舞蹈社团成立于 2010 年 9 月,辅导教师刘润芝。2011 年又增加了“春之梦”舞蹈社团,其间担任辅导工作的有姚文婷、卫晓朵、张金花、邵蓓蓓等 4 位老师。各辅导老师尽职尽责,认真选拔优秀舞蹈苗子进入社团训练,按照科学的训练方法对学生进行舞蹈基本功和成品舞蹈的训练。2011 年 8 月,在河南省中小学生校园舞蹈评比中,舞蹈《爱在我家》荣获优秀节目奖。2013 年在河南省第七届少儿文化艺术节三门峡市选拔赛中,参赛作品《姥姥门前看大戏》荣获二等奖。2017 年在灵宝市中小学生艺术展演中,舞蹈《剪窗花》获二等奖。2018 年在灵宝市中小学生艺术展演中,舞蹈《剪纸姑娘》获二等奖。

(九)“巧手纸艺”社团

“巧手纸艺”(曾用名“巧手剪艺”)社团成立于 2014 年 9 月,辅导教师尚伟静。社团成员由三、四、五年级学生组成。“巧手纸艺”社团结合学生年龄特点和中国传统纸艺文化开展教学活动,使学生在活动中发现美、鉴赏美,并能够动手创造美。2015 年 11 月,在灵宝市教育系统廉政文化书画动漫创作大赛中,尚伟静的剪纸作品《廉洁清政》荣获一等奖,学生李一喆的剪纸作品《为官清廉》、乔艺萌的剪纸作品《叮嘱》皆获二等奖;在 2017 年 12 月灵宝市中小学综合实践活动课程建设中,由尚伟静主持,闫飒飒和张慧锋辅导的《巧手剪艺》综合实践活动荣获一等奖;在 2018 年灵宝市艺术展演活动中,尚伟静和郭飞飞等几位老师的衍纸作品《佳人》荣获一等奖。

(十)心理社团

“一米阳光”心理社团成立于 2015 年,学校设置团体和个体咨询室两个,心理健康辅导教师有张格、任丹、赵晶晶、周社梅、杨红艳等 5 人,均持有专业证书。学校各班级均成立有心理小组,围绕“关爱健康,珍爱生命”这一主题,学校将每月的第二周定为生命教育周。心理咨询室每周二、周四全天为固定的开放时间。2018 年 9 月,灵宝市第三小学荣获河南省中小学心理健康教育示范校。

(十一)计算机(动漫)社团

“计算机”社团成立于 2010 年 9 月,先后有辅导教师 4 人:张建杰、杨育林、张晓盼、王向题。2012~2013 学年,学校将计算机社团调整为两个,一个是微机社团,由杨育林、张晓婧老师负责,主要负责一些办公软件操作方法教学,如:Word、PPT、Excel 等的操作;另一个是动漫社团,由张晓盼、董春艳老师负责,主要负责 flash 动画制作教学。2013 年,学校荣获“河南省中小学动漫教育实验学校”。2017 年,又合并为一个社团,由张晓婧老师负责,主要任务是 Word、PPT、Excel 等的操作,flash 动画的制作。2014 年在中国科协青少年科技活动中心组织的第五届“熊博士”全国青少年科学映像节活动中被评为优秀组织单位。

(十二)云鬓珠花戏曲社团

“云鬓珠花戏曲”社团成立于 2017 年,由王蕾蕾老师兼任辅导教师,自 2017 年始,每年“六一”儿童节都会为全校师生及家长朋友送上精彩的戏曲节目。2019 年编排的《梨园新蕾》在学校“六一”节目评选中荣获一等奖。同年参加灵宝市教师节广场文艺演出,获得观众的一致好评。2019 年 10 月社团学员曹家森登上央视《乡村大舞台》,一展风采。

三、社团活动要求

1.指导老师对学生的特长辅导要做到:长计划,短安排,要有周计划、月计划、学期计划,使辅导活动有目的、有步骤地进行。

2.指导老师要切实做好对学生兴趣的培养,本着学中有乐、乐中求学、学有特长的思想,讲求辅导实效。

3.指导老师要坚持育人与辅导相结合、课内与课外相结合、普及与提高相结合,通过社团活动,使学生的实践技能,从低到高,循序渐进,逐步提高。

4.每周五下午放学前交下周教案两节备查,并记入量化。

四、社团管理办法

为了增强辅导效果,切实提高三小学生社团活动质量,使其个性特长得到充分、协调、健康的发展,为孩子的成长奠定基础,学校对第二课堂活动实行“六定”“五性”“五有”的管理办法。“六定”:定时间、地点、学生、教师、内容和目标,活动内容要做到“五性”:科学性、知识性、趣味性、实效性和安全性;活动小组必须做到“五有”:有计划、有措施、有总结、有反思、有成果。

五、社团活动验收评估

1.主管社团活动的领导,每周要组织有关人员进行平时督促检查指导活动,通过看计划、记录、听课(检验课堂效果)等形式进行常规评价,进行评比打分。

2.学期末学校组织各方面的人力对活动进行评估（或组织活动小组进行成果展示），以百分制算出每个组平均得分。将平时和期末成绩合并，计算出每个组的平均得分，作为指导教师本年度的辅导成绩。此成绩列入本人年度考核成绩之中，作为评优选模、考核等依据之一，并做好记载、存档工作。

六、社团工作考核等级

总计100分。其中活动计划5分、活动小结5分、活动教案20分、出勤统计20分、成果展示50分。由考评领导根据指导教师上交的各项材料和平时的检查记录综合考评打分，根据得分划分等次。95分以上为A级，90分以上为B级，80分以上为C级，80分以下为D级。

附件5：

社团活动情况检查表

表6-17　　活动日期：　年　月　日　周

社团名称	指导教师	活动地点	场地卫生（5分）	学生到位情况（5分）	上课秩序（5分）	效果（5分）	教案（20分）
秋之韵	刘润芝	舞蹈室					
春之梦	姚文婷	舞蹈室					
天籁之音	王慧敏 卫小朵	大多媒体教室					
微机社团	杜江峰 王向题	微机1室					
动漫社团	张晓盼 董春燕	微机2室					
快乐英语	英语组						
五、六年级男篮	常楠楠	操场					
五、六年级女篮	杜小刚	操场					
三、四年级男篮	王建勇	操场					
三、四年级女篮	高现代	操场					
乒乓球社团	王江波	乒乓球训练场					

附件 6：

社团活动期末验收评分汇总表

表 6-18　　2019 年 12 月 24 日

社团名称	活动计划（5 分）	活动总结（5 分）	活动教案（20 分）	出勤统计（20 分）	验收展示（50 分）	汇总
快乐英语(英语组)						
拉丁舞(赵齐升)						
武术(吴昊)						
乒乓球(高现代)						
五年级男篮(焦肖强)						
六年级男篮(常楠)						
女篮(杜晓刚)						
合唱(慧敏、杨丽娅)						
巧手剪艺(尚伟静)						
儿童画(郭飞飞)						
创意黏土(严飒飒)						
舞蹈(刘润芝)						
动漫(张晓婧)						
戏曲(王蕾)						

附件 7：

2019～2020 学年社团活动期末验收方案

一：验收时间及安排

验收时间：2019 年 12 月 24 日(周二)下午

第一组评委安排：潘树波、何皎洁、赵高坤、任 丹、刘 照

验收社团及顺序：

拉丁舞→乒乓球→四男篮→五男篮→女篮→武术→口才

第二组评委安排：翟希云、王永沛、刘雪峰、李茂林、王佩林

验收社团及顺序：

合唱→英语→巧手剪艺→儿童画→泥塑→舞蹈1班→动漫→心理、戏曲

二、验收办法：满分100分（其中常规考核50分，成果展示50分）

1.常规考核50分，其中活动计划5分、活动总结5分、活动教案20分、出勤统计20分。由主管领导和政教处老师每周组织检查，评计划、总结、看上课、查教案、出勤等形式进行常规评价。社团常规由政教处考核计入量化。

2.成果展示50分，其中学生人数10分、展示效果40分。展示内容分两部分：第一部分由辅导教师组织精彩成果展示（20分）；第二部分由评委从学期初上交的社团活动计划表现场抽测，由评委指定展示形式（10分），可单独展示、小组展示或团体展示，展示效果10分。由学校领导进行现场评估打分。

三、考核办法：

校级社团：常规考核和成果展示两项得分汇总得出综合考评，以百分制算出每个社团平均得分，此成绩作为指导教师本年度辅导成绩，记入教师期末二次工资分配，并根据得分划分等次，按等次分配社团活动补助。

四、验收组织：翟淑茹、张增彦

五、摄影照相、宣传报道：乔海生、王冠龙 、张慧锋

六、验收内容

1.《天籁之音》合唱社团 辅导教师：王惠敏 杨丽娅

展示内容：（1）合唱《长歌行》；（2）合唱《我和我的祖国》

2.巧手剪艺社团 尚伟静

（1）老师介绍本期的学生情况、本期学习内容。（2）现场作品制作：学生现场制作一幅衍纸作品的某一部分。

3.智慧童年儿童画 郭飞飞

（1）学生作品展示：将本社团活动中的学生作品摆放在展示台上，便于领导检查验收。（2）学生现场作画展示：抽取15名学生以课内绘画形式进行展示。

4.泥塑社团 闫飒飒

展示内容：本期学习的部分作品。主要有创意植物、动物、人物黏土画。

展示形式：学生经过构思、想象、组合、添加等方法，将所学内容以创意黏土粘贴画的形式呈现出来。

5.秋之韵舞蹈社团 刘润芝

(1)舞蹈:《旗开得胜》;(2)基本功下叉、下腰

6.戏曲社团期末验收方案 王蕾蕾

(1)表演唱豫剧片段《谁说女子不如男》;(2)表演唱京剧《卖水》。

7.微机社团 张晓婧

(1)在Word中能进行文字的编辑,会设置文字的大小、颜色、字体。

(2)能在Word中插入图片,并合理排版,使整个文档整体美观。

(3)学会在Word中设置背景颜色,以及学习设置文档的边框。

(4)能在Word中插入表格,会设置表格的格式及表格的一些简单设计。

(5)学习段落的设置,会设置行距以及首行缩进的调整。

8.快乐英语 英语组

(1)英语歌曲《You are my sunshine》《old MacDnald had a farm》

(2)英文短句《A proud peacock》。

9.乒乓球社团

(一)准备活动:(1)热身跑1000米,快跑200米;(2)原地高抬腿50次,正压腿2个八拍;(3)侧压腿2个八拍,膝环绕2个八拍;(4)踝关节2个八拍。

(二)基本活动内容:第一班:(1)正手动作;(2)反手动作;(3)左右滑步;(4)交叉步;(5)全面20次。第二班:(1)发球与接发球;(2)原地正手发球动作20次;(3)步法移动5组;(4)推、挡球技术;(5)双人对打五组。

10.六年级男篮 常楠

(1)篮球专门性热身操练习:全场蛇形慢跑(一路纵队)。

(2)个人技术展示:①单人全场运球上篮;②全场折线防守脚步练习。

(3)团队技术:①双人传球上篮;②三人传球上篮;③三人绕“8”字上篮。

11.五年级男篮 焦肖强

(1)篮球专门性热身操练习:全场蛇形慢跑(一路纵队)。

(2)技术展示:①四角传球;②个人全场运球上篮;③2人全场传球上篮;④实战:全场2对1。

12.女篮 杜晓刚

(一)准备活动:1.热身跑2000米,快跑200米;2.原地高抬腿100次,正压腿2个八拍;3.侧压腿2个八拍,膝环绕2个八拍;4.踝关节2个八拍。

(二)基本活动内容:1.胯下绕球;2.原地高低运球,原地双手交替运球;3.全场两人

传球上篮;4.打板接力;5.原地打板投篮;6.半场二打一;7.教学比赛。

第四节　家长学校

为了普及家庭教育,让广大家长了解孩子生理、心理发展规律,掌握科学的教育方法和技能,协助学校共同教育孩子,市三小坚持办好家长学校,积极组织形式多样的学习活动,帮助家长掌握学生的成长特点,掌握科学教育孩子的方法,与学校教育形成合力,培养出心理健康、习惯良好的学生

一、完善组织建设

(一)成立家长学校领导机构

校　长:索淑敏(2011 年 7 月至 2019 年 7 月)

马晓春(2019 年 9 月至今)

副校长:潘树波

主　任:李茂林

成 员:

大队辅导员:翟淑茹

一年级年级组长:王永沛 二年级年级组长:王佩林

三年级年级组长:翟希云 四年级年级组长:潘树波

五年级年级组长:何皎洁 六年级年级组长:刘雪峰

(二)加强师资完善设施

1.加强领导和师资队伍建设。领导组定期召开会议,讨论家长工作,做到健全组织、分工明确、责任到人。

2.加强家长学校班主任工作,努力提高班主任素质。

3.定期组织班主任学习有关理论知识,研究家长学校工作方法,提高班主任工作能力。

4.每学年举办两期“家长学校”培训班,时间暂定为每学期的期中。

5.完善设施。学校为家长学校配备了专用培训教室,配有电脑、投影仪、音箱等先进的多媒体设备,为培训教室铺设专门的宽带网络,组织家长学生一起收看“开学第一课”等系列家庭教育节目,搭建亲子教育交流平台。

(三)家长学校的组织管理

1.设立家长委员会:家长委员会设立主任2人,成员42人,共44位家长组成。每学年初都要调整家长委员会成员。

2.家长委员会职责:

(1)了解学校的发展规划、工作计划的制订与实施情况,并提出意见和合理化建议。(2)积极参与、配合学校举行的重大教育活动,协助学校加强科学管理。(3)了解学校教育教学、学生课外活动指导和日常管理等方面的情况,协同校方做好学生及其家长工作。(4)倾听和收集家长对学校的意见、建议和要求,并及时反馈,发挥桥梁、纽带作用。(5)参与组织家长学校工作,宣传家庭教育的重要性,加强家庭教育指导,促进家长更有效地担负起教育子女的责任。(6)加强与社会沟通,共同关心青少年学生健康成长。(7)积极向社会、家庭宣传学校改革和发展的成果,让社会进一步了解学校、支持学校,共同打造和谐校园。(8)参加学校的评教评学活动,每学期对学校教育、教学服务满意度进行测评。(9)发挥自身特长优势,积极参与学校学生社团活动或为师生做主题(专题)教育报告(讲座)。

附件8:

2019年灵宝市第三小学家委会名单

表6-19

班级	学生姓名	家长姓名	工作单位	职务	电话
一(1)	乔梓萱	王晓红	粮食局	财务科科长	
一(2)	张晨伟	张红军	三门峡通讯传输局灵宝分局	局长	13633986868
一(2)	李嘉懿	李兵	公安局	政治处主任	13839801888
一(3)	李德瑄	李彦忠	西闫派出所	所长	15939898898
一(4)	乔砚歌	哈敬梅	自由职业		15138169062
一(5)	樊若尧	邓晶晶	自由职业		15139878885
一(6)	马天泽	马彬彬	小房子绘本馆		15239897895
一(7)	姜又菡	贾乐乐	自由职业		18030459257
一(8)	李卓妍	刘小军	电业局	职工	18639861519
二(1)	郭昱承	李国丽	市三高		
二(2)	赵梓洋	赵齐升	齐升舞蹈学校		13949786006

续表1

班级	学生姓名	家长姓名	工作单位	职务	电话
二(3)	乔一可	焦冰冰	函谷关政府		
二(4)	张家乐	孙庆灵	自由职业		15139828855
二(5)	李美鸾	李芳	灵宝黄金集团股份有限公司		15839889338
二(6)	王玉涵	王明慧	社会养老保险中心		13949755959
二(7)	史庆杰	史铁林	电业局		13839835313
三(1)	张艺涵	彭玲玲	自由职业		
三(2)	张玮宸	周蓉	灵宝一高音乐教师	教师	
三(3)	刘峥煊	刘晓梅	三门峡家仁网络科技有限公司	财务	13323983303
三(4)	张普昱	种亚伟	农业银行		
三(5)	孙家熙	王妮妮	自由职业		13343661584
三(6)	陈彦滔	陈建民	阳店村支部书记	支部书记	
三(7)	李俊杰	王丽丽	自由职业		18939035807
三(8)	赵一茜	赵站辉	长宏公司	副总	
四(1)	刘雨辰	上官建平	市财政局		15333986008
四(2)	马乐彦	王丽	广电局		13949750186
四(3)	李山成	史慧玲	华润三门峡医药有限公司	经理	13839866178
四(4)	唐梓睿	王妍妍	城管局		18939041899
四(5)	李张佑	李国旺	焦村镇政府		18803988066
四(6)	李晨楠	李俊	市法院		13525217267
四(7)	王怡心	王阳	公交公司		13939868840
五(1)	李梓硕	李国华	公安局		13839833168
五(2)	张佩轩	张建强	教师进修学校		13939869611
五(3)	卯天琪	卯金莎	自由职业		13949780736
五(4)	王益贤	王新峰	市政府		13603406028
五(5)	宋翊宾	宋顺平	市政府		15898999188
五(6)	杨梓琪	杨飞飞	西闫杨家湾		13569604212
六(1)	张之倩	马芳	气象局		
六(2)	李佳毅	库红梅	灵宝实高	教师	13633980191

续表2

班级	学生姓名	家长姓名	工作单位	职务	电话
六(3)	周嘉浩	周帅帅	个体		
六(4)	赵关越	陈艳峰	燃气站		
六(5)	张博涵	张军	部队		
六(6)	申森和	申英杰	个体		13639825816
六(7)	伍张彬	张云芳	务农		

附件 9：

在 2019 届家长委员会成立大会上的致辞

马晓春

（2019 年 11 月 28 日）

尊敬的各位家长代表：

大家好！

今天是我们灵宝市第三小学 2019 届校级家长委员会成立暨第一次会议。首先我代表学校，真诚地感谢各位家长对学校工作的关心、支持和理解，真诚地欢迎您们！

成立家长委员会，实行“家校联动”，是学校教育新形势的要求，体现了学校教育与社会的接轨，也是学校教育向社会的延伸，意义深远。因为学校不是一座孤岛，不是世外桃源，脱离了社会的学校，是培养不出有用人才的。市三小从建校第一年发展到今天，一次次辉煌成绩的背后，离不开一届届家长委员会成员的支持、理解和付出。今天，作为 2019 年新一届家长委员会的成员，在座的每一位都将承担起一份厚重的历史责任，那就是为三小的发展建言献策，为孩子的成长共同出力，为教育的明天共建辉煌。所以，我有三个“请”和各位委员分享，希大家群策群力，相互沟通，严格督促，凝成合力，助力孩子们更好地成长。

1.请支持好学校发展。监督三小的工作，对学校工作中的不足直言不讳地批评指正，为学校发展献言献策。

2.请担当好学校的义务宣传员。在社会上多宣传学校工作，让更多的学生家长了解学校工作，了解子女的学习，让更多的家长配合好学校，不仅要关心学生在校的学习和生活，也要关心学生在家及校外的活动，让学生多参加有益的活动，学习各种生活技能，抵制外界各种不良影响，多宣传学校好的做法与取得的成绩，与学校形成教育合力，提升学校办学水平。

3.请发挥好你们的社会影响力。让各界有识之士更多地了解学校，更多地关注和扶持学校。因为你们的支持，让我们更加坚定了一个信念，那就是：无论再苦、再累、再难，我们都将无畏无惧、坚定执着，有信心、有决心搞好学校管理，带领全体教职员工，为学生做好服务，让学生接受最好的教育，铸就三小教育教学更加辉煌的明天。

最后，我衷心地希望学校的工作能得到各位委员的大力支持，并坚信在学校、家长、学生三方共同努力下，一定能实现我们共同的目标。祝各位委员家庭幸福和美、工作顺利、万事如意！

谢谢大家！

（四）家长学校工作制度

市三小为切实加强学校教育与家庭教育、社区教育相结合，制定本工作制度。

1.家长学校要做到“三化”：规范化、科学化、制度化。

2.家长学校要做到：有学校委员会及管理机构的负责人、有活动经费、有教室、有牌子、有计划、有教材、有考核、有工作制度、有总结。

3.定期开设课程、开展活动。每学年召开二至三次家长委员会议，学习教育法规，向家长委员会通报学校工作计划及取得的成绩。家长委员会及时向学校反馈家长的意见、建议，学校对家长提出的意见及问题给予解决。

4.“家长学校”每学期至少讲四个专题。

5.每学期开展丰富多彩、形式各异的社团活动，邀请家长积极配合、参与活动。

6.家长学校每学期做好家庭教育经验交流工作，及时总结。

二、开展形式多样的活动

1.家长学校定期开课。学校坚持每学期至少开展两次家长学校学员培训活动，每次培训活动之前，教师都要认真备课，进行各种方式的调查。同时严格要求教师，不准把家长会开成成绩报告会或者是批评会，要求有针对性，确实能帮助家长树立正确的教育理念，掌握有效的教育方法。

2.定期召开家长会。每学期开学后和每学期期末，学校都要定期召开全校家长会，会上家长们首先听取学校的工作报告，其次听取本班班主任和任课教师的情况介绍，会后，每位家长还要填写家长意见反馈表，学校把各班家长意见汇总，由各主管校长、主任进行答复。

3.开展优秀家长评比活动。在家庭教育中,很多家长是称职的,教育方法是独特的,教育效果是显著的。为了使他们的宝贵经验能有效地推广,学校每学年开展一次优秀家庭教育评比活动,定期表彰优秀家长。让学生家长们互相学习促进,共同教育好自己的孩子。

4.开展校长接待日活动。学校领导就作业布置、校园安全、课外活动、上学放学时间、交通安全等问题诚恳地听取家长的意见和建议,学校积极创造条件,采取有效措施,尽可能解决家长提出的问题。

5.严格家访制度,全面实施“走千家、进万户”活动。学校规定所有班主任以及任课教师要进行家访,班主任每月不少于 5 人次,任课教师不少于 3 人次,每学期要做到全员家访,每次家访要有详细记录。

6.外聘专家,定期召开家教报告会。学校根据家长的需要,聘请家庭教育专家周慧玲等来校讲学,提高家长素质,努力提高家长学校的办学质量,凝聚家庭社会的合力,共同关心下一代的健康成长。

7.家校联系畅通。发放家庭调查问卷,进一步加强家校联系。每周一个行为习惯训练点,家校共同评价,培养学生良好习惯。利用校讯通,每月定期给家长发送家教知识。

8.常规活动安排:

9 月:新生和家长学前教育　　10 月:“家长开放日”活动

11 月:“家长学校”专题讲座　　12 月:家庭教育问卷调查

1 月:评选“优秀家长学员”　　3 月:“蓝丝带”感恩教育活动

4 月:亲子共读经典活动　　5 月:“家长学校”专题讲座

6 月:亲子趣味体育活动　　7 月:评选“优秀家长学员

第七章　教师队伍建设

教师承担着传播知识、传播思想、传播真理的历史使命，肩负着塑造灵魂、塑造生命、塑造人的时代重任，是教育发展的第一资源，是国家富强、民族振兴、人民幸福的重要基石。教师是学校教育教学质量不断提升的根本保证。因此，加强教师队伍规范化管理，强化教师职业道德建设，严格教学过程的考核评价，努力建设一支师德高尚、业务精湛、结构合理、充满活力的高素质教师队伍是学校教育教学工作的核心。

第一节　队伍构成

一、教师队伍组建

2010 年，随着城市人口的迅速增加，为了满足广大人民群众对优质教育的需求，灵宝市委市政府审时度势，于城市北区建立灵宝市第三小学。学校成立后，灵宝市委、市政府和市教育体育局党委高度重视市第三小学领导班子成员的配备。该校的校长、主任分别来自市第三实验小学、第一小学、第二小学、实验小学、第二实验小学等局直学校，虽在不同的岗位上工作，但都拥有丰富的教学和管理经验，他们共同组成了一支理念先进、经验丰富的领导班子。

师资队伍配备方面，在市教体局领导下，该校组成招聘工作领导小组，层层把关。市三小的教师组成采取第一批从实验小学、市一小、市二小等局直小学抽调精兵强将，择优挑选部分教学标兵、骨干教师 22 名，这批教师都是原单位中出类拔萃，有着一定影响力的优秀教师；第二批灵宝市教体局面向全市教育系统公开公正、透明考核录用了 45 名优秀教师。要求在编在岗、教龄在 8 年以上的正式教师，具有大专以上学历，小教一级以上职称，年龄在 40 岁以下，只有符合这四方面条件的教师才可以报名，然后再通过闭卷考试、试讲、考核、公示等环节择优录取。这批教师也是一支思想好、素质高、业务精、能力强，充满活力、富有创新精神的专家型教师团队！另外，学校还根据全寄宿半寄宿制的需要，招收后勤职工 32 人。

建校初期，学校环境十分艰苦，但全体教师无私奉献，肩负使命，担负起 1～3 年级

19 个班的教育教学任务，2012 年，局直学校分流及尹庄镇周边学生形成六年级，至此，学校步入正轨，六年制 36 个教学班。高峰时，一年级招收 8 个班。

（一）2010 年 6 月灵宝市第三小学领导机构

校　　长　索淑敏

副 校 长　贺雅芳　李民强

教务主任　张晓静

政教主任　屈新萍

总务主任　薛太瑞

（二）2010 年 7 月灵宝市第三小学教师名单

陈　静　陈卫革　狄海荣　杜晓刚　高江梅　高君玲　高　蕊　郭会平

郭伟丹　何晓晓　贺雅芳　候　剑　雷书红　李　波　李彩红　李长华

李川歌　李茂林　李民强　李艳娥　李媛媛　李月琴　刘江会　刘润芝

刘晓霞　刘肖丽　刘雪峰　刘　照　马海娟　乔海生　屈彩鹏　屈新萍

任　丹　苏水苗　索淑敏　田爱琴　王　彬　王冠霞　王海霞　王惠敏

王娟丽　王敏娟　王宁泊　王晓林　王英芳　韦慧鸽　吴海峰　伍彦革

薛春炜　薛太瑞　薛春亚　闫飒飒　杨红艳　杨亚娟　杨娅娟　叶　青

贠彩红　张　格　张建杰　张江华　张娟梅　张丽萍　张晓芳　张晓静

张艳妮　赵春梅　赵冬娟　赵高坤　赵娟丽　赵帅权　周彩苗　周社梅

孙艳丽

二、教师队伍发展

伴随着灵宝北区的迅速发展，学生人数不断增加，2011 年，学校逐年扩大招生，至 2012 年，其规模已达 36 个教学班。教师队伍也不断壮大，根据教育教学需要，继续选拔优秀教师调入，至 2014 年达到 155 人的教师规模，满足了教育教学的需要。随后，因灵宝教育形势发展，一些教师调出到其他学校任教，2020 年 6 月现任教师 125 人。

2011～2020 年历年调入（出）市三小教师名单

2011 年 6 月在编 73 人

2011 年 8 月调入 25 人

姚文婷　陈巧梅　代文辉　高金波　高现代　杲　倩　郭红艳　何晓芝

贾明霞　李潘东　刘亚婷　刘艳红　钱平平　尚伟静　尚卫娜　孙艳丽

王江波　王向题　卫晓朵　席茹玲　薛艳红　杨华丽　杨育林　张勇威

赵小芳

2011 年 8 月调出 1 人

薛春亚

2012 年 8 月调入 52 人

王佩林　李普烈　阴巧飞　黄方方　王彩霞　张　潇　王珊珊　张秋平
周静静　孙萍芬　马俊娥　赵晶晶　王引谋　王晓玉　李娟红　符娟丽
索金花　张江霞　张婧婧　赵育林　郭莹莹　周真珍　付爱华　王冠龙
张　风　张春英　孙爱萍　武战高　姬伟伟　刘宝建　张晓婧　焦肖强
曾明丽　郭晓娟　卢晓百　常楠楠　张晓盼　稽慧萍　刘学刚　王金刚
张增彦　王建永　李聪丽　南晓华　杜红霞　王亚娟　常银茹　贾元元
赵永银　翟淑茹　张晶晶　董春艳

2012 年 8 月调出 2 人

张建杰　陈　静

2013 年 6 月在编 147 人

2013 年 8 月调入 10 人

周林红　张长波　许银菊　韩雪霞　刘玉婷　席　娥　郝静丽　孙飞燕
丁　晶　邵蓓蓓

2013 年 8 月调出 2 人

李普烈　李媛媛

2014 年 6 月在编 155 人

2014 年 8 月调入 2 人

张艳艳　王丽红

2014 年 8 月调出 2 人

席　娥　郝静丽

2015 年 6 月在编 155 人

2015 年 8 月调入 5 人

乔　莎　王蕾蕾　张慧锋　郭飞飞　刘雪层

2015 年 8 月调出 6 人

郭红艳　姚文婷　董春艳　杲　倩　李月琴　张晓盼

2016 年 6 月在编 154 人

2016 年 8 月调入 3 人

王永沛　潘树波　何皎洁

2016 年 8 月调出 9 人

张晓静　许银菊　陈巧梅　丁　晶　刘肖丽　王江波　王晓林　杨　君
屈新萍

2017 年 6 月在编 148 人

2017 年 8 月调出 15 人

韦慧鸽　王敏娟　王娟丽　王晓玉　贾元元　张晶晶　陈卫革　武占高
张娟梅　王向题　杜红霞　周彩苗　张勇威　郭晓娟　乔　莎

2018 年 6 月在编 133 人

2018 年 8 月调出 4 人

赵育林　赵娟丽　张江霞　高江梅

2018 年 6 月调入 1 人

米文娅

2018 年 6 月辞职 1 人

雷书红

2019 年 6 月在编 129 人

2019 年 8 月调入 1 人

马晓春

2019 年 8 月调出 5 人

贺雅芳　王　珊　李彩红　孙飞燕　赵冬娟

2020 年 6 月在编 125 人

索淑敏　刘艳红　郭会平　周社梅　姬伟伟　王丽红　赵高坤　王金刚
张艳艳　刘江会　李艳娥　刘亚婷　李川歌　张艳妮　郭飞飞　王永沛
孙萍芬　杨亚娟　闫飒飒　邵蓓蓓　刘雪峰　王　彬　乔海生　杨娅娟
张晓芳　屈彩鹏　付爱华　尚伟静　张　格　任　丹　薛春炜　伍彦革
杜晓刚　刘学刚　孙艳丽　贾明霞　代文辉　孙爱萍　刘玉婷　张秋平
张春英　席茹玲　周林红　杨华丽　曾明丽　翟希云　苏水苗　刘　照
黄方方　郭莹莹　李茂林　王彩霞　张长波　叶　青　赵永银　赵春梅
韩雪霞　狄海荣　何晓晓　王蕾蕾　李聪丽　王佩林　张　风　杨红艳

周静静	张慧锋	田爱琴	赵小芳	马俊娥	张晓婧	刘雪层	李　波
郭伟丹	刘晓霞	赵晶晶	王冠霞	张增彦	潘树波	李长华	常楠楠
嵇慧萍	尚卫娜	王建永	阴巧飞	张　潇	王英芳	何晓芝	索金花
高　蕊	焦肖强	符娟丽	张丽萍	贠彩红	翟淑茹	王亚娟	李潘东
李娟红	王惠敏	何皎洁	卢晓百	王海霞	刘润芝	高君玲	周真珍
张　丹	王引谋	常银茹	马海娟	高金波	米文娅	张江华	高现代
王宁泊	南晓华	马晓春	杨育林	王冠龙	吴海峰	薛艳红	张婧婧
钱平平	卫晓朵	赵帅权	刘宝建	侯　剑			

备　注：借调4人　赵帅权　李潘东　王　彬　侯　剑

三、教师风采录

索淑敏，女，灵宝市函谷关镇人，中共党员，本科学历，全国特色教育先进个人，河南省骨干教师，中小学高级教师，河南省特级教师，河南省优秀管理人才。

1982年参加工作，先后在函谷关镇岸底初级中学、城关镇新华小学、解放学校、城关镇中心学校工作；1997年8月调入灵宝市教体局教研室主抓小学语文教学，2003年8月任教研室副主任；2008年8月调入灵宝市第三实验小学任党支部书记、校长；2010年6月调入灵宝市第三小学担任党支部书记、校长；现任灵宝市第三小学党支部书记。

1997年7月，索淑敏调至灵宝市教研室工作，2002年，实施新课程改革，索淑敏积极学习，十余次对全市语文教师进行培训，先后受邀在三门峡市、卢氏县、湖滨区、陕县等地进行教师培训。2003年担任教研室副主任，主抓全市小学教学业务，坚持工作下移，年均听评课200余节。尤其在复式教学方面做了大量研究，先后两次承办了河南省复式教学研究现场会，受到省、市领导及专家的高度赞誉。为真正解决学生作文难的问题，专门进行了"小学低年级说话、写话"研究和"读写结合"的实验探索，为全市小学语文教学做出了突出贡献，并培养出了一大批德才兼备的教学骨干。她辅导的郭秋娟、刘雪峰、赵聪玲等十多位青年教师，在河南省优质课大赛中均获一等奖。她本人也多次荣获三门峡市级优秀教研员称号，并两次受河南省教研室邀请参加省级新课程教材编写工作。2008年8月，索淑敏调入灵宝市第三实验小学工作，两年间，她积极推进书法特色学校文化建设，使这所名不见经传的学校迅速成为名播中原的书法特色学校。

2010年6月，索淑敏调任灵宝市第三小学校长，在治校方面，她确立了"厚德向善"的校训，"育人以明德，育人以至善，育人以启智"的办学宗旨，"明于德，臻于善，敏于行"的学校精神；积极培植具有生命力的校园文化，强化教师队伍建设，坚持组织评选年度“金牌教师”“突出贡献教师”“最具潜力教师”“巾帼建功 · 铿锵玫瑰”等,激发教师内生动力;组织评选年度“德馨之家”“红旗集体”“最美家庭”,凝聚和谐奋进正能量;组织举办年度“德馨论坛”“道德讲堂”系列活动,弘扬厚德向善主旋律。《德育报》头版头条刊载了《寻找优秀,用优秀的力量引领学校前行》《中国教师报》在“寻找最具价值课改成果”专栏中,以《共同体润泽快乐童年》为题对该校推评典型、树立先进的工作经验做了突出报道。

在育人方面,坚持立德树人,培植核心素养。以课堂教学为主渠道,大力倡导绿色教育,打造充满爱意、富有诗意、饱含创意的生态课堂;以爱国主义教育、理想信念教育为主线,推行规范养成教育,提高学生综合素质。开展丰富多彩的活动,努力提高德育工作的实效性:评选“小绅士”“小淑女”,以规范学生言行,提高自我约束力;评选“孝老爱亲之星”“绿色环保之星”,以弘扬中华传统美德,崇尚尊重自然;评选“创新之星”“才艺之星”,以激励创新精神,促进个性发展;评选“最美餐桌”“最美宿舍”,以倡导勤俭节约、和谐相处。注重挖掘地方教育资源,汲取《道德经》文化精髓,全面提高师生素养。自 2012 年起,致力打造“少年军校”,以“三姿”(坐姿、站姿、走姿)训练为突破口,将其列入学校常规检查,每月评选“三姿标兵班”,使学生做到行为姿态常态化、标准化。开展系列军事训练活动,锻造强健体魄,增强坚定信念,养成良好习惯。2012 年,荣获了三门峡市有突出贡献的先进教育工作者。

在教学方面,强化校本研修,构建特色课程。以英语特色为突破口,坚持全员培训,积极探索“双语校园”特色发展之路。成立了“名师工作室”,加大课程研发应用力度,先后开发了安全教育课程、快乐英语课程、生态语文课程、国学系列课程。率先在三门峡市开展英语书写课,确定每周二为英语活动日,构建了全方位、立体化的校本课程。2015 年 12 月,承办了“三门峡市首届学校金三角特色发展论坛暨小学双语特色研讨会”,其先进的理念、鲜明的特色、精细的管理受到与会领导及专家的高度称赞。

加强家校共建,优化教育管理。学校推出“家长开放日”“家长会”“家访”“家长课堂”等多种形式的活动;组织评选“十佳”家长、“十佳”学习型家庭、“文明家庭”等,打造学校、家庭、社会三结合教育网络,形成协同育人机制。同时开展扶困济弱活动,定期对“建档立卡”学生进行走访,让每个家庭和孩子都能感受到来自社会和学校大家庭的温暖。组织师生及家长定期赴道德文化胜地函谷关、振宇红色研学基地、寺河山苹果基地等开展丰富多彩的研学活动,开阔师生及家长们的眼界,达到了优化教育管理的目的。

弦歌兰韵不辍，德善光耀芳华。建校以来，学校先后被评为全国特色教育先进单位、特色教育实验校、全国名校联盟示范学校及河南省依法治校示范学校、“三八”红旗集体、最美校园、德育实验校、中小心理健康教育示范校、优秀少先队集体、中小学动漫教育实验学校、信息化教学实验学校等60余项省市级以上荣誉。2013年，索淑敏荣获三门峡市“三八”红旗手；同年8月在省教育厅及省科协组织的科学体验调查活动中，应邀作经验报告。2015年荣获全国特色教育先进工作者、河南省未成年人思想道德建设工作先进工作者；同年10月，在三门峡市第二届“校长讲校”活动中，应邀向全市教育管理者做主题报告；11月，在豫陕晋金三角特色论坛上，做经验交流。2017年荣获河南省特级教师、河南省优秀教育管理人才、河南省装备管理先进工作者、三门峡市第七届教育新闻人物。2018年荣获三门峡市优秀教师、家庭教育工作先进个人。2019年荣获河南省优秀教育工作者，同年8月应邀赴南阳市淅川县做办学及党建工作经验交流，9月受三门峡市教体局邀请参加“最美是您”讲师团赴各县(市、区)巡回演讲，并受到市委书记亲切接见。

马晓春，男，出生于1973年2月，灵宝市阳平镇九营村人，中共党员，本科学历，中学高级教师，三门峡有突出贡献的优秀教师、三门峡有突出贡献的先进教育工作者、灵宝市第十二届党代表、灵宝市第十四届人大代表。

1992年8月初涉教坛，在灵宝市阳平镇第一初级中学工作；1997年8月调至阳平镇中心学校工作，任党总支委员、团委书记；2007年8月调入阳平镇第二初级中学工作，任校长、党支部书记；2014年8月调至灵宝市川口乡中心学校工作，任校长、党总支书记；2019年8月调至灵宝市第三小学工作，任校长、党支部副书记。

2007年8月14日，34岁的马晓春接到灵宝市教体局的任命通知，出任新建的阳平镇第二初级中学校长，8月15日，学校第一届领导班子组建成立。面对杂草荒芜的校园，几乎是白手起家的马晓春，一边关心校园里未完成的工程建设，一边挑选教师组建队伍，一边研究规划学校的发展蓝图：确立了“铸造阳平二中品牌，创建三门峡市农村一流初中”的办学思路；确定了“让走进来的师生都自信，让走出去的师生都成功”的办学理念；树立了“一年打基础，三年上台阶，五年创名校”的办学目标。

为鼓舞士气、凝聚人心，马晓春发动全体教师贡献智慧，集体创作了校歌《鼎原朝阳》，天天唱响，为确保第一届新生9月16日能够顺利入学报到，马晓春亲自参与教师的业务知识培训和各种技能培训，赤膊上阵和教师一道参与劳动，平整校园，清理建筑垃圾。为加强领导班子建设，特制定了《领导班子考核办法》《校级领导责任追究制度》

《中层领导值日汇报制度》《领导班子月反思制度》等管理制度。并要求全体领导班子成员,每天要起在师生之前,睡在师生之后,让校级领导抓年级管理,让中层领导抓单元管理,分层管理,责任到人;坚持中层领导值日制,放大闪光点,正视处理偏差点;每月全体领导班子成员进行一次工作反思,总结经验,吸取教训;同时实行领导班子工作量化计分制,与年终的评优评模挂钩,促进各项工作有条不紊地开展。对于教师管理,马晓春从二中的形象和质量考虑,一是规范教师的言谈举止,规范教师着装;二是在经费特别困难的情况下加大投入,鼓励教师积极进修,外出学习,培训提高;三是通过专家引领、网络交流、名校联谊、课题研究、同课异构等形式,引导教师多读书、读好书,交高人、常反思、重实践。在较短的时间里打造了一支师德高尚、业务优良的学习型、智慧型教师团队。为深入落实"惜时增效、轻负高效"的教育理念,全力打造高效课堂,倡导以提高教师素质为主线,促使教师达到三个转变,即通过专家、学者报告,达到思想的转变;通过骨干教师的榜样作用,达到行为的转变;通过校内校际交流,集体备课,研讨课,达到教学方法、教学模式的转变。探索形成了"先学后教,当堂达标"的课堂教学改革模式,鼓励学生敢于质疑,勇于创新,形成了"乐学、善学、会学、活学"的学风。马晓春任阳平二中校长七年,争取到上级资金及社会资金380万元,先后建成了现代化餐厅、校园洗浴中心,计算机教室、学术报告厅、少年宫、实验室、标准化运动场等教育教学设施;校园的硬化、绿化、亮化及校园文化建设,日新月异,因时而成。学校的中招考试成绩连年攀升,连续五年荣获三门峡市、灵宝市两级教育教学先进单位,先后荣获灵宝市"青年文明号"、灵宝市阳光体育展示第一名、灵宝市首批特色学校、灵宝市关爱留守儿童先进学校、灵宝市德育工作先进单位、三门峡市师德师风先进学校、三门峡市"文明学校"、河南省关爱留守儿童示范学校等荣誉称号。马晓春也先后荣获三门峡市有突出贡献的先进教育工作者、三门峡市管理上台阶先进个人、三门峡市有突出贡献的优秀教师,其"校长讲校"专题视频《团结奋进,铸就名校》获河南省一等奖。《灵宝教育报》《灵宝晚报》也以《花儿为什么这样红》对阳平二中的办学经验做了专题报道。

2014年8月,马晓春任川口乡中心学校校长。面对新的环境、新的角色,马晓春顿觉肩头责任重大,了解了川口乡的教育状况后,即确立了"打造川口教育品牌,办人民满意教育"的总体工作思路,树立了坚持"以人为本,精细管理,教学中心,安全第一,质量至上"的新工作目标,以"五项创建"(创建学校管理示范校、创建平安建设示范校、创建养成教育示范校、创建教学质量示范校、创建学前教育示范园)为着力点,狠抓教师队伍建设,推动学校文化引领,落实学生行为习惯养成,提升教育教学质量,促使德育工作深化，加快特色学校创建，建设平安校园，推进均衡发展。

天道酬勤。马晓春在川口乡工作五年，其中招考试成绩连续五年名列灵宝市乡镇第一名，川口乡连续五年被评为灵宝市教育教学先进单位、三门峡市初中教学先进单位；2015年12月，灵宝市农村中小学教学管理现场会在川口乡召开，乡中心学校校长马晓春在会上做了典型发言。2017年6月，在灵宝市四年级、七年级、八年级抽测，中招成绩总评，期末质量监测等五项考评中，川口乡荣获五个全市第一名。川口乡中心学校先后被评为灵宝市先进基层党组织、灵宝市德育工作先进单位、灵宝市学前教育工作先进单位、灵宝市脱贫攻坚工作先进单位、灵宝市职教招生先进单位、灵宝市教育系统项目建设管理工作先进单位、三门峡市管理规范化先进学校、三门峡市德育工作先进集体、三门峡市示范性初中、三门峡市基础教育质量奖、三门峡市信访稳定工作先进单位、三门峡市平安校园、三门峡市文明校园、河南省师德师风先进学校、河南省班主任工作特别创新奖、河南省心理健康教育实验学校、河南省教育装备工作先进集体。川口乡教育教学的典型做法，多次被《中国教育报》《教育时报》《三门峡日报》《三门峡教育信息》《金城灵宝》《灵宝教育》等报刊媒体报道，在全省引起了强烈的反响。

2019年8月，通过灵宝市中小学校长竞聘上岗，马晓春履职灵宝市第三小学第二任校长。他坚持“历届班子接力赛、一张蓝图绘到底”的工作思路，在管理方面提出了“两个着力”：着力提升教师的业务水平，着力提升师生的幸福指数；对领导班子和全体教师工作和学习提出了“五讲五比”具体要求，即讲学习、讲制度、讲团结、讲责任、讲正气，比品质、比业务、比成绩、比贡献、比担当。

在新岗位上，马晓春下沉一线，深入课堂和教师一起听课、评课、研讨；和教师促膝谈心，倾听教师的心声，为教师排忧解难；和班子成员一道探讨交流特色学校建设……2020年新冠疫情在武汉暴发，波及全国，马晓春深知“疫情就是命令，防控就是责任”，立即制订防控方案、预案，组织排查教师及教师家属外出轨迹，通过校园网络了解2500多名学生外出活动轨迹，上报各种数据，开展防疫知识培训，筹备学校留观室、物资储备室、医务室、隔离室的建设，组织各种演练、消毒杀菌，随时做好开学的准备。

从2019年8月到2020年6月，在有限的时间里，基于“两个着力”和“五讲五比”，学校的内生力、源动力进一步得到了巩固和提升。灵宝市第三小学先后被评为河南省中小学数字校园标杆校，三门峡市安全风险辨识管控与隐患排查治理双重预防体系建设先进单位，三门峡市“学习时代楷模，成就出彩人生”师德主题优秀案例，灵宝市全民终身学习先进单位、全民终身学习品牌项目，2019年度灵宝市五星级党支部、灵宝市教育工作先进单位、灵宝市中小学阳光体育运动会大课间活动展演优秀奖、中小学阳光体育运动会丁组团体总分第二名,2019年灵宝市中小学乒乓球比赛丁组团体总分第一名等14项殊荣。

贺雅芳,女,生于1972年1月,灵宝市五亩乡五亩村人,专科学历,小学高级教师,中共党员。1991年8月豫西师范毕业,即分配到灵宝市实验小学任教,1992年任学校少先大队辅导员,1994年7月任政教主任,2007年7月任校长助理,2008年7月任副校长,2009年9月获三门峡市有突出贡献优秀教师。

2010年6月,贺雅芳调入新建的灵宝市第三小学,任副校长、支部委员,主管政教、办公室工作。主管政教,贺雅芳的目标就是让学生学会做人,养成良好的行为习惯,让老师们幸福工作,真正教书育人、为人师表。新建的三小从零起步,一切皆无章法可循,贺雅芳就从一点一滴开始,建立制度,制定规范,严格要求,扎实训练,慢慢建立起一整套行之有效的班级管理体系,使学校德育工作快速步入良性发展的新轨道。2011年7月任党支部副书记、副校长,主管德育、党建和办公室工作。抓德育,尤其是安全管理工作,贺雅芳大胆创新,在校园形成了一套独有的全方位无死角的管理模式,为学校教育教学工作的顺利开展奠定了坚实的基础。2015年7月主管教学工作,贺雅芳深入课堂,观课议课,磨课研课,抓备课,抓课堂,抓作业,抓考试,每一个环节都不放过,和老师们泡在一起学、教、研、思,努力提高教学质量。

在市三小工作期间,贺雅芳用辛勤和汗水取得了诸多成绩:先后荣获灵宝市师德标兵、灵宝市教育系统“三八”红旗手、三门峡市级骨干教师、灵宝市先进教育工作者、三门峡市有突出贡献的优秀教师。2015年7月主持的省级实验课题顺利结项,2016年7月参加中共灵宝市第十二次党员代表大会,2016年9月参加中共三门峡市第七次党员代表大会。

2018年8月至2019年7月,贺雅芳赴尹庄镇实验小学支教;2019年8月调至灵宝市特殊教育学校,任校长。2019年12月,贺雅芳获三门峡市教育名师。

李民强,男,生于1977年1月,灵宝市函谷关镇西留村人,本科学历,中小学高级教师,中共党员。河南省教育学会德育专业委员会会员,三门峡市级骨干教师,三门峡市第七次党代表,三门峡团市委第三、第四届青联委员,焦村镇人大代表。

1996年7月在灵宝市第二实验小学任教,历任团委书记、政教副主任、教务主任、副校长、党支部委员等职。2006年7月在灵宝市一小任教,历任政教主任、教务主任。2010年6月调至市三小,任副校长、支部委员。2014年8月在灵宝市焦村一中挂职支教，任副校长兼工会主席。2015年6月任焦村一中党支部书记、校长。曾先后荣获国家级优秀辅导教师，河南省数学奥赛一级教练员，三门峡市有突出贡献的优秀教师、岗位标兵、文明教师、“六五”普法暨“依法治教年”先进个人、优秀大队辅导员、语言文字宣传活动先进工作者，“书香家庭”、优秀才艺家庭，灵宝市先进教育工作者、优秀党员、德育工作先进个人、关心下一代工作先进个人等多项荣誉称号。

擅长文字工作，撰写的学校新闻、教育论文、个人随笔等多篇文章在《新课程论坛》《试题研究》《德育报》《教育时报》《河南校园》《三门峡日报》等报刊杂志上发表，被市委宣传部评为优秀通讯员；撰写的20多篇教育论文分获国家级和省级优秀论文一、二等奖；本人主持或参与省级已结项实验课题六项，三门峡结项实验课题三项。

薛太瑞，男，汉族，生于1974年3月，灵宝市豫灵镇人，本科学历，中小学副高级教师，中共党员。1997年毕业于天津冶金机电工业学校，1998年8月至2010年6月任教于灵宝市第二实验小学，其间通过进修学习取得本科文凭。2010年6月调入灵宝市第三小学工作，先后任总务主任、工会主席、副校长。2015年6月调至灵宝市中州实验小学任党支部书记、校长。2016年6月调至灵宝市第三实验小学任党支部书记、校长。

2010年调入市三小时，校园施工还未结束，学校把后勤和基建工作交给薛太瑞，距离9月1日开学仅剩不到3个月的时间，为保证建设工程全部竣工，按时开学，薛太瑞既要监工督工，又要把工程手续办齐，把教学设施全部配置到位，把后勤管理制度修订完成，时间紧，任务重，按正常情况是不可能完成的。但薛太瑞暗下决心：必须完成任务！白天催工期，严把工程质量关，办理工程手续，晚上定计划，定制度，整资料，很多晚上都是和衣而睡。2010年7月23日那天，在办理学校自来水工程手续途中，突然雷电交加，大雨倾盆，薛太瑞连人带车摔在马路上，顷刻间血水、泪水、雨水交织在一起，令其终生难忘。第二天他依然按时到校，一瘸一跛地出现在学校工地上。开学前夕，他和教师一起抬图书、搬桌椅、扛床板、擦墙壁、拖地板，连续三天没离校。2010年9月1日，市三小终于如期开学。

市三小是一所半寄宿制学校，做好寄宿生的食宿工作，就成了薛太瑞这位后勤主管不可推卸的责任。他带领后勤一班人，完善各种制度，凝聚团队力量，打造高标准现代化的半寄宿制管理模式，2011年，学校食堂被评为河南省首批一级食堂。2012年，为适应学校发展的需要和家长对优质教育的需求，学校决定对综合楼和宿舍楼进行续建。这一重担又落到薛太瑞的肩上。从设计到规划，从办手续到招投标，从奠基施工到工程建设的每一个环节，薛太瑞都亲力亲为，严格把关。7月的一天下午，薛太瑞看到天气预报有雨，本不是他值班，而他当即决定留校，晚上看守工地。晚上九点开始下雨，雨越下越大，全校的雨水眼见全部涌向宿舍楼续建工地基坑，如不及时采取措施，将会对原宿舍楼地基安全造成威胁。紧急关头，薛太瑞立即组织在校值班的教师和工地的工人一起防汛堵水，水泵排水，奋战了一夜，终于保证了宿舍楼的安然无恙。天亮了，他回家换了身衣服，没来得及休息又到校上班。几年来，薛太瑞曾先后获得河南省优秀通讯员，三门峡市先进教育工作者、三门峡市优秀教师、三门峡市管理服务标兵、三门峡市学校管理上台阶工作先进个人、三门峡市优秀通讯员。

2018 年 9 月，薛太瑞获三门峡市有突出贡献的先进教育工作者，灵宝市优秀教师、师德标兵。

李潘东，男，卢氏县狮子坪乡花园岗村人，中共党员，中小学一级教师，省骨干教师。1995 年 8 月在阳店镇寨原小学任教，1999 年 8 月调到尹庄镇北厥山小学任教并担任教导主任，2000 年 8 月任尹庄镇唐窑小学校长，2001 年 8 月任尹庄镇思平小学校长，2005 年 8 月任尹庄镇第二初级中学支部书记、校长，2009 年 8 月任灵宝市中州实验学校副校长（尹庄二中和中州合并），2011 年 8 月至 2016 年 7 月任灵宝市第三小学副校长（其间 2014 年 8 月至 2015 年 7 月在西闫实验小学支教），2016 年 8 月任教体局教学设备管理站副站长。

李潘东参与并主持“减轻小学生课业负担”省级实验课题已结项；参与“十二五”规划全国重点课题“构建双语特色课程的研究”已结题；先后荣获国家级辅导教师，三门峡市有突出贡献的优秀教师、三门峡市“管理上台阶”先进个人、三门峡市赛课一等奖，灵宝市优秀教育工作者、优秀党员等多项荣誉称号。

屈新萍，女，生于 1971 年 12 月，灵宝市焦村镇人，本科学历，小学高级教师，中共党员，国家注册舞蹈教师、河南省音协会员、灵宝市音协会员。1990 年毕业于豫西师范，9 月任教于灵宝市实验小学，2005 年 9 月任灵宝市实验小学政教副主任，2010 年 6 月调入灵宝市第三小学任政教主任，2014 年 8 月赴西闫乡实验小学支教一年，2015 年 9 月任灵宝市第三小学校长助理，2016 年 8 月调至灵宝市实验小学任副校长。

在市三小工作期间，主抓政教的屈新萍，始终把德育工作放在第一位，狠抓学生的养成教育，她认为德育是学校工作的灵魂和核心，是学生健康成长和学校内涵发展的保障。律人先律己，屈新萍每天起早贪黑，事事在前，并且努力带好处室，2012 年政教处被评为学校文明处室，2013 年 10 月三小获得三门峡市“两创两争”活动文明学校，2014 年 3 月政教处被评选为学校首届“三八红旗集体”。屈新萍除了做好政教工作，还充分发挥其音乐、舞蹈的天赋,在2010年9月市三小的第一个教师节,负责编导并指挥的教师大合唱《阳光路上》《走向复兴》获得好评;同年10月,编排的《道魂 · 诗韵》获三门峡市第二届中华经典诵读比赛二等奖。2011年4月获灵宝市秧歌舞比赛一等奖。2012年3月教师舞蹈《蝶飞燕舞》获三门峡市广场健身大赛金奖,6月创编的情境剧《大爱》在灵宝市德育主题教育月表彰大会上获奖。2013年1月编排的歌伴舞《美丽灵宝我的家》被选为灵宝市春节联欢晚会压轴节目,5月编排的合唱获灵宝市中小学合唱比赛一等奖。

2015年9月屈新萍任三小校长助理,主管学校后勤工作。面对全新的工作,她毫不退缩,把"安全、管理、服务"这六个大字作为准则坚决贯彻执行,严肃工作纪律,严格工作检查,制定完善多种制度,使三小寄宿管理走上标准化、精细化轨道,为师生的食宿安全保驾护航。曾先后荣获河南省优秀教师,三门峡市优秀教师、三门峡市骨干教师,灵宝市优秀共青团员、优秀共产党员。

翟希云,女,生于1973年8月,灵宝市焦村镇史村人,本科学历,中共党员,中小学高级教师。1993年8月参加工作,在灵宝市实验小学任教,从事数学教学兼班主任;1998年8月调入灵宝市第二小学任教,担任数学教学和班主任工作,兼年级主任、教研组长;2008年8月,调入灵宝市第一小学教数学兼班主任,先后任教务副主任、教务主任;2015年8月调入灵宝市第三小学任校长助理,次年升任副校长,仍兼数学教学工作。

作为教师,翟希云虚心好学,潜心钻研教材,其教法灵活、成绩优异。在教学中,为了让学生接受全新的教育,并把课堂作为再实践的平台,坚持从备课到实践到反思,处处精益求精,毫不懈怠,让每节课都成为精品。翟希云不仅注重教学方法,更注重学生学习习惯的养成,其所教班级的学生,勤学、善思、好学、乐学,每次考试成绩总名列年级前茅。在担任班主任工作中,翟希云能够全身心地投入到班级管理中,严格按照学校的有关要求,努力做好班级的各项工作,认真、细致地开展学生工作,所带的班级多次获得校级"先进班集体"称号。

2010年8月,翟希云被调到中州实验学校支教,任教务主任,带去先进的教学经验和管理经验,带动教师听课、评课,狠抓常规教学,主动承担六年级毕业班数学教学工作,将一个数学成绩人均不及格的班级,在一年里提高至80多分,深受师生和领导的好评,2011年8月,被评为灵宝市"优秀支教教师"。

从教27年来,翟希云以其认真刻苦的工作,取得了很多优异的成绩,其优质课赛讲曾多次荣获三门峡市一、二等奖，所主讲的《反比例的意义》获省级二等奖，撰写的论文、教学设计多次获国家级、省级一、二等奖；小发明《一种防烫锅》获国家实用新型专利，辅导学生数学奥林匹克竞赛获“国家金牌辅导员”奖。研究的省级课题“小学数学探究学习方式的研究”“小学数学教材研读对策及途径的研究”均已结题并推广。先后荣获三门峡市“有突出贡献教师”“岗位教学标兵”“模范班主任”“骨干教师”，灵宝市“首届教学标兵”“优秀教师”“优秀课改教师”“优秀党员”“师德标兵”“教育教学名师”等光荣称号。

潘树波，男，1979 年生于灵宝市寺河乡，中共党员，本科学历，中小学一级教师。1997 年 8 月任东村乡闫村小学教务主任；2000 年 8 月任东村乡中心小学副校长；2003 年 8 月担任东村乡中心小学校长，同年，取得校长资格证书；2006 年 9 月在灵宝市第五初级中学政教处工作；2008 年 9 月在实验小学办公室工作；2012 年 6 月被抽调到教体局迎接“国家义务教育均衡发展先进县”验收办公室工作；2013 年 7 月在教体局办公室工作；2016 年 7 月调到灵宝市第三小学任支部委员、副校长。从教 22 年来，潘树波教学成绩显著，受到师生、群众的一致好评。所撰写的多篇教育教学论文分获国家、省、市级奖励，多篇论文在 CN 级刊物发表。

在灵宝市第三小学工作期间，潘树波主管学校德育、安全、文明创建、体卫艺等工作，还坚持带一个班的语文课，兼副班主任、年级主任。虽然工作头绪多，但潘树波能统筹安排，使各项工作有序开展。刚到市三小工作时，潘树波很快发现体育工作是学校发展的短板，便多次召开体育教师会议，征求老师的意见和建议，修订完善了学校体育教师奖励制度，鼓励老师增强责任心，加强训练，努力提高学生体育水平，补齐学校发展的短板。经过一年的努力，学校在全市篮球比赛中男女队分获冠亚军，市阳光运动会获局直小学组团体第一名。

潘树波负责学校安全工作，积极与交巡警、城管、公安、消防等部门沟通联系，齐抓共管，所负责的安全工作一直是零事故。

2018 年全市开展文明城市创建活动，潘树波按照市教体局创建办的要求，带领政教处同志积极完成学校点位建设，积极开展文明创建系列活动，完善创建文明城市的活动档案，多次获得局创建办的表扬。

潘树波对于学校的文艺工作，不仅热情支持，并积极参与文艺展演活动，及时对节目编排给予指导，协调解决排练时存在的问题，使市三小所举行或参与的大型展演、文艺节目比赛均获得好评。2018 年 3 月，潘树波参与的灵宝市教体局课题“学校安全教育校本课程的开发与运用研究”结项，同月，被中共灵宝市委、市政府授予“平安建设先进工作者”；同年9月，被三门峡市教育局确定为三门峡市级“语文名师”；12月，被三门峡市教育局授予“文明教师”，又荣获灵宝市优秀共产党员。2019年7月，被评为灵宝市优秀党建工作者，同月，潘树波主持和参与的两项课题：灵宝市级安全教育课题“培养特殊家庭孩子法治素养的研究”和三门峡市基础教育科学研究项目课题“小学生整本书阅读指导课不同课型的探究”结项。2019年9月，潘树波被中共灵宝市委、市政府授予“先进教育工作者”。

何皎洁，女，1981年3月生于灵宝市函谷关镇梁村。1998年7月灵宝师范毕业后，在大王镇冯佐小学任教，先后任四、五年级语文教学及班主任工作；2001年8月调大王镇沙坡小学任教导主任，先后带四、五年级语文课教学；2004年7月任大王镇沙坡小学校长，仍带四、五年级语文教学；2006年8月任灵宝市河滨小学政教主任，先后带四、五、六年级班主任及语文教学工作；2009年8月任灵宝市河滨小学副校长，先后带四、五、六年级班主任和语文教学工作；2016年8月调任灵宝市第三小学副校长，先后带四、五、六年级语文教学工作。

自从教以来，无论担任什么职务，何皎洁从没有离开课堂，一直躬耕在语文教学第一线。2011年9月，何皎洁接到一个基础非常差的班级，大多数孩子课上注意力不够集中，思想常开小差，课堂气氛比较沉闷；学生不敢发言，即使发言了，回答问题也是结结巴巴，答非所问。课下作业字迹潦草，不能按时完成作业的现象非常严重。为了带好这个班，何皎洁每次上完课后，将作业分为“语言锤炼”“师生谈心”“你我特长”“综合园地”四个栏目，让作业有弹性、有机动性。通过多元化的家庭作业，培养学生良好的作业习惯；引导学生赏识自我。这四个栏目怎样操作，有什么要求——“语言锤炼”：写句子训练。写句子时，注意模仿课文中的句式并结合现实生活，将句子写完整、写具体、写生动，注意运用学过的词语。“师生谈心”：要求与老师进行思想、情感交流；读老师在作业本上的“留言”，注意及时给予反馈。“你我特长”：写同学或自己身上的“闪光点”，肯定同学或自己取得的成绩。“综合园地”：做自己感兴趣的各种类型作业。如，摘录课外优美语句、段落，制作手抄小报。每次家庭作业，一般要求学生选做一两个栏目（多选不限），作业量不做具体规定。在进行以上多元化作业时，何皎洁又从三个方面调动学生学习的自觉性和积极性：一是重视激励、表扬方法的运用。好孩子是夸出来的。班级整体成绩稳步提升。二是重视阅读活动，让阅读点亮孩子的心灯，照亮生命底色。从《致家长的一封关于“阅读”的信》到“晒书柜书架和藏书”活动，从组建班级图书角到召开阅读主题家长会，何皎洁搭建了家校共读交流通道，为孩子营造了浓浓的书香氛围；从单篇课文阅读到群文阅读、整本书阅读，从晨诵、午读到暮省，从“阅读悦享”打卡活动、“班级好声音”朗诵展示到假期古诗文诵读，从“课前三分钟演讲”、朗诵赛、故事会到课本剧表演等，一系列丰富多彩的阅读活动让孩子的成长与书籍为伴，从此踏上了阅读快车道；阅读，让孩子们有了深度的思考和收获。三是重视作文教学。何皎洁鼓励学生自由表达，写自己想说的话，实现写作的个性化；多写多练，培养学生写作实践能力；提倡自改、互改，培养学生认真负责的写作态度；鼓励孩子们用“读写结合卡”将阅读和习作结合起来，指导孩子们写班级日记、接力创编故事，指导孩子合作办作文报，将孩子的优秀习作制作成美篇、作文集……多样的方式激发了孩子们写作的兴趣，也提高了写作水平。这个最差的班级，在何皎洁的带领下，各方面都有了很大起色。

何皎洁喜欢阅读，与书为友，汲取智慧和力量。经常广泛涉猎专业书籍和相邻学科的书籍，把读书学习作为生活的重要内容，不断学习，扩充知识、更新理念。反复阅读语文名家的教育教学著作，她积累了厚厚十几本读书笔记。名家们教育教学的先进事迹、个人情怀，赋予了她教学的智慧，使她焕发持久的教育热情。为了更好地了解孩子们的心理，并帮助个别孩子解除心理问题的困扰，工作之余，何皎洁经过自学获得了国家二级心理咨询师证书，和孩子、家长们一次次悄悄地交流，使更多的孩子重新拥有快乐的童年。为了使班级的阅读课程开展得更深入，何皎洁参加“新教育网校”学习“小学生整本书阅读”课程，并且在自己的课堂上积极实践，对比反思，创新运用，然后将所得所思撰写教后记、教学日志。

从教22年，何皎洁洒下一路汗水，也赢来一串殊荣。2013年代表三门峡市参加河南省小学语文教师素质大赛获一等奖，2013年10月《永生的眼睛》一课获国家级二等奖，2018年参加灵宝市教师综合素质大赛获一等奖第二名。2019年3月，在河南省语文年会上与程翔、肖培东同台作课，被评为河南省语文十大年度人物；5月，辅导本校教师在三门峡市优质课竞赛中分别获得一、二等奖；同年11月，被评为河南省语文30年最具教育情怀卓越人物。

王永沛，男，汉族，生于1968年9月，灵宝市五亩乡乔原村人，中共党员，中小学一级教师，三门峡市级骨干教师。1988年7月灵宝师范毕业，同年留校工作。1989年8月调入灵宝县实验小学工作，教数学课并担任多年班主任，工作期间还先后担任实验小学少先大队辅导员，灵宝县大队总辅导员，享受每月12元的政府补贴。1999年8月响应教育局号召赴朱阳镇寺上村小学支教一年，其间担任该小学教务主任，兼三年级数学教学工作。2000 年 8 月作为后备干部，被教体局下派到九年一贯制的豫灵镇文峪实验学校工作。先后担任副校长、校长、党支部书记职务。2003 年 8 月回城，调入灵宝市第二小学工作，任办公室主任。2016 年 8 月调入灵宝市第三小学，担任纪检委员，分管纪检、党务、办公室工作。从教 32 年来，王永沛工作勤勉认真，务实努力，多次获得殊荣：2006 年 6 月荣获灵宝市优秀教育工作者；2010 年 1 月，在三门峡市"学校管理上台阶"活动中被评为先进工作者；2012 年 12 月，获灵宝市教育系统优秀共产党员；2014 年 12 月，被灵宝市教体局评为优秀党务工作者；2018 年 3 月，被灵宝市教体局评为 2017 年度脱贫攻坚工作优秀包户干部；2018 年 9 月，获灵宝市先进教育工作者；2019 年 1 月，被灵宝市教体局评为 2018 度脱贫攻坚工作先进个人；2019 年 7 月，被灵宝市教体局评为优秀共产党员。

赵娟丽，女，1975 年 1 月出生，灵宝市川口乡北庄村人，中共党员。2010 年 8 月，调入第三小学任教，先后担任全寄宿班语文教师、教研组长、女工委员、计生专干工作。2011 年 2 月，进入学校办公室工作，2011 年 8 月，任学校办公室副主任，2012 年 8 月，任学校办公室主任。

2017 年 2 月，赵娟丽撰写的《找寻优秀 用"优秀的力量"引领学校前行》发表于《德育报》头版头条。同年 6 月，撰写的《共同体润泽快乐童年》发表于《中国教师报》。这一年，赵娟丽担任年级主任，负责管理的三年级，在全市质量抽测中，语文、数学、英语三科总成绩名列前茅。作为包学科领导，赵娟丽带领的三年级语文教研组，六个班语文平均成绩全市排名第一，而她自己所担任语文教师的三（2）班语文平均成绩在全市也是遥遥领先。

在市三小工作的八年里，赵娟丽工作突出，成绩优异，先后被评为：全国五好家庭，河南省最美家庭、河南省家庭教育工作先进工作者，三门峡市第八届道德模范、三门峡市 2014 年度教育新闻人物、三门峡市有突出贡献的优秀教师、三门峡市家庭教育工作先进个人、三门峡市关爱儿童工作先进个人、三门峡市孝老爱亲模范、三门峡市骨干教师，灵宝市优秀党员、优秀教师，灵宝市先进教育工作者。2018 年 8 月，调入灵宝市第六小学担任副校长。

赵冬娟，女，1976 年 12 月生于灵宝市大王镇，中共党员，本科学历，中小学高级教师。2010 年，赵冬娟通过考录由大王一中进入灵宝市第三小学，担任语文教师、班主任、语文教研组长。2011 年 12 月，任学校工会宣传委员、女工委员。2012 年 9 月任总务副主任，主管寄宿管理工作。2013 年 9 月又兼职电教中心工作；2014 年 9 月任学校工会主席,兼职负责教务处、电教中心工作。2015 年 9 月至 2016 年 7 月任学校工会主席、教务主任、电教中心主任。2016 年 9 月被教体局党委派往灵宝市第二实验小学挂职锻炼,任副校长、纪检委员。2019 年 9 月调任灵宝市第五小学纪检委员。

在市三小工作的六年间,无论在哪个岗位,赵冬娟都尽职尽责、任劳任怨;无论做哪项工作,都尽心竭力、善做善成。特别是主管寄宿管理工作期间,她同时担任语文教师、班主任、语文教研组长、工会委员及负责电教中心工作,"上班时间在一线教学岗、下班时间在后勤服务岗"几乎是工作常态,但她却将各项工作安排得井井有条,教学与管理、一线工作与后勤服务各得其所、皆有所成。同事们笑称她是"铁人","干起工作敢拼命",她都当作是对自己的认可与鼓励,每天面对烦琐的工作,面带微笑,脚下生风,用平凡的坚守诠释了市三小"厚德向善"校训的涵义,彰显了一名优秀共产党员的本色。

赵冬娟说:"三小的历练是我从教之路上最宝贵的财富!"她用汗水浇铸出多项荣誉:河南省级课题成果二等奖、优质课一等奖辅导教师、论文一等奖,三门峡市有突出贡献的优秀教师、岗位标兵、优质课一等奖、优秀班主任、"童诗童谣"评选一等奖、"孝老爱亲"模范,灵宝市首届"教学标兵"、优秀共产党员、三八红旗手、优秀工会工作者。

刘雪峰,女, 生于 1968 年 11 月,灵宝市阳店镇布张村人。自幼聪颖温婉,又活泼开朗。1990 年步入教坛,从教三十年来,刘雪峰在教育、教学、教研诸多方面硕果累累,受到了学生、家长、社会和各级领导的普遍赞誉。曾三次在教师节期间受到三门峡及灵宝市政府的表彰。先后被评为河南省骨干教师、河南省优秀语文教师,三门峡市突出贡献优秀教师、三门峡市教学名师、三门峡市岗位标兵,以及灵宝市首届教学名师、灵宝市课改先进个人、灵宝市教学标兵、教学能手等。

1990 年,刘雪峰初为人师,任教于灵宝市第一小学。年轻、开朗、活泼的刘雪峰,喜欢和孩子们一起做游戏,喜欢回答各种各样充满天真的问题,喜欢那些顽皮而淘气的鬼脸,喜欢听那稚嫩的童音合唱《让我们荡起双桨》。2000 年,刘雪峰以其突出的教学成绩升任年级主任,2005 年任灵宝市第一小学教务副主任。2010 年,刘雪峰调入灵宝市第三小学任年级主任,次年又兼任教科室主任。

每到开学初,刘雪峰就和孩子们约定——从不批评学生。其理由是,不管孩子犯什么样的错误,学校都应该是一个让学生内心感到温暖、安全的地方。刘雪峰不愿意让孩子心里带着恐惧或不安来上学。因为这一约定,演绎出很多美丽的教育故事。

2011 年,有个一年级的小女孩,刚上学时经常拉着妈妈的手哭闹着不肯进教室,甚至好几次赖在地上不起来。但刘雪峰总是直接迎上去，拉着女孩的小手，抚摸着女孩的头，温和地说："小朋友们在读故事呢，快进教室哦。"对于女孩的姓名和哭闹原因，从来不问，更没有批评。渐渐地，小女孩早晨哭闹的次数明显减少了，见到老师和同学也主动打招呼。这时候，刘雪峰就会竖起大拇指给以鼓励，小女孩也一脸的开心。再后来，这个孩子不再哭闹了，刘雪峰对小女孩的印象也渐渐模糊了。

2012年，二年级班主任把一本精美的自制绘本放到年级主任刘雪峰的办公桌上，刘雪峰才再一次惊喜地认出，兰宜佳就是那个爱哭的小女孩。兰宜佳制作了一本名叫《不哭不哭》的绘本，内容都是小女孩自己画的，描述了一个小女孩害怕一个人睡觉、害怕一个人上学、害怕回答问题、害怕被跳绳绊倒的心理过程，最后自我心理暗示："小妹妹，不哭不哭，我们都会长大，成为勇敢、坚强的孩子。"看着这本制作精美、主题深刻的绘本，刘雪峰几乎不相信这是出自一个二年级孩子之手。因此，接下来的周一升旗仪式上，兰宜佳得到了校长亲手颁发的"进步之星"奖状——这是为奖励那些每学期进步最大的孩子专门设计的。

这一年的新年，市三小要评出12位"小绅士、小淑女"——这个学校的最高荣誉，颁奖仪式十分隆重，邀请教体局的领导颁奖，学生、老师和家长都要出席。刘雪峰以"年级主任提名权"，提名兰宜佳为校级"小淑女"，颁奖仪式前一天，听到这个巨大的惊喜，兰宜佳和家长都激动得不知如何是好。家长说，孩子高兴得走路的姿势都"变形"了，一个晚上都没怎么睡好觉，第二天的早饭也没怎么吃……

这件事后，刘雪峰在日记中写道："对初入学校的孩子来说，学校是一个陌生的小社会——陌生的环境、陌生的人、陌生的生活和学习方式、陌生的知识、陌生的制度……这一切对她们来说，都构成了巨大的挑战，她们惊惧、焦虑，但又很难表达清楚，只能在心里安慰自己：'不哭，不哭！'这时候，作为教育者，最需要的，就是用微笑、爱抚、友善、鼓励、尊重……安抚她们战栗的灵魂，让她们在这里得到安全感，慢慢松弛下来，尽快与周围的一切建立可信赖的关系。"

刘雪峰在教学中实施"三百工程"，通过自己的读与背把全班的孩子带动起来——以经典照耀童年——这是刘雪峰对语文教学最质朴的理解。规定自己班上的学生：小学六年，要阅读100本书籍，背下100条格言、100首古诗。每节语文课前10分钟，刘雪峰都要向学生推介自己读过的好书，诸如曹文轩、沈石溪的小说，林清玄、冰心的散文，泰戈尔的诗歌等。也让学生在这10分钟里读书背诵或交流读书心得。每天课外时间，学生至少要阅读50分钟。刘雪峰称其为修炼文学"童子功"。刘雪峰班里的学生长大后文学素养大都极其深厚。如李云、任婧、文明、张潇分别毕业于北京大学、中国农业大学、西安交通大学、上海交通大学等名校。2019 年,学生李婧婧在“母亲节”当天从加拿大向刘雪峰发来短信:“感谢刘老师的辛勤培育,使自己的语文功底扎实深厚。刘老师,你是我整个求学生涯中最让我敬佩的一位老师。”

从 2010 年至 2019 年,刘雪峰在市三小的十年里,作为教科室主任,常和老师一起研读课标,解读教材,勤字当头,率先垂范,加强研讨,充电学习,顾全大局,吃苦耐劳,悉心指导,细致入微,观课议课毫不含糊,检查督导公正无私,落实事情阳光透明。2010 年,刘雪峰的教学设计《乌鸦喝水》获省级二等奖;2011 年 5 月,刘雪峰在解说教材比赛中获灵宝市级一等奖;2015 年 9 月,其优质课《奇思妙想——设计篇》获三门峡市教育局二等奖; 2016 年 6 月,又在灵宝市“小学优质课评选活动”中获二等奖;2017 年 10 月,其《探寻植物角花草倾斜生长原因》获灵宝市科技实践类一等奖,同年又获灵宝市 cctalk 直播课一等奖。

刘　照,男,1979 年 8 月出生,灵宝市阳平镇人。本科学历,中共党员,中小学一级教师,现任灵宝市第三小学工会主席、总务主任。

1999 年任教之初,刘照在灵宝市西闫乡第二初级中学从事体育教学管理工作,并担任教研组长。2002 年,刘照调到灵宝市第三实验小学任会计、伙食事务主管,仍从事体育教学管理工作。2012 年,刘照任灵宝市第三小学后勤副主任、主任,仍然从事体育教学管理工作。

刘照是灵宝市第三小学这所新建学校首批调入的教师。学校成立十年来,刘照与总务处一班人团结一心,凝心聚力,创先争优,坚持以服务教学为中心,紧紧围绕学校总体工作思路,严格按照岗位目标责任书要求,兢兢业业,勤奋耐劳,默默奉献,为学校持续发展做出了突出贡献,也得到了领导与同事们的高度评价。连年被评为学校里的岗位标兵,但在刘照眼里,只把这些荣誉看成是对今后继续做好本职工作的一种鞭策,无丝毫骄傲和沾沾自喜。

刘照所面对的后勤工作十分繁杂,千丝万缕,工作上,不说要样样精通,但必须事事知晓;不说要雷厉风行,但必须耐心处理。如果不是政治觉悟高、个人素质强,想要把后勤保障工作做到位是绝无可能的。刘照生性稳重,为人宽厚,平时又很注意提高个人的政治素养和思想素质,注意提高业务技能,遇到问题就学习,因此.刘照对水、电、各类设备的专业知识都进行了深入的学习。为更好地完成财务管理工作,刘照还利用业余时间努力自学会计基础知识,顺利拿到了会计证。

刘照常说："领导信任我，我就要让领导放心！"而对于刘照的工作，领导真的是放心、满意的，主管校长曾夸赞刘照"业务能力强，人又厚道"。面对领导的夸奖，刘照总是憨厚地笑道："应该的"。

作为市三小后勤工作的负责人，十年来，无论肩挑的担子有多重，刘照从无半句怨言。正常上班时间，刘照要忙碌各种日常事务，节假日里又要负责学校各种设施设备的完善、添置以及维修工作……刘照几乎没有休过任何一个完整的假期。2015 年暑假，学校要新建主控室、录直播教室、心理咨询室、阅览室，改造老餐厅、装修新餐厅，所有的工作都必须在新学期开学前完成，因此.这个暑假对刘照来说，便成了实实在在的上班时间。每天刘照在各施工单位的工人到来之前走遍所有的施工区，一整天奔走于四栋楼的楼上楼下，工人下班后还要检查完所有的施工区才离开。就这样，每天从早忙到晚，刘照整整坚持了四十五天，直到所有的施工都保质保量地完成，使所有的设施都在开学时正常投入使用。

作为市三小工会的负责人，每一次活动，刘照都要亲自制订方案、宣传动员、组织实施，牺牲了很多休息时间，但刘照没觉得辛苦。2018~2019 学年度，市三小工会多次组织开展活动，如庆"三八"活动暨第六届"三八红旗集体"评选；第八届"巾帼建功　铿锵玫瑰"和第九届"德馨之家"颁奖典礼；举办"首届三小好声音歌唱比赛"；组织开展"2018 年冬季教职工趣味运动会"，强身健体，增强团队凝聚力、战斗力；在国庆节和元旦前夕举办教师集体生日 party，让每位教师感受家的温暖；弘扬传统文化，在冬至节举行"传习俗，送温暖，欢乐饺子宴"活动，师生同乐，共度佳节；开展"踏青游园，逐梦春天"教师徒步比赛，提高教师团结协作、幸福工作的集体观念；在教师个人遇到病困或家庭遇到婚丧大事时，及时将关心、温暖送到教师身边，用行动温暖教师，用真情激励教师，使每一位教师感受到大家庭的温暖与幸福。

在所有的后勤管理工作中，食堂管理这一块，在刘照心里是最重要的，因为它关乎师生的膳食营养和身体健康，也与校园安全息息相关。

市三小原是一所寄宿制学校，2014 年取消全寄宿制，但仍保留半寄宿制，即早上和中午为学生提供餐饮。所以，为寄宿学生提供健康、科学、营养的饮食，就成为刘照这位后勤主管义不容辞的责任。工作中，刘照严格要求，认真履职，尤其是在关键处——食堂管理工作中，严把食品原料采购关，经常深入食堂检查炊事操作，保证所提供给师生的食品卫生、安全、健康。特别是前期（2010~2014 年）实行全寄宿那几年里，每周一早上，刘照都不忘召开寄宿管理工作会议，总结上一周工作得失，在回顾与反思中不断提高管理水平，再提出本周的管理要求；每周一晚上还要召开保育教师会议，通过具体的人和事指导保育教师发扬优点、弥补不足，促使保育教师不断改进工作方法，提高服务能力。2014 年，刘照荣获三门峡市学校管理上台阶先进工作者；2015 年 6 月荣获三门峡市管理服务标兵，同年 9 月教师节荣获三门峡市优秀教师；2016 年 7 月荣获灵宝市优秀共产党员；2018 年 12 月荣获三门峡市工会先进工作者。

李茂林，男，生于 1982 年，灵宝市尹庄镇西车村人。大专学历，中共党员，中小学一级教师，现任灵宝市第三小学政教主任、工会副主席。

李茂林 1989 年参加教育工作，先后在尹庄镇小中原小学、娄下小学、岳度小学、涧西小学任教，曾任教导主任、校长，荣获灵宝市“优秀校长”。2010 年调入灵宝市第三小学，先后担任政教员、副主任、政教主任，从事品德教学及政教管理工作。

李茂林为人光明磊落，诚实守信；做事认真，实事求是，表里如一；生活作风端庄稳重，工作思路清晰。李茂林认为：政教工作，安全是第一要务。为了抓好安全工作，确保校园安全，提出“无间隙”安全管理制度，让安全事故无缝可钻。实行责任追究制，本着谁的课堂谁负责、谁的班级谁负责、谁的区域谁负责的指导精神，强化教师的安全工作意识，筑牢安全第一道防线。同时加强安全宣传，通过集会、主题班会、专题讲座、宣传栏、校园广播、横幅标语等多种形式对学生进行安全教育，增强学生安全意识。每学期组织全校师生开展防震疏散演练、消防疏散及灭火演练，提高师生自救自护能力。坚持安全隐患排查制度；坚持领导值日、教师夜间巡查、教师课间值勤、楼梯监护制度；形成时时讲安全、事事讲安全的良好氛围。每期都印发致家长一封信，签订安全责任书，争取家长的支持配合，齐抓共管，形成合力，共同保障学生的安全。建校 10 年来，学校安全做到了零事故。

李茂林将“培养学生良好的行为习惯”作为政教工作的第二个抓手，坚持以养成教育为德育主线，全方位、多渠道、深层次培养学生文明习惯，由校内延伸到校外，加大监管力度，拓宽监管广度。开展了“行为习惯十星班级”评选活动，开展了“养成教育出彩集体”评选活动，开展了“我爱我家”最美餐桌、最美宿舍评选活动，还开展了五届“小绅士、小淑女”评选活动，同时以打造“少年军校”活动为支撑，每周一个行为习惯训练点，力争最大限度培养孩子的好习惯，为孩子人生奠基。

李茂林落实政教工作的第三个抓手是：善于抓住各类节庆日，开展宣传教育活动，以拓展德育渠道。如：学雷锋纪念日、六一儿童节、教师节、全民国防教育日、全国科普日、纪念“九一八”、公民道德宣传日、孔子诞辰纪念日、国庆节、消防宣传日、感恩节、法制宣传日等,不仅使每个节日成为对学生进行教育的载体,也使校园的生活变得丰富多彩,提高了学生的文明素养,激发了学生的爱国热情。

李茂林落实政教工作的第四个抓手是:重视心理教育宣传工作,加强心理健康教育阵地建设。组织成立了“春之声”校园广播站,“阳光频道”栏目为教师与学生的心理沟通搭建平台。组织开展社团活动,丰富校园生活,是政教工作的第五个抓手。学校成立了 14 个富有特色的校级活动的团队。2019 年又开设了书法、朗诵、习作、奥数、书法、艺术手工等 6 大类 43 个班级社团。学生人人参与,师生共同发展,学生兴趣盎然。

李茂林认真落实学校德育思想,注重强化班主任队伍建设,每周进行班级工作量化考核评比,定期召开班主任工作交流会、班主任讲班、班主任综合素质大赛。每期举行德育典型案例评选、班级管理论文评选和优秀班主任评选,不断提高班主任理论水平和工作能力,以确保学校各种活动的顺利开展。此外,强化学生社会实践活动,组织学生先后赴西安、洛阳、三门峡、灵宝函谷关、革命烈士陵园、振宇红色文化、窄口水库纪念馆等研学基地,拓宽师生视野和认知范围,开展“苹果园里说丰年”一日小果农研学活动,让学生陶冶情操、增长见识,体验不同的自然和人文环境,提升其综合素质。

从教以来,李茂林获得了很多殊荣:三门峡市学校管理上台阶先进个人、灵宝市优秀教师、灵宝市师德标兵、灵宝市优秀共产党员,其撰写的论文曾多次获省、市级奖励,编撰的校本课程《珍爱生命》《远离灾难》《健康成长》均获市一等奖。

王佩林,女,生于 1978 年 3 月,灵宝市城关镇人。本科学历,中小学高级教师,中共党员。1995 年任教之初,王佩林在灵宝市实验小学从事语文教学工作,并担任教研组长。2012 年,王佩林调到灵宝市第三小学任教科室副主任,从事毕业班语文教学工作并担任教研组长。2016 年,任灵宝市第三小学教务主任,仍从事语文教学工作。

作为一名教师,王佩林始终做到“四认真”:认真备好每一节课,认真上好每一节课,认真批改每一本作业,认真对待教学中出现的每一个问题。她认真学习课程课标,准确定位每一学段的教学重点;悉心研究小学阶段的教材,从每一个学段、每一册的横向梳理,到识字写字、阅读、习作、口语交际、综合实践活动各学段的纵向对比,明晰小学语文教学的规律,让教学方向更加明确,教学方法更加灵活。为了激发孩子们的学习兴趣,精心设计议题,开展“自主合作探究”学习,给每个孩子展示的机会。课上,能根据不同的课型,设计独特的教学方法,因材施教;课下,能及时了解同学们的困惑,进行针对性辅导,不留“夹生饭”。白天学校工作忙,王佩林下班后利用微信平台为学困生补课。对于特别难教育的学生,从不放弃,不辞辛苦挨个进行家访,用仁爱之心转化他们。

还组织学生出办《书香流韵》作文周报，督促学生阅读打卡，以此提高学生们的综合素养。郭亦心、王佳怡等同学的习作获河南省一等奖；赵子敬在河南省经典诵读比赛中荣获二等奖；赵李怡然等同学在河南省听写大赛三门峡赛区获团体二等奖。

作为教研组长，王佩林深入分析教学中存在的问题，带领学科组的教师积极参加“小学语文课堂教学与小学生终身学习研究”等五个课题研究。通过课题研究，破解教学中存在的难题，提高学生的学习能力和语文素养，提升教师的教学水平。

王佩林在教学中关注学生良好学习习惯的培养，关注课堂细节的研究，例如，课堂提问是否有效、教师语言是否简洁、课堂脉络是否清晰、语言文字的训练是否恰当等，通过微观察、微记录、微格分析来获得破解的途径和方法，从而在一次又一次的课堂实践中进行调整、完善，使教与学融为一体，真正实现高效愉悦的语文课堂。其执教的《螳螂捕蝉》《圆圆的沙粒》荣获三门峡市优质课一等奖、河南省优质课三等奖；《阅读大地的徐霞客》一课荣获三门峡市优质课二等奖。

2009 年 9 月，王佩林受命到苏村乡支教一年。山区的学生大多住校，因远离父母，碰到住校学生生病，哪怕是深夜，王佩林总是立即送患病的学生去医院就诊，垫付医疗费用，陪护其输液治疗。冬天的苏村格外冷，班上有几个孩子衣着单薄，王佩林就把自己的羽绒服给他们穿，发动亲朋把自己孩子的小衣服、书籍送给他们，还买了各种学习用品作为奖品激励孩子乐学、好学。

王佩林接手教务处工作后，将科学的管理方法与以人为本的管理思想有机结合，根据每个教务员的特点合理分工，让每个人的特长都能得到发挥。对常规检查进行了创新，每节课的检查固定到人，检查后及时记录检查过程中存在的问题，寻求解决问题的方法，做到“堂堂有人查，事事有人管”。教案、听课记录采取普查和抽查相结合的方法，在检查中既互相学习，又发现问题，及时整改。周三、周五中午全校安排 20 分钟的习字时间，让学生在轻柔的音乐声中静心书写，陶冶情操。开展丰富多彩的师生活动，在活动中育人。

走进市三小 10 年来，王佩林以其优秀的成绩，屡获殊荣：2010 年，荣获灵宝市对口支教先进教师；2011 年，荣获三门峡市教学标兵；2012 年 9 月，荣获灵宝市教学能手，同年 12 月荣获灵宝市师德标兵；2013 年 6 月，荣获灵宝市优秀实验教师，同年 9 月荣获灵宝市优秀课改教师；2014 年荣获三门峡市有突出贡献的优秀教师；2016 年，荣获灵宝市优秀共产党员；2017 年，荣获三门峡市骨干教师；2018 年，荣获灵宝市优秀课改教师、灵宝市最美家庭；2019 年 3 月，荣获三门峡市最美家庭，同年 9 月荣获三门峡市有突出贡献的优秀教师。

赵高坤，男，生于1977年4月，灵宝市函谷关镇人，大专学历，中共党员，中小学二级教师。1995年7月灵宝师范毕业后，即在函谷关镇雷家沟小学任教，先后担任四、五年级数学课教师和班主任。1997年8月调到函谷关镇孟村小学任总务主任，仍教数学兼班主任工作。1999年8月调任函谷关镇中心小学任总务主任，并担任数学课教师。2000年8月，在函谷关镇初级中学担任数学课教师。2002年8月任孟村小学副校长，并担任数学课教师。2004年8月任雷家沟小学校长，还教数学。2009年1月调任函谷关镇中心小学，任政教主任并担任数学课教师。2010年8月，经招教进入灵宝市第三小学，在后勤工作，历任总务副主任、安全办主任，2017年8月至今负责办公室工作兼任科学课教师。

赵高坤生性淳朴，勤勉务实，律己奉公。在市三小十年间，立足本职，兢兢业业，吃苦耐劳，不计得失。建校时，市三小是市区唯一一家寄宿制小学，在后勤工作的赵高坤，负责寄宿管理，坚持周一寄宿生集会、职工例会；对后勤职工，每天一考核，每周一公布，每月一总结，发放文明餐桌桌牌，对宿舍进行美化装饰，事无巨细，必亲力亲为。

2013年，根据发展的需要，学校决定筹建综合楼与宿舍楼各一座，临时抽调赵高坤为基建联络员，负责基建工程的协调与监督。赵高坤不懂工程管理，就上网查、找人问、动手干、实地看；在工程筹备期间，土地手续、规划许可、文物钻探、勘察放线，到处都留下其勤快的脚步；工程建设期间，顶酷暑、战严寒、爬楼顶、下桩井，就连夜晚浇筑也一直陪着；整理资料，每天拍照、图片留存、资料上传，做得有条不紊。到综合楼建成，赵高坤瘦了一大圈。

转岗办公室以后，多与文字打交道，而教数学出身的赵高坤，顿觉力不从心。赵高坤干中学、学中干，处处留心，快速积累，很快就适应了新的工作，尤其是在文字宣传方面，从外行变成了内行。从教25年来，赵高坤先后获得多项荣誉：2004年9月，获三门峡市有突出贡献的先进教育工作者；2007年11月，获三门峡市级农村骨干教师；2012年9月，获灵宝市师德标兵；2013年6月，获灵宝市教育系统优秀党员；2017年9月，获灵宝市先进教育工作者。

任　丹，女，生于1982年5月，灵宝市川口乡北泉村人。本科学历，现任职于灵宝市第三小学，曾荣获三门峡市师德标兵、教学标兵等荣誉称号。

1999年8月，任丹师范毕业后便任教于朱阳镇透山小学，担任四年级语文及全校音乐课教学。2000年8月又调到朱阳镇贾村小学，担任五年级语文及全校音乐课教学。2001年8月,任丹即调回家乡川口,任教于南朝小学,担任六年级语文及全校音乐课教学。2002年8月任教于川口乡横渠小学,分别担任语文、英语、音乐教学。2005年1月,获河南省百名优秀教师。2007年,任丹因成绩突出,被选调到灵宝市第一小学,担任六年级英语学科教学。2010年8月,灵宝市第三小学建校开学,任丹就在市三小担任英语、音乐等学科的教学工作。任丹爱岗敬业,勤勤恳恳;在课堂教学方面理念新颖,方法精确,成绩优异。任丹具有强烈的事业心和责任感,以"教书育人"为己任,关心爱护学生,在平凡的工作岗位上认真工作,兢兢业业,严谨治学,不断提高教育教学水平,得到了学生和家长的一致好评。

多年的教学经验使任丹认识到,阻碍学生英语能力提高的主要原因,是学生的词汇量和阅读量不够,所以,任丹在教学中尤其重视学生的单词记忆,授予学生记忆单词的方法,反复训练,巩固加深。同时狠抓英语阅读,阅读是语言能力提高的最有效的途径及手段,不仅有助于理解文段,而且能获取各种信息,扩大知识面,还能巩固加深所学词汇、短语、句型、语法,因此任丹把阅读贯穿在教学中,每天坚持,以量变促质变。

任丹重视教研,课余时间,任丹几乎将其全部精力投入到教研之中,深入钻研,大胆创新,积极参加观课议课活动,不放过任何一个学习机会,注意取他人之长补自己之短,与同学科的老师一起钻研教材、教法与学法,共同开发教学研究专题。任丹提出了"英语教学既要扣住课本,又要跳出课本;既要抓紧课堂,又要跳出课堂"的教学模式,把英语教学做得灵活而富有故事情趣。近十年,任丹先后研究的主要专题有"小学英语音标教学""PPT在课堂教学中的应用""小学英语课堂教学中的游戏运用""语言、语法、词汇训练"等。通过专题研讨,既提高了自身教学水平,也收到了良好的教学效果。

2011年8月,任丹担任教务副主任,负责学生的学习习惯养成、实践作业管理、课程管理、教师业绩库等各项工作。任丹还多次承担校级、市级公开课教学。这一年,任丹荣获三门峡市师德标兵、教学标兵等荣誉称号。

自2012年起,每年都参加灵宝市教研室组织的各种赛事,其中"解说教材"两次获得一等奖;组织学生参加小学生英语技能大赛,被评为团体一等奖;带领学生参加灵宝市小学生英语背课文比赛、小学生英语歌曲歌谣比赛均获得一等奖。

随着时代进步,信息技术广泛应用。任丹积极学习运用现代化手段提高课堂教学质量。2016年暑假,任丹带领学校部分年级师生,通过网络参与"沪江词场开心背单词"活动,成绩显著。灵宝市第三小学也因此被评为全国优秀组织单位,任丹荣获优秀教练员。同年10月,市三小在灵宝率先开展网络"直播课堂",任丹主动承担上课任务,特别是在大雪封路,学生不能到校上课时,任丹用网络直播课堂,让学生坐在家里也能听课学习。

2017 年 8 月,任丹负责学校电教中心工作。因音乐教师不足,任丹又兼任音乐学科教学工作,正常教学之外,其所编排的节目多次荣获市级荣誉,并在学校大型活动时积极编排学生节目,获得师生及家长的一致好评。任丹心性善、素质高、能力强,好像什么都能干,哪里需要就到哪里去,不计得失,不怕辛苦。2018 年 3 月,任丹又到学校总务处工作,负责寄宿学生的管理。2018 年市三小被评为灵宝市数字化校园标杆校,2019 年市三小能够代表灵宝市在三门峡做“数字校园”交流汇报,任丹功不可没。

作为一名教师,任丹牢记“教书育人、为人师表”。从教 20 年,任丹多次担任英语学科带头人,在灵宝市小学英语教师培训中,多次承担解析教材的任务。因其知识基础扎实,工作勤奋,教学成绩突出,自 2010 年至 2019 年,连续被学校评为优秀教师。

侯　剑,女,生于 1973 年 11 月,灵宝市阳平镇乔营村人,本科学历,中共党员。1992 年 8 月毕业于灵宝师范,先后任教于阳平镇中心小学、灵宝市实验小学,2010 年 7 月,侯剑调入灵宝市第三小学担任数学教学工作,兼教科室副主任。

进入市三小第一年,侯剑担任一(5)班班主任。一年级的小朋友刚上学时还不太适应,哭着喊着要妈妈,侯剑就一会儿抱抱这个,一会儿哄哄那个,一会给这个擦擦鼻涕,一会给那个抹抹眼泪,还经常自己掏钱给孩子们买好吃的和小奖品,慢慢地,李方琪不哭了,罗云泽懂事了,兰宜佳更是由一个哭着闹着不愿上学的小姑娘,转变成了同学们最喜欢的小班长、老师最得力的小助手。兰宜佳的妈妈拉着侯老师的手激动地说:“侯老师,咱佳佳能有今天的进步,我们真的不敢想象,我们全家谢谢您!谢谢三小!”

班上有个孩子,有严重的自闭症,注意力不能集中,很难与人交流和相处,而且稍不如意就会大发脾气,在教室里乱跑,甚至还会打人,严重影响了班级的正常秩序。学生都嫌弃远离,侯剑却不嫌弃,主动地去亲近对方,有意识地去了解对方,下课了,侯剑会轻轻地走到其身边,摸摸头,拍拍脸,并且蹲下身子和这个孩子说话……这样坚持了许久,这个孩子才开口说话了,愿意和老师交流,会和小朋友一起玩耍了。有一次身边的同事好奇地问:“面对淘气的孩子,你怎么就不生气呢?”侯剑笑着说:“其实,我也没有什么好招,就是努力说服自己去接纳他们。只要你真心实意对他好,孩子是可以感受到的。”侯剑经常用一双敏锐的眼睛,搜寻着每一个孩子身上的闪光点,并及时地给予表扬鼓励,让孩子真切地感受到:侯老师真好!侯老师很喜欢我!我要好好表现!

侯剑好学上进,阅读教育名著,看名家教学视频,抄写教学名师的课堂实录,一招一式，一字一句，悉心揣摩，精研细琢。她的数学课堂，善用小组合作教学模式，经常留有不同层次的作业，让不同层次的学生都能够得到发展。侯剑鼓励学生大胆发言，即使说错了也给予鼓励。还常常结合生活实践教数学，教室里有买卖、有抽奖箱、有人民币，这样极大地激发了学生学习数学的兴趣。

作为教科室副主任，侯剑深知自己肩上的责任重大，经常为了上好一节公开课，带领数学组的姐妹们，利用双休日开展听课、评课、研课；经常为了搞好一次教研，独自加班到深夜十一二点。侯剑心里只装着学校、学生和工作，很少想到自己，2017 年正月，孩子刚刚 5 个月，侯剑不顾公公婆婆的极力反对，依然坚持提前上班，为的是赶在新春开学，便于学校安排工作。

从教 28 年来，侯剑曾先后荣获河南省骨干教师，三门峡市班主任岗位标兵，三门峡市教学岗位标兵、三门峡市优质课赛讲一等奖、三门峡市优秀德育教师，三门峡市优秀少先队辅导员，灵宝市高效课堂教学标兵、灵宝市优秀班主任、灵宝市综合素质大赛一等奖、灵宝市优秀课改教师、灵宝市优秀教师、灵宝市师德标兵、市三小首届魅力园丁、灵宝市小学数学教师素养大赛一等奖，国家级电子白板录像课大赛二等奖等荣誉称号。

乔海生，男，1979 年 6 月出生，河南省灵宝市大王镇王和村（今三门峡市城乡一体化示范区）人。中共党员，本科学历，中小学一级教师。1998 年豫西师范毕业后申请到朱阳山区从事教育工作，在朱阳镇二中担任七、八年级美术课以及九年级美术特长班的辅导工作，兼任学校的团支部书记。2001 年 12 月获灵宝市师德先进个人。2002 年 8 月调到大王二中，担任七、八年级数学课教师，兼任学校教务处副主任。2005 年 8 月调入大王镇小学，担任数学课、英语课教师，先后兼任副校长和校长，同年荣获灵宝市优秀教师。2006 年 5 月荣获河南省优秀辅导教师。2007 年 12 月荣获三门峡市管理上台阶先进个人。2009 年 8 月调入灵宝市第一小学担任五年级美术课教师，兼任教务员。2010 年 1 月荣获国家级优秀辅导教师，同年 8 月调入灵宝市第三小学工作至今，先后担任美术、微机和科学课教师，兼任教务员、办公室副主任、政教处副主任。

乔海生工作严谨，情操高尚。从教 20 余年来，敬业爱生，勤学乐教，友好、平等对待学生，特别是对后进生，能用爱心、耐心、信心去感化他们，激励他们发挥自己的优势。为了更多地了解后进生，他多次上门走访，和家长谈心，指导家长配合引导教育。在课堂教学中特别关注这些孩子，发现优点就表扬，发现好的兴趣就培养，终于使这些孩子在各方面都有了很大进步：上课能专心听讲了，作业能按时交了，也很少和同学打架了。

乔海生热心公益活动，乐于助人，经常积极参加志愿者洁城活动，多次和学生一起到敬老院去慰问老人,长期坚持资助贫困学生。乔海生参加工作20余年来,一直身兼“双职”,既兼任教育教学工作,又承担着学校里的一些具体事务性工作。乔海生根据事情的轻重缓急,逐一落实,做到了教学与工作两不误,两方面都受到领导的好评。

杨红艳,女,1980年12月出生,灵宝市城区人。本科学历,中共党员,中小学高级教师。1998年8月,杨红艳师范毕业后便到朱阳镇中心小学任教,担任一年级语文教师,兼班主任。2010年8月,杨红艳作为灵宝市第三小学这所新建学校首批考录的教师进入三小工作。

1998年,初涉教坛的杨红艳,热情开朗、朝气蓬勃,爱校如,爱生如子,虚心好学、认真勤勉,深受朱阳镇中心小学师生及家长的喜爱,其教学成绩,在年级六个班里一直名列前茅。后来由于工作需要,杨红艳一直在教务处工作并担任六年级语文教师及教研组长。2010年8月进入灵宝市第三小学,杨红艳主要负责语文教学和班主任工作,2012年至今一直担任语文教研组长及高年级语文教学工作,2015年担任教务处副主任。

作为一名语文教师,杨红艳认真教学,潜心教研,钻研教材教法、新课程标准,注重多方位培养学生的能力和学习习惯。对工作讲求实效,对学生因材施教。为了提高教学水平,杨红艳坚持阅读《小学语文教师》《小学教研论坛》等书籍。备课时,精心设计环节,上网搜集资料,根据学生特点,做到备教材、备学生、备资源,并结合课堂教学实际运用课件,向40分钟课堂要质量。课堂教学中,一方面是给学生畅所欲言的时间和空间,让学生做课堂的主人,她则成为学生学习合作的伙伴,循循善诱地做好引导,其效果事半功倍;另一方面,注重培优补差,对于后进生,采取“多提问,多巡视,多辅导,勤表扬”的方法激励督促,课后多找其谈心、交朋友,树立起他们的信心。此外,还重视抓好小组学习,选拔优秀的小组长,带领小组成员一起进步;为了解决潜能生在小组中懒于探索、依赖别人的问题,杨红艳在小组内实行分层合作,根据不同的情况给每个组员设计难易适度的问题,使得每个层次的学生都有不同的挑战性任务,潜能生转化效果明显,家长十分满意。为了瘦身课堂,实现教学高效,杨红艳采用“三段学习法”,即自主读识、合作读议、读写结合。课后,坚持让学生写周记,写身边事,写心里话,写出自己的真情实感。杨红艳所带的班级,在全校抽考中成绩名列前茅。

杨红艳一直坚持参与课题研究,先后参与了“读百万书,写十万文”的国家级课题的研究、灵宝市“课内增量阅读实验”课题研究、“小学群文读写结合策略研究”的课题实验,后者获三门峡市优秀成果二等奖。

从教21年来，杨红艳曾多次在教师节期间受到三门峡及灵宝市政府的表彰。先后被评为河南省骨干教师，三门峡市文明教师、教学标兵以及灵宝市模范教师、优秀班主任、优秀少先队辅导员、师德标兵、教学能手等。在灵宝市举行的语文优质课大赛和论文比赛中多次获奖。

高金波，男，生于1981年8月，灵宝市焦村镇北安头人。1999年7月从灵宝师范毕业后即参加教育工作，在焦村镇柴原小学任教。2002年9月，调西阎乡小常小学任教，2004年9月调入西阎乡实验小学任教，曾担任教研组长、教务副主任等工作；2005年取得汉语言文学专业本科文凭。2007年9月荣获灵宝市优秀教师。2010年12月荣获灵宝市师德标兵。2011年暑期进入灵宝市第三小学工作以来，一直担任小学数学教学，并兼任班主任、数学教研组长等工作。2013年9月荣获灵宝市优秀班主任。2017年8月兼任学校办公室副主任，主要职责是协助办公室主任做好学校党务工作。2018年9月再次荣获灵宝市优秀班主任。

高金波爱岗敬业，为人师表，从教20余年，既教书又育人，经常对学生进行思想品德教育。高金波常年担任班主任，工作的性质使其特别关注学生，善于发现问题，及时疏导学生在学习、生活当中产生的心理问题。在班级开设心理信箱，增加与学生的沟通渠道，并通过心理健康专栏等方式来弥补留守儿童家庭教育的不足。高金波曾经遇到这样一个孩子，性格内向、孤僻，小动作特别多，对老师的批评表现出严重的叛逆情绪。高金波对其进行心理辅导，经过几次约谈，这孩子口头上答应了，行为上毫无改进。高金波对其个性心理进行分析，认为其心理问题来源于环境的影响，一是家庭环境，二是学校环境。于是找到孩子的父母，帮助其认识到家庭环境和教育对孩子影响的重要性，帮助孩子建立信心；同时，高金波在课堂上多让其体验成功的喜悦和荣誉，增加良性引导，使其摆脱自闭心理，重新建立起自信，通过半个学期的努力，学生有了很大的变化，能够认真听课了，成绩也相应得到了提高。

高金波以期待的目光、鼓励的话语、友善的接近、朋友的热情、长辈的爱怜、睿智的严厉走进学生的心灵，在孩子们挫败时给予鼓励、懒惰时给予鞭策、出错时给予点拨、成功时给予喝彩，用爱滋润学生心灵的成长。由于其出色表现，2013年和2018年被评为灵宝市模范班主任。

作为教研组长，高金波在教科研工作中积极探索，勤于实践，成为新课改的带头人。2015年，高金波参加的河南省公共网络资源“一师一优课”网上晒课活动，其《植树问题》一课荣获三门峡市三等奖，2016年参加灵宝市教体局组织的小学优质课赛课活动，其执教的《认识年月日》荣获二等奖。撰写的论文曾多次在省、市获奖,其中《如何培养学生的阅读能力》获河南省教科研成果二等奖,《如何提高小学数学课堂教学的有效性》获三门峡教科研成果二等奖。

翟淑茹,女,汉族,生于1981年,灵宝市阳平镇张村人,本科学历,中小学一级教师,中共党员。1999年8月,翟淑茹初涉教坛,在函谷关镇中心小学任教,先后担任五、六年级语文,六年级英语教学工作,同时兼任高年级年级主任工作。2012年8月调入灵宝市第三小学,担任品德与社会课教师,兼任政教员,负责学校少先队、社团活动、德育常规组织与实施。2016年8月又兼政教处副主任工作。2018年又增加一项工作,负责研学活动和"创建文明卫生城市"工作。

翟淑茹知性优雅、善良大度。她热爱教育工作,尤其热爱少先队事业,精心筹划、扎实开展少先队常规活动。如每周一的升旗仪式,每年的读书节、艺术节,清明节烈士陵园扫墓,读书读报知识竞赛,每年的少代会、建队日新生入队、119消防安全活动等。每周指导全校43个中队围绕"五爱"、法制、文明礼仪、安全、科普、心理健康等开展少先队活动。

在常规活动之外,翟淑茹还结合重大时事、节日开展系列少先队活动。如红领巾心向党、学习雷锋做美德少年、孝老爱亲实践体验教育、道德讲堂、爱心帮扶捐赠等,还带领"文明小交警"走上街头维护交通,带领"文明小使者"走进社区义务打扫卫生,爱绿护绿,深入社区关爱空巢老人等,有效地引导广大队员"学雷锋、心向党、争做有道德的人"。

在教学上,翟淑茹爱岗敬业、勤奋执教,连续几年潜心于品德课教学,积极探索、勇于实践,多次参加品德课优质课评比,并获得优异成绩。从教20年来,翟淑茹以其优秀的工作能力屡获殊荣:2006年3月,在灵宝市第四届新课程课堂教学竞赛中获二等奖,7月荣获全国青少年"让世界充满爱"读书教育活动一等奖,9月荣获灵宝市优秀班主任;2008年9月,其论文荣获三门峡教研室论文评选二等奖;2010年7月,荣获灵宝市首届高效课堂教学能手,9月荣获三门峡市教学标兵;2013年执教的《我有一双美丽的眼睛》一课,在河南省品德课评选活动中获二等奖;2014年10月被评为三门峡市优秀大队辅导员;2017年5月被评为灵宝市儿童工作先进个人。

李娟红,女,1978年7月生于灵宝市函谷关镇雷家沟村。自幼聪明好学,踏实认真。1997年毕业于郑州铁路师范学校,8月服从分配,任教于豫灵镇古东小学。乡间师资力量薄弱,李娟红一直包班教学,从二年级到六年级整整四年。2001年8月调回家乡函谷关镇长安寨村任教，担任三年级语文及班主任工作。2003 年 8 月，又调到函谷关镇梨湾塬村任教。2004 年 8 月，因成绩突出被选调到函谷关镇中心小学和镇中，先后担任六、七、八年级语文教学及班主任工作。2012 年，参加招教考试调入灵宝市第三小学。

从踏上讲台的那一刻起，李娟红就坚定了终身学习的理念，在毕业的三年里，通过自学获得中文专科学历，又用五年时间，参加自学考试取得了汉语言文学本科学历。

在教学实践中，李娟红边教边学，不断探索，树立先进的教材观、师生观。走进课堂总是面带微笑、怀揣童心、激情饱满，首先热情地问候学生，融洽师生关系。课堂中，常用眼神、表情、夸张的动作去吸引孩子们的注意力。讲课抑扬顿挫，又风趣幽默，充满悬念的语言，引领孩子们不知不觉地从一个环节进入另一个环节。让孩子们学得轻松快乐。对于重点知识、难点知识，李娟红会一层层、一步步展示给孩子，为孩子获取知识提供梯状的平台，从而扫除知识取得过程中的障碍。这种化难为易的方法，让孩子每节课学有所得，体验到成功的喜悦。

作为班主任，李娟红身体力行，言传身教，全面负责，关心每一位学生的发展。她深知：良好的行为习惯是学生学习和生活的保障。为使学生养成良好的习惯，李娟红不断创新班主任工作方法，严格地对学生进行课堂、集会、出操、卫生、劳动、参观、路队等常规教育和训练，并设立"卫生星""守纪星""文明星""安全星""创新星"等方式激励学生，使每个学生既具有"服从集体、服从命令"的思想，呈现"活而不乱，严而不死"的良好班风班貌，又具有"个性张扬、百花竞放"的个性特长，同时结合不同的节日，开展了"好习惯伴我行""知荣明耻我能行""争创书香好班级"等主题班会。还经常用小品、儿歌等寓教于乐的形式教育学生，矫正其不良行为。

作为教务处副主任，李娟红以高度的责任感和积极进取精神，主动、认真、负责地完成学校的各项任务，做到"上情下达""下情上晓"，以求真务实的态度，顾全大局，融合群体。在原则问题上，始终以公正的态度和原则去解决问题，不讲交情，不讲关系。在困难面前，带头承担，别人不愿做的事自己来做。在荣誉面前，不争不抢，一言一行，始终以学校大局出发，从不计较个人得失。

从教 20 多年来，李娟红在教育、教学、教研诸多方面硕果累累，先后获得灵宝市模范教师、优秀班主任、优秀教师、优秀课改教师的光荣称号，所带的班级荣获三门峡市优秀班集体。参与研究的课题先后获得三门峡市一等奖、二等奖。

马俊娥，女，生于 1980 年 12 月，灵宝市程村乡人，本科学历，中小学二级教师。

2000年7月,马俊娥自豫西师范毕业,即任教于程村乡初级中学;2005年8月任教于灵宝市第二实验小学;2012年8月至今任教于灵宝市第三小学。2017年8月,马俊娥担任灵宝市第三小学办公室副主任。

马俊娥虚心学习,取长补短,潜心教研,大胆改革,历经磨练,已由一名普通教师成长为语文教研组长。马俊娥多次为学校教师、辖区教师上观摩课,课堂上,尤其喜欢把那些枯燥乏味的知识,用生动的语言及夸张的动作、表情表达出来,让学生轻松地感悟它、理解它,进而运用它。其主讲的《在大海中永生》《七子之歌》等课受到领导好评;执教的《牛和鹅》公开课,荣获三门峡市优质课一等奖。辅导学生的作文、小论文也多次获得省、市级奖项。

马俊娥在课堂教学和班级管理中,成效显著——做中学班主任,马俊娥不仅是老师,也是学生的朋友,和学生一起参加体育锻炼,一起加班加点冲刺中招,用自己的言行去鼓舞和感召学生。遇到调皮的爱上网吧的孩子,马俊娥就自己研究游戏的玩法,在周末和那些淘气的孩子pk,取得了他们的信任后,再帮助其正确对待游戏,学会掌控自己,进出自如。带"极速班"的那些日子,马俊娥坚持每晚都去宿舍看望学生,一起讲故事、诵读古诗。遇到特别想家的孩子,马俊娥就坐到床边陪伴,直至其睡熟才离开。班里的留守儿童尤其依赖马俊娥,他们想妈妈时就会抱抱马老师。

马俊娥曾在日记中写道:"兢兢业业做事,认认真真做人,明明白白对己,诚诚实实待人——这是做人的准则。"作为教研组长,马俊娥带领全组的语文老师踏踏实实地加强理论学习,提高其综合素质;认认真真开展教研活动,全面深化课堂教学改革,连续几年,在灵宝市教研室组织的教育教学抽测中,马俊娥所带领的团队成绩优秀,先后数次被评为学校的"三八红旗集体"。

调入灵宝市第三小学工作后,马俊娥更加注重学习,在其办公桌上经常可以看到《我是怎么教语文的》《吴忠豪与小学语文名师磨课》等教育书籍。马俊娥常说:"市三小的优秀教师很多,人人有绝活,不学习,就会掉队。"19年的教育生涯,马俊娥不忘初心,敬业爱岗,一直担任语文教学工作、班主任工作、教研组长工作。19年的磨砺与学习,马俊娥已成长为灵宝市的"优秀教师""优秀班主任""优秀课改教师""优秀儿童工作者"。

王冠龙,男,汉族,1979年3月出生,灵宝市阳店镇峪底(今三门峡市城乡一体化示范区)人。本科学历。1997年7月灵宝师范毕业,8月参加教育教学工作,任教于阳店镇中心小学;2004年8月,任教于阳店镇一中;2006年9月,荣获灵宝市优秀班主任称号；2007年8月，任教于灵宝市河滨小学；2012年9月，调入灵宝市第三小学。自参加工作以来，一直担任数学教学工作，其间曾担任过班主任、数学教研组长、政教副主任等。

王冠龙在教学中，不断更新教育理念，用心探索教育教学规律，改善教学方法，形成了自己独有的教学风格。其课堂教学始终坚持“以学生为主体”的教学原则，充分利用教学资源，采取恰当的教学方法，使课堂教学达到最优化，力求做到一课一得。经常利用课余时间，对后进生进行辅导，扬长避短，耐心讲解，及时查缺补漏；用发展的眼光看待每一个学生，根据不同学生的基础，每一天的作业，都要精心设计，尽量发挥学生的主动性和创造性，让不同层次的学生都有所发展。在学校组织的各项考试中，学生成绩均名列前茅。2013年9月，王冠龙撰写的文章《结学案导学之力，悟数学探究之美》发表于《新课堂小学数学教学案》；2015年4月所编写的《小学数学毕业考试模拟试卷》发表于《新课程小学数学教学案》；2016年3月所撰写的说课稿《找次品》发表于《名师说课》。2016年9月，王冠龙荣获灵宝市优秀教师。2016年10月，在三门峡市教育局教研室组织的“一师一优课、一课一名师”活动中，王冠龙荣获“优质课”二等奖。

王冠龙担任班主任，能很好地调动学生的积极性，采用自荐和竞选相结合的方法培养班干部，让学生自主管理，创建良好的班风、学风，激发与平行班的竞争意识，设立定期评价制度，建立“1+1”互助组，促使学困生取得更大进步，共同实现个人、小组与集体奋斗的目标。重视主题班会与主题队会的开展，协调与科任老师以及家长的关系，建立丰富的信息网络，保障学生健康成长。

王冠龙担任学校政教副主任，参与政教管理工作，很快便进入角色，明确地把政教工作概括为突出一个中心，即“学生安全”这个中心；抓住一条主线，即“提高学生素质”这条主线；建设两支队伍，即班主任教师队伍和学生干部队伍；做好三种教育，即学生的养成教育、安全意识教育和学会感恩教育；抓好五项常规工作，即环境卫生、安全隐患排查、学校文化建设、组织学生参加各项活动，同时加强文化宣传工作，丰富校园文化生活。2018年3月，王冠龙参与的灵宝市课题“学校安全教育校本课程的开发与运用研究”已结项。

张长波，男，生于1979年9月，灵宝市函谷关镇人，本科学历，中小学一级教师。1999年任教之初，在灵宝市豫灵镇杜家小学教数学，兼教务主任。2013年8月调入灵宝市第三小学担任数学教学工作。

在课堂教学上，张长波积极实施素质教育，因材施教，注重激发学生的学习兴趣，开发学生潜能，培养学生的创新精神、实践能力和社会责任感，积极指导学生开展研究性学习和课外实践活动。张长波多才多艺，2015 年 9 月荣获三门峡市中小学优质课一等奖，所参与的课题“用博客资源培养师生数学素养的研究”荣获三门峡市一等奖，同年 11 月，其书法作品《廉政格言》在灵宝市教育系统廉政文化书画动漫创作大赛中荣获一等奖；2016 年 6 月，获三门峡市小学数学优质课二等奖。

2017 年 9 月，张长波担任政教副主任，主抓德育工作，同时担任少先大队辅导员，充分利用传统节日，丰富队员活动，对少先队员进行爱国、感恩、责任感等教育。开展“培育弘扬三小精神，争做小绅士小淑女”活动；通过学、议、画、写、行五个环节，让学生学习三小精神的具体含义和内容；谈谈对三小精神的理解；以手抄报的形式描绘三小精神的蓝图；以作文的形式写三小精神的具体体现；通过研学实践体验活动，让队员们了解灵宝历史、欣赏城市新貌，增强爱家乡、爱祖国的情感。同时开展“流动红旗”“先进班集体”“环保小卫士”“礼仪之星”“十佳小队干”等优秀评比活动，以集体荣誉感激励全体队员养成良好的行为习惯。2018 年 5 月，张长波荣获三门峡市优秀少先大队辅导员。

2018 年 9 月张长波调任总务处副主任，主抓食堂管理和贫困生资助工作。为了给广大师生提供卫生、安全、营养、可口的饭菜，严把食品原料采购关，详细建立食品原料采购台账，索票凭证。组织后勤人员学习《中华人民共和国食品安全法》，定期考评从业人员理论水平。同时，在后勤职工中开展“服务明星”评选活动；在学生中开展“雅致餐桌”评选活动。2019 年 4 月，市三小食堂荣获三门峡市“文明餐桌”示范性学校食堂。

在落实教育脱贫资助贫困学生工作中，确保各项资助政策顺利实施，张长波着手建立完善制度，利用致学生家长一封信、校信通、主题班会、国旗下讲话、发放温馨告知书等多种形式、多种渠道宣传资助政策、资助程序，引导受助学生记住党恩，学会感恩，并把感恩的心转化成学习成长的动力。

刘宝建，男，生于 1981 年 9 月，江苏省徐州市铜山县人，中小学二级教师，中共党员。1999 年毕业于豫西师范，参加工作以来一直在灵宝市阳店镇任教，担任数学教学，先后担任过班主任、教导主任，其间经过进修，于 2009 年 1 月取得本科学历。2012 年 8 月调入灵宝市第三小学教数学，2019 年任三年级数学教研组长，同年任教务副主任。

作为一名小学教师，刘宝建一直坚守在教学第一线，乐于奉献，任劳任怨，尽心竭力地教书育人，时常找学生谈心，倾听学生的心声，充分理解和信任学生，培养学生健全的人格和积极的进取心。学生病了,刘宝建及时打电话通知家长或亲自把学生送到医务室。刘宝建的班级工作,受到领导、同事、家长的好评。

为了提高自己的业务水平,做好教学工作,刘宝建积极参加进修学习,不断充实新知识,总结新经验,改进教育教学方法;积极参加各级各类的公开课等教学研究活动,撰写教育心得,在学校教研活动中进行交流;注重提高课堂教学效率。

多年来,刘宝建工作努力,成绩突出:2005 年 4 月,在灵宝市第三届新课程小学数学优质课赛讲中获一等奖,同年 6 月,其论文《在新课程标准下如何培养学生学习兴趣》获河南省级三等奖;2009 年 9 月,其论文《如何在数学教学中进行德育渗透》获三门峡市级二等奖;同年获得“建国 60 周年国情知识竞赛”省级优秀辅导奖;2011 年 9 月,荣获灵宝市优秀教师;2015 年 10 月,在灵宝市第 13 届学校科技创新成果展上,获优秀科技辅导奖;2019 年 7 月,荣获灵宝市优秀共产党员。

南晓华,男,1981 年 8 月出生,灵宝市尹庄镇人。2000 年毕业于灵宝师范,同年 8 月任教于故县镇河西小学。2001~2004 年通过进修获得河南大学数学教育专科学历。2004 年 8 月调入故县镇安家底小学任教。2006 年 8 月调任故县镇里村小学校长。2008 年 8 月又调入安家底小学任教。2010 年获得平顶山学院本科学历。2010 年 9 月被评为“灵宝市优秀教师”,2011 年 6 月被评为“灵宝市优秀少先队辅导员”,2012 年 7 月参加灵宝市第三小学教师选调考试,调入市三小工作至今。

南晓华在市三小担任小学高年级数学教学,并兼任班主任、数学教研组组长。作为班主任,南晓华教书、育人并举,经常对学生进行思想品德教育,教育学生做人要自立自强,诚实守信,为人正直,待人宽厚,有责任心;在学习上要积极进取,开拓创新;在生活上要勤劳节俭,生活朴素。从事教学,南晓华常把教学当成一门艺术来研究。不仅在平时的教学工作中认真备课,精心设计符合学情的教学预案,在课堂教学中根据学生学习的情况,及时反思并调整教学设计,尽量让学生发挥学习的自主性,让孩子们快乐学习。2011 年 8 月,在三门峡市教育系统教学技能大赛中获小学数学二等奖。2015 年,南晓华参加河南省公共网络资源“一师一优课”网上晒课活动,其《百分数、分数、小数的互化》荣获三门峡市三等奖。2016 年 8 月兼任学校教务处副主任,主要协助教务主任做好学校教育教学管理工作。2016 年 9 月被评为灵宝市模范班主任。2018 年市三小数学教研组为灵宝市全体数学教师做了一次精彩的教材培训,南晓华获得个人一等奖;同年,其课题“小学低年级体验式生态课堂的研究”顺利结题。2019 年 8 月转岗兼任教科室副主任,协助教科室主任做好学校教科研工作及数学学科教学教研工作。

李长华，女，生于1981年2月，灵宝市尹庄镇闫李村人，1999年毕业于豫西师范，8月被分配到豫灵镇东桥小学任教，其间于平顶山学院进修，获得本科学历，2006年调入川口乡中心小学任教，2007年9月荣获三门峡市优秀教师。2010年灵宝市第三小学成立之际，调入第三小学任教。

在第三小学10年间，李长华一直站在教育工作的最前沿，担任数学教学、班主任、教研组长工作，始终以厚德向善的信念、爱岗敬业的品质，书写着精彩的教育人生。作为一名数学教师，李长华认真研究教材教法、课程标准，注重多方面培养学生的能力和学习习惯，因材施教，所带的学科成绩名列年级第一；其个人业务素质、综合素质很高，多次在学校组织的基本功大赛中获奖，在全市举行的说教材比赛中荣获一等奖，在全市数学教师综合素质大赛中荣获二等奖，在市级星级教师达标活动中，荣获小学数学组第一名的好成绩。

作为教研组长，李长华一方面自觉加强专业知识和理论知识的学习，不断"充电"；另一方面认真组织教研活动，带领同组教师共同进步。同事参加赛讲，李长华竭尽所能，为其助力——帮忙修改课件至深夜；出谋划策，制作教具；斟词酌句，反复帮其修改说课稿……在其悉心帮助下，同组教师在比赛中均获得一等奖，其教研组也被评为"星级教研组"。李长华自己也先后获得三门峡市优课活动二等奖、课题省级二等、白板赛课国家级三等奖、教具制作三门峡市一等奖。

作为班主任，李长华积极创新管理模式，以"树目标，细指导，严要求，常鼓励，勤表扬"十五字方针去经营班级，科学安排，因人分工，使班级"人人有岗位，人人会负责"，以达到"班风正，学风浓"的治班目标。在教育学生上坚持"育人先育心"，将班会课作为抓手，每一次都精心地准备，写好教案、选对案例、制作好PPT，对学生进行行为习惯、诚实守信、安全与法制、心理健康、奉献与感恩等方面的教育，并引导学生落实到实际行动上，使同学之间做到互爱互助、乐于奉献——学生高昆鹏因病手术，术后休养不能上课时，同学卫怡佳主动上门帮助，传递每天所学知识和所留作业；当得知班级中有的同学是留守儿童，家庭困难时，同学们捐款捐物，纷纷向其伸出了援助之手。

李长华带班方法多，经常通过活动凝心聚力。一年级的时候，结合学校爱绿护绿活动，开展"播下一粒种子，我与小苗一起成长"活动，看着种子生根发芽、开花结果，让学生体会生命的美妙，学会感恩；二年级开展"我是小军人"活动，规范学生的三姿（走姿、站姿、坐姿）；三年级开始使用钢笔，开展"微信群里晒作业"，提高学生的书写质量；四年级开展"出彩十分钟"活动，利用课前十分钟，进行特长展示，帮助学生树立了自信；

五年级开展“同心绘制励志树”活动，让学生把一片片写着自己理想的枫叶绘制成一棵大树，既凝聚了班级力量，又放飞了学生的梦想。

李长华多措并举管理班级，因此其所带的班级多次获得标兵班、优秀班集体、特色展演先进班集体、养成教育先进班集体的荣誉称号，班级中的李佳琦、王紫琰、南沛彤、王若涵等多位同学先后被授予为三门峡市优秀学生、文明之星、才艺之星、校园十佳小淑女等荣誉称号。

李长华工作认真，成绩优异。2014 年 10 月荣获三门峡市“文明班级”班主任，2015 年 9 月荣获灵宝市优秀班主任，2016 年 6 月荣获三门峡市教学标兵，2019 年 9 月再次荣获灵宝市优秀班主任。

孙艳丽，女，汉族，生于 1982 年 7 月，灵宝市豫灵镇太张村人，本科学历，中小学一级教师。1999 年 8 月在豫灵镇太张小学任教，2001 年 8 月调入灵宝市第二实验小学任教，2010 年 8 月调入灵宝市第三小学教数学。

孙艳丽敬业爱岗，学习认真，工作努力。在教学上敢于创新，用新的教学理念指导课堂教学实践，不断改进教学模式，开展小组合作学习，让学生成为学习的主角，注重培养学生自主学习和探究知识的能力。

作为五年级数学教研组长，孙艳丽以身作则，团结组员，带领老师们积极认真地完成各项教研工作，扎实开展研课、备课、评课活动，提升教师的教学水平和工作能力，促进学科整体发展。

从教 21 年来，孙艳丽先后获得多项荣誉：2001 年获得小学数学奥林匹克竞赛优秀辅导教师；2005 年，获灵宝市小学数学优质课赛讲一等奖，同年 9 月荣获灵宝市优秀教师，制作的课件获河南省一等奖；2006 年，其论文获三门峡市一等奖，2007 年荣获灵宝市优秀少先队辅导员，所带班级被评为三门峡市文明班集体；2009 年论文获河南省一等奖；2010 年获三门峡班主任标兵；2011 年获三门峡市优秀教师；2013 年，获三门峡市小制作小发明辅导奖。

周静静，女，生于 1983 年 5 月 15 日，灵宝市城关镇建设村人，中小学一级教师。1999 年 7 月毕业于豫西师范，8 月在西阎乡实验小学任教，其间不断进修学习，2003 年 7 月取得专科学历，2012 年 7 月取得本科学历，同年 8 月调入灵宝市第三小学，教语文兼班主任，2019 年兼任五年级语文教研组长。

周静静好学上进，积极参加教研教改，业余时间主动向名师学习，看视频，读专著——《跟着课本学阅读》《吴忠豪和小学语文名师磨课》，常反思，及时改进。在平时的备课中,先结合语文要素设计教学方案,再参考教师教学用书,把教参的观点和自己的观点进行比较,有舍有得地处理教材,修改学案。曾多次参与省、市、校举行的优质课活动,不断提升自己的教学能力。2012年在三门峡市教学技能竞赛中荣获小学语文一等奖。2014年10月,执教的优质课《长歌行》获河南省教育厅教育信息化应用优秀成果评选一等奖。2015年5月,执教的《王冕学画》获三门峡市小学语文优质课三等奖。2016年6月,执教的《群文阅读"金钱"》获灵宝市中小学优质课一等奖。2016年10月,执教的《飞向月球》获三门峡市"一师一优课、一课一名师"活动优质课二等奖。

在班主任这个工作岗位上,周静静坚持用多元、优秀的班级文化来熏陶和培育学生。其理念是:平等尊重每一个孩子,用爱心赢得学生、用竞争带动管理,让班级成为学生成长的乐园。开学初,人人参与,制定班级规则。在班级中提供多样的工作岗位,让孩子们人尽其才,才尽其用;营造"公平公正、平等和谐"的竞争氛围,激发孩子们的上进心;通过不同的评级方式激发每一个孩子的潜能;和家长真诚沟通,让每一个家长都成为班级管理的参与者,共同为孩子的成长助力加油。通过不懈的努力,多次获得校级优秀教师、模范班主任称号。2008年获得灵宝市"优秀教师"受到市政府表彰。2012年5月荣获灵宝市优秀德育教师。2015年5月,学生李芸慧在《小学生学习报》发表作品《夕阳》,周静静获优秀辅导奖。

作为教研组长,周静静总是"少说多做",身体力行地团结组内教师,力争在年长智慧的姐姐和奋发上进的妹妹中间发挥好桥梁作用,使大家相互关心、互相帮助,形成合力。遇到问题,群策群力。教研时,周静静会让大家各抒己见,然后把大家的意见归纳、整理、比较,形成大家都认可的观点。

在完成学校工作的同时,周静静笔耕不辍,2008年4月,撰写的论文《发挥多媒体优势优化语文课堂教学》获河南省教研室优秀论文二等奖;2010年9月,《怎样指导低年级学生写好铅笔字》获河南省教研室优秀研究成果论文二等奖;2012年9月,《语文教学至简为上》获三门峡市教研室论文二等奖;2016年1月参与编著的《随文增量阅读1+1·二年级上册》由辽宁少年儿童出版社发行;2017年师德师风征文《情系中国梦,甘做领路人》获灵宝市一等奖。此外,还有《开启学生希望,创造快乐学堂》《吟诵爱和希望》等多篇文章发表在省、市级CN刊物上。2017年9月,周静静荣获灵宝市优秀教师,受到市政府表彰。

张　潇,女,生于1983年10月,灵宝市故县镇人,本科学历,中小学一级教师,河南省电化教育先进个人、三门峡教学标兵、灵宝市优秀教师。

2001 年，张潇毕业于灵宝师范，之后又在中央广播电视大学和上海外国语大学进修英语专科，在郑州大学完成本科学习，毕业后一直任教于灵宝市河滨小学，担任英语教研组长和毕业班的英语教学工作。2012 年 8 月调入灵宝市第三小学工作，担任英语教研组长和毕业班的英语教学工作。为了进一步提高教学水平，张潇一直积极参加省、市、县等各级组织的教师继续教育培训。工作中，不断追踪教育科研信息，及时了解本学科的教育教学动态，学习现代教育教学理念，潜心钻研教材教法。

张潇在英语教学上经验丰富，有一套完整的架构：在预习过程中，张潇鼓励学生发现问题，并自己解决问题，允许学生犯错，对学生的能力给予肯定，让学生获得成功的体验，从而提高学习英语的积极性，并通过预习把握教学的针对性。在课堂教学中，张潇善于利用多媒体设备来突破教学重点和难点，把文字、声音、图像等融为一体，创设学生主动参与语言交际活动的情境，让学生走入情境、理解情境、表演情境，以此激发学生学习的兴趣，同时达到突破语言关的目的。此外，张潇还善于加强学习方法和策略的指导，让学生将所学的单词、句型自编成顺口溜、儿歌、Chant 等好学易记的形式，以提高学习效率；倡导小组合作学习，通过话题讨论、问题解答、互查作业等多种形式取长补短。在最后环节“练习巩固、拓展提高”中，张潇根据不同学生水平的差异，分层练习，因人评价，有的放矢，在原有的基础上各有收获。张潇善于活用教材，对内容科学整合，按生活主题进行归类，使教材具有学科融合性和拓展性，并在丰富多彩的课堂活动中，让学生感受英语、体会英语、应用英语。张潇一直担任六年级毕业班的教学工作，从 2002 年至今，每年毕业班的教学成绩都名列前茅。

担任班主任期间，张潇善于从小事抓起，落实常规管理，为学生创设一个和谐、整洁的学习环境。利用班队、晨会对学生进行思想教育，组织学生每周进行总结评比，把获得“优胜星”的学生照片贴到光荣栏里，以此引导鼓励，督促全班养成良好的学习、生活习惯。同时，选好班干部，重视发挥小干部的作用。关爱班级的留守儿童，大冬天，心疼孩子给其买衣服和袜子。潜能生只要有点滴进步，及时给予表扬，鼓起他们学习的勇气，树立起他们的自信心，使其成绩有了很大提高。

从教 20 年来，张潇收获了串串殊荣：2012 年 9 月，张潇被评为灵宝市课改优秀教师；2013 年 4 月，荣获灵宝市优秀德育教师，12 月，被评为河南省网络资源应用推广先进个人、灵宝市师德标兵；2014 年 9 月，荣获三门峡市第四届“班班通”多媒体教学优质课一等奖，英语课件《What time is it?》获省级一等奖，课题“小学英语音标教学的研究”获省级一等奖；2015 年 6 月，被评为三门峡市教学标兵，9 月，荣获灵宝市课改优秀教师;2018 年 5 月,被评为灵宝市优秀共产党员。

赵晶晶,女,生于 1983 年 8 月,灵宝市川口乡人,本科学历,中小学一级教师,中共党员,国家二级心理咨询师、学习能力指导师。

2006 年 8 月,赵晶晶步入教坛,就一直在故县镇中心小学任教。2012 年 8 月调入灵宝市第三小学教语文兼班主任,现任三年级语文教研组长、三(8)班班主任并从事语文教学工作。

赵晶晶热爱班主任工作,在班级管理中,善于运用激励机制,绘制一张“争星榜”贴于教室,在班级实施量化考核,把学生平时的学习、卫生、纪律各个方面纳入量化考核,并及时将考核成绩公示于“争星榜”上。这种做法快速有效地规范了学生的生活习惯和学习习惯,有力地推动了良好班风、学风的形成。赵晶晶在严格要求学生的同时,更严格要求自己,努力地向“学为人师,行为世范”的标杆靠近:上课前,总是提前到教室候课;两操及各种活动,和学生一块参与,时刻注意自己的言行举止,力求以自己的人格力量感染学生。同时,注意对学生进行爱祖国、爱人民、爱学习的思想教育,把这一目标落实在语文教学、班会、晨会、思想品德课及各种活动中。九九重阳节、母亲节要求孩子做一些孝敬长辈的事情,给父母端饭、洗脚、道谢。

进入三小,赵晶晶一直担任半寄宿班的班主任,孩子们的时间大部分在学校里度过,许多学生在生日里不能和父母团聚。赵晶晶为了让学生感受到父母的温暖和学校生活的快乐,细心记住每个学生的生日,凡是要在学校过生日的,都会精心组织,让老师和同学一起过一个隆重而又有意义的生日 party,唱生日歌,写生日诗,送故事书,祝福孩子们幸福成长,引导和鼓励孩子们读书学习。为孩子们送上生日祝福时,赵晶晶不忘引导:“这个珍贵的蛋糕,不仅味道香甜,而且包含着爸妈对你们的深爱,更寄托父母、老师对你们的祝福和期望!你们要好好学习,天天向上,成长为一个对国家和社会有用的人。”

在语文教学工作中,赵晶晶用心学习课程标准、认真备课、精心上课,勇于实践“问题引导,先学后导”的教学模式,大胆探索“语文三段教学法”等实验课题,教学水平不断提高。赵晶晶说:“学习语文,不仅是学习基础知识,更重要的是学会运用祖国的语言文字。”例如雪天美景,布置的家庭作业就是和爸爸一起堆雪人、打雪仗,玩、拍、说、写,制成电子日记,在班级微信群里晒出作品。她精选点评精品,发在三小微信公众平台“德馨雅苑”,让所有家长、老师、学生见证孩子的成长,增强孩子的自信,记录成长的轨迹,展现生命的历程。

在“我的课堂我做主”的实践活动中，赵晶晶引导孩子们主动学习，大胆登台，敢于发表见解；认真写作业，把每一次作业都当成自己独特的作品。鼓励学生捐书，充实班级图书角，每周开辟出一节读书交流课，激发孩子们读书的热情，养成良好的读书习惯。

从教14年来，硕果累累：2009年5月，所带班级被评为灵宝市文明班级；2011年9月，被评为灵宝市优秀教师；2012年4月，被评为灵宝市优秀德育教师；2013年4月，“文心雕龙”杯学生习作多人次获全国写作大赛一等奖；2015年荣获三门峡市班主任岗位标兵、优秀班主任，还荣获灵宝市优秀支教教师，其微课《学写儿童诗》获河南省教研室二等奖，示范课获灵宝市一等奖。2016年，荣获灵宝市优秀班主任；2017年，被评为灵宝市优秀共产党员。

黄方方，女，1980年11月生于灵宝市函谷关镇店头村。自幼恬静聪慧，勤奋好学，虑事周到通达，行为端方不苟。1998年步入教坛，任教于函谷关镇雷家沟小学，一年后调入函谷关镇中心小学。2004年调入灵宝市第二小学，黄方方如饥似渴地学习、实践先进的教育思想和教学方法，三年后以其出色的教学成绩和带班经验成长为教研组长。2012年，黄方方调入灵宝市第三小学担任语文教学和班主任，兼任二年级语文教研组长。

黄方方在班级工作中贯穿“爱字当头”的教育理念，用严慈相济的班级公约带动良好班风的形成。因为经验丰富，黄方方的班会课别具一格，其所执教的“我的中国梦”主题班会荣获三门峡市级一等奖，所带班级获灵宝市文明班级。她自己也于2019年9月荣获灵宝市优秀班主任。

黄方方担任语文教研组长十多年来，在管理工作中发扬团结协作精神，不断强化服务意识。不等不靠，踏实负责，带领本组教师认真开展教研活动，积极主动完成学校各项工作。所带教研组多次被评为星级教研组、优秀“三八”红旗集体，自己也被评为优秀教研组长。

在语文教学中，黄方方有着先进的教学方法和技巧。在市教研室提出的“增量阅读”实验中，黄方方引领学生读写结合，把习作技巧化整为零，有效提高了习作课堂教学效率。针对中年级段学生作文入门难的问题，黄方方在教学中注重趣味性，以故事导入，用语通俗、富于童心童趣。在习作课堂活动中，力求新颖、多样，贴近小学生的生活，使学生动手参与、有话可说，指导学生写作荣获省级一等奖，自己也获得三门峡市有突出贡献的优秀教师、三门峡市中小学“教学岗位标兵”称号。其所执教的《比本领》优质课获省级一等奖，《和氏献璧》优质课获灵宝市级一等奖，《快乐的小公鸡》获灵宝市首届“一师一优课,一课一名师”优质课一等奖,小学语文与信息技术整合示范课《小山羊和小灰兔》荣获灵宝市级一等奖。工作之余,黄方方参与主编的《三字经》《弟子规》《金色阅读》《写作范本毛毛虫起步》等,作为校本教材广泛使用于学校的校本课程。参与灵宝市教研室编写的《跟着课本学写作》共读书目,即将在全市小学投入使用。

近年来,黄方方还多次承担课题的实验研究工作,先后主持参与了2项河南省级课题、1项三门峡市级课题、1项灵宝市级课题研究,摸索出了一套科学有效的课堂教学方法,带动本组教师教学水平不断提高,起到了学科带头人的作用。先后被灵宝市教研室评为优秀实验教师、灵宝市优秀课改教师。

张丽萍,女,生于1978年7月,灵宝市尹庄镇涧西村人。1998年6月毕业于灵宝师范,同年8月在灵宝市川口乡任教。2010年6月,经过考录进入灵宝市第三小学工作。张丽萍为人随和,真心关爱每一个学生,颇受学生、家长和同事们的欢迎和称赞。

进入市三小以来,张丽萍一直在教学一线工作,教数学,并担任全寄宿班的班主任。刚到市三小时,张丽萍担任一(2)班班主任。这些才六七岁的孩子,一下子离开爸爸妈妈,开始全寄宿生活,大部分都不适应。虽然学校配备有保育教师,但张丽萍作为班主任,不仅要管孩子们的学习,还要管孩子们的生活,吃饭、睡觉,事无巨细。每天晚上,都是等孩子们安静入睡以后,她才拖着疲惫的身子离开学校。有人问张丽萍:“你总带着寄宿班,不觉得辛苦吗?你总腻在教室里,不累吗?”张丽萍总是笑着说:“我喜欢和孩子们在一起。”而在心里,张丽萍认为孩子是从天而降的小天使,是上帝派他们来人间陪伴自己,让自己幸福的。所以,张丽萍放下老师的架子,走进孩子的世界,感觉幸福无限。

课间,张丽萍像个孩子王一样,和孩子们一起玩。亲其师,信其道,孩子喜欢张丽萍老师,也更喜欢张丽萍的数学课。正因为如此,张丽萍带出来的班级班风正、学风浓,班里的孩子品德优,集体荣誉感强。

从一年级到二年级,仅仅两年,孩子们在张丽萍的教导下,学会了自理,学会了守纪,学会了学习,懂得了文明和礼貌。张丽萍的辛苦付出,得到了孩子和家长的一致认可。2012年,张丽萍所带的班级荣获三门峡市文明班级。2016年9月张丽萍荣获灵宝市优秀教师。

阴巧飞,女,生于1981年2月,灵宝市城关镇五龙村人,本科学历,中小学一级教师,中共党员。1998年7月毕业于山西省运城幼儿师范学校,同年8月任教于函谷关镇中心小学;2011年9月在灵宝市实验小学任教;2012年9月调入灵宝市第三小学任教。

在22年的教学生涯中，阴巧飞经常担任低年级的语文教学、班主任及管理工作，面对幼稚、天真而又喜欢表现的孩子，阴巧飞用爱心、细心和耐心去呵护，在“细、实、活”上下功夫。其管理经验有三：一是多看多说巧训练。低年级的孩子年龄小，口头表达能力和理解能力较差，因此对他们的训练要从培养良好习惯入手，方法要多样。如，课上就比比谁的坐姿最棒、谁的握笔姿势最棒、谁的读书姿势最棒，尽量吸引学生的注意力，组织好学生的纪律。课下比比谁的路队姿势最棒。利用班会提醒学生做好上课准备工作，并且在课后注意观察学生的行为，根据学生的表现在学生中树立榜样。二是多说多做勤检查。良好习惯的培养离不开检查，为此，阴巧飞就注重培养小干部，耐心地教给小干部的工作方法，细心指导，放权放手，随时注意树立班干部在班上的威信，并采取轮流值班制度，明确分工职责，每位小干部负责检查一个项目，检查结果做好记录，及时通报，便于适时评价和前后对比。这样采用教师查和小干部查相结合，既锻炼了小干部，又有效地培养了学生自主管理的能力。三是多做多行会鼓励。掌握低年级孩子特点，给学生们更多的鼓励，努力寻找班上学生的优点，及时表扬并加“星”，在班级形成一种竞争的氛围。

此外，阴巧飞还组织学生开展了很多具有本班特色的教育活动，以此提高班级的整体素质。如在班级开展“争做班级小主人”活动，各小组整理教室，还教室一份清洁，全体同学集体行动清扫，给校园一份美丽；又如，举行“祝福祖国”德育活动、“庆元旦”联欢会等组织学生积极参与，师生一起出谋划策，一起参与联欢。还有，以少先队为核心，开展丰富多彩的班队活动：主题班会、跳绳比赛、写字竞赛、讲故事比赛等，让每位学生在实践中多锻炼，发挥自己的才能，争做班级的小主人。

22年来，阴巧飞以认真的工作态度，取得了喜人的成绩。曾被评为三门峡市优秀班主任、文明班集体；灵宝市优秀德育班主任、优秀班主任；2013年，在三门峡市“两创两争”活动中，所带的班级被评为文明班级标兵；2016年又荣获三门峡市“雷锋标兵班”。

刘润芝，女，生于1978年11月，灵宝市大王镇沟北村（今三门峡市城乡一体化示范区）人，中共党员，大学本科学历，中小学二级教师。1997年8月初涉教坛，在大王镇中心小学担任音乐教学。2000年8月调入尹庄镇思平小学教音乐、品德，兼教务副主任，同年9月荣获灵宝市小学音乐骨干教师。2002年9月荣获灵宝市优秀教师。2006年8月调入尹庄镇中心小学教数学、语文，兼教务副主任。2007年9月荣获三门峡市有突出贡献教师称号。2009年12月荣获灵宝市师德标兵。2010年8月调入灵宝市第三小学,从事音乐教学,兼音乐教研组长。2011年9月、2012年9月、2015年9月,曾三次荣获灵宝市教师节文艺演出优秀辅导教师。2016年11月荣获灵宝市音乐优质课《动物说话》一等奖。

刘润芝刚调入第三小学不久,就迎来了灵宝市第二届中小学中华经典诵读大赛。学校对节目高度重视,开会分工,刘润芝负责编排《道魂诗韵》舞蹈部分,她不断地查找资料,搜集素材,吃饭、走路、睡觉都在思考诵读配什么舞曲。偏偏这时儿子感冒高烧,婆婆带孩子去医院输液,刘润芝心疼得直掉泪,晚上把儿子哄睡着,再起来继续编排,从音乐的截取、舞蹈的编排、道具的设计制作,到演出服的挑选,每件事都亲力亲为,短短两周,刘润芝瘦了10斤。最终,市三小获得优秀奖,刘润芝获得优秀辅导教师。无独有偶,次年11月灵宝电视台演播大厅落成,在开播仪式上,有市三小的节目《姥姥门前看大戏》。刘润芝接到通知时,距离演出只有短短的四天,学生训练、道具服装、时间安排都急需解决。刘润芝迎难而上,上午训练,中午满大街找服装、道具,当店老板告知,服装和道具需要四天后才能到位时,刘润芝当下急得上火,嘴角起泡。最后,老板被刘润芝的认真所感动,同意专门为其所要的道具跑一趟进货。解决了道具,刘润芝把一天当两天用,加大训练强度,终于在开播仪式的晚会上演出成功。

刘润芝从教以来,始终热爱本职工作,倾心耕耘在教学第一线,22年来曾任教过数学、语文、英语、品德、音乐等学科。音乐教学备课时,刘润芝总是反复地聆听音乐作品,挖掘音乐作品的情感因素和审美因素;大胆创新,不断完善自己的教学方法,突显自己独特灵动、和谐的教学特色,形成了“以境悦声,以情感人”的教学风格。在教学过程中,刘润芝常把学生结为“合作伙伴”,分享彼此的经验,交流彼此的情感,让学生懂得音乐的语言,与学生共同走进音乐情境,使学生真切地感觉到上音乐课就是一种美的享受！孩子们喜欢上音乐课,每次刘润芝上完课,总有孩子缠着她说:“刘老师,如果能每一天每一节都是你给我们上音乐课那该多好呀!”2014年11月,其音乐优质课《小青蛙找家》荣获灵宝市一等奖。

刘润芝经常牺牲节假日休息时间为孩子们编排节目,《喜庆秧歌》等十多个节目多次获各级各类奖。执教的《小青蛙找家》《动物说话》优质课、赛讲课,获灵宝市一等奖、三门峡市二等奖。2016年3月,第三小学作为灵宝市唯一一支代表队参加三门峡市“全键排舞”大赛。刘润芝在网上购买了资料,挑选了大家比较熟悉的拉丁舞、华尔兹和现代舞三种不同风格的舞种串烧,亲自带领音乐组老师先行自学,一个八拍一个八拍分解练习,不厌其烦地一个一个纠正,直到所有队员的动作都整齐划一。最终,由市三小教师组成的灵宝代表队在大赛中荣获金奖。2019年10月,刘润芝荣获灵宝市迎国庆演出活动优秀编导。

王冠霞,女,1975年9月出生,灵宝市阳平镇人,中小学一级教师,本科学历。1996年8月参加工作,在苏村乡第一中学任教。1998年8月调入尹庄镇北厥山小学,2007年8月调入尹庄镇东车小学,2010年8月调入灵宝市第三小学,担任美术教师并兼任办公室工作,建校初期设计了学校校徽初稿,多次沟通,几经易稿后定为现用校徽。

课堂教学中,她用扎实的专业知识引领孩子们在美术的世界里做自由的小天使,让他们的个性得以健康地发展。作为教研组长,她带领本组教师结合本学科特点,积极开展教研活动,及时发现教学中存在的不足,取长补短,实现资源互补。各级各类活动、赛事,她积极组织老师和学生们按时参加,辛苦的付出换来成绩卓著、奖牌无数。

办公室工作繁杂、琐碎,版面书写、值班安排、教师考勤、年终考核、活动拍照、档案整理、学校公众号前期组稿、荣誉室管理……每一项工作都耗时费力却又极为重要,也因此,她凡事都做到精益求精、尽善尽美。疫情期间,她坚守"钉钉",关注全体教师的打卡情况,坚持每天汇总上报,确保无一疏漏。

从教以来,先后被评为河南省网络资源应用推广先进个人、灵宝市第二届教学标兵、优秀课改教师。2014年9月,在河南省第八届农村中小学青年教师技能竞赛中获小学美术优质课一等奖,撰写的多篇论文以及辅导学生的书法、绘画、小发明、小制作等各类作品均多次获省市级奖项。灵宝市暑期教师培训工作中,多次承担授课任务,并被评为优秀授课教师。

曾明丽,女,生于1982年11月,灵宝市朱阳镇朱阳村人。本科学历,现任职于灵宝市第三小学,曾荣获三门峡市骨干教师、教学标兵等荣誉称号。2003年8月,曾明丽大专毕业后任职于朱阳镇第一小学,10年间,一直担任六年级的英语教学。2012年8月调入灵宝市第三小学,仍担任英语教学工作。

2012年秋季,学校安排曾明丽带一年级英语课,从未教过低年级的曾明丽有些不适应。天真的孩子们如同一张张白纸,如何在一张张白纸上绘制他们喜欢的颜色、书写辉煌,曾明丽有些茫然。有人说:"一年级的孩子,是天使和魔鬼的结合体。"这话一点也不假,孩子们的热情、礼貌、纯真时时感动着曾明丽,但更多时候会让人牵肠挂肚——纪律要操心,那些好动、爱说话的孩子,要三番五次强调才会安静点;学习要操心,听不懂的要一遍一遍反复讲解,直到那懵懂的小脸上露出笑来;上课要操心,坐不好的要提醒“注意坐姿”,开小差的要提示“专心听课”,不敢回答问题的还要不断鼓励其勇敢表现。一堂课就是这样在整顿纪律和知识教学中度过的。下了课,真是腰酸背痛,一个字“累”,想不到一年级这么难教!

于是,曾明丽开始思考怎样才能组织好一年级的课堂教学。经过多次试验,曾明丽掌握了组织课堂教学的技巧:巧用表扬,多加鼓励。曾明丽准备了很多小粘贴、小星星等,用来奖给表现好的学生,以激励他们好好学习。集够20个就可以兑换一个小礼物。这样,全班孩子学习的积极性被曾明丽调动起来了,教得轻松,效果又好。

曾明丽一丝不苟、尽心尽责做好每一件事情。近年来除担任英语教学外,还兼职教科室的工作,在曾明丽看来,这是学校及教科室领导对自己的信任,为此,曾明丽积极向每一位老师学习,取长补短,不断提高自身的业务能力,不断完善自己的教学风格,在完成本职工作之外,曾明丽还积极参加市里组织的各种示范课、多媒体赛课活动,也多次为学校获得荣誉。

2010年,曾明丽被评为三门峡市级骨干教师,撰写的论文被三门峡市教育局评为三等奖,辅导的学生论文获得省级二等奖;2011年在三门峡市教学技能大赛中荣获二等奖;2012年曾明丽参加灵宝市“高效课堂”群学研讨会,所做的示范课荣获优质课,并被评为三门峡市教学标兵;2012年和2013年多次在《少年智力开发报》上发表论文;2013年和2014年连续两年论文和课件在河南省研究室获奖;2017年在灵宝市举行的交互式电子白板教学应用优质课大赛中获得一等奖。2018年在三门峡市教育系统教学技能竞赛中荣获小学英语一等奖,在全省教育系统教学技能竞赛中获得三等奖,同年9月,荣获灵宝市优秀教师。

符娟丽,女,汉族,1975年12月4日生于灵宝市焦村镇汉头村。1994年8月进入灵宝市焦村镇中心小学任教,2012年9月进入灵宝市第三小学任教。先后担任过数学、品德、语文教学工作。

在工作中符娟丽谨记,备课既要备教材,也要备学生,学生才是课堂教学的主体。2009年8月,符娟丽辅导的学生杨馨玉在“祖国在我心中”征文书画活动中,其作品荣获优秀奖,符娟丽荣获优秀辅导奖。同年9月,符娟丽撰写的论文获省级教育教学研究成果三等奖;同年12月,荣获河南省优质课三等奖,三门峡市教育局授予其岗位标兵的光荣称号。2010年9月,符娟丽荣获三门峡市教学标兵;2011年9月,多媒体课件《英雄》获河南省优秀成果三等奖;同年12月,其撰写的论文《转化潜能生的点滴之谈》系列文章被评为河南省教学博客类一等奖。

2011 年,符娟丽又接了一个毕业班。班里有个女孩,因为离家远,需要寄宿。忽然离开父母独立生活,一下子不习惯,三天两头请假不说,最后因为科任老师的一次批评,干脆不来上学了。家长无奈之下,向符娟丽求援。符娟丽抓住该生热爱运动这一点,合理引导使其顺利读完小学,上了初中,以优异成绩考进了灵宝一高。

2012 年 9 月,符娟丽调到灵宝市第三小学任教。2016 年 9 月,荣获灵宝市优秀班主任;2018 年 9 月,符娟丽被评为三门峡市骨干教师。教学之余,符娟丽写的随笔——《融会贯通 快乐作文》《九月醉金秋》《上善若书 为师之道》《百舸争流 奋楫者先》《蓬生麻中 不扶自直》等多篇文章,先后发表在《灵宝教研》上。

王金刚,男,生于 1979 年 5 月,灵宝市西闫乡东邱村人,1997 年参加工作,中共党员,三门峡市骨干教师,教育学本科学历,中小学一级教师,在 22 年的教学经历中,把满腔的热血献给了他挚爱的孩子们,把勤劳和智慧融入小小的三尺讲台。

早在孩提时代,王金刚就萌发了当一名人民教师的梦想。1997 年师范毕业后,梦想成真!1997～2000 年,王金刚在西闫乡中心小学任教,当时师资力量薄弱,最开始的两年里,王金刚一直承担包班工作,教语文、数学好几个学科,每天从早到晚几乎是一个人唱独角戏,确实累,有些乏味,但只要一站上神圣的讲台,王金刚就精神十足,只关心孩子们是否听懂、作业是否会做,特别是那几个学困生,更是让其放心不下,脚步总不自觉地逗留在他们的身边。2000 年,王金刚调到西闫乡实验小学任教务主任。这是一所新成立的学校,一切都是刚起步,王金刚从着手制定各项制度,到稳步推进各项工作,都倾注了无数的心血,但在心中谨记"教育无小事",耐心地处理班级里的每个问题。支持校长工作与班子成员齐心协力,使这所新学校在全乡脱颖而出,得到了家长和社会的一致好评。2003 年,王金刚又调回中心小学任校长,站位不同,思考就不同,王金刚想的是"扎实工作,力求创新",既要抓好教学工作,又要搞好和村委的关系,以获得村委对学校工作的支持。王金刚当了校长,仍坚持带课,教数学,即使再忙,也不拉下孩子的一节课。有时开会耽误了,回来一定补上。因此,王金刚所带的学科成绩在全镇一直位于前列。2004 年 9 月,王金刚荣获灵宝市优秀教育工作者。2006 年 9 月,荣获灵宝市优秀班主任。

2012 年,王金刚通过招教考试进入灵宝市第三小学任教,教数学。面对新环境,王金刚对自己也提出了更高的要求,以自己的人格力量感染学生,对学生严宽相济,多谈心、多家访、多帮助、多鼓励,并努力捕捉其闪光点,趁势表扬,促其发光。2013 年 10 月,王金刚辅导的学生钢琴作品《公社都是向阳花》荣获三门峡一等奖,辅导学生古筝

《春到湘江》获三门峡市二等奖，自己也荣获优秀辅导教师奖。2018 年王金刚荣膺三门峡市骨干教师。

何晓晓，女，生于 1980 年 12 月，灵宝市阳店镇南洼村（今三门峡市城乡一体化示范区）人。本科学历，中小学一级教师。现就职于灵宝市第三小学。何晓晓自幼聪颖好学，成绩优秀。1999 年师范毕业，先后在阳店镇官庄原小学、阳店镇中心小学任教，2010 年 9 月调入灵宝市第三小学，担任语文教学工作。

在工作中，何晓晓勤恳敬业，虚心好学，对自己所教的语文学科有很强的驾驭能力。教学上本着“授之以鱼不如授之以渔”的宗旨，注重对学生能力的培养，让学生在学习过程中学会学习、学会做人。因材施教，积极营造一种平等和谐、活跃有序的课堂氛围，力求让每一个学生都能有所收获。

何晓晓忠诚教育事业，虑事能从大局着想，尤其在市三小这 10 年里，勇挑重担，连续六年担任寄宿班教学工作并兼班主任，连续五年担任六年级毕业班教学工作，对自己严格要求，一丝不苟，踏实肯干，取得了一项项骄人的成绩。

“学高为师，身正为范”。何晓晓处处以身作则，每天早上总是先于学生到教室，把门窗打开，写好早读任务，等候同学们的到来；放学后一定到教室看一下才放心地离开；中午饭后，常和寄宿学生泡在一起，带领大家一起读书、学习；课间十分钟、课外活动，积极参与，与孩子们一起活动、游戏或者谈心。天冷或天热，照料孩子们吃穿合适；遇到集体活动时，提前安排好孩子们应备的生活、学习用品；遇到学生生病时，及时带去看病。“桃李不言，下自成蹊”，何晓晓班里的学生有样学样，从没有迟到、早退的，班纪好，学风正，成绩优。

何晓晓的教育教学工作，赢得了学生、家长的普遍赞誉，多次受到上级部门的表彰。2004 年 9 月，被评为灵宝市优秀教师；2013 年 9 月，被评为灵宝市优秀班主任；2017 年 9 月，再次被评为灵宝市优秀教师。

何晓芝，女，生于 1978 年 6 月，灵宝市阳店镇南洼村（今三门峡市城乡一体化示范区）人，本科学历，中小学二级教师。1997 年 9 月参加教育工作，先后在豫灵镇万回小学、阳店镇寨原小学、阳店镇第一初级中学任教。2011 年 9 月进入灵宝市第三小学任教，担任语文教学工作。

何晓芝从教 23 年，干了 21 年班主任工作。作为一名班主任，她坚守的信条就是爱班如家、爱生如子、敬业爱岗，其强烈的事业心和责任感、严谨治学的态度，使学生打心底里对其萌生深厚的敬重和信任。2011 年秋季初到市三小，何晓芝所带的低年级班，是一个既有寄宿生，又有走读生的混合班，为了照顾好班里的每一个孩子，何晓芝就利用课余时间了解孩子们的性格、习惯，尽快熟悉孩子、亲近孩子，不仅努力做好孩子们的老师，更把自己代入妈妈的角色。全寄宿孩子，有时家长因为有事，周末不接孩子，何晓芝就把孩子领回自己家里，像对待自家的孩子一样细心照顾，洗头发、洗澡、洗衣服……事无巨细，无微不至。班里走读的孩子拉到裤子里了，何晓芝没有嫌弃脏、臭，而是亲自打来热水，俯身给孩子擦洗，及时通知家长送来换洗衣服；对待班里的特殊学生，何晓芝用关爱唤起他们的自信心。对于娇生惯养、骄横成性的淘气学生，严慈相济，促其转变！2019 年教师节，当年的小淘气，竟然给何晓芝发来了节日祝福的短信，何晓芝高兴地和办公室的姐妹一起分享这份喜悦！

在语文教学方面，何晓芝曾担任过一至九年级的语文课，有着丰富的教学经验，所带的班级成绩也很优秀。每年暑假时，总有一些家长打来电话，询问何晓芝下一年是不是跟班走，没别的意思，就是希望何晓芝能够继续教他们的孩子。何晓芝带班最长的一届，是从一年级开始一直带到小学毕业。每每谈起此事，何晓芝总是感慨地说："感谢孩子和家长的信任，从教生涯能有几个 6 年可以轮回啊！"

何晓芝工作努力，成绩突出，2008 年、2013 年、2016 年先后三次获得灵宝市优秀班主任，2009 年、2016 年、2019 年先后三次荣获三门峡市优秀班主任。从 2012 年至 2019 年，还先后获得灵宝市的师德标兵、德育工作先进个人、课改标兵，三门峡市的"两争两创"文明班级、优秀辅导教师等荣誉称号。

索金花，女，汉族，1979 年 12 月生于灵宝市函谷关镇，本科学历，中小学一级教师。1996 年 8 月参加教育工作，任教于函谷关镇孟村小学；1997 年 8 月任教于函谷关镇雷家沟小学；2004 年 8 月任教于函谷关镇中心小学；2012 年 8 月，索金花调入灵宝市第三小学。参加工作以来，一直担任小学语文教学和班主任工作。

"说起班主任，不单单是一个称谓，更是一份沉甸甸的责任。做好这份工作，需要饱满的智慧和长久无私的付出。"这是索金花从事班主任工作最深切的体会。2016 年，索金花班里有一个叫乐乐的学生，极富个性。乐乐在学校里，不论是课堂听讲、做作业，还是与人相处，全凭兴趣，常常无端欺负同桌。索金花明白，"要爱全身优点的孩子，更要爱满身问题的孩子，因为后者更需要老师的爱。"索金花把乐乐的座位调到了第一排，上课时常用微笑的眼神提醒其要注意听讲，做作业时对乐乐耐心辅导，课间十分钟里也和乐乐一块玩……这样日复一日，索金花发现乐乐慢慢改变了，招惹同学的次数越来越少，按时交作业的次数越来越多。

索金花经常向身边的班主任学习，特别是向男性班主任学习，向书本学习，利用闲暇时间登陆班主任培训网站，阅读专家们关于班级案例的分析及处理办法。通过学习，索金花掌握了很多带班方法，比如，可以用讲故事的方法来教育学生。索金花发现，讲故事的时候，孩子们听得极其专注，由故事联想到自身的错误时，会表现出羞赧，这是学生知错的开始，有了这个开始，离改正错误就不远了。

索金花的勤奋和努力，也为自己赢得了一串殊荣，她曾主持过三门峡市级教研课题，2008 年 9 月荣获三门峡市岗位标兵，2012 年 9 月，荣获三门峡市优秀教师，以及灵宝市德育优秀教师、优秀班主任等荣誉。

刘江会，女，汉族，1981 年 12 月生于灵宝市西阎乡水泉城村。中小学一级教师，本科学历。

1999 年师范毕业后，刘江会任教于西阎乡大阎村小学。初入职，刘江会虚心好学，工作踏实认真，成绩优异，多次在乡统考中取得第一名的好成绩。2006 年 1 月，因成绩突出，刘江会调入西阎乡实验小学任教，几年的教学实践和取得的喜人成绩，使其更加热衷于语文教学研究，善读善思，践行新理念，探索新课改，并积极参加赛讲等各种活动，以追求更好成长。2007 年 9 月，刘江会被评为三门峡市模范班主任，2008 年 1 月，被评为灵宝市师德标兵，2010 年 4 月，被评为灵宝市教学能手。2010 年 7 月，通过招教考试，以优异的成绩考入灵宝市第三小学。

在进入灵宝市第三小学之前，刘江会从事语文教学已有 11 个年头。刘江会看到了语文教学一直以来的弊病是以本教本，围绕课本学，围绕课本练，课本成了障目的一叶，遮挡了学生的眼界，限制了学生对于广博知识的汲取。而小学阶段应该培养各种语文素养，比如：语感的培养、阅读的兴趣、知识积累的习惯、迁移运用的意识、乐于表达的兴趣等，都缺失太多。所以，进入第三小学以后，刘江会萌生了“语文教学梦”——从一年级开始，有计划、有步骤地让学生通过语文课堂这扇门，进入更广阔的读写天地，开启更精彩的阅读道路，全方面提高语文素养。这一想法也得到校领导的支持。

2011 年 9 月，刘江会担任一年级语文教学和班主任工作。其语文教学实验也从此开始。刘江会除带领学生打好书写基础外，还搜集了 200 首左右的优美童谣、儿童诗和浅近的古诗词，每天晨诵一首，让孩子们在尽情的诵读中感受童谣的欢快、儿童诗的趣意、古诗词的韵味。整个低年级教学中，学生天天有积累。进入三年级，这是语文学习的一个转折点，孩子们的阅读更需要多样化。于是，刘江会和孩子及家长相约，共同观看央视“我的一本课外书”栏目，看看节目中书童的丰富知识，感受书籍带来的光彩，了解这些童星们的书单和读书生活，感知书的世界多姿多彩，激发学生们对浩瀚书海的渴望和成长为读书少年的愿望，也使每位家长懂得书香家庭对于孩子成长至关重要。学生升入五年级，进入高年级段，刘江会与孩子们共同诵读季羡林的《夹竹桃》、陈荒煤的《广玉兰》、宗璞的《紫藤萝瀑布》等，读读背背中感受其语言的洗练，体味诵读名篇的顺畅舒意，激起对名家作品的渴慕，让名家名作走进孩子们的阅读世界。另外，高年级读写并重，"读"孩子们已慢慢独立，做好推荐引领即可，"写"却要细致指导。刘江会给予的指导首先是"质胜于文"，即表达的情感胜于文道。因此，她与孩子们共同品读《爱的教育》《自己的花是让别人看的》《信任》等温情篇章，从中感受字句流露的温暖、语言流淌的善良，让文字背后美好的心灵感染每个孩子，使他们像名家大师一样有温暖的心，有细腻的情感，去发现身边的美，抒写真实的爱。

从 2011 年至 2016 年，尝试语文教学研究六年，刘江会为孩子们带来多彩的语文，与孩子们度过了美好的读写时光，为他们畅游书海插上了有力的翅膀，也为自己赢得了一串殊荣：2011 年，在三门峡市科技创新成果展中获制作类一等奖；2012 年教师节，被评为三门峡优秀教师；2013 年，被评为灵宝市师德标兵；2015 年，在三门峡小学语文优质课评选活动中获二等奖；2017 年 6 月，研究的"群文阅读"课题获三门峡市一等奖，2018 年 1 月，执教的语文课《快乐阅读吧——走进童话世界》获灵宝市团队精品课一等奖；撰写的论文也多次获省、市奖项。

薛春炜，女，汉族，生于 1971 年 2 月，灵宝市尹庄镇梧桐村人，本科学历，中小学高级教师。1990 年 8 月参加工作，任教于尹庄镇第五中学，曾担任学校团支部书记、教务主任；1995 年 8 月调至灵宝市第一小学，曾担任教研组长、年级主任；2010 年 8 月调入灵宝市第三小学。从教 30 多年来，一直从事语文教学和班主任工作。

作为工作在一线的教师，薛春炜深知学习是终身的事，只有不断地学习，才能在思想上与时俱进，在业务上高出一筹。每年暑假，不论有无专业培训，薛春炜都自觉地学习新课标、新教材，通过教育期刊和网络，学习新的教育理念、新的课改模式。做到学以致用。薛春炜质朴、干练、认真，不管语文教了多少遍，还是坚持潜心研课、磨课，认真备课、上课，及时批改作业，耐心辅导学生。注重对学生各种能力的培养，采用灵活多样的教学方法，营造一种简约清新、平等和谐、活跃有序的课堂氛围。教学之余，经常与同事一起探讨教学、教研方面的问题，亲自参与并且完成了"小学语文四环节教学模式""小学语文与艺术学科整合""小学低年级语文教学策略研究""增量阅读各课型教学模式与研究"；为孩子们制订读书计划，设计读书成长卡，培养学生读书的兴趣和习惯；主动承担学校“小作家作文”社团教学活动，利用双休日组织学生进行研学。其撰写的二十余篇论文在各类赛事中获奖，参与的省级课题“小学语文谜语进课堂”已结项，获得专家的肯定和好评；所主讲的优质课《鸟的天堂》《海水》荣获河南省二等奖；信息技术与学科整合优质课《草原》荣获河南省三等奖，《小鱼的梦》荣获三门峡一等奖；辅导的学生在全国创新作文大赛、中国作家协会读写大赛以及各类赛事中屡屡获奖，薛春炜也多次荣获辅导奖。曾被授予灵宝市骨干教师，2011 年 3 月荣获三门峡市教学标兵。

薛春炜带班很有经验，根据每位学生的特点，让学生都参与班级的管理，每个学生都是班级的管理者，又都是被管理者。学生在管理中，体验到领导的责任重大，体验到用心做好每件事的快乐，也感受到班集体强大的凝聚力。每学期开学初，薛春炜会和学生一起讨论，查摆班级存在的问题和学生行为习惯等方面的细节问题，针对问题寻找解决办法，和学生达成共识，形成制度，尔后按照制度去管理班级。需要长期坚持的，就分阶段进行扎实训练。对于学校安排的各项活动，采取任课教师和班主任分包责任制，大家齐心协力把工作做好。曾先后被评为灵宝市优秀班主任、三门峡市优秀班主任、三门峡市管理上台阶先进个人。

孙萍芬，女，生于 1976 年，灵宝市西阎乡文东村人，本科学历，中小学一级教师。1996 年参加工作，孙萍粉先后在西阎乡文东小学、西阎乡实验小学任教。

在西阎乡实验小学工作时，孙萍芬兼班主任。这是一所寄宿制学校，孩子们一周都住在学校里，只有周末才能回家。对于 6 岁的孩子来说，离开妈妈的日子真是一种煎熬。所以，指导学生梳头、洗脸、穿衣、吃饭，就成了孙萍芬的必修课。对于周末没有人接的孩子，孙萍芬就像妈妈一样带着，教其学习、唱歌、画画，洗澡、梳头、穿衣、吃饭、睡觉，陪其哭，哄其笑。分别时，师生就像母子一样恋恋不舍。2007 年 12 月，孙萍芬荣获三门峡市农村骨干教师称号。2010 年 1 月，辅导学生的作品《方便刮鳞器》荣获灵宝市第八届青少年科技创作大赛二等奖。2011 年 7 月，荣获三门峡市教学标兵称号。2012 年 7 月，辅导学生参加步步高写字书法大赛，荣获一等奖。

2012 年 8 月，孙萍芬调入灵宝市第三小学，带半寄宿班，孙萍芬外表柔和，但性格要强，总是把工作放在第一位，把更多的时间花在学校和学生身上，几乎每天都是最早到办公室、教室和学生宿舍的那一个。每天，孙萍芬都会重复做一件事，就是对学生的集会、早读、课间操、卫生清洁、午休、午后自习等督促检查，并做好登记，建立档案资料、联系簿。孙萍芬全面了解学生的情况，目的是有的放矢地对学生进行前途理想教育、科学人生观教育，围绕着“学会生活，学会做人，学会求知”的教育理念教育学生。孩子们都亲切地称其为“学校里的妈妈”。

在班级中，总有一些难带的孩子，孙萍芬带着放大镜去寻找他们的闪光点，根据这些孩子的特长，给其提供一个表现自己的机会，为大家服务：喜欢跑的，让他去领奶；喜欢蹦跳的，让他们去擦黑板；喜欢在教室外面的，让他们去打扫卫生。面对领来的鲜奶、干净的黑板及清洁区，孙萍芬不忘及时表扬，并特意说“老师相信你，不仅是劳动上的好手，也一定会成为学习上的好手”，以此鼓励和引导这类孩子在学习上用功出彩。孙萍芬连续 8 年被学校评为模范班主任和优秀教师。2015 年 9 月被评为灵宝市优秀班主任，2019 年 9 月荣获灵宝市优秀教师，受到市政府的表彰。

刘雪层，女，1975 年 4 月出生，灵宝市阳平镇人，中共党员，大学本科学历，中小学一级教师。1995 年，刘雪层初涉教坛，在阳平镇中心小学任教；2010 年 9 月，被评为三门峡市优秀班主任，同年 10 月，被评为三门峡市优秀少先队辅导员；2013 年调入灵宝市第三小学任教。

从教以来，刘雪层一直担任班主任及语文教学工作。刘雪层带过的班级很多，但其所带的班级，都有一个共同的特征，就是团结、进取、活泼、创新。每接到一个新班级，刘雪层会和孩子们利用班会课，制定班级管理规章制度，并细致到每一条奖罚措施。有了制度，重在落实，将常规管理做到精细化。如：班级卫生，在安排上就细致到每一个角落对应每一个人；班干部对整个班级建设有着举足轻重的作用，刘雪层在任用班干部上，始终遵循公平、公正、民主的原则评选班干部。班级事务，大到班长、学习委员、纪律委员、卫生委员等，小到电棒开关、桌凳摆放、劳动工具摆放、红领巾检查、图书管理、领奶等，在刘雪层的班里，有一半左右的孩子都参与了管理，初步形成“人人有事做，事事有人做，时时有事做，事事有时做”的局面。并且坚持“每周总结、评比和加分制”，以此督促班级和各项工作，形成了团结、进取、活泼、创新的局面。

刘雪层带班，除了用好人和制度，还开展丰富多彩的课内外教育实践活动：一是创建班级文化。走进他们的教室，首先看到的是墙壁上充满童趣的精彩设计，让教室的每一面墙壁会说话。二是重视主题班会。每学期开学初，刘雪层都会让孩子们根据一学期的主题安排，自由组合，进行选题，制成行事历。每周一下午，刘雪层按照行事历的进程，认真组织孩子们开展班会活动，班干部也参与组织；并要求班会主持人提前准备好主持稿，主持人经常轮换。孩子们积极性非常高，现在刘雪层的班里，已经涌现出一批优秀的班会主持人。三是重视节日活动。三八节、植树节、清明节、劳动节、寒暑假，都有丰富多彩的实践活动，让学生学会感恩、学会合作、学会生活，自理能力也得到了提高。四是重视班集体活动。学校组织的各项活动,刘雪层和班里的孩子们都积极准备,教育孩子们要为班集体争光,每参加一次活动,每收获一张奖状,孩子们就收获了一种技艺和自信。

刘雪层工作努力,成绩优秀:2015 年 7 月,其参与的省级实验课题“小学语文谜语进课堂的实践与研究”结项,撰写的实验论文获省级一等奖;2016 年 9 月被评为灵宝市优秀班主任;2018 年 6 月,在灵宝市首届班主任综合素质大赛中荣获一等奖,同年 9 月,被评为灵宝市优秀课改教师;2019 年 7 月,被评为灵宝市优秀共产党员,同年 9 月,再次荣获灵宝市优秀班主任称号 。

卢晓百,女,汉族。生于 1984 年 11 月,灵宝市尹庄镇涧口村人。本科学历,小学一级教师。2007 年 6 月,分配到朱阳镇第一小学任教;2008 年 9 月,被评为灵宝市优秀班主任;2012 年 1 月,被评为灵宝市师德标兵,2012 年 8 月,调入灵宝市第三小学任教。

卢晓百在教学中力行严谨、科学、务实的作风,勤于钻研教材,深入浅出,合理安排教学内容,善于激发学生学习兴趣,寓教于乐,深受学生喜爱。关爱每一位学生,倾心关注潜能生的成长。

2014 年 8 月,卢晓百主动报名去朱阳一小参加支教活动。为了不辜负领导的信任,为了使所教孩子们在毕业考试中取得优异的成绩,卢晓百工作起来比平时更勤奋、更认真,充分利用网络资源,教授儿歌,提高学生的学习兴趣,所教班级成绩在镇内名列前茅。还多次在朱阳一小及辖区小学讲授公开课,分享自己的教学经验。卢晓百和特岗教师张梅芹老师结对帮扶,每周坚持互相听评课两节,一年后,张梅芹老师在教学上已经能独当一面。

卢晓百在支教中说得最多、做得最多的一件事,就是规范学生的书写。每次写作业时,都要求孩子书写规范,作业批改用 A、B、C 来给他们的书写打等级;平时的测试也一样,先打卷面分;定期进行书写比赛,并把他们的作品都张贴在教室墙壁上,让大家观看、点评。卢晓百说:“书写规范,看似小事,其实关乎学生的学习习惯,影响到学生的做事及以后做人,实则是一件大事。”2014 年,卢晓百被评为灵宝市优秀支教教师。

卢晓百工作认真,成绩优秀,其所撰写论文曾荣获省级一等奖,教学案例在 CN 刊物发表。多次在市级优质课比赛中获奖。2015 年 9 月,被评为灵宝市优秀教师。

马海娟,女,生于 1980 年 2 月,灵宝市阳平镇文西村人,本科学历,中小学二级教师。1999 年毕业后任教于朱阳镇新店小学,2001 年在阳平镇横涧小学任教,2005 年在灵宝市实验小学任教,2010 年至今在灵宝市第三小学任教。

马海娟生性稳重，待人真诚，工作中总能以一颗真诚心对待同事，以一颗平常心看待得失，以一颗责任心从事工作。从教20年来，马海娟一直奋斗在教学一线，担任语文教学与班主任工作。走进市三小后，马海娟接到的第一个班级 一(1)班，是一个全寄宿班级，孩子们年龄小，有的还是第一次远离父母，不能适应寄宿生活，周末来校时总是哭鼻子，听着母子分手时，孩子一声声哭喊着“妈妈，妈妈”，马海娟的心都快碎了。为了让孩子能尽快适应学校的生活，不再因爸妈不在身边而感到孤独，马海娟就把他们当成自己的孩子去爱、去关心。下晚自习后，马海娟来到宿舍，和孩子拉家常，教他们刷牙的方法，帮他们整理衣服。遇到天冷天热时，提醒孩子增减衣服，看到有的孩子天冷了还穿得很薄，家长还没送来棉衣，马海娟就拿自己孩子的棉衣给他们御寒。孩子的鞋带松了，马海娟弯腰帮其系好。女孩的头发乱了，马海娟耐心地帮其梳好。有孩子病了，爸妈不能及时赶到，马海娟就把孩子带去医院给孩子看病，孩子打针怕疼，马海娟就抱着哄哄。马海娟平时是怎样对自己的孩子，在学校里就怎样对待学生，让孩子从这些小事上感受到老师的关心，感受到母爱，不再觉得孤独。有段时间，马海娟嗓子发炎，喉咙疼得厉害，不能大声说话，孩子们说：“马老师，您小点声说话，我们能听得见，要不嗓子更疼了。”“马老师，您要多喝水”。……听到孩子们发自内心的话语，马海娟的眼角流下了幸福的泪水。

马海娟是一位兰心慧质的女子，不仅教学工作成绩突出，班级管理有序，而且善于探究和总结。2006年，她撰写的德育论文获得三门峡妇联、三门峡市教体局二等奖；2008年，识字方法的论文获得国家级三等奖；2011年，作文教学的论文获得河南省二等奖，同年撰写的提高识字效率的论文获得三门峡市一等奖，这一年里还荣获灵宝市优秀少先队辅导员、优秀班主任；2014年10月，课题获得三门峡市一等奖；2015年和2016年，科技小制作分别获得灵宝市、三门峡市二等奖；2009~2015年，优质课和教学设计多次获得省、市一、二等奖；2017年，荣获灵宝市优秀教师。

王海霞，女，生于1976年1月，灵宝市西阎乡文东村人，本科学历，中小学一级教师。1996年师范毕业后任教于朱阳一小，1999~2010年，先后在西阎乡文东小学、西阎乡实验小学、西阎乡第二小学任教，2010年8月通过招教考试进入灵宝市第三小学任教，自毕业以来一直从事小学语文教学工作。

作为一名教育工作者，王海霞力求自己保持一颗乐观的心态，不管面对什么样的孩子，成绩好的、成绩差的，都能坦然接纳。王海霞是从心底里热爱孩子，并坚信爱孩子是教育的基石。在教育学生上，王海霞坚持严慈相济，用爱与智慧去管理和教育学生。一次语文课上，当讲到“我相信我们每个同学身上都有闪亮的光点”时，梁梁同学竟然情不自禁地脱口而出：“老师，我身上有闪光点吗？”望着梁梁充满期盼的眼神，王海霞说：“你身上怎么会没有闪亮之处呢？你热爱劳动，乐于帮助同学，还有诚信的可贵品质，这都是闪光点呀。”这时，不少学生马上举手反对，纷纷指责梁梁言而无信，还列举了许多事例说明。王海霞压手让大家停止议论，说出自己看见梁梁守信用的事实，学生们被老师的话打动了，没有人再站起来反驳。这时的梁梁低下了头，似乎在反思，似乎在为以前所做的事感到惭愧。下课回到办公室，王海霞也在反思：一个孩子，必须学会自信、勇敢。课后，王海霞找梁梁谈话，要他学会面对现实、接纳自己，扬长避短，发挥自身优势，找到属于自己的快乐。此后，梁梁变了，上课敢举手发言了，作业也能按时交了。

在教学工作中，王海霞爱岗敬业、勤奋努力、谦逊好学，紧跟时代步伐，不断更新自己的教育理念，不断提高课堂教学效率，让学生在课堂上快乐、高效地学习。从教23年来，王海霞获得了多项荣誉：2006年8月，获省级征文辅导奖，撰写的论文被评为河南省、三门峡市一等奖；2007年9月，荣获灵宝市优秀教师；2008年，在灵宝市举行的第五届语文新课程赛讲中获二等奖，同年被评为灵宝市首届教育教学名师，还荣获三门峡市教学岗位标兵，自制的课件《海洋——21世纪的希望》荣获省级奖；2013年9月，再荣获灵宝市优秀教师，受到市人民政府的表彰。

尚伟静，女，1979年7月出生于灵宝市焦村镇尚庄村。自幼善良勤奋，好学上进。1998年6月毕业于豫西师范，后继续学习获得本科学历，现为中小学二级美术教师。

初为人师，年轻活泼、富有朝气的尚伟静，课堂上和孩子们一起玩数字游戏，课下喜欢和孩子们一起做手工、画画。1999年，尚伟静以其突出的教学成绩被评为程村乡优秀教师。2001年8月，尚伟静调回家乡焦村镇，任教于马村小学，担任三年级所有学科教学。2003年8月，调到焦村镇万渡小学，担任四年级语文、美术教学；同年10月，尚伟静奇思妙想，用20余种豆子粘贴的“纪念毛泽东诞辰一百一十周年”画作，荣获三门峡市第三届科技小发明小制作一等奖；11月10日，尚伟静制作的烙画《出水芙蓉》获灵宝市第四届学校科技创新一等奖。2004年，尚伟静又调到焦村镇纪家庄小学，先后担任四、五年级数学和美术教学。2006年8月，尚伟静调到焦村镇第四初级中学，先后担任七、八年级语文教学。2008年，四中撤销建制，尚伟静又调到焦村镇第四小学工作，担任四、五年级语文和美术教学。在班级里，尚伟静不只是关注品学兼优的孩子，更多地关注后进生。对十分顽皮、爱说谎、经常逃课、不写作业、屡教不改的学生，尚伟静改变教育方式，家访，交流沟通，寻找解决问题的办法，在尚伟静和家长的共同努力下，孩子们渐渐改掉了身上的坏毛病。学期末,尚伟静所教的班级教学成绩喜人。2009 年,尚伟静荣获灵宝市优秀班主任光荣称号。

2010 年尚伟静借调到灵宝市实验小学。2011 年 8 月,尚伟静调入灵宝市第三小学,担任美术学科的教学工作。2012 年,到苏村乡中心小学支教,担任四年级语文、品德和二、三、四年级美术教学工作。针对乡村孩子知识面窄、学习条件不好、成绩差的现状,尚伟静勤勤恳恳,兢兢业业,严谨治学,关心爱护每位学生。每周日下午 4 点尚伟静就来到苏村小学,为孩子们补课。在苏村那一年的冬天格外冷,班里很多同学的手和耳朵都冻烂了,尚伟静看在眼里,疼在心里,周末回灵宝时从药店买来冻伤膏,每天为同学们涂抹冻伤。拿来自己的棉衣给家庭贫困的孩子穿上。这一年,尚伟静所教班级的语文成绩,连续三次获得乡第一名。2013 年 8 月,尚伟静被评为灵宝市对口支教优秀教师。

从教 20 余年,尚伟静美术教学经验颇丰,但从没有固步自封,而是虚心学习,经常和老师一起研读课标、解读教材,不断充电学习。2016 年 10 月,在三门峡市"一师一优课、一课一名师"活动中,尚伟静执教的《脚印的联想》一课获二等奖。2017 年 12 月,在灵宝市中小学综合实践活动课程建设中,尚伟静和闫飒飒、张慧锋的《巧手纸艺》成果获得一等奖。2018 年 12 月,在灵宝市艺术展演活动中,手工作品《佳人》荣获一等奖。2019 年 3 月,尚伟静从城市雾霾严重,很多同学呼吸道严重感染这一现象获得灵感,梦想让环境变得更美,因此产生构想,辅导学生张靓婕创作出绘画作品《空气净化器》,荣获第 33 届河南省青少年科技创新大赛少儿科幻画二等奖,尚伟静荣获优秀辅导教师。

苏水苗,女,生于 1977 年 11 月,灵宝市五亩乡东庙村人,本科学历。1997 年 8 月,苏水苗师范毕业后即任教于五亩乡宋曲小学,担任五年级数学教学及班主任。2008 年 3 月调入五亩乡中心小学,担任六年级数学教学及班主任。2008 年 9 月苏水苗被评为灵宝市优秀教师,2009 年 7 月被评为高效课堂教学能手。2010 年 8 月,任教于灵宝市第三小学,2013 年 8 月至 2014 年 7 月在寺河支教一年。从教 23 年来,苏水苗一直担任小学数学教学及班主任工作。

苏水苗加入灵宝市第三小学这个优秀的团队后,一心扑在工作上,满腔热忱、想方设法高效地完成每一项工作。备课时,努力做到脑中有"标"、胸中有"本"、目中有"人"、心中有"数"、手中有"法"。始终坚持把学生当作好朋友与合作者,摆正自己"引导者"的位置,工作扎实有效。为了精心备好每一节课,苏水苗想尽一切办法,把抽象的数学知识直观化。在课堂教学中充分让学生经历"做数学""玩数学"的过程,不断地体验数学与生活的紧密联系,让学生的数学素养在生态课堂中逐步养成。教学中,常采用尝试教学法、引导探究法、小组合作法,不断地发挥学生的主体作用,让同伴间取长补短,共同进步,并在适当的时间加以引导、点拨,让学生亲身经历数学知识的形成过程,让数学课堂成为学生的精神乐园!

在班级管理方面,苏水苗始终把"呵护孩子的那一丝闪光"作为育人目标。在其不断的鼓励和引领下,在科任老师的精心合作下,小精灵中队的孩子们一个个爱心满满、勇于担当、活泼可爱、力争上游,以"小绅士""小淑女"的标准约束自己的行为。对于学习困难的孩子,苏水苗会因材施教,个别辅导;生活中,播撒爱心,与孩子一起享受成长的喜悦;餐厅里,对于身体不佳的孩子,及时关注他们的用餐情况;孩子情绪低落,及时安慰和疏导,帮助孩子走出情绪的困境;孩子犯错了,即使批评也变成了循循善诱,及时纠正,促其改过……

苏水苗时刻铭记自己的身份和职业。工作兢兢业业,勤奋努力,所带班级多次被评为"习惯养成出彩集体";辅导李宣烨创作的《狙击步枪》荣获灵宝市级一等奖;撰写的小学生习惯养成班主任工作案例《用爱编制五彩斑斓的梦》获灵宝市二等奖。2019 年 9 月,被评为灵宝市优秀班主任。

王彩霞,女,生于 1978 年 1 月,灵宝市朱阳镇人。本科学历,中小学一级教师。1997 年 8 月,19 岁的王彩霞初涉教坛,在朱阳镇营里小学任教,2002 年 8 月,王彩霞调至朱阳镇第一小学任教,2007 年荣获三门峡市优秀班主任,2008 年,荣获三门峡市文明教师;2010 年 8 月王彩霞调至灵宝市第二小学任教;2012 年 8 月,王彩霞调入灵宝市第三小学任教。自从教以来,王彩霞一直担任语文教学和班主任工作。

在朱阳任教期间,王彩霞用微薄的工资资助班里的贫困学生,直到小学毕业。在灵宝市第二小学任教期间,认真钻研,积极大胆地尝试课程改革,在业务上迅速成长起来,先后参加了灵宝市第二届教学标兵的评选和优秀课改教师的竞赛,2012 年,王彩霞获得两项殊荣:灵宝市教学标兵、和优秀课改教师。同年,王彩霞作为优秀教师,被选调到新成立的灵宝市第三小学工作。

2014 年,王彩霞积极报名去西阎乡实验小学支教。王彩霞在做好自己的教学和班级管理工作的同时,带头开展乡实验小学的教研工作,在每天的集体教研时间,采取多种途径进行指导和帮助。西阎实验小学是一所全寄宿制小学,孩子们大都是留守儿童,缺少父母的关爱。王彩霞便把自己融入孩子们当中,每天和孩子们在一起,讲故事、聊家常、谈学习、玩游戏。晚上,经常送生病的孩子到医院就诊,挂号、付费、输液、喂水、量体温，一直守到天亮。2015 年 8 月，王彩霞被评为灵宝市优秀支教教师。

作为一名语文教师，王彩霞的语文课，既充满了激情与亲和力，又充满了灵动机智、诙谐幽默，学生很容易受其感染，用心听讲，在快乐中接受知识的洗礼。日常教学中，王彩霞善于把孩子的思想启蒙和语文教学融合在一起。每周两节的阅读课，王彩霞引领学生欣赏文字和意境的美，让学生在理解故事的基础上进而明白道理。为了激发孩子们的写作热情，王彩霞在班级群里开辟了“蓓蕾绽放”栏目，每周评选出优秀日记、优秀作文，周六晚 7:00 准时展播，孩子、家长、老师一起互动、交流，激发了孩子们对写作的兴趣。

为了更好地管理班级，服务教育教学，王彩霞坚持学习心理学，白天工作，晚上学习，节假日参训。课间和孩子个别谈心是其日常的一项重要工作。对于问题孩子，就利用自己所长，在谈话中了解孩子的心理困惑，及时进行心理疏导，使班级管理更科学、更轻松。

王彩霞特别重视研学实践活动对孩子成长的重要作用。经常带孩子到金秋公寓为老人表演节目，陪老人聊天；清明节，到烈士陵园参观祭奠；节假日，参观红色文化基地，带孩子们到田间地头感受劳作的辛苦。春风化雨，润物无声。研学实践活动使孩子们明理、懂事，不少孩子回到家里，能帮爸爸妈妈做一些力所能及的家务事，把感恩变成了自己的实际行动。2018 年 1 月，在河南省古诗文诵读大赛中辅导的学生喜获特等奖，王彩霞荣获河南省优秀辅导教师。2018 年 9 月，王彩霞荣获灵宝市优秀班主任。

田爱琴，女，生于 1978 年 3 月，灵宝市阳平镇人，本科学历，中小学二级教师。三门峡市骨干教师、灵宝市优秀教师。1997 年 8 月参加教育教学工作，任教于阳平镇中心小学，担任三年级语文及毕业班英语教学工作。2010 年 8 月，经招考调入灵宝市第三小学工作，担任高年级英语教学工作。

从教 20 多年来，田爱琴倾心教育事业，敬业爱岗，一直是学生心目中的好老师。每次走进课堂，总是激情饱满，面带微笑，全身心投入。在教法上，善用寓教于乐，常用幽默风趣的话语，或委婉动听的歌声来拨动学生的心弦，使学生在快乐的氛围中学习知识。

2019 年，田爱琴所带的五年级四个班，学生多，学困生也多，主要是基础差。每天晚上，田爱琴总是在英语微信群里，把白天学生没有听懂的问题再说一遍，并让孩子把写好的作业发过来，在群里给孩子一一讲解，不厌其烦。这样坚持了月余，班里所有的学生对英语学习的兴趣变浓了，到了期末测试，其所带班级的英语成绩比学期初有了很大的进步。

在英语课堂教学上,田爱琴注重创设教学情境,以提高教学效率。方法有三:一是组织编排课本剧。充分发挥想象,组织语言,让学生通过"演",巩固所学知识,也培养了学生运用英语的能力。二是巧用教学卡片。在学习单词时,为了突破某一个单词的发音难点,田爱琴往往采用"捉迷藏"的游戏,让学生在找"卡片"的情景中不停地操练单词的读音,学生在愉快的活动中轻松地学习巩固了单词的读音。三是用"身体"说话。在课堂上,田爱琴还常常用身体语言来创设情景。学生不是在空洞的情景下学习,而是在真实的生活情景中去学习,学得快,记得牢。

20 年来,田爱琴获得累累殊荣:2006 年 6 月,在三门峡市教学技能大赛中荣获二等奖,同年 8 月,获省级优秀辅导教师;2008 年 9 月教师节,荣获灵宝市优秀教师;2009 年,荣获灵宝市解说教材一等奖;2010 年 12 月,荣获三门峡市"骨干教师";2013 年 6 月,获灵宝市小学生英语综合技能展评优秀辅导奖,学生席肖妍获一等奖;2014 年 10 月,在全省教育信息化应用优秀成果评选中,其课件《Little Red Ridding Hood》获省级一等奖,同年 12 月,荣获灵宝市小学英语青年教师优质课一等奖;2016 年 8 月,在"外研社杯"小学英语掌上新标准大赛中,获省级一等辅导奖,同年 10 月,荣获三门峡市小学英语优质课二等奖;2017 年 6 月,在灵宝市小学生英语综合技能竞赛中,获灵宝市一等辅导奖,同年 7 月,课题"小学英语个性化作业的设计与研究",获河南省一等奖;2018 年 12 月,在灵宝市首届教师综合素质大赛中,获灵宝市二等奖。

张秋平,女,生于 1982 年,灵宝市豫灵镇人,本科学历。2000 年 8 月参加教育工作,先是在豫灵镇南塬小学任教,担任语文、数学教学工作。2002 年调入豫灵三中,从事语文教学。2007 年招教考试后,被分配到豫灵镇底董小学任教。2012 年再次参加进城招教考试,调入灵宝市第三小学,担任高年级语文教学工作,兼班主任。

作为班主任,张秋平一直坚持正面管教的理念,努力将教室"创建成一个相互尊重和支持的班集体,一个互帮互学、快乐成长的场所"。为此,特别制定了行之有效的班级管理制度。例如卫生工作,张秋平要求班级中的每一名学生在早、中、晚进出教室时,都要首先检查自己座位四周是否卫生,让同桌之间相互看一看对方的脸是否干净,头发是否梳理好,红领巾是否佩带整齐。如果没有做到位,同桌就提醒对方及时纠正。

在教学实践中,张秋平积极参加各种教研活动,承担各类教学公开课,撰写教学论文,参与课题研究。每学期都能按要求认真制订好教育教学工作计划,根据学生的个性,采取不同的方法,尽到一个教师应有的职责。课外还经常开展科学性、知识性、趣味性的活动，对后进生进行耐心、细致的辅导。在课堂上，能充分调动学生的积极性，使学生对学习产生浓厚的兴趣。

从教 20 年来，张秋平成绩突出，收获颇丰：2008 年荣获灵宝市优秀班主任，2009 年被评为灵宝市师德标兵，2010 年被评为灵宝市优秀教师，2011 年被评为灵宝市优秀课改教师，2014 年再次荣获灵宝市优秀课改教师，2017 年第二次荣获灵宝市优秀教师，2019 年荣获三门峡市优秀少先队辅导员。

王　彬，女，汉族，生于 1977 年 5 月，灵宝市大王老城（今三门峡市城乡一体化示范区）人。1996 年 6 月毕业于郑州铁路师范学校，同年 8 月分配到灵宝市尹庄镇东车小学任教，2001 年调入灵宝市实验小学任教，其间参加学历进修，2006 年 12 月毕业于河南教育学院汉语言文学专业，取得本科学历。2010 年 7 月从灵宝市实验小学调入灵宝市第三小学任教。

在第三小学工作期间，一直担任教研组长和半寄宿班班主任工作，连年被学校评为优秀班主任、模范教师、师德标兵、第二课堂活动标兵等。作为班主任，王彬不仅重视每周一次的特色主题班会，还组织开展丰富多彩的班级活动，以多种方式加强师生沟通，分层分类做好潜能生转化工作，培养学生学习习惯，提高学习能力，所带班级班风优良、学风浓厚。在担任教研组长期间，王彬以其扎实的理论知识和专业知识，带领大家共同提高，辅导侯剑老师荣获三门峡市小学数学优质课一等奖。2011 年，王彬荣获三门峡市教学标兵；2012 年 4 月，王彬在灵宝市第二届“班班通”课堂应用暨优质课大赛中荣获一等奖；同年 5 月，在三门峡市“班班通”多媒体教学优质课大赛中荣获二等奖；同年 9 月，在河南省第三届基础教育信息资源应用优秀教学成果教学设计大赛中荣获二等奖。2012 年和 2014 年，王彬先后两次被评为灵宝市优秀德育教师。2015 年 5 月，在灵宝市中小学优质课评比中获二等奖。2015 年 9 月，荣获灵宝市优秀教师。2016 年，王彬所执教的优质课分别获三门峡市小学数学优质课一等奖和河南省教育厅教育系统优质课三等奖，同年 8 月，调入灵宝市教体局教研室 ，担任小学科学教研员和办公室工作。

叶　青，女，生于 1980 年 12 月，陕西省商州市武关镇枣园村人，1998 年 7 月毕业于灵宝师范，同年 8 月任教于五亩乡中心小学，其间，先后进修于洛阳师院、平顶山学院，获得本科学历，中小学一级教师。2010 年 8 月调入灵宝市第三小学。从教 22 年来，先后从事小学语文及英语教学工作。

叶青喜欢读书，痴迷散文、小说、杂文等，后来，因为工作的关系，开始喜欢英语方面的电子期刊,自己也订了一些英语方面的书籍,一边学习,一边思考。同时,努力抓住工作中每一个可以锻炼自己、打磨自己的机会,积极参与各种专业研讨活动,以提高自身的素质与能力。在校内,叶青经常去听课,听不同教师、不同类型的课,虚心学习课堂组织、驾驭能力,学习他人授课技巧和教学艺术,积累经验,借鉴提高。珍惜每一次外出观摩、学习的机会,做好听课笔记,写下新的感悟和认知。教学中,坚持撰写教学反思,在反思中提升认知,促进成长。通过平时的教学反思和集体教研活动,及时修正自己的教学思路和方法。

叶青喜欢思考和探索。在英语教学中,怎样才能使孩子们善学、乐学、会学呢?叶青反思自己的课堂教学,认识到,教师不能仅仅停留在花大力气讲清知识点上,而应该把英语课上得富有趣味,让孩子们爱学,让所有的孩子动起来,快乐地学。于是,叶青在课堂上尽可能给孩子提供一个自主学习、合作发展的空间,抓住小学生好玩、好动的特点,给学生营造一种轻松愉悦的氛围,师生互动、生生互动,使孩子们积极参与。采用趣味法记单词,运用了小组竞赛法、老师驱动法、周奖励法进行教学,极大地调动了学生的积极性,寓教于乐玩中学,不知不觉间就完成了教学目标。

22 年来,叶青以认真和勤勉的精神努力工作,收获颇丰:2007 年,被认定为三门峡市骨干教师;2008 年 9 月,被认定为河南省骨干教师;2008 年 12 月,被认定为灵宝市首届教育教学名师;2009 年,被评为三门峡市岗位标兵;2011 年,被评为灵宝市师德标兵;2013 年,被评为三门峡市优秀教师;2013 年 9 月,其撰写的论文《课改阳光下的英语课》获省级一等奖,当月,其优秀教学成果教学设计《Unit4 My holiday》获省级二等奖;2014 年 9 月,其论文《用心点亮英语课堂》获省级一等奖,同年,其优秀教学设计《A proud peacock》获省级一等奖;2016 年,被认定为河南省名师;在 2013 年、2015 年、2017 年、2018 年小学生英语综合技能展评活动中,所辅导的学生均获灵宝市一等奖,2018 年河南省第八届小学生综合技能展评活动中,所辅导的学生获省级二等奖,叶青获优秀辅导老师; 2019 年 10 月,其所执教的优质课《Unit3 Seasons》获省级二等奖。

赵永银,男,生于 1983 年 2 月,灵宝市西阎乡谭建庄村人。本科学历,中小学二级教师。2000 年 8 月,赵永银初涉教坛,在西阎乡西上村小学代课,担任三年级数学及毕业班英语教学工作。2004 年 8 月,在西阎乡实验小学代课,仍任三年级数学及毕业班英语教学工作。2006 年 6 月,赵永银以优异的成绩通过招教考试,成为正式教师,继续任教于西阎乡实验小学,担任四年级数学及毕业班英语教学,并主持乡、校英语教研工作。2012 年 8 月,赵永银又一次通过层层选拔,以优异的成绩选调到灵宝市第三小学,担任英语教学工作。

在英语教学工作中，赵永银勤于探究和实践，虚心求教和借鉴，形成了自己独特的教学风格。赵永银认为“兴趣”才是最好的老师，为了激发学生学习英语的兴趣，赵永银在英语课堂教学中，用多种形式，如讲小故事、讲笑话、唱英语歌曲、做游戏以及各种比赛等，激发学生的求知欲，活跃课堂气氛，使孩子们喜欢上英语课。有时，赵永银会对教材进行适当的补充，创新教学模式。比如把课文中的单词变成一首顺口 chant，学生熟悉了有节奏的 chant，也就学会了课文中的新单词，其实也就降低了学习的难度。喜欢“游戏”是孩子们的天性。赵永银在平时的英语教学中插入游戏来激发学生的学习兴趣，如“猜一猜”“传话筒”“模仿秀”，利用游戏，让孩子们在“玩中学，学中玩”，实现快乐英语教学。

作为市三小的优秀教师、教学能手，赵永银被安排到山区朱阳镇第二小学去支教。在支教过程中，赵永银坚持“授人以鱼不如授人以渔”，“注重传帮带，助力青年人”，指导的青年教师杨晓梅在三门峡市农村小学英语教师优质课大赛中脱颖而出，获得一等奖的第一名，被选送参加省级比赛，并斩获省级一等奖。指导青年英语教师石志丹，顺利获得镇级达标教师，成绩名列前茅。支教工作中，坚持讲课、听课、评课，一个学期里，讲公开课 2 节，听课 38 节，主评 16 节，不计个人得失，以学校利益为重，多次参与乡镇达标课的评课工作，诚恳地为同事提出意见和改进措施，互帮互学、共同提高。通过一年的努力，使朱阳第二小学几个年级的英语成绩不断提升，逐步超越全镇其他学校。

从教 19 年来，赵永银屡获殊荣：2010 年 8 月，辅导的学生在河南省中小学生 · 写字步步高硬笔书法大赛中被评为一等奖，本人获优秀辅导教师奖；2010 年 9 月，荣获灵宝市优秀教师；2012 年 9 月，荣获灵宝市第二届高效课堂教学能手；2012 年 12 月，荣获三门峡市中小学骨干教师；2016 年 6 月，灵宝市小学生英语歌曲歌谣比赛，学生刘昆鹏、刘雨鑫获灵宝市一等奖，赵永银获优秀辅导奖；2017 年 6 月，小学生英语背诵大赛，学生唐家仪获灵宝市一等奖，赵永银获优秀辅导奖；2018 年 1 ~ 9 月，论文《小学英语课堂上的适时点拨》先后在《试题与研究》杂志和《少年智力开发报》上发表；2019 年 2 月，论文《让意外成为亮点》在《少年智力开发报》上发表，同年 8 月，荣获灵宝市优秀支教教师。

王宁泊，男，生于 1980 年 3 月，灵宝市大王镇（今三门峡市城乡一体化示范区）人，1999 年 7 月毕业于灵宝师范，同年 8 月在灵宝市大王镇贺村小学任教；2008 年 8 月调入灵宝市第一小学任教；2010 年 8 月调入灵宝市第三小学任教。

自参加工作以来，王宁泊严格要求自己，为了上好每一节课，王宁泊深入钻研教材、翻阅教参、上网查找资料，做好充分准务。课堂上重视寓教于乐，大胆创新，努力营造愉快的学习氛围；课下，认真及时地批改作业 、耐心辅导学生，努力做好培优补差工作。在日常生活中，凡是要求学生做到的，王宁泊自己首先做到，就连劳动、清扫，也干在前面。王宁泊真诚地关心和爱护学生，无论是优生还是后进生，都尽自己最大的努力去培养他们，用爱心去感化他们。尤其是面对后进生，王老师会通过多种激励的办法做好他们的转化工作。对于父母离异，家庭教育缺失，导致孩子性格内向，不愿意和老师、同学交流，纪律散慢，经常走神，家庭作业完不成，成绩很差的学生，王宁泊耐心细心、鼓励表扬，培养其自尊、自立、自强、奋发向上的心志，使其逐步融入集体。

自从担任班主任以来，王宁泊始终把德育工作放在首位，对学生进行爱国主义教育、感恩教育、养成教育。例如，利用晨会时间，经常给学生讲什么是"四好少年"；在班会上，经常给学生谈理想、谈道德、谈团结互助精神、谈主人翁意识、谈感恩等；课余时间，鼓励学生积极锻炼身体，做一个体魄强健的人；3 月份德育主题教育月，带领学生到校外做环保宣传、打扫卫生；母亲节、教师节临近，指导学生制作贺卡，召开感恩主题班会，要求学生说一句感谢的话、做一件力所能及的事等。王宁泊以其爱心、细心、耐心的努力工作，取得了突出的成绩：2013 年 12 月，被评为灵宝市师德标兵；2015 年 2 荣获灵宝市信息技术骨干教师，同年 6 月，荣获三门峡市教学标兵，9 月，荣获灵宝市优秀课改教师；2018 年 8 月，荣获灵宝市优秀支教教师；2019 年 5 月，荣获三门峡市优秀少先队辅导员，同年 9 月，荣获灵宝市优秀班主任。

王亚娟，女，汉族，生于 1984 年 3 月，灵宝市故县镇河西村人，本科学历，中小学二级教师。2007 年 8 月参加教育工作，在故县镇中心小学担任英语教学。2012 年 8 月进入灵宝市第三小学，仍担任英语教学工作。

作为一线教师，王亚娟思想进步，积极投身到课改大潮中去，抓住并珍惜每一次学习机会，外出安阳、三门峡等地观摩名家课堂，积极参加市、县各级课改培训。钻研课程改革最新的教育理念，不断地充实自我，大胆实践，在教学中采用探究式教学法，让学生自己去探索、发现、总结，力求每节课都能在教学理念、教学环节、教学手段上有新突破。课堂上，王亚娟很少满堂灌、满堂问，给学生一个空间，给学生一段时间，使其能够亲近文本，独立思考；对疑难问题进行交流、研讨，使学生在合作交流中，共享学习成果，共享英语学习的快乐。上完课之后，及时反思得失，好的经验继续发扬，将失误作为教训，扬长避短，不断完善。

课余,王亚娟每天都按时参加教研组的集体备课,遇到轮值,就尽力设计出主题鲜明、内容丰富、形式灵活的英语教研活动,和同事们一起交流教学中的得失,共同探讨新课程改革中的难题和应对措施。

王亚娟好学上进,刻苦钻研多媒体教学知识,掌握信息化互联网教学技术。结合小学生的心理特点,精心设计多样化的教学活动,制作出精美的课件,用多媒体来激发学生学习英语的兴趣。2018 年暑假期间,王亚娟成功地在 CCtalk 网络直播做课一节,这节课共计 1200 次的播放量,有 739 人参与了直播交流,受到领导、同事和家长的一致好评。

王亚娟的不懈努力,赢得了各种荣誉:2014 年,在灵宝市小学英语青年教师优质课评选中获一等奖;2015 年,辅导学生表演的英语短剧获省级优秀成果一等奖;2016 年,在三门峡市小学英语优质课评选活动中获二等奖;2018 年 4 月,获得三门峡市小学英语优质课评选一等奖,同年 9 月,荣获灵宝市优秀教师。

王英芳,女,生于 1975 年 11 月,灵宝市尹庄镇娄下村人。中小学一级教师,本科学历。1997 年 8 月参加工作,在苏村乡西村小学任教,2000 年 8 月调至尹庄镇北厥山小学任教,2005 年 8 月调至尹庄镇东车小学任教,2010 年 8 月通过考录进入灵宝市第三小学任教。从教 23 年以来,王英芳一直工作在教师这个平凡的岗位上,认认真真、勤勤恳恳、踏踏实实地走过了每一天。进入市三小这所新建学校以来,王英芳积极参加新课改工作,承担班主任以及六年级数学学科的教学任务,在新课程的教学、设计、反思中取得了较为突出的成绩。

王英芳治学态度严谨,对工作一丝不苟。面对课堂上学生们那一双双渴求知识的眼睛,王英芳时常告诫自己:决不能随意上课!因此,在上每一节课前,都会用心钻研教材、用心了解学生、用心设计教案。

王英芳思维活跃,敢于尝试各种类型的课型,执教公开课《比的意义》,获得优秀奖。2012 年 2 月,王英芳到尹庄中心小学参加"送教下乡"活动,执教《加法运算定律》一课,将新课程理念淋漓尽致地展现在课堂教学中。2013 年 3 月,在校内上公开课《比例的意义和基本性质》,设计新颖,课堂高效。多次被学校评为模范教师和首届金牌教师。

王英芳明白教师成长的公式:成长=经验+反思。近 10 年来,王英芳天天坚持写教学反思,使自己迅速成长,同时也为教学研究提供了素材。王英芳根据反思及经验撰写论文和案例,数学童话《聪明的小白兔》、数学小论文《巧辨方向》发表在《少年智力开发报》上。辅导学生魏晨星的《数学王国里的争功会》获得河南省二等奖。2010年9月，《浅谈小学生数学阅读能力的培养》获得河南省三等奖，同年主持的课题“数学日记在小学数学教学中的实践”顺利结题，并获得省级三等奖。

王英芳善于学习，大胆尝试探索教学新模式，倡导探究、实践式的学习，着眼于对学生能力的培养。建立了“问题情境—共同探究—多项交流—实践应用”的课堂教学结构新模式，给学生创设了一个自由宽松、平等和谐、合作共赢的学习环境，使孩子们在快乐、愉悦的情境中轻松掌握知识。2012年9月，王英芳被评为灵宝市第二届高效课堂教学标兵和灵宝市优秀课改教师；2008年和2013年9月两次被评为灵宝市优秀教师；2013年10月参加灵宝市说教材比赛获得二等奖；2019年11月，获得灵宝市星级达标四星级教师。

对于班主任工作，王英芳的经验是勤跟班，身体力行，以身作则，努力做学生的榜样，以己之正，带出班风正、学风浓，曾两次被学校评为优秀班集体。在学校和市教研室组织的多次考试中，所带班级均取得了年级组第一名的好成绩，王英芳也于2011年、2013年先后两次荣获优秀教学奖。在全国第四届、第五届“新星杯”全国少年综合素质大赛中，王英芳辅导的学生共有30人获奖，自己也被评为金牌辅导员。2012年和2014年，王英芳两次获得灵宝市优秀班主任光荣称号。

薛艳红，女，生于1981年8月，灵宝市区人，中小学一级教师。1999年8月初涉教坛，在阳店镇方家河小学任教，2004年8月调入阳店镇第二初级中学任教，2007年8月调入阳店镇第一初级中学任教，2009年8月调入阳店镇第一小学任教。2011年8月调入灵宝市第三小学任教，20年来一直担任数学教学工作。

从当教师的那一天开始，薛艳红就为了能够做一名好教师而努力着，充分利用业余时间翻阅大量资料，详细研究教材，熟记课本上的每一句话、每一幅图，在“认真”二字上下功夫，在“实干”二字上做文章。每一节数学课，从“导语”到“课堂小结”，从“备教案”到“备学生”，从“批改”到“讲评”等，薛艳红都努力做到细处着眼、小处着手，毫不马虎。

“对话文本寻脉络，贴近生活学数学”是薛艳红的从教之本。在数学课堂教学中，薛艳红善于引导学生自主学习，进行探究，发现问题；在讲解的过程中，又总是结合生活实际，讲得生动有趣、条理清晰、简明易懂，因此学生很喜欢上她的数学课。

薛艳红工作认真踏实，勤奋努力，多次获得殊荣：2014年，荣获灵宝市优秀教师；2015年，荣获三门峡市优秀教师、教学标兵、教学名师。

杨华丽，女，生于 1980 年 11 月，灵宝市尹庄镇大中原村人，中小学二级教师，三门峡市优秀教师。1999 年 7 月毕业于灵宝师范，在灵宝市大王镇新店学校担任语文教学工作，其间在河南教育学院自考进修本科。2001 年 8 月调入大王镇西路井小学，担任语文和英语教学工作。2005 年 8 月调入灵宝市大王镇第一初级中学，担任英语教学工作。2007 年 7 月调入灵宝市川口乡第一初级中学，担任英语教学工作。2011 年 7 月调入灵宝市第三小学，担任英语教学工作。

从教 21 年来，杨华丽一直工作在一线，多年担任班主任。从星期一到星期五，每天比学生起得早、睡得晚，杨华丽认识到，班主任，对家长来说代表着学校，肩上扛着责任；对学生来说代表着家长，要像爱自己的子女一样去关爱每个孩子。那一年，班里有个刘姓的孩子，学习差，纪律更差，调皮出了名，最招人烦的是不讲卫生，手、脸、衣服脏得不见本色，老远就闻见一身汗臭味，同学送其外号"刘泥鳅"。作为班主任的杨华丽却不嫌弃，而是加以"特殊照顾"，课上课下盯着，教其搞好个人卫生，教其遵守纪律，严禁学生喊外号，一段时间后，这个孩子变了，手脸干净、衣装整齐，有一次在日记中写道："老师，我原本觉得我就是一块废品，同学们都看不起我，而您帮我讲话，给我面子，我会改正的。"杨华丽更善于发现培养优秀学生，在学校组织的"星级学生"评比活动中，所带班级里就有 10 名同学当选。所教的学生先后有 30 多人获得市级"三好学生"、优秀班干部。

作为教师，杨华丽重视教研教改，其所参与的课题"英文绘本在小学英语课堂中的设计与研究"，从绘本教育出发，搜集素材、编排故事、操练语言、表演等，杨华丽提出了很多好的建议：一是按以趣为先的原则设计绘本故事；二是结合学生的英语实际水平，确定绘本的语言难度；三是注重操练环节和绘本故事的合理、统一；四是发挥绘本情感教育的特点，感染学生积极向上；五是充分展示学生个性，搭建表演平台。杨华丽的建议与同仁不谋而合，也得到同科教师的赞同。指导学生自编、自导、自演的英语情景剧《彩虹花》使学生在娱乐中学到了知识明白了道理，收到了很不错的教学效果。其精心设计的情境词汇、会话课《Weather》《What can you do?》等，既训练了学生的口头表达能力，又使学生学会了遣词造句、布局谋篇等技巧，使学生语言综合运用能力得到整体提高。

杨华丽曾多次承担校内公开课、示范课，耐心指导年轻教师备课、上课以及班级管理的办法。把自己多年的教学经验毫无保留地提供给年轻教师学习。几十年来，杨华丽兢兢业业地努力工作，取得了许多成绩：2007 年 4 月，荣获三门峡市优质课一等奖；

2009年5月，荣获灵宝市文明班级，12月，荣获灵宝市优秀班主任；2010年7月，荣获灵宝市首届教学能手，9月，荣获三门峡市优秀教师；2011年5月，荣获灵宝市优质课一等奖；2012年9月，论文《新时期我们如何当教师》获河南省一等奖；2013年9月，在第四届基础教育信息资源应用优秀教学成果评选中，教学设计《My holiday》获省级二等奖；2015年10月，在全省教育信息化应用优秀成果评选中，《彩虹花》获省级二等奖；2017年8月，《英文绘本在小学英语课堂中的设计与研究》获省级二等奖；2019年9月，荣获三门峡市优质课评选一等奖。

杨亚娟，女，生于1979年6月，灵宝市尹庄镇人，本科学历，中小学高级教师，中共党员。1999年7月毕业于豫西师范，同年8月任教于朱阳镇新店小学，担任毕业班数学教师。基于校长的信任，杨亚娟认真钻研大纲、分析教材、探究学法，探究出“以苦作舟，以爱为桥”的教法并应用于教学中。后来杨亚娟将这一教法写成论文发表，荣获国家级二等奖。这一年，杨亚娟所教的毕业班数学成绩突出，上岗第一学年教师节上，即2000年9月，荣获灵宝市优秀教师。

2003年，杨亚娟调至朱阳镇第一小学。初任一年级数学教学，半学期后，改任五年级数学教学及班主任工作。当时，这个班级学生特别调皮，有两三个男孩不思学习，成天逃课去校外做一些偷鸡摸狗的事情，最严重的一次被镇派出所抓住，批评教育。杨亚娟知情后，把这三个男孩领回来，认真进行思想教育，想方设法把孩子的思想拉回到学习上来。课上多关注，发现点滴进步就鼓励；课下，与其一起打篮球，一起做游戏，及时了解对方的心理动态，及时辅导。这三个男生也深知老师的良苦用心，渐渐都变得好起来。杨亚娟工作勤奋、认真、踏实，先后担任学校少先队辅导员、教科室主任、教务处主任的工作，并一直兼任毕业班数学教学工作，其间荣获灵宝市优秀少先大队辅导员等荣誉。

2010年6月，杨亚娟参加招教考试后，以优异的笔试和面试成绩调入灵宝市第三小学工作。第一学年担任二(6)班数学教学兼班主任。由于学生年龄小，新建学校环境设施不完善，除正常的教学工作外，班级卫生、校车接送等，杨亚娟都亲力亲为，经常加班。在杨亚娟的努力下，班级的学习氛围浓、热情高，几十个孩子也非常喜欢他们的杨老师。一个寒冷的冬天，几个小女孩伸出小手捂住提前来到教室门口候课的杨亚娟：“杨老师，我给你暖暖手吧。”表达她们对老师的爱。这一年，杨亚娟被评为灵宝市优秀班主任。教二年级期间，杨亚娟发现学生的作业问题倍出，不及时规范和纠正，会严重影响教学质量，也影响学生的进步。于是向教研组长汇报，得到支持，便与同组的教师一起,以“低年级学生数学作业”为研究课题,进行探索和实践,经过近两年的努力,此课题顺利结题,并荣获河南省优秀成果二等奖。

杨亚娟带着这一届学生直到六年级毕业。尤其在五年级时,全年八次测试均排名第一,这一年,即2014年,杨亚娟被评为三门峡市优秀教师。送完这一届毕业生之后,杨亚娟就一直担任毕业班的数学教学、班主任以及教研组长。2017年,杨亚娟做了妈妈,她爱自己的孩子,更爱班里的孩子,产假没到期就提前来到学校工作。由于工作调整,杨亚娟接到一个非常差的班级。她没有怨天尤人,更没有气馁,而是面对现实,分析班风班情,研究学风学情,探究治班方略和教学方法,在杨亚娟和科任教师的共同努力下,不到一个月的时间,班级的整体成绩与平行班的成绩大幅缩小到只有4分,最后六年级毕业考试时,这个班从倒数的排名,排到了正数第二名。

杨亚娟从教20余年,先后获得灵宝市优秀党员、优秀教师、优秀班主任、优秀少先大队辅导员,三门峡市优秀教师、学校管理上台阶先进个人、第二届“最美家庭”等荣誉称号;优质课获河南省一等奖;在第二届“一师一优课,一课一名师”活动中,层层选拔,从“市优”推选到“部优”;参与课题研究获得河南省优秀成果二等奖;设计的教案获得国家级三等奖;论文获得国家级二等奖;在科技创新活动中,辅导学生的作品多次荣获三门峡市级一等奖、灵宝市一等奖,并获得优秀辅导教师。

张春英,女,生于1972年3月,河南省卢氏县范里乡人,中小学一级教师,本科学历。1991年8月参加工作,在卢氏县杜关乡任教;1993年8月调至灵宝市川口乡北庄小学任教;2005年8月调至川口乡第一初级中学任教;2012年8月调入灵宝市第三小学工作,教数学。

张春英敬业爱岗,关心学生,尤其是后进生。班里有一个学生,纪律性很差,上课时要么将脚伸入过道,要么趁老师不注意与前面的学生打打闹闹,脏话连篇,常常气得老师中途停课。张春英通过家访,了解到这个孩子在缺少爱的环境中长大,变得叛逆,玩世不恭。于是找其谈心,一次次的交流,一次次的帮助,这个孩子慢慢变了,开始做作业了,课上发言也积极了。

每接到一个班级,张春英都会建立班级家长微信群,在群里,每天都会把孩子们的点滴进步告诉家长,也会在第一时间了解到孩子们在家里的一些变化,解决孩子们提出的困惑,分享孩子们、家长们的故事和快乐。

从教29年来,张春英一直工作努力,成绩优秀:1999年9月,荣获灵宝市优秀教师;2005年9月,荣获三门峡市优秀教师;2009年10月,论文《浅谈数学学习兴趣的培养》荣获三门峡市一等奖,同年12月,荣获三门峡市骨干教师、三门峡市岗位标兵;2010年9月荣获三门峡市优秀班主任 ;2013年9月,荣获三门峡市优秀教师;2015年9月,荣获灵宝市课改优秀教师;2016年7月,课题研究“小学数学课堂教学与现代教育技术整合的研究”荣获三门峡市二等奖;2017年9月荣获灵宝市优秀班主任。

张　风,女,汉族,生于1979年9月,灵宝市寺河乡园艺场人,本科学历,中小学一级教师。1997年7月毕业于郑州铁路师范学校,同年8月参加工作,在灵宝市东村乡阎村小学任教,教语文。2002年8月响应上级“分流”政策来到五亩乡工作,在这里度过十年教学生涯,先后从事小学语文、数学、英语、自然、社会、思品等教学工作。2012通过招教考试调入灵宝市第三小学,担任数学教学工作。

初为人师,张风在工作上服从组织分配,任劳任怨,既虚心好学,又大胆工作,富有创新精神,逐渐走向成熟,初步形成了自己的教育教学风格,其所任学科成绩,在全乡范围均居前三名。2003年被评为灵宝市最受学生欢迎的老师。

2005年9月,张风调到五亩乡金龙小学工作,当时,学校六年级的数学成绩相当糟糕,全班在期末全县统测时,班里孩子大半不及格,平均成绩只有50多分。张风主动提出教六年级的数学,经过一年的努力,最终在全乡的小学升初中考试中,数学成绩夺得全乡第一名。2007年,张风被评为灵宝市德育先进个人。

2008年12月,五亩乡第一中学因缺少数学教师,乡中心校急调张风去教八年级数学。面对陌生的工作环境、生疏的教材、挑剔的家长、质疑的学生,张风也有点胆怯,但没有退却,迎难而上,加班加点自学教材和大纲,通过网络查询、虚心请教,并最终圆满完成了新的教学任务,在期末考试中,取得了年级第一名的好成绩。2010年,张风荣获灵宝市优秀班主任。

2012年8月进入市三小以来,张风一直担任高年级数学工作,兼班主任。对于班级管理,张风始终把思想教育当作首要工作来抓,经常利用班会课帮助学生澄清思想上的模糊认识,提高学生的思想境界。还充分利用课余时间和学生促膝谈心,有针对性地进行教育;在班内积极开展理想教育、感恩教育、养成教育等各种行之有效的教育活动,让每个学生找到目标,树立理想;挖掘学生潜能,激发学生斗志。因此,所带的班级班风正、学风浓,一直被评为优秀班集体。此外,更重要的就是培养班级的骨干力量,建立班委会,选拔任命各学科科代表和各小组组长。早读等日常工作都由班长负责,老师做适当指导,学习上由学习委员和各科代表负责,班主任随时随地做检查指导。这样一来,班内的工作形成了程序化和制度化,各项工作顺利开展。班主任是联系学校、家庭、社会的纽带，张风努力使自己成为学生的良师、家长的益友，从没有和家长红过脸，无论孩子在学校带来多大的麻烦，只要见到家长，总是笑脸相迎，从不把气撒在家长身上，总用商量的语气向他们解释，与他们交谈，商量教育孩子的最佳办法。2019 年 9 月，张风再次荣获灵宝市优秀班主任。

张江华，女，生于 1976 年 5 月，灵宝市焦村镇东村人，小学高级教师，灵宝市优秀班主任，三门峡市骨干教师。1994 年 8 月毕业于灵宝师范，毕业后在灵宝市焦村镇东村小学任教，2010 年 8 月调入灵宝市第三小学，担任数学教学工作。

张江华善于学习，积极参加各级教师培训活动，认真学习新课程理念，研究教学大纲，学习多媒体电教技术和互联网知识，把先进的科学技术运用到课堂教学中，以激发学生的学习兴趣，提高课堂教学效率和质量；采取启发式教学及小组合作的学习形式，让每一个学生都参与其中，成为课堂学习的主人。业余时间，张江华勤练基本功，多次获校级简笔画、三笔字、朗诵大赛一等奖及校级优秀教师。夜晚，张江华笔耕不辍，准备第二天的学案，反思白天教学的得失，把教研过程和教学实践撰写下来，形成论文。其《快乐的联欢会》《丰富的课余生活》《音乐会前的准备》《买书前的小调查》等文章，发表于《小学数学智力开发报》。

作为一名寄宿班的班主任，张江华把每一个学生都当成自己的孩子，用一颗平和、博爱的心，去关爱懵懂的他；孩子们的生活起居，事无巨细，皆身体力行，精心呵护。

从教 26 年来，张江华以其出色的工作，获得了优秀的成绩：2000 年在灵宝市小学数学"引导—自学"课题实验中，被评为灵宝市优秀实验教师，荣获一等奖；2007 年，荣获三门峡市骨干教师；2011 年 9 月，荣获灵宝市优秀班主任；2012 年，所带班级获得三门峡市标兵班级；2011 年、2012 年，参与的《加法》《图形的拼组》荣获河南省教学设计一等奖；2013 年，主持的《角的初步认识》荣获河南省教学设计一等奖；2015 年，参与的《用博客资源培养师生数学素养的研究》获三门峡市教科研课题一等奖，2016 年，此课题获河南省教育科学研究优秀成果二等奖。

赵春梅，女，1974 年 3 月出生于灵宝市尹庄镇车窑村，本科学历，中学一级教师。1993 年 8 月年参加工作，先后在尹庄镇思平小学、尹庄镇中心小学任教，2010 年 8 月调入灵宝市第三小学，教数学。工作期间，因教学成绩突出，曾被评为三门峡市先进工作者、三门峡市岗位标兵、灵宝市优秀教师、灵宝市优秀班主任。

在教学上，赵春梅乐于探索，敢于创新，善于总结，对市三小的"目标引领，合作学习"教学模式，积极进行尝试，带头上示范课，与同事进行交流研讨，不断优化提升，其数学课思路清晰,语言严谨,形式多样,生动有趣,浅显易懂,科学高效。为提高课堂教学质量,取众家之长,创自己的特色,赵春梅还自费订阅教育教学的报刊杂志,以扩大自己的知识面和业务水平,不断地学习研究新的教育理念和先进的教学方法,并且运用到课堂中。其所参与的课题设计“小学生低年级学习习惯培养”曾获河南省二等奖,所撰写的论文《玩好数学课》获三门峡市一等奖。几年来,赵春梅所教班级成绩一直名列前茅,获得家长和师生的认可。

作为班主任,赵春梅重视班干部的选拔与培养,以人为本,通过“树目标,细指导,严要求,常鼓励,勤表扬”的班级管理经验,使班级的学生“人人有岗位,人人会负责”,营造了一个“学风浓、班风正”的良好氛围。其所带的班级,学生兴趣广泛,活动能力强,各项比赛成绩喜人,多名同学先后被授予三门峡市优秀学生、校园“文明之星”“才艺之星”“十佳小淑女”等荣誉称号。赵春梅自己也多次荣获学校优秀教师、模范班主”。2016 年 9 月教师节上,赵春梅荣获灵宝市优秀教师称号。

赵小芳,女,汉族,生于 1979 年 10 月,灵宝市西阎乡大阎村人,本科学历,中小学一级教师,中共党员,1997 年 7 月毕业于豫西师范,同年 8 月参加工作,在灵宝市西阎乡常阎小学任教;2008 年 9 月荣获灵宝市优秀教师;2011 年 8 月经招教考试调入灵宝市第三小学任教。参加工作以来,一直担任班主任及小学语文教学工作。

赵小芳聪颖、善良、优雅、好学上进。作为一名青年教师,她虚心学习,认真钻研,精益求精。2012 年 9 月,其教学设计《插秧》被评为省级三等奖。

作为班主任,赵小芳坚持“一切为了学生,为了学生的一切”,从培养和建立新型师生关系入手,打开学生心灵世界的窗口,在知人的基础上教书育人,赵小芳的话总能说到学生的心坎上。因此,班里的学生有什么心里话都愿意给赵老师说。良好的行为习惯是学生学习和生活的保障,为使学生养成良好的习惯,赵小芳创新班主任工作方法,严格训练课堂、集会、出操、卫生、劳动、路队等常规,设立“卫生星”“守纪星”“文明星”“安全星”“创新星”等方式激励学生,并与学校评选“小绅士”“小淑女”活动紧密结合,使每个学生既有“服从集体、服从命令”的思想,又呈现出“积极向上,活泼可爱”的一面,而整个班级,则展示出“个性张扬、百花竞放”的特征。因此,赵小芳所带的班级,多次被学校评为先进班集体,她本人也连续三年(2013~2015 年)被学校评为优秀班主任。2014 年 9 月,赵小芳荣获灵宝市优秀班主任。

赵小芳关爱班级里的留守儿童,课下多与其交流,让孩子信任老师、喜欢老师;还利用课余时间一遍一遍地教孩子认字母、拼拼音、读生字,读不准的反复练习。安排同桌协助后进生，每学完一节课，就让其把课文读给同桌听，不会的地方让同桌教。这样过了半个学期，后进生的成绩有了明显的提高。有一个留守后进儿童，后来还被学校评为“进步之星”，自己很高兴，家长也很欣慰，动情地说：“赵老师，谢谢你！我家孩子能遇上你，是她最大的幸福！”

周社梅，女，生于1980年5月，灵宝市五亩乡人。1999年7月毕业于豫西师范，同年8月被分配到朱阳镇从事教育工作；2002年8月至2010年7月在五亩乡任教；2010年8月调入灵宝市第三小学，担任语文教学工作。

从踏上讲台的那一刻起，周社梅就深深地爱上了教育事业，爱上了班里的学生。无论学生的外貌形象如何，无论学生的言行是否合乎自己心意，周社梅对他们都怀着同样的爱心。周社梅曾经教过这样一个孩子，成绩总是不及格。于是，周社梅经常找他谈心，了解情况，分析原因，寻找对策；发现问题及时提醒，发现困难及时帮助，有进步及时表扬，渐渐地，他听课越来越认真，学习方法也变得灵活多了。一段时间后，他的语文成绩居然得了75分。75分，使这个孩子产生了自信，重新认识了自己，学习劲头也更大了。

作为班主任，周社梅善于关心、激励孩子，使他们学会自尊、自强。有一位叫苗苗的小姑娘，因为父亲突发心脏病不幸去世，从此变得郁郁寡欢，学习成绩也一落千丈。妈妈既要照顾年幼的弟弟，还得料理家务，无暇顾及苗苗。周社梅了解这一情况后，时常帮苗苗梳理头发、整理衣服，为苗苗系好红领巾，每当这个时候，苗苗的眼里总是闪着晶莹的泪花。看着苗苗的泪眼，周社梅就安慰说：“好孩子，不哭，一切都会过去，等你长大，一切都会好起来。但是现在，你要自信、坚强，好好学习，记住，知识可以改变命运。”

2009年，周社梅被评为三门峡市岗位标兵、灵宝市优秀教师，撰写的论文《大爱无声》荣获河南省一等奖。

周真珍，女，生于1981年4月，灵宝市城关镇五龙村人。2000年7月毕业于灵宝师范，同年9月在灵宝市故县镇尚家湾小学任教；2012年8调入灵宝市第三小学任教。从教20年来，周真珍一直担任语文教学和班主任工作。

周真珍带班，尤其重视良好班风的建设。为此，周真珍以常规训练为主线，建立了班级“集星榜”，结合市三小养成教育十大习惯训练点的具体要求，对学生在学习习惯、卫生、纪律、劳动、“三姿”、文明礼仪等方面进行详细的考核，并用小红星给予鼓励。同时，为了发挥榜样的力量，周真珍制作了精美的“照片墙”，贴上优秀学生的照片。正面的引导,促使班里每个孩子都在用自己的实际行动争取照片上墙的机会,渐渐地,全班形成了人人力争上游的氛围。

周真珍带班,重视班级文化建设,墙壁上精彩的设计充满着童趣。左右两面墙壁分别是“快乐学习”和“个人风采”两个板块,“快乐学习”是孩子们制作的精美手抄报;“个人风采”一栏贴着班级最佳“小绅士、小淑女”的先进事迹。还有一栏是“成长的足迹”,记录了孩子们开学以来在学校里的各种表现,每取得一项成绩,就在这里多加上一颗小红星。教室门口贴着“班规班训”,提醒孩子们自觉遵守各种制度和纪律。

为了培养学生的实践能力,周真珍经常组织学生开展多种活动。“庆元旦”、植树节、清明节、国庆节,丰富多彩的实践活动,提高了学生的认知能力、动手能力和自理能力。周真珍“爱”学生,走进学生心里,做学生的知心朋友。费尽心思让孤僻、不会用语言与人交往的一个特殊学生,终于在课堂上发言!同事们说周真珍是一位“三心”班主任,“爱心、耐心、细心”是她的法宝。孩子们喜欢周老师、家长们信任周老师。2014 年 4 月,周真珍被评为灵宝市优秀德育教师;2015 年 6 月,被评为岗位标兵;2015 年 9 月和 2019 年 9 月先后两次被评为灵宝市优秀班主任;其所带的班级,在 2019 年被评为三门峡市优秀班集体。

李川歌,男,汉族,生于 1979 年 5 月,灵宝市城关镇人,本科学历,中共党员。1997 年 7 月毕业于灵宝师范,同年 8 月在灵宝市焦村镇中心小学任教。2010 年 8 月,经过招教考试调入灵宝市第三小学,担任数学教学工作。

从教以来,李川歌加强自身学习,自身素质和能力不断提高。工作中,结合学校的校情、学情,重点培养学生自主学习的能力,把教学的立足点,由教师“教”转向学生“学”,把备“教案”变为备“学案”,课堂上以学案为载体,指导学生进行自主探究的教学活动,实现“互动—合作—探究”的教学新模式,同时结合学生的生活实际,从学生身边找例子,灵活地处理教材,展开课堂教学,让学生感到生活离不开学习,学习也离不开生活,以此达到增强学生学习兴趣、获取知识、培养能力的目的。

从教 23 年来,李川歌工作努力,成绩突出:2006 年 9 月,在三门峡市教学技能大赛中获二等奖,同月,荣获灵宝市优秀教师;2009 年 11 月,在灵宝市数学解说教材比赛中获二等奖;2010 年 1 月,在三门峡市学校管理上台阶活动中荣获先进工作者;2011 年 8 月,在河南省小学生论文评比中获优秀辅导奖;2013 年 9 月,荣获灵宝市优秀课改教师;2014 年 11 月,在第五届“熊博士”全国青少年科学影像节中所制作的微电影获二等奖;2017 年 1 月,荣获灵宝市优秀共产党员。

刘晓霞，女，生于1980年12月，灵宝市阳平镇人，本科学历，中小学二级教师，1999年毕业于湖北广水师范，之后又在中央广播电视大学进修英语专科，在河南教育学院完成英语本科学习，毕业后曾先后任教于灵宝市阳平镇姚王小学和程村中学，2010年7月经招教调入灵宝市第三小学教英语。

刘晓霞娴雅淑静，睿智聪颖，率真乐观，平易近人。其在教学上严谨细致，善于启发诱导学生学习，教书育人，尽职尽责，身体力行，言传身教。从教21年来，刘晓霞工作努力，成绩突出：2005年9月，荣获灵宝市优秀教师；2010年5月，在灵宝市初中英语阅读竞赛中获优秀辅导奖，同年8月，论文《初中英语高效课堂教学反思》获三门峡市二等奖；2011年8月，小学英语课获三门峡市教学技能大赛一等奖；2014年9月，论文《英语课堂教学策略》获河南省一等奖，同年10月，课本剧《骄傲的孔雀》获河南省优秀教育电视节目一等奖；2015年11月，小学英语优质课获灵宝市一等奖；2016年9月，荣获灵宝市优秀教师；2019年1月，微课互动教学优质课获灵宝市一等奖。

席如玲，女，生于1977年8月，灵宝市尹庄镇李村人，本科学历，小学高级教师，中国共产党员。1996年7月毕业于灵宝师范，同年8月在苏村乡淹里沟小学任教；2004年8月调至苏村乡中心小学任教；2009年8月调至尹庄镇涧口小学任教，2011年8月调入灵宝市第三小学任教。执教23年来，一直从事高年级的语文教学兼班主任工作。在教学中，席如玲爱岗敬业，积极学习新的教学理念，大胆尝试课堂教学改革，不断优化课堂教学模式；与时俱进，把先进的科学技术运用于课堂教学中，以提高课堂教学效率和质量；爱生如子，公平公正对待每一个学生，关注学困生。

从教23年来，先后获得多项殊荣：2003年8月，其所撰写的论文《关于自然教学的刍议》获三门峡市二等奖；2006年9月，荣获灵宝市优秀教师；2007年6月，被评为灵宝市优秀少先队辅导员、优秀儿童工作者；2008年12月，被授予灵宝市首届小学教学名师；2009年9月，在三门峡市小学语文教学技能竞赛中，所执教的《天游峰的扫路人》获一等奖；2011年3月，被评为灵宝市优秀德育工作者，同月，论文《让习作教学拥有飞翔的翅膀》获河南省级二等奖；2012年9月，论文《减负增效提质——齐头并进》获三门峡市级二等奖；2014年7月，被评为灵宝市优秀班主任；2017年9月，参加三门峡市"一师一优课、一课一名师"语文优质课竞赛，执教的《种一片太阳花》获三门峡市一等奖，同年12月，养成教育案例《莫疑春归无觅处，静待花开会有时》获灵宝市一等奖；2018年9月被评为灵宝市优秀班主任；2019年3月，参与三门峡市级课题"小学生整本书阅读指导课不同课型的研究"已完成结题，同年8月，被三门峡市教育局确定为三门峡市级骨干教师。

高现代，女，生于1979年2月，灵宝市焦村镇东村人。本科学历，中小学二级教师。1999年任教之初，在灵宝市朱阳镇杨家河小学教数学兼班主任及体育教学管理工作。山里条件差，学校没有灶，高老师在学校自己做饭吃。学生大多数离校较远，最远的有二十多里路，早上来上学，自带午饭（馒头），晚上才能回家。看见孩子中午啃冷馍，高现代就让孩子把馍放自己锅里焙热，孩子们都很感动。高现代关爱学生，学生也很知道学习，每次镇里组织的抽测考试，高现代所带班级的成绩都名列前茅。2007年9月，其所撰写的论文《浅谈体育课如何实施素质教育》获河南省二等奖。

2008年，高现代调到朱阳镇第二小学，担任数学教学和班主任工作，还兼职数学教研组长。朱阳二小是一所新建学校，学校实行全寄宿制，孩子小，和父母分离，一来学校就哭闹。又遇流感暴发，一些学生发烧哭闹，高现代陪着孩子去看病，让生病的孩子和自己一起睡。还有一个男生，母亲不在了，由父亲抚养他们兄弟姐妹五个，最小的妹妹和哥哥上一个班，因为家里穷，上学比较晚。高老师心怀同情，像母亲一样关爱兄妹俩的生活和学习，还常把自己女儿的衣服送给这个小妹妹。这个男生看在眼里，记在心里，一改从前的顽皮、打架状态，变得沉默不语。只有和高老师在一起才无话不谈。高现代鼓励其多读书，和书交朋友。之后这个男生真的和书交上了朋友，课外活动总是躲在教室里看书。高现代发现山里孩子大多缺乏自信和自律，就侧重在这两方面去教育孩子，上课发言时鼓励他们大胆说话，课下还经常给孩子们读名人故事，教育孩子要自立、自强。这一年（2008年），高现代荣获灵宝市优秀班主任。

2010年，高现代调到灵宝市实验小学工作，9月，荣获灵宝市优秀教师，11月荣获灵宝市十运会优秀辅导员。2011年，高现代调到灵宝市第三小学从事体育教学工作，同年11月，获灵宝市推广第九套广播操优秀辅导员。因为要带队训练，高现代每天早上7点前到校，冬夏不变。自2012开始，高现代连续7年荣获灵宝市优秀裁判员。2017年9月，在三门峡市"一师一优课，一课一名师"优质课比赛中获二等奖。2019年，高现代负责训练乒乓球队，在灵宝市中小学生秋运会中，荣获女子团体冠军、男子团体亚军、男女队总分第一名的好成绩。

郭会平，女，生于1979年4月，灵宝市尹庄镇尹庄村人，小学高级教师。1997年8月参加工作。曾先后任教于灵宝市实验二小、灵宝市实验小学，2010年8月选调入灵宝市第三小学。从教20余年来，爱岗敬业，勤学善思，成绩突出。2001年9月，荣获灵宝市模范班主任；2002年9月，荣获灵宝市优秀教师；2003年11月，荣获小学数学优质课赛讲一等奖;2004 年 4 月,荣获小学品德与生活优质课赛奖一等奖;2005 年 3 月,荣获灵宝市优秀班主任;2011 年 7 月,荣获三门峡市文明教师标兵;2012 年 9 月,荣获灵宝市优秀课改教师、三门峡市教学标兵。

李彩红,女,生于 1975 年 4 月,灵宝市阳平镇人,中小学一级教师。1993 年参加工作,在灵宝市阳平镇九营小学任教,1996 年 8 月调至城关镇北田小学任教,1997 年 8 月调至城关镇建设小学任教,2010 年 8 月,调入灵宝市第三小学工作,2015 年 8 月调至函谷关镇中心学校工作。

李彩红聪慧灵秀,好学上进。其在灵宝市第三小学工作期间,成绩优秀:曾荣获三门峡市教学岗位标兵、班主任岗位标兵,灵宝市课内增量阅读实验优秀教师、师德标兵、优秀班主任。其优质课多次获得河南省三等奖、三门峡市二等奖、灵宝市一等奖,多篇论文在省、市级获奖项或发表。担任班主任期间,所带班级学风浓、班风正,被评为三门峡市文明班级标兵,连续三年被评为灵宝市文明班级,班主任工作案例获三门峡市一等奖。所辅导的学生在第二届中国汉字听写大会上获三门峡市团队二等奖,辅导学生在三门峡市征文比赛中多次获奖。

郭伟丹,男,生于 1979 年 10 月,灵宝市区人,本科学历,中小学二级教师。1997 年 8 月初涉教坛,在灵宝市川口乡横渠小学任教;2001 年 8 月在灵宝市豫灵一中任教;2010 年 8 月调入灵宝市第三小学,担任数学教学工作。

郭伟丹从教 22 年,一开始就在小学担任班主任,其理想是建立新型的师生关系,做学生的朋友。平时,就特别留心学生的言行举止、性格特点,了解其思想状况、家庭情况,以便于有的放矢地进行教育。对于上课不专心、思想开小差、做小动作、作业不能按时完成、经常打架的学生,郭伟丹善于发现他们的优点,鼓励表扬,安排优生坐同桌,促使其习惯好转,成绩提高。

郭伟丹说:“学生再小也是人,人都有自尊,做老师的,首先要知道尊重学生。”在课堂教学中,特别是在合作、探究某一个问题的时候,郭伟丹充分尊重学生,引导激发学生的学习潜能,使他们各抒己见,乐于表达。对学生的见解,不论优生、差生,都予以适当的肯定。经过一段时间,平时不爱回答问题的学生也变得乐于说话,乐于和老师交流。郭伟丹在教学反思中写道:尊重能唤起人的自信心,而自信心就是学生前进的又一动力。

作为班主任,郭伟丹常以身作则,树立榜样,教育学生向榜样看齐。在班上开展丰富多彩的活动,带动学风,如在班上开展“一帮一,结对子”活动,以优带差,效果不错。

郭伟丹所带的班级荣获三门峡市文明班级，其本人荣获灵宝市优秀班主任、灵宝市优秀支教教师，其撰写的教育教学论文多次获得省级、市级奖项。

郭莹莹，女，生于 1982 年 12 月，灵宝市西闫乡西古驿村人，2001 年 7 月毕业于灵宝师范，做过五年代课教师，2006 年 5 月通过灵宝市招教考试成为在编的正式教师，同年 8 月调至灵宝市西闫乡实验小学，担任语文教学及班主任工作。2012 年 6 月，再次通过考录，调入灵宝市第三小学教语文，并兼班主任。

在教学中，郭莹莹主张寓教于乐，经常将谜语、歌曲、典故、名人故事等元素融入课堂教学，再加上其本人诙谐幽默的语言、漂亮的粉笔字板书，很吸引学生，激发了孩子们浓厚的学习兴趣；上课时发现有思想开小差的学生，及时用提问帮其收心于课堂。在课下，注重塑造良好的师生关系，经常和孩子聊天谈心，一起玩耍，孩子们很喜欢郭老师，也很喜欢郭老师的语文课。因此，郭莹莹所带班级的语文课成绩在年级总是位居前列。

作为班主任，郭莹莹在班级管理中，主张立德树人，注重思想道德教育，通过不同的形式，教育孩子热爱祖国、热爱家乡，爱学校、爱老师、爱同学、爱父母；爱学习、爱劳动，讲文明、讲卫生；遵守校规校纪，注意交通安全。

2015 年 9 月，郭莹莹被评为灵宝市优秀班主任，同年 10 月，所带班级被评为三门峡市文明班级；2017 年 6 月，所参与的课题研究“教材外群文的组织策略”荣获三门峡市二等奖；2017 年 8 月，被评为灵宝市优秀支教教师；2018 年 10 月，在三门峡市首届中小学教师“三笔字”展评中荣获粉笔字一等奖、钢笔字一等奖、毛笔字二等奖。

李艳娥，女，生于 1968 年 8 月，灵宝市阳平镇乔营村人，本科学历，中小学一级教师。1987 年毕业于豫西师范，同年 9 月在阳平小学工作，教数学。1995 年 2 月调入灵宝市第一小学任教，2000 年 8 月调入灵宝市第二小学任教，2010 年 9 月调入灵宝市第三小学任教。

李艳娥热爱学习，虚心求教，取长补短，进步很快。教学上，李艳娥力争做到思路清晰、循循善诱、深入浅出，使每一节数学课都成为精雕细琢的示范课。短短三年，李艳娥就成长为阳平镇骨干教师。在市一小、市二小任教期间，李艳娥曾多次担任实验班和毕业班的语文教学，所带班级班风正、学风浓，因此得到了学校和家长的一致肯定。多次被评为模范教师、师德标兵。

在市三小工作的前 6 年，李艳娥担任品德学科教学，假期里积极参加各级各类的培训活动；反复阅读教材，钻研新课标；工作中，与同课头的教师互帮互学，共同进步。对潜能生更是关怀备至，力争不让一个人掉队。在每年的升学考试中，李艳娥所教班级的品德课成绩一直名列市直学校前列。

2017 年 9 月，李艳娥又改教二年级数学，兼寄宿班班主任工作。面对新的教育教学任务，李艳娥及时调整心态，快速适应陌生的工作环境，每天早上天不亮就匆匆来到学校，带孩子到餐厅就餐，然后接孩子回教室，接着是打扫卫生，辅导早读，接着又精神焕发踏上讲台。

作为教师，李艳娥不仅注重教学成绩，更注重德育。在日常的工作、学习和生活中，李艳娥重视言传身教，衣着整洁大方，言行规范得体，对待学生一视同仁。2018 年“三八”节，李艳娥荣获了学校“铿锵玫瑰”的光荣称号；同年 9 月教师节上，被评为灵宝市级优秀教师。

尚卫娜，女，1978 年 6 月出生，灵宝市焦村镇人，中小学二级教师，大学本科学历。1997 年 8 月，尚卫娜师范毕业后被分配在灵宝市焦村镇东册小学，从事语文教学兼班主任工作。2002 年 8 月调入焦村镇纪家庄小学，继续从事语文教学工作。工作期间，不断加强自学，2004 年取得函授大专学历，2010 年取得自考本科学历。2011 年通过招教考试进入灵宝市第三小学任教。先后担任科学课和语文课的教学及班主任工作，2017~2019 年又兼职教务处的工作。

最初在焦村镇东册小学任教时，尚卫娜关爱留守儿童，巧妙教育调皮捣蛋的孩子，引导家长搞好家庭教育，尚卫娜的努力得到了家长和领导的好评，2002 年 3 月，她被评为灵宝市模范班主任。

尚卫娜爱好广泛，喜欢书画，动手能力强，也很注意培养学生的特长。2005 年和 2006 年，曾两次带领学生参加河南省教育厅关心下一代组织举办的书画比赛，学生参赛作品《我爱我家》《节约从我做起》分别获得一等奖，尚卫娜荣获优秀辅导教师。2008 年 9 月，尚卫娜荣获灵宝市优秀教师。

进入三小任教以来，尚卫娜连续几年担任毕业班的科学课，却从没有因为这是小学科而轻视，教学过程中，为了培养学生的好奇心和探究欲以及解决问题的能力，留足时间让学生去思考，大胆让学生去探究摸索，其教学成绩一直位居灵宝市局直学校前两名。2015 年在三门峡市举办的首届动漫大赛中，尚卫娜创作的《师徒四人》荣获三门市一等奖；2017 年和 2019 年，学校把参加全市科技小制作的评选、报送和布展工作交给尚卫娜去负责，尚卫娜不负众望，两次为学校赢得了“先进单位”奖牌，自己也获得了“优秀科技辅导员”称号。后来因工作需要，尚卫娜又开始担任语文课教学，课余时间，她积极参与教科研，2017 年 3 月，尚卫娜参与河南省级“小学多文本读写策略研究”课题，经过一年的探索和实践，在 2018 年 5 月顺利结题。为学生、为语文，她希望自己能走得更远，更远……

王珊珊，女，汉族，生于 1982 年 10 月，灵宝市人，本科学历，中小学一级教师，中共党员。2004 年 7 月毕业于河南教育学院英语专业，同年 8 月参加工作，从事中学英语教学 8 年，2012 年调入灵宝市第三小学教英语。

王珊珊热爱党的教育事业，严格要求自己，积极投身课程改革，坚持听课、评课、说课、讨论、交流等形式多样的教学研讨活动，从中吸取教学经验，认真学习新课程理念，有针对性地运用于课堂教学；熟练运用“目标引领，合作学习”的课堂教学模式，培养学生自主学习、合作学习的习惯；勇于承担示范课、公开课、赛课等任务，充分发挥优秀教师的示范引领作用。

在课改方面，王珊珊首先重视音标训练，自制 48 张音标卡，由慢而快，让学生先学会音标，发准音，之后，每节课前用闪卡方式让学生快速读一遍音标，读熟音标，学生看见音标就会读单词。其次重视语言训练，用疯狂英语调动学生学习激情。每节课前闪完音标卡，再用一分钟时间让学生大声喊出疯狂英语句子。再次是重视游戏环节，把课堂教学推向高潮，如“魔棒”游戏，魔棒指向谁，谁就大声读单词，开火车游戏，进行单词接龙等，使学生在学中玩、玩中学，提高了课堂教学效果。

王珊珊工作努力，成绩优秀：2010 年 12 月，被灵宝市教体局评为师德标兵；2011 年 9 月荣获灵宝市优秀教师，论文《英语课堂与高效课堂的完美结合》获河南省一等奖，同年 11 月，获灵宝市高效课堂比赛二等奖；2013 年 9 月，其网络公开课被评为河南省二等奖，12 月，在小学英语教师综合技能竞赛中获灵宝市一等奖；2014 年 6 月，其小学英语优质课被评为三门峡市二等奖，10 月，优质课被评为河南省二等奖；2015 年 5 月，在三门峡市小学英语优质课比赛中获三等奖，9 月，获三门峡教育系统教学技能竞赛二等奖，10 月，《彩虹花》获得河南省优秀教育电视节目二等奖、河南省电化教学优质课大赛三等奖；2016 年 7 月，获河南省优秀教育教学研究成果课件二等奖，9 月，获灵宝市小学英语课本剧比赛辅导一等奖，10 月，获河南省优秀课题成果二等奖；2017 年 12 月，获灵宝市优秀支教教师；2018 年 10 月，获灵宝市小学英语演讲比赛辅导一等奖；2019 年 4 月，获灵宝市英语教师优质课比赛一等奖。

李聪丽，女，1974 年 6 月出生于灵宝市豫灵镇吴村，本科学历，中小学一级教师。现任职于灵宝市第三小学。曾荣获灵宝市“优秀教师”称号，所带班级曾被评为三门峡市文明班集体。

1994 年 8 月,李聪丽在灵宝市豫灵镇上屯小学任教,担任班主任及数学教学。因教学风格简洁明快,思路清晰,注重训练,其所执教的数学课多次在豫灵镇获奖。2005 年李聪丽执教的二年级数学课获灵宝市二等奖。2007 年 8 月,李聪丽调入灵宝市第二实验小学,担任班主任、数学教学及教研组长 。2008 年 9 月,李聪丽被评为灵宝市优秀教师。2011 年 7 月,李聪丽所带班级被评为三门峡市文明班集体。2012 年 9 月,李聪丽通过招考调入灵宝市第三小学,担任班主任及中高年级的数学教学。

在数学教学中,李聪丽善于激发学生潜能,着重培养学生学习习惯,让学生爱上数学课堂。李聪丽发现,数学作业中出现的错误,多是审题不严密、计算不认真、检查不仔细造成的。而计算是学生数学学习中最基本的功底。李聪丽就把数学口算、笔算的练习常态化,利用课前几分钟的口算、笔算,培养学生的计算能力,并在引导学生探索知识的过程中,提醒学生检查是否抄错题,是否漏题,作业格式是否正确,字迹是否工整,解题步骤是否完善等,培养学生良好的学习习惯。每当作业发下去以后,都要求学生认真分析错误原因,及时订正,逐步养成良好的学习习惯。

作为班主任,李聪丽本着"艳丽每一朵花,茁壮每一棵苗"的思想,使每个学生都得到不同的发展,不断取得进步。所带的班级班风正、学风浓,被评为三门峡市文明班集体。把学生教好,让学生成功,是李聪丽最大的心愿。作为一名数学教师,李聪丽注重对学生各种能力的培养,因工作认真、负责,李聪丽多次被学校评为优秀教师、优秀班主任。

刘学刚,男,汉族, 1980 年 8 月出生于灵宝市西阎乡水泉头村。1999 年 7 月毕业于灵宝师范,同年 8 月在西阎乡东邱小学任教;2002 年 8 月在西阎乡涧南小学任教;2004 年 7 月在西阎乡实验小学任教;2012 年 8 月调入灵宝市第三小学任教。从教 20 年来,主要从事数学教学工作。

刘学刚为人温和,其教学一如其做人,总是和风细雨。刘学刚对数学课堂教学的研究有着独特的见解,课堂灵活生动,善于顺应学生的思维教学;遵循"以学生为主体、教师为主导"的教育教学原则,充分发挥学生学习的主动性,运用各种教学手段,激励学生用心、主动参与课堂教学的全过程,全面提高教学的质量和效率,形成自己独特的教学风格,深受学生的喜爱、同行的认可。

作为一名党员教师,刘学刚遵规守纪,师德优良,品德言行堪为学生的表率。刘学刚关心爱护学生,尊重学生人格,在教学中做到严中有爱、严中有章、严中有信、严中有度;不嫌弃学困生,并且能从思想上、学习上多关心、多辅导,给予"偏爱"。付出终有回报,刘学刚先后获得多项荣誉:2009 年 1 月,荣获三门峡市学校管理上台阶先进工作者,同年 9 月,荣获灵宝市优秀课改教师;2011 年 1 月,获灵宝市德育先进个人;2011 年 7 月,荣获三门峡市教学标兵;2011 年 9 月,荣获三门峡市有突出贡献教师。

米文娅,女,生于 1979 年 11 月,灵宝市朱阳镇人,本科学历,中小学一级教师。1999 年毕业于洛阳市第一师范学校,即任教于朱阳镇第一小学,教语文。2008 年,米文娅的《爱如茉莉》一课学案,获得河南省教学设计大赛一等奖;2009 年,《夹竹桃》一课获三门峡电化教学大赛一等奖。2016 年米文娅调入灵宝市第三实验小学工作。2017 年,米文娅荣获灵宝市优秀课改教师。2018 年 8 月调入灵宝市第三小学工作。从教 20 年来,一直从事小学语文教学兼班主任工作。米文娅对语文教学的感悟就是“接触美—挖掘美—领会美—创造美”的过程,不断在教学实践中探索灵活、高效的方法,联系生活,深入浅出,让学生从中体会语文之美,深受学生喜爱。

高君玲,女,汉族,1980 年 1 月出生于灵宝市朱阳镇秦池村。1999 年毕业于灵宝师范,分配于朱阳镇营里小学。先后担任一年级和毕业班语文教学及班主任工作。2001 年 8 月调入朱阳二中,担任语文教学和班主任工作。2006 年撰写的教学设计《土地的誓言》荣获河南省二等奖。2007 年被评为灵宝市模范班主任,2009 年被评为灵宝市优秀教师。2010 年 8 月通过招教考试调入灵宝市第三小学,先后担任二、四、五、六年级语文教学和班主任。

席　娥,女,汉族, 1975 年生,河南省灵宝市尹庄镇李村人。双本科学历。1999 年 8 月任教于大王五中,2001 年 8 月任教于灵宝市五中,2013 年 9 月至 2014 年 7 月任教于灵宝市第三小学,2014 年 9 月任教于灵宝市第三中学。

从教 20 年来,席娥勤奋工作,恪尽职守,爱生如子。2002 年 3 月,被评为灵宝市最受学生欢迎的老师;2007 年被评为三门峡市骨干教师;2008 年、2009 年连续两年荣获灵宝市“优秀班主任”称号; 2011 年 3 月被评为全市教育系统孝老爱亲模范,其孝老爱亲先进事迹相继被《金城灵宝》《西部晨风》报道;2013 年 5 月,席娥被评为灵宝市第五届道德模范,同年 12 月,席娥荣获第六届三门峡市道德模范提名奖,其先进事迹再次被灵宝枫叶教育网、三门峡教育信息港、中国文明网等多家网站报道;2014 年 4 月 6 日,席娥再次入围“中国好人榜”;2016 年 2 月,席娥荣获灵宝市最美孝老爱亲模范,先后受邀在灵宝市委宣传部道德讲堂、灵宝市纪检委道德讲堂、三门峡市河西林场道德讲堂做“孝老爱亲”报告;2019 年 11 月,席娥荣获“三门峡市最美警嫂”光荣称号。其多篇教学论文在国家和省、市级获奖。

李　波，女，生于1978年4月，灵宝市故县镇秦岭金矿人。1997年6月毕业于三门峡黄金工业学校，1997年8月在秦岭学校任教，2008年8月在大王镇一中任教，2010年6月，经过考录进入灵宝市第三小学工作至今。在市三小工作期间，李波勇于承担六年级毕业班的数学教学及班主任工作。10年间，李波先后担任五届毕业班工作、四年寄宿班工作。在教学过程中，李波注重对学生良好学习习惯和优秀思维品质的培养，在提升整体教学质量的同时，善于挖掘学生的潜能。2012年，李波参加首届说课比赛，荣获灵宝市级一等奖；2013年，参与的课题“低年级学习习惯的养成教育”荣获省级二等奖。

郭飞飞，女，1982年2月出生，灵宝市阳平人，中小学二级教师，本科学历（毕业于湖北长江大学）。2007年9月，在华苑高中任教美术，2009年9月在阳平镇第一中学任教美术；2012年，在第二届“中原杯”河南省原创动漫画大赛中获一等奖；2013年9月，调入灵宝市第三小学任教美术；2015年、2017年在电脑制作绘画活动中获省级二、三等奖，并多次获得三门峡市一等奖。在科技创新活动中获灵宝市一等奖，其油画作品多次入选河南省美术新人新作展。

刘玉婷，女，1980年10月出生，灵宝市豫灵镇人。本科学历，中小学二级教师。自毕业至今一直从事高年级语文教学工作，具有扎实的业务功底、较高的教学水平。在课改中不断探究创新，积极实践，教学方法灵活，教育教学效果突出。2011年3月，在河南省中小学生作文竞赛中获优秀辅导教师；2011年8月，在三门峡市教育系统教学技能大赛中获小学语文课一等奖；2013年8月，调入灵宝市第三小学，当年执教的语文课在第六届全国交互式白板学科教学大赛中获三等奖，获市信息技术整合优质课一等奖；2014年7月、2018年6月两次获得三门峡市征文比赛优秀辅导教师。

邵蓓蓓，女，1982年4月生于灵宝市阳店镇。2010年8月从教，中小学二级教师，本科学历，2013年8月调入灵宝市第三小学。从教以来，敬业爱岗，工作努力，得到上级有关教育部门的好评。在2015年12月被评为灵宝市级优秀解说员；2017年11月被评为灵宝市级文艺节目展演优秀辅导教师；2015年3月辅导学生的电脑绘画作品荣获河南省青少年科技创新大赛少儿组二等奖；2019年11月在灵宝市第十五届学校科技创新成果展评活动中，被评为优秀解说员。

王丽红，女，1967年6月出生，卢氏县城关镇人，大专学历，中共党员，中小学一级教师。1985年12月任教于卢氏县县直幼儿园，2014年8月调入灵宝市第三小学，在总务处工作，负责寄宿管理和服装仓库管理。从教30余年来，爱岗敬业，责任心强，2005

年11月在卢氏县教体局组织的幼儿园教师优质课大赛中获一等奖，2006年7月被评为卢氏县双拥工作“十佳好军嫂”，2008年6月在三门峡市教育系统教学技能大赛中获一等奖，2011年7月被卢氏县教体局评为优秀共产党员。

王引谋，女，1976年4月出生于灵宝市西阎乡文东村。本科学历，中共党员，中小学一级教师。1996年师范毕业，在朱阳镇第一小学从事语文教学。1999年8月，调回家乡西阎，先后在杨家寨小学、小常小学、常阎小学担任教导主任、班主任工作，同时从事语文、英语教学。2012年进入灵宝市第三小学，先后从事品德、社会、语文学科的教学，兼班主任工作。

张慧锋，女，1975年1月出生，灵宝市城关镇西华村人，中小学二级教师，本科学历。1996年8月参加工作，在五亩乡第一中学任美术教师；2013年8月调入灵宝市第三小学，担任美术教师并兼任政教处工作。从教以来，工作积极努力，踏实肯干，注重学历进修和知识的更新，积极参加各项展评、比赛活动。在优质课、论文、绘画作品中多次荣获河南省、三门峡市、灵宝市第一、二等奖，辅导学生小制作、科幻画等作品多次获省级奖项。

杨娅娟，女，1980年7月出生，灵宝市尹庄镇南滩村人。1999年8月在大王镇第二小学任教，教语文。2006年3月，杨娅娟被评为灵宝市德育先进工作者，同年12月，获灵宝市小制作辅导二等奖；2007年7月，获三门峡市教学技能大赛二等奖。2008年8月，杨娅娟调到大王镇第一中学任教，教语文。2009年12月，杨娅娟再次被评为灵宝市德育先进个人，2010年7月，被评为灵宝市教学能手。2010年8月，杨娅娟通过招教考试，调入灵宝市第三小学任教。2011年11月获灵宝市小制作辅导二等奖，2012年9月，获河南省优秀教学成果奖。

董春艳，女，1979年2月出生，灵宝市豫灵镇上屯村人。本科学历，小学高级教师。2012年8月，调入灵宝市第三小学任教美术学科，10月，在三门峡市第五届中小学生艺术展演活动中，其作品《鱼乐》荣获一等奖；2013年4月，在河南省第七届少儿文化艺术节中荣获优秀辅导教师奖，5月，在三门峡市“创新杯”动漫大赛中，其作品《快乐的美羊羊》荣获一等奖，12月，其科技小制作获灵宝市一等奖；2014年4月，在三门峡市电脑大赛中辅导学生电脑绘画《幸福图——我的中国梦》荣获一等奖，11月，在灵宝市美术优质课评选中，其《鱼儿游游》一课荣获一等奖；2015年6月，在三门峡市教育局“全市第三届青少年动漫节”中，辅导学生作品《爱心》荣获一等奖，9月，在三门峡市“优课”评比中荣获二等奖，当年调离灵宝市第三小学。

付爱华，女，1977 年生于灵宝市川口乡南朝村。1995 年 8 月从教，先后在南朝小学、南朝中学教语文。2002 年 8 月在豫灵镇杨家小学任教，后来调到大王镇神窝小学教语文。2012 年经过招教考试，进入灵宝市第三小学工作。付爱华是一个开朗乐观、积极向上、有着极强责任心的老师。从教 25 年来，工作上兢兢业业、任劳任怨，生活上严于律己、宽以待人。为了提高教育教学水平，她坚持阅读教育理论，认真钻研教材，虚心向同事请教；课堂上关注每个学生，坚持正面激励；课下，关心孩子的生活，对家庭困难学生问寒问暖，常牺牲休息时间无偿为潜能生补课。付爱华先后获得过镇级优秀教师、镇级优秀班主任、最受学生喜爱的老师、市级师德标兵等荣誉称号。

狄海荣，女，汉族，生于 1979 年 9 月，灵宝市大王镇董家村人，本科学历，中小学一级教师。1999 年 7 月毕业于山西运城师范学校，同年 8 月，任教于灵宝市苏村乡西村小学，2000 年 8 月调入大王二中。2010 年 1 月取得本科学历，同年 8 月经过招教考试调入灵宝市第三小学，教语文，并多次担任班主任工作。2011 年 4 月，其所撰写的《阳光体育歌》获三门峡市森林城市征文一等奖，同年 12 月，辅导学生雷麒云小制作《旋转的洒水瓶》获三门峡市科技创新成果二等奖；2012 年 3 月，所带班级获得灵宝市文明小组，7 月，获河南省中小学生写字步步高硬笔书法大赛优秀辅导老师，12 月，辅导王嘉欣制作的《工艺花瓶》获得灵宝市优秀科技创新成果一等奖；2013 年 4 月，辅导学生刘轩志作文《第一次刷碗》在“文心雕龙杯”第六届全国中小学校园写作大赛中荣获小学组二等奖，6 月，撰写的教学设计《说说我们的收获》获河南省第 16 届教育年会一等奖；2017 年 10 月，辅导施皓瑄制作的《幸福家园》作品，再次获得灵宝市优秀科技创新成果一等奖。

高　蕊，女，1981 年 2 月生于三门峡市大王镇神窝村，本科学历，中小学一级教师，中共党员。1999 年 8 月参加工作，任教于朱阳镇杨家河小学，2001 年 8 月就职于川口乡横渠小学。2010 年 8 月进入灵宝市第三小学，一直担任数学教学工作。2011 年辅导学生叶璐宁作文《梦游全球》获河南省一等奖。2012 年 9 月，她参与的《有余数的除法》教学设计被河南省教育厅评为特等奖。2013 年 8 月至 2016 年 7 月，高蕊先后担任一年级、二年级、三年级数学教研组长，任一年级数学教研组长时，所带的数学组被学校评为“三八红旗集体”。2015 年 5 月，执教的优质课《推理》获灵宝市一等奖、三门峡市二等奖；同年 10 月，其所带班级被评为三门峡市文明班级。2014 年 9 月，荣获灵宝市优秀课改教师。2018 年 6 月参与灵宝市课题“小学低年级数学体验式生态课堂的研究”并于次年结项。

杲　倩，女，1983年6月出生，灵宝市苏村乡人。中小学一级教师，2011～2015年在灵宝市第三小学任教，2013～2015年在学校总务处负责寄宿管理工作。待人热情、稳重，工作认真负责，能吃苦耐劳，有较强的团队协作意识和奉献精神。

王惠敏，女，1980年1月出生，灵宝市西闫乡文东村人，本科学历，中小学二级教师。1999年毕业于湖北省沙洋师范，9月任教于朱阳镇王家村小学；2001年9月至西闫乡滹沱营小学任教；2006年9月至函谷关镇坡头小学任教；2010年调入灵宝市第三小学任教。从教20年，工作一直兢兢业业，尽自己所能教好每一个孩子，先后荣获三门峡市教学标兵称号，其赛讲的优质课、辅导的合唱节目先后多次荣获省、市级一、二等奖。

伍彦革，男，生于1977年8月，河南省灵宝市五亩乡人，本科学历，中小学二级教师。1996年参加工作，先后在灵宝市五亩乡台头小学、宋曲小学、五亩乡第一初级中学任教，2010年8月，经考录进入灵宝市第三小学任教。曾先后被评为灵宝市优秀教师、三门峡市学籍管理先进工作者，所带班级被评为三门峡市先进班集体，撰写的论文多次获奖。

屈彩鹏，女，生于1970年6月，灵宝市函谷关镇店头村人，本科学历，中小学一级教师。1989年7月毕业于豫西师范，同年8月任教于五亩乡庄里小学，1991年8月调至尹庄镇辛庄小学，1994年8月调至尹庄镇张湾小学，2003年8月调至尹庄镇闫李小学，2004年8月调至故县镇上坡头小学，2005年8月调入故县镇第一初级中学任教，2009年获得本科学历，2010年8月调入灵宝市第三小学工作。在学校里，她爱岗敬业、恪尽职守；在社会上，她心存善念，常做义工。工作之余，她编织的手工作品在三门峡市连年获得一等奖。

常银茹，女，生于1979年2月，灵宝市西阎乡迁建村人，中共党员，本科学历，小学一级教师。1999年8年参加工作，在西阎乡滹沱营村任教，2006年调至焦村镇卯屯小学，2012年调入灵宝市第三小学工作。她为人朴实稳重，乐观向上，遇事果断，做事认真仔细，有较强的适应能力和学习能力，在教学工作中，能吃苦，责任心强，深受学生、家长好评。

卫晓朵，女，生于1979年3月，灵宝市尹庄镇尹庄村人，中共党员，本科学历，中小学二级教师。1998毕业于郑州铁路师范音乐专业，同年8月参加教育工作，2011年8月经过考录调入灵宝市第三小学担任音乐教学。2016年担任数学教学兼班主任。卫晓朵多才多艺，担任音乐教学期间，在学校组织的各种大型文艺活动中，编排的节目受到家长和领导的好评，其所编排的合唱节目《春雨蒙蒙地下》获得三门峡市一等奖。

陈卫革，男，生于1973年3月，灵宝市尹庄镇官庄村人。1993年7月毕业于灵宝师范，同年8月任教于苏村乡，1999年8月调至阳店镇教学，2010年8月调入灵宝市第三小学工作，2017年8月调至灵宝市第五小学任教。从教26年来，勤恳敬业，无私奉献，曾多次受到学校的表彰，荣获县、市级荣誉多项。

代文辉，男，生于1977年8月，三门峡市阳店镇人，专科学历，中共党员，中小学二级教师。1996年8月参加教育工作，在寺河乡米河小学任教，1997年8月调至川口乡教学，2011年8月调入灵宝市第三小学，任教数学。工作努力，勤奋敬业。

张　丹，女，生于1991年3月，三门峡市大王镇西南朝村人。本科学历，中小学二级教师。2012年8月在三门峡陕州外国语学校工作；2013年1月调入灵宝市第三小学担任语文教学。2014年10月，在灵宝市第12届学校科技创新成果展评活动中被评为优秀科技辅导员；2015年10月，在灵宝市第13届学校科技创新成果展评活动中获得科普微电影类一等奖，同年11月，在第六届全国青少年科学影像节中辅导作品被评为三等奖；2016年8月，被评为优秀支教教师；2017年2月，在第31届河南省青少年科技创新大赛中，所辅导的学生作品获得青少年科学DV作品三等奖，本人获优秀辅导教师。

张增彦，男，生于1978年4月，灵宝市城关镇涧东村人，本科学历，中小学二级教师。1999年参加教育工作，在大王镇洞村小学任教，担任高年级数学教学工作，并兼财务主任；2003年调任大王镇韩家小学任校长；2004年调任大王镇王和小学任副校长，2005年任校长职务，9月荣获镇优秀校长；2008年8月调任大王镇第五初级中学，担任年级主任，教八年级数学，被评为灵宝市课改标兵、三门峡市骨干教师。2012年8月经过招考调入灵宝市第三小学，教六年级数学。他精心备课，深研教法学法，先后荣获河南省教学设计一等奖、市级交互式电子白板教学应用优质课大赛二等奖，参加的课题“用博客资源培养师生数学素养的研究”获三门峡市一等奖。

张艳妮，女，生于1980年5月，灵宝市朱阳镇人，本科学历，中小学一级教师。1999年7月毕业于郑州铁路师范学校，同年8月在灵宝市朱阳镇寺上小学任教，担任数学教学工作。2002年调入朱阳镇第一初级中学教数学。2010年9月通过招教考试调入灵宝市第三小学工作，教数学兼班主任。其工作突出，成绩优秀，多次获奖。

姬伟伟，女，生于1981年10月12日，灵宝市焦村镇人，中小学二级教师。2000年7月，毕业于豫西师范普师专业，同年8月在豫灵镇杨家小学任教，教数学；2005年8月调至豫灵麻庄二中,教数学;2007 年 8 月调至灵宝市豫灵镇第二实验小学,教数学兼班主任。工作期间通过进修,于 2007 年 12 月取得本科学历。2012 年 8 月调入灵宝市第三小工作,主要担任数学教学和班主任工作。其各项工作成绩突出,赢得了学校领导和老师们的一致好评。

周林红,女,生于 1977 年 4 月,灵宝市阳店镇栾村人,中小学二级教师。1997 年毕业于信阳师范学院,同年 9 月参加工作,在阳店镇寨原小学任教,2004 年 9 月调至阳店镇第一小学,2013 年 9 月调至灵宝市第三小学。从教 22 年来,一直担任语文教学及班主任工作。她工作努力,成绩突出,辅导学生的作文《我的爸爸》在三门峡市"好爸好妈作文竞赛"中荣获优秀奖;《让爱化作温馨雨》在河南省作文竞赛中获得一等奖;辅导学生在河南省硬笔书法比赛中获得一等奖。两次参加"三门峡教师技能大赛",均获得三门峡市二等奖。

杨育林,男,生于 1976 年 8 月,灵宝市阳平镇伍留村人,本科学历,中小学一级教师,中共党员。1996 年 7 月毕业于灵宝师范,同年 8 月任教于阳平镇阳平街小学。2005 年 7 月加入中国共产党,2009 年取得本科学历。2011 年 8 月经招教考试调入灵宝市第三小学,教数学兼班主任。杨育林擅长网络拓扑、计算机硬件维护、常用办公软件应用、视频拍摄制作等工作。其多篇论文获河南省一等奖,所讲微课多次荣获省级奖,所制作的微电影曾获国家级奖,所主讲的信息技术优质课获三门峡市级奖。2016 年、2017 年在灵宝市暑期信息技术培训中获优秀教师。

韩雪霞,女,生于 1978 年,灵宝市朱阳镇营里村人,大专学历,中小学二级教师,中共党员。1997 年 7 月毕业于灵宝师范,同年 8 月在函谷关镇孟村小学任教,2013 年 8 月经招教考试调入灵宝市第三小学工作,多年来一直从事语文教学,并担任班主任工作,韩雪霞在工作中兢兢业业、勤勤恳恳,先后荣获三门峡市"岗位标兵"、灵宝市"优秀教师"、灵宝市"模范班主任"、灵宝市"优秀辅导老师"等称号。

王蕾蕾,女,生于 1983 年 4 月,灵宝市阳平镇程村人,本科学历,中小二级教师。2007 年参加教育工作,在朱阳镇小学任教;2013 年调入灵宝市第三小学。自参加工作以来,一直从事音乐教学工作。其辅导的合唱节目多次获三门峡市级一、二等奖。所编排的戏曲节目《梨园新蕾》在灵宝市教师节广场文艺演出中获得观众的一致好评。她辅导的学生曹家淼等被央视《乡村大舞台》节目组选中并参加节目录制。

张晓芳,女,生于 1982 年 5 月,灵宝市焦村镇人,本科学历,中小学二级教师。2000 年毕业于豫西师范,之后在洛阳教育学院进修汉语言文学专科,在河南教育学院完成本科学习,毕业后任教于大王镇第五初级中学,担任毕业班的英语教学工作。2008年8月调入灵宝市实验小学工作。2010年调入灵宝市第三小学,担任英语教学工作。她敬业爱岗,工作负责,细致耐心,用心呵护着每一位学生,赢得了学生的爱戴和家长的尊重。在教学上,思想前卫,勇于课改,善于钻研教材,潜心教学设计,其课堂教学模式新颖,活泼多样,深受学生喜爱。2012年9月,她在灵宝市第二届高效课堂达标活动中被评为教学标兵。其多篇论文在省、市级获奖。2019年1月,其校本教材《Happy English》获灵宝市一等奖;同年12月,在灵宝市教研室举行的数字教材应用优质课比赛中获一等奖。

杜晓刚,男,生于1979年7月,灵宝市城关镇牛庄村人。1997年7月毕业于湖北省天门师范学校,同年8月分配到五亩乡中心学校工作,先后从事小学语文、小学数学、初中数学、中小学体育等工作,担任班主任工作13年。2010年8月,杜晓刚经招教考试调入灵宝市第三小学,从事体育教学工作,积极进行体育教学与研究,参加市级以上赛课两次,分获灵宝市级一等奖、三门峡市级二等奖;教学设计获河南省级二等奖;2017年被评为优秀课改教师。坚持带田径队和篮球队,先后11次被评为市级优秀辅导员,两次被评为优秀裁判员。

贠彩红,女,生于1980年,灵宝市豫灵镇人,本科学历,中小学一级教师。1997年毕业于灵宝师范,同年8月分配到豫灵镇小学任教;2003年9月调至灵宝市第二实验小学任教;2010年8月调入灵宝市第三小学任教。工作期间参加自学考试,取得河南大学汉语言文学专业本科学历。从教23年来,她一直担任语文教学及班主任工作,在教学中,潜心钻研教材,深入研究学生,所带班级班风正、学风浓,多次被评为灵宝市优秀教师、灵宝市模范班主任。2011年参加三门峡市教育系统教学技能大赛,荣获一等奖。2013年被评为对口支教优秀教师。2016年辅导学生在灵宝市“中国梦 翰墨情”中小学师生书法绘画比赛中,书法作品荣获一等奖。2017年参与的三门峡市基础教育教学研究项目“群文阅读课堂教学实际操作的研究”课题结项,该课题被评为市级教育科研优秀成果一等奖。2018年在灵宝市“学习十九大,共圆教育梦”征文评选活动中,荣获优秀奖。

刘亚婷,女,生于1977年4月,灵宝市阳店镇胡家原村(今三门峡市城乡一体化示范区)人,本科学历,中小学一级教师。1995年毕业于豫西师范,同年8月在阳店镇第一小学任教。1999年8月调入阳店镇第一初级中学任教。2011年8调入灵宝市第三小学。工作期间,进修于河南大学中文系,取得本科学历。刘亚婷教学认真,工作努力,先后获得多项荣誉:2011 年辅导的学生作文《梦想》荣获全国中小学征文大赛优秀奖;2014 年 8 月,公开课《影响电磁铁磁性大小的因素》获三门峡市优质课一等奖;2014 年 9 月,所辅导的微电影《摩易擦的秘密》荣获第五届“熊博士”全国青少年科学影像节特等奖;2014 年 10 月,公开课《影响电磁铁磁性大小的因素》再次荣获河南省优质课一等奖,同月,刘亚婷和其学生代表三门峡团队赴郑州参加“2014 年河南省科学调查体验活动”,获得团体总分第一名的好成绩;2017 年 2 月,所辅导的青少年科学 DV 作品《玉米,你为什么长得这么矮》荣获河南省青少年科技创新大赛一等奖。

刘艳红,女,生于 1976 年 11 月,灵宝市阳平镇程村涣池人,本科学历,中小学二级教师。1996 年 7 月毕业,同年 8 月分配到阳平镇程村涣池小学任教,1999 年 8 月调至焦村镇中心小学任教,2005 年 8 月调入灵宝市河滨小学任教,2011 年 9 月调入灵宝市第三小学工作。自参加工作以来,一直从事小学数学教学工作。她热爱教育事业,喜欢教书育人,在教学中寓教于乐,尊重、信任学生,充分发挥学生的主体作用,让学生做课堂的主人,营造轻松活泼的气氛,展现课堂的无穷魅力,深受学生的喜爱,参与的优质课获得省二等奖、市一等奖。两次被评为灵宝市优秀教师。辅导的学生论文获得省三等奖。

孙爱萍,女,生于 1979 年 8 月,灵宝市五亩乡坡头村人,本科学历,中小学一级教师。1999 年 7 月毕业于豫西师范,同年 8 月在朱阳镇匣里小学任教。2002 年 8 月调至五亩乡中心小学任教。2011 年通过自学考试取得河南大学汉语言文学本科学历。2012 年 8 月调入灵宝市第三小学工作。她工作努力,成绩突出:2012 年,在灵宝市中小学高效课堂“抽人赛课”活动中获一等奖,同年,论文《做一个善学的数学老师》获河南省一等奖;2013 年,获三门峡综合实践活动和劳动与通用技术优质课一等奖;2016 年,被评为校级模范班主任;2017 年辅导学生科技小发明《翻页歌谱架》获灵宝市一等奖;2018 年,参与的课题“微信平台在小学数学中的应用”获灵宝市一等奖。

王建永,男,生于 1979 年,灵宝市大王镇(今三门峡市城乡一体化示范区)人,本科学历,中小学二级教师。1999 年 8 月在故县镇高柏小学任教,2001 年 8 月调至大王冯佐小学任教,2012 年 8 月经招教考试调入灵宝市第三小学教体育,并担任校篮球队教练员,2017 年所带队取得灵宝市田径比赛小学组第一名。

焦肖强,男,生于 1984 年 2 月,灵宝市大王镇(今三门峡市城乡一体化示范区)人,中小学二级教师。2007 年参加工作,在朱阳镇第二小学教数学,2011 年调入灵宝市第三小学担任体育教学工作。从教以来,爱岗敬业,为人师表,敏而好学,勇于实践,赢得了学生的爱戴。

钱平平，女，生于1976年10月，灵宝市尹庄镇思平村人，本科学历。1995年8月参加工作，曾经先后在阳店镇寨原小学、尹庄镇二中、尹庄镇东车小学任教，2011年8月调入灵宝市第三小学，一直从事语文教学工作。从教24年来，注重学生基础知识与实际能力运用的结合。有责任心、有耐心，关注每一位学生，所带班级曾获“优秀班集体”荣誉称号，其多篇论文在国家、省、市级刊物上发表并获奖。

吴海峰，男，生于1980年4月，灵宝市朱阳镇人，1997年8月参加工作，2010年8月调入灵宝市第三小学工作。他具有强烈的事业心和责任感。在课堂教学上，积极创设宽松、平等、愉快的教学氛围，鼓励学生大胆质疑，力争让每个学生的潜能都能得到最大限度的发挥。2013年9月，辅导学生“小发明小制作”获得灵宝市优秀辅导奖；2014年6月，辅导学生参加“我爱我家”获得三门峡教育局、三门峡妇联、三门峡工会等八部门颁发的优秀辅导教师。2017年6月，被评为河南省骨干教师。

常楠楠，男，生于1983年9月，灵宝市西闫乡人，中小学二级教师。2007年毕业于河南师范大学体育教育专业，同年参加工作，在灵宝市朱阳一小教体育，2011年借调到灵宝市河滨小学，2012年调入灵宝市第三小学教体育。自2013年至2018年连续5年，在灵宝市教体局组织的大型体育比赛中均被评为优秀辅导员；在2018年的乒乓球赛和篮球赛中被评为优秀裁判员；在2014年和2019年的灵宝市体育优质课赛讲中获得二等奖。2016年，参加河南省基础教育教学研究室的教学设计大赛获得二等奖。

张婧婧，女，生于1983年8月，灵宝市阳平镇程村人，中小学二级教师。2000年7月毕业于灵宝师范，同年9月任教于灵宝市阳平镇上阳小学，2003年9月任教于灵宝市阳平镇苏南小学，2006年9月任教于灵宝市阳平镇程村中学，2012年9月调入灵宝市第三小学任教。从教20年来，一直担任语文教学和班主任工作，爱岗敬业，乐学善思，勤奋上进，精益求精。所带班级班风正、学风浓，多次被评为先进班集体，她多次被评为灵宝市优秀班主任、灵宝市优秀教师。

贾明霞，女，生于1971年10月，灵宝市人，专科学历，中小学一级教师。1990年7月毕业于豫西师范，被分配至秦岭金矿子弟学校工作。1997年8月至2000年7月，在河南省洛阳师范学院函授学习，获大专学历。1996年6月被评聘为小学一级教师，2001年6月被评聘为小学高级教师。2011年8月调入灵宝市第三小学，担任数学教学工作。为人淳朴厚道，工作面前踏实努力，荣誉面前不争不抢。

张艳艳，女，生于1980年5月，灵宝市阳店镇官庄原村人，本科，中小学二级教师，中共党员，2014 年 8 月调入灵宝市第三小学。努力工作，成绩突出：2016 年 6 月，在灵宝市教体局教研室组织的优质课大赛中荣获二等奖；2017 年 10 月，在灵宝市第十四届学校科技创新成果展评活动中，其小制作《喜上梅梢》荣获二等奖；2018 年 4 月，灵宝市教体局教研室组织的文心杯“拥抱春天相约灵宝苹果花节”征文大赛中，被评为优秀辅导教师；2019 年 7 月，参与的三门峡基础教育科学研究项目课题“小学生整本书阅读指导课不同课型的探究”顺利结题。

嵇慧萍，女，汉族，生于 1975 年 10 月，灵宝市西阎乡文东村人，本科学历。1996 年参加教育工作，在灵宝市程村乡麻沟小学任教，1998 年调入灵宝市程村乡程村小学。2012 年调入灵宝市第三小学工作。从教以来一直从事数学教学工作，先后获得过灵宝市级优秀教师、灵宝市级教学能手等多项荣誉。

闫飒飒，女，生于 1980 年 6 月，灵宝市城关镇人。1999 年毕业于豫西师范美术专业，同年 8 月在阳平镇张村小学任教，1994 年 8 月调至五亩一中任教，2010 年 8 月调入灵宝市第三小学。闫飒飒在教学上刻苦钻研，勇于创新，成绩突出：2004 年 9 月，被评为灵宝市级优秀教师；2012 年，参加三门峡市美术教师赛课荣获二等奖；2014 年 11 月，撰写的论文荣获三门峡市教育教研论文二等奖；2015 年 6 月，参加三门峡市第七届中小学美术教师技能大赛荣获综合一等奖及单项一等奖；2019 年 9 月，被评为校级优秀教师。

第二节　教师队伍管理

2010 年建校初，学校结合校情，将教风定为“博爱、严谨、精业、创新”，并把教师队伍建设作为重点工作来抓，努力建设一支师德高尚、业务精湛、结构合理、充满活力的高素质教师队伍。并且通过制定《学校章程》《教师优化组合及聘任工作实施方案》《教学质量评估方案》等规章制度，从德、能、勤、绩等方面全面评价教师，进一步规范教师的教育教学行为，促进教育教学质量的全面提高。

一、市三小教师优化组合及聘任工作实施方案

为进一步增强全校教职工竞争意识，形成积极、主动、创新的工作氛围，促进学校管理规范化、科学化，根据《灵宝市事业单位实行人员聘用制度实施方案》，结合三小的实际情况，特制定市三小聘任制度实施方案如下：

一、岗位设置

根据全校在编在岗人数及学校整体工作需要，预设工作岗位。共分为教学人员岗位（包括语、数、英学科及小学科教学工作岗位）和管理岗位两大项分配上岗人员。

二、聘任原则

1.按需设岗，以岗定人（不因人设岗，可一人多岗，也可多岗一人）。

2.学校在科学设岗的基础上，按照“公开、平等、竞争、择优”的原则，实行双向选择、竞争上岗。

3.竞争上岗做到岗位、条件、政策、过程、结果全面公开。

4.特岗待遇：学校中层加 6 节工作量，年级主任加 4 节，教研组长加 3 节，寄宿班语、数、英老师加 1 节，班主任老师加 1 节。处室兼职人员加满工作量的二分之一。

5.每个岗位工作量说明

（1）工作量标准

①全校语、数、英教师所任课总节次除以语、数、英任课教师总人数等于语、数、英教师的平均节次，达到平均节次的为满工作量，每超平均工作量 1 节加记 1 节，每少平均工作量 1 节扣 1 节。

②全校小学科教师所任课总节次除以小学科任课教师总人数等于小学科教师的平均节次，达到平均节次的为满工作量，每超平均工作量 1 节加记 1 节，每少平均工作量 1 节扣 1 节。

③三处两室人员所在处室的工作量加上所任课节次工作量，超工作量 1 节加记 1 节，少 1 节工作量扣 1 节。

三、聘任办法

（一）逐级聘任，双向选择

校长办聘任三处两室主任、年级主任及教研组长；包年级领导和语、数、英教研组长共同参与聘任本年级的班主任及语、数、英和小学科教师；主管校长和三处两室主任聘用本处室工作人员。

（二）聘任程序

1.所有教师填写、上交双向选择意向卡。

2.学校首先聘任年级主任和各学科教研组长，收表审核后宣布各年级主任和教研组长名单。

3.各年级教研组长聘用本年级的班主任及语、数、英和小学科教师。各年级均为先聘班主任，再聘任课教师（每轮聘任结束后没有被聘任上的教师可以再领表填写参与下一轮的聘任意向）。

4.六年级和一年级的教研组长优先聘用本年级的班主任及语、数学科教师。其余年级按照五、四、三、二年级的顺序依次进行，各教研组长聘本年级的班主任及语、数学科教师。

5.主管副校长和处室主任聘用处室人员，年级主任聘任本年级小学科教师（英语、体育、音乐、美术、科学、品德、微机等）。

6.校委会审核、宣布聘任结果。

四、参聘条件及要求

1.能胜任所担任的教学工作和教育管理工作，并能出色完成自己的岗位职责。

2.能承担满量工作，勤奋努力，主动创新，工作业绩突出。

3.遵守纪律，服从安排，尽职尽责，尽心尽力。

4.能模范执行《中小学教师职业道德规范》，为人师表、教书育人。

5.违反职业道德在学校和社会上引起强烈反响的，一票否决，不能参加聘任。

6.因其他原因造成学生安全重大伤亡事故或工作严重失误的，不能参加聘任。

五、对落聘教师的管理

1.落聘教师的工作岗位由学校另行安排，对于不接受学校调剂的，送教体局人事科另行安排。

2.落聘教师跟岗学习一年。在此期间，要加强学习，尽快提高自身素质，每月上交一篇学习心得；落聘期间取消评优、晋级资格，期末绩效工资领取平均数的80%。

3.对于连续两年落聘的教师，学校退回人事科另行安排。

六、补充说明

1.参聘教师要认真填写双向选择意向卡，未填写选择意向卡者视为自动落聘，学校不再进行聘任。

2.参聘教师原则上随年级上，如有特殊情况，也可申报其他岗位。

3.聘任教师的工作，学校根据需要可进行适当调整，不服从安排的，可视为自动落聘。

4.聘用教师在聘任期间严重违反校规校纪，工作有重大失误或造成恶性事件，学校有权解聘。

5.被聘用的教师，要与学校签订书面聘用合同，并且要严格遵守书面聘用合同书上规定的有关条约。

（未尽事宜，由校委会研究决定）

二、市三小教师绩效工资考核方案

一、指导思想

为了调动和激发全校每位教师的工作积极性和工作热情，不断提高工作效率和教师自身素质及教学质量，充分体现多劳多得、优质高酬的分配原则，根据省、市有关文件精神，结合学校工作实际，特制订出绩效工资考核方案如下：

二、分配原则

1.按劳分配，效率优先，兼顾公平，对每位教师岗位职责的工作量（考量）、工作态度（考态）及教学业绩（考绩）进行全面考核，适当拉开分配差距，向一线教师、班主任、寄宿班老师以及工作成绩突出的教师倾斜。

2.统筹兼顾，按校内各类人员的工资分配关系科学安排。

3.坚持公开、公平、公正的原则，绩效工资考核分配过程公平，切实做到公正、公开、透明。

三、分配办法

1.学校将绩效工资总额按一定比例合理分配。

2.绩效工资总金额：人×1500元= 元。

3.学校三处两室常规考核共100分（其中教务处、政教处、教科室各占25分，办公室占15分，总务处占10分），分配总金额 元；

4.每期四次质量检测考核共400分，分配总金额 元。考核包括合格率、平均分、优秀率、优秀生、潜能生五个方面，每次按考试算评系统得分计算。非命题考试科目教师（含三处两室工作人员及领导班子成员），考绩分数取考试科目教师考绩平均分数的90%。

5.休产假或大病长假期间，考态、考绩分数均取总分的一半，分别为50分和200分。

三、市三小教师业务素质提高的管理办法

（一）具体措施

1.每周三晚上为集体业务学习时间，全体教师要按时参加会议，认真做好学习记录，学校分类安排好学习内容。

（1）讲座类学习：主要为著名教育家或本校名师、骨干的学术讲座。

（2）观摩课学习：包括中外教学名家的课堂教学观摩。

(3)交流类学习:包括教师读书交流会、潜能生转化经验交流会、课堂教学改革经验交流会等。

(4)培训竞赛类学习:包括教师信息技术知识培训、教师专业知识培训、基本功比赛等。

2.业务学习采用集中、分组和个人学习相结合的方法。全体教师要自觉、认真进行业务学习,精心挑选内容,最好根据自己的教学实践心得确定一个研究主题,围绕这个主题展开学习,做好学习笔记,详细记录有实用价值的学习材料,也可以以教研组为单位确定研究课题,定时、定期研讨交流,确保学习目标明确,实用高效。

3.鼓励教师定时进行网上学习,参加网上教研,阅读各类与教育有关的学习材料,观看教学录像,记下学习心得。教师也可建立自己的博客,发表自己的论文、教案、教学叙事等内容,加强网上学习,共同提高。

(二)落实及考评办法

1.要保证业务学习的时间,每次的到会情况纳入教师和年级的量化考核,有迟到、早退现象的每次扣0.5分,请假每次扣1分,旷会每次扣2分。

2.定期检查业务学习笔记,根据记录内容、评价内容、书写程度等情况,按A、B、C三个等次记入教师个人量化。

3.业务笔记检查中,及时上交并得A及A+,计4分,得B计2分,得C不计分;晚交,每次扣1分。

第三节　教师专业成长

市三小以教师发展为目标,坚持“培训对象的全员性、培训内容的针对性、培训形式的多样性”原则,采取专家报告、专题讲座、教学观摩、参与式研讨、观课议课、案例分析、教学技能展示、基本功大赛、校乡交流等方式促进教师专业的发展。

一、专家讲座,转变观念

2010年

1.邀请灵宝市教研专家李智民老师来校做“数学研读教材”培训。2.邀请教研室语文教研员张建超老师在三小语文高效课堂汇报课活动中,对小学语文高效课堂教学开展情况进行指导,提出改进的办法。3.灵宝市数学学科中心组成员雷书红老师为全校教师做了《小学数学课堂教学基本技能》《校信通博客的创建与装扮》等讲座,让老师们获益匪浅。4.10 月 12 日上午,学校组织教研组长及部分骨干教师参加了山东于春祥教授关于打造“高效课堂动车组”的课改报告。5.12 月 10 日,《中国教师报》驻河南记者站站长张志博等一行来校调研课改工作,在聆听了副校长李民强的汇报课后,对三小教师进行了“高效课堂”的指导。

2011 年

1.聆听课改专家李炳亭报告后,有感而发的教师参加了课改论坛,大家在“品一品,聊一聊”中探讨课改中的“疑点”“难点”“热点”“焦点”话题。2.作为“高效课堂”的体验者、实施者,韦慧鸽、李月琴、叶青等九位教师在校内进行了教学经验交流,示范引领。

2012 年

1.学校邀请灵宝市教研室各学科教研员带领全体教师认真研讨 2011 版新课标。2.教研员马若飞老师每周都在三小进行一次有关英语音标的教学活动,并把三小作为全市小学英语音标教学的教研基地。

2013 年

1.邀请灵宝教师进修学校的焦秋珍、王磊老师,教研室教研员张建超、薛艳云、马若飞老师,电教馆副主任杨丰烈老师来校对教师进行培训。2.师训科和教师进修学校来三小开展“送训及调研”活动,给老师们做了“问题学生的教育艺术”专题讲座。

2014 年

1.邀请灵宝市教研室主任任杰从观课、议课的目的、方法及策略等层面给所有教师做了《科学观课议课 实现高效科研》讲座;中州学校副校长张晓静对全体教师进行礼仪培训;副校长贺雅芳进行了师德培训;杨君老师进行了班本课程的培训。2.教研室张建超老师的《让 1+1 大于 2》专题报告,从增量阅读的特点、不同课型增量的方法等层面给老师们讲述了语文增量的重要性。

2015 年

学校邀请全国知名教育专家周慧玲教授做了题为《教师,播撒幸福的使者,耕耘快乐的园丁》的专题讲座;邀请灵宝市教师进修学校刘秋梅老师做了《让幸福之花姹紫嫣红》的专题讲座;邀请灵宝市教研员张建超、李夏炜、马若飞等名师来校上课、作报告;还有本校“专家”杨君、雷书红等为老师们做了专业引领方面的培训。

2018 年

学校先后邀请灵宝市教研室副主任李江波做了题为《教育需要唤醒》的培训;电教中心副主任杨丰烈做了题为《研学方行知》的培训;中原名师杜振龙做了题为《守候教

育 静待花开》的培训;灵宝市教研室各学科教研员做了新教材培训。

二、校本研修,骨干引领

2010年,学校利用校本研修,先后组织了教务主任张晓静的普通话培训、王彬老师的交互式电子白板使用培训、薛春亚老师的《心理健康辅导》、陈静老师的《小组合作学习》培训以提高教师素养。教科室先后举办了三次课改论坛,分别是:数学课上要教给孩子们什么,要给孩子们一个什么样的数学课堂?语文课上如何让孩子们读好书、写好字?英语课上如何提高学生的口语水平?在课改论坛中,老师们成果共分享,问题共解决,素质得提高。学校以信息化校本研修为抓手,制订了管理方案和发稿指南,鼓励教师积极参与网络教研,本期,教师注册校信通博客74个,发表博客文章1460多篇,其他栏目发表论文及叙事100多篇。

2014年,学校制定《市三小教师个人专业成长档案方案》,教师整理自己的业务档案。12月,学校举行教师业务档案评比活动,彰显教师的专业成长历程和轨迹,集中展示教师个人综合素质。

2015年,不断创新培训模式,构建师训工作"345"培训体系:"3"指开展骨干教师、学历、岗位三种类型培训,"4"指集中培训、远程培训、送训下乡、以考促训,"5"指国培、省培、市培、县培、校本培训等。要把师德培训作为教师培训的重要内容,做到有形式、有内容、有实效,起到补短板、强技能的作用。落实"国培计划"和继续教育培训,加大培训监督管理的力度,确保培训的针对性和实效性。每周三晚上的业务会,教科室对全体教师进行微课培训、白板培训、英语韵律操培训,开展评课议课等活动,在培训和活动中提升教师的素质。

2019年,教科室就生态课堂的基本形态、基本标准和基本教学过程做了详细的培训,把"教学设计精当、讲课精炼有效、主体作用发挥、分层教学落实、师生关系和谐、教学目标达成"作为生态课堂的基本标准。倡导老师们把课堂变成和谐的课堂、紧张的课堂、活泼的课堂、以学生发展为本的课堂。

三、外出学习,借鉴经验

2010年,学校组织全体英语教师到三门峡市外国语小学参加观摩、交流活动;组织全体数学教师参加了灵宝市教研室在市二小举办的小学数学"我能读"经验交流会。

2012年,安排王彩霞、阴巧飞、王珊珊、张潇老师外出学习并向全体教师汇报外出学习心得,上引路课,引导示范。

2014年,组织雷书红、王彬、何晓晓、杨君、高蕊、张潇、任丹、王珊珊、尚卫娜等老师分别奔赴安阳、郑州、开封、洛阳等地学习；安排张晓婧、杨君、黄芳芳、雷书红、常楠等老师分别奔赴沁阳、郑州、洛阳等地学习，回校后上示范课，向全体教师汇报学习心得。

2016 年，组织语文、数学、英语、品德、音乐、美术等老师多人次到外校观摩学习。其中赵晶晶、周林红、王蕾、王惠敏等老师外出学习回校后，向全体教师汇报学习心得，引导示范。美术、音乐老师回校后，及时召开交流会，促进三小的课改工作。

2017 年 7 月，学校组织翟淑茹、李艳娥、伍彦革去三门峡育才学校参加小学《道德与法治》新教材培训；任丹、张潇、田爱琴、曾明丽、叶青、赵永银 、刘晓霞去三门峡外国语小学参加英语新教材培训。

2018 年 7 月，何皎洁、阴巧飞、黄方方、赵晶晶去三门峡剑桥学校参加小学语文部编教材培训。11 月，索淑敏、王佩林到南京市参加“全国名校联盟”小学语文部编教材教学研讨会。

2019 年 9 月，学校派 4 位教师外出参加“国培”：乔海生赴河南大学参加紧缺学科教师培训；南晓华、赵晶晶赴洛阳师范学院参加乡村中小学教师专业能力建设团队研修和骨干教师提升培训；潘树波赴东北师范大学参加信息技术应用能力提升培训。

附件 1：

灵宝市第三小学骨干教师名单(统计表)

表 7-1

序号	姓名	性别	现任职称	取得称号级别及时间		称号(学科带头人、教学名师、骨干教师)
				省、峡市、灵宝市级	年月	
1	索淑敏	女	中小学高级	河南省	2004.9	学科带头人
2	叶　青	女	中小学一级	河南省	2016.08	教学名师
3	任　丹	女	中小学一级	河南省	2019.9	教学名师
4	樊江粉	女	中小学一级	河南省	2004.9	骨干教师
5	杨红艳	女	中小学高级	河南省	2008.8	骨干教师
6	刘雪峰	女	中小学高级	河南省	2011.9	骨干教师
7	叶　青	女	中小学一级	河南省	2018.12	骨干教师
8	吴海峰	男	中小学一级	河南省	2017.6	骨干教师
9	常灵霞	女	中小学一级	河南省	2015.9	骨干教师

续表1

序号	姓名	性别	现任职称	取得称号级别及时间		称号(学科带头人、教学名师、骨干教师)
				省、峡市、灵宝市级	年月	
10	樊江粉	女	中小学一级	三门峡市	2005.9	教学名师
11	刘雪峰	女	中小学高级	三门峡市	2018.9	教学名师
12	杨红艳	女	中小学高级	三门峡市	2020.12	教学名师
13	翟希云	女	中小学高级	三门峡市	2006.9	骨干教师
14	何皎洁	女	中小学一级	三门峡市	2019.9	骨干教师
15	王永沛	男	中小学一级	三门峡市	2006.9	骨干教师
16	潘树波	男	中小学一级	三门峡市	2018.9	骨干教师
17	李瑞芹	女	中小学高级	三门峡市	2018.9	骨干教师
18	王佩林	女	中小学高级	三门峡市	2017.9	骨干教师
19	王金刚	男	中小学一级	三门峡市	2018.9	骨干教师
20	王宁泊	男	中小学一级	三门峡市	2019.12	骨干教师
21	赵高坤	男	中小学二级	三门峡市	2007.9	骨干教师
22	席如玲	女	中小学一级	三门峡市	2019.12	骨干教师
23	符娟丽	女	中小学高级	三门峡市	2017.12	骨干教师
24	王冠龙	男	中小学一级	三门峡市	2020.12	骨干教师
25	张江华	女	中小学一级	三门峡市	2007.9	骨干教师
26	孙萍芬	女	中小学一级	三门峡市	2007.9	骨干教师
27	索金花	女	中小学一级	三门峡市	2003.10	骨干教师
28	张春英	女	中小学一级	三门峡市	2009.12	骨干教师
29	赵永银	男	中小学二级	三门峡市	2012.12	骨干教师
30	曾明丽	女	中小学二级	三门峡市	2010.12	骨干教师
31	田爱琴	女	中小学二级	三门峡市	2010.12	骨干教师
32	杨亚娟	女	中小学一级	三门峡市	2019.12	骨干教师
33	王海霞	女	中小学一级	三门峡市	2019.12	骨干教师
34	张　潇	女	中小学一级	三门峡市	2020.12	骨干教师
35	周静静	女	中小学一级	灵宝市	2021.1	骨干教师
36	张增彦	男	中小学二级	灵宝市	2007.10	骨干教师
37	刘润芝	女	中小学二级	灵宝市	2000.5	骨干教师

续表2

序号	姓名	性别	现任职称	取得称号级别及时间		称号(学科带头人、教学名师、骨干教师)
				省、峡市、灵宝市级	年月	
38	彭禾禾	女	中小学二级	灵宝市	2019.12	骨干教师
39	张　风	女	中小学一级	灵宝市	2000.5	骨干教师
40	王亚娟	女	中小学一级	灵宝市	2021.1	骨干教师
41	薛春炜	女	中小学高级	灵宝市	2000.4	骨干教师
42	张秋平	女	中小学二级	灵宝市	2021.1	骨干教师

四、提升学历，优化队伍

为了进一步优化教师队伍，学校鼓励教师利用业余时间提升学历，并在教师职称评定时给予政策倾斜。建校 10 年来，有 31 名教师从入校的专科学历提升到本科学历。到目前为止，市三小在职教师 121 人，本科 106 人，专科 15 人，学历合格率 100%，高学历率 100%。

附件 2：

2010～2020 年市三小教师学历提升人员名单

表 7-2

序号	姓名	入校学历	现在学历	序号	姓名	入校学历	现在学历
1	阴巧飞	专科	本科	18	李聪丽	专科	本科
2	刘雪层	专科	本科	19	苏水苗	专科	本科
3	周社梅	专科	本科	20	孙爱萍	专科	本科
4	贠彩红	专科	本科	21	卫晓朵	专科	本科
5	马俊娥	专科	本科	22	李川歌	专科	本科
6	张秋平	专科	本科	23	孙艳丽	专科	本科
7	王海霞	专科	本科	24	王英芳	专科	本科
8	杨红艳	专科	本科	25	叶青	专科	本科
9	张艳艳	专科	本科	26	杨华丽	专科	本科
10	周静静	专科	本科	27	赵永银	专科	本科

续表

序号	姓名	入校学历	现在学历	序号	姓名	入校学历	现在学历
11	王引谋	专科	本科	28	乔海生	专科	本科
12	张江华	专科	本科	29	伍彦革	专科	本科
13	张艳妮	专科	本科	30	王建永	专科	本科
14	高金波	专科	本科	31	王蕾蕾	专科	本科
15	张丽萍	专科	本科	32	闫飒飒	专科	本科
16	李艳娥	专科	本科	33	张慧峰	专科	本科
17	常银茹	专科	本科	34	尚伟静	专科	本科

第四节　教师职称评定

灵宝市第三小学校教师职称晋升评定考核办法，2010 年有蓝本，之后依据实际情况逐年有修改。此处仅收录最新板本。

灵宝市第三小学教师职称评定考核办法

（2019 年 8 月）

为了进一步完善职务评聘工作，继续深化教师职称制度改革，充分发挥职称的杠杆和激励机制，促进教师队伍建设上层次、上水平，特制定以下评定考核办法：

一、评定对象

任现职以来担任班主任工作满 5 年（学校管理人员和教研组长视为班主任）中小学二级任现职满 4 年、中小学一级任现职满 6 年且有一年支教经历的老师。

二、考核内容及分值

1.优质课

表 7-3

级别	国家级			省级			三门峡市级			灵宝市级	
等次	一	二	三	一	二	三	一	二	三	一	二
赛讲课	8	7	6	7	6	5	6	5	4	5	4
信息技术整合课	6	5	4	5	4	3	4	3	2	3	2

注：非教研室电教馆组织的赛课活动按同类同级别折半计分；观摩示范课按同级别二等奖计分；非职称申报学科的课折半计分。

（注：某次培训中所做公开课及录像课只做个人单项奖计。）

2.各级各类表彰

表 7-4

级别	国家级	省级	三门峡市级	灵宝市级
政府表彰	10	8	5	3
教育机构表彰	5	4	3	2

备注：非教育机构、非教育教学活动表彰的按同级别折半计分。

3.教科研能力

表 7-5

级别	国家级			省级			三门峡市级			灵宝市级		
等次	一	二	三	一	二	三	一	二	三	一	二	三
论文获奖	4	3	2.5	2.5	2	1.5	1.5	1	0.5	1	0.5	0
CN 刊物发表文章	4			3			2			1		
	非 CN 刊物等同于论文一获奖											
课题	一	二	三	一	二	三	一	二	三	一	二	三
	6	5	4	5	4	3	4	3	2	2	1	0

注：(1)科技小制作按论文级别加分；(2)科技小制作、论文、文章发表、辅导学生有几人除以几；(3)非论文类(如学生作文、少年智力开发报试题等)按篇幅长短依论文级别折二分之一、四分之一；(4)“少年智力开发报”等约稿类成果加分最多不超过 4 分；(5)在大型活动比赛的辅导奖，按同级别赛讲课折半计分；(6)非教育机构组织的获奖折半计分；(7)著书类有刊号的每本书加 10 分，无刊号的每本书加 5 分，有几人参与除以几。(8)课题只结项无等次的比照同级别二等奖计分，主持人按等次计分，参与者二分之一。

4.教学成绩

参考近三年教学成绩，包括每期期中、期末两次成绩。每次按优、良、合格三等分别计 3、2、1 分。年级前 2 名为优，年级 3~5 名为良，其余为合格(成绩在年级最后一名不加分)；颁发有进步奖荣誉证的按优秀计 3 分。技能科教师与同学科教师相比，教学成绩居前三分之一计 2 分，居中计 1 分，后三分之一不计分。

5.学生管理

所带班级被评为校级及以上文明班集体或本人被评为优秀班主任。校级、灵宝市级、三门峡市级、省级、国家级每人次分别加计 1、2、3、4、5 分。

（注：1.以教师本人所获证书为准；2.学生管理工作还包括团队辅导员、年级组长、教研组长、学

生社团指导教师、学校艺体及综合实践活动负责人、心理健康教育专职教师等，其他如校领导、科室主任和副主任、少先队工作负责人工作可视同于学生管理工作。)

6.单项荣誉

表 7-6

级别	国家级			省级			三门峡市级			灵宝市级	
等次	一	二	三	一	二	三	一	二	三	一	二
单项荣誉	4	3	2	3	2	1.5	2	1.5	1	1	0.5

注：单项荣誉包括骨干认定，演讲、征文，教学设计、课例、录像课，学生辅导、指导青年教师等。

以上业绩以任现职以来所获得的荣誉证原件为准，证书落款印章必须是各级政府或教体局、教育局、教育厅、教育部、教研室、教科所等正规教育部门(各级教育学会颁发的证书，只计奖三门峡市级以上的，并比照同级别按降一等次计分)。

7.支教情况

任现职以来，有在农村支教经历的计 2 分，被评为优秀支教老师的加计 3 分。(取最高计分，不累计)

8.师德师能及其他考核

(1)任现职称期间，学历达到研究生加 4 分，本科加 3 分，专科加 2 分。

(2)在任现职称年限的基础上，每超出一年加 0.5 分；按毕业时间计算教龄，每年加 0.5 分；按调入市三小时间计算校龄，每年加 1 分。任现职以来在本校工作期间，每个学年中请假(病假和事假)连续超过 1 个月，或累计超过 22 天的，取消当年所得任职年限分值(产假除外)。

(3)任职期间，在本校担任处室副主任(副课)、教研组长每学年加计 1 分，在本校担任处室副主任(主课)、处室主任(副课)每学年加计 1.5 分；担任处室主任(主课)、校级领导(副课)每学年加计 2 分；担任校级领导(主课)每学年加计 3 分。(此项不累积加分，取最高分)

(4)进入三小以来，每担任一期班主任加 0.5 分，每担任一期毕业班教学工作加 0.5 分。

(5)年龄超过 50 岁的中小学二级教师(以档案年龄为准)，符合教体局晋升职称条件的，每年按一定名额比例给予适当照顾。

(6)在外校借调期间，取得的所有荣誉、教学成绩、职务、校龄一律不计入算评。

(7)凡是不经学校审评公示而获得的荣誉，学校一律不计入算评。

三、任现职以来，有下列情况之一的，不得申报

1.非一线教师;2.在职不在岗;3.年度考核有一年不合格;4.近三年未担任申报学科的或工作量不满的老师(因学校管理工作不能担任本学科的,由学校校委会审核);5.近三年累计请假超过4个月的;6.本年度达到退休年龄;7.拒绝承担教学、教研任务和班主任工作,或不能履行现岗位职责的,当年不得申报;8.违反《中小学教师职业道德规范》规定的,当年不得申报;9.违反县(市、区)级及以上教育行政部门关于规范教师行为有关禁令的,当年不得申报;10.工作严重失职,造成恶劣影响,受到上级相关部门通报批评的,当年及下一年度不得申报;11.已定性为人为教育教学事故的直接责任人,取消当年申报资格,并从下一年起2年内不得申报;12.受到党纪、政纪处分的,处分期内及从处分期结束起2年内不得申报;13.填写虚假数据和提供虚假材料的,三年内不得申报。14.被学校推荐为晋升职称的教师,在本年度未被审核通过的,两年内不得申报。

附件3:

2010~2019年市三小历年来教师职称晋升统计表

表7-7

年度	类别	名单	人数
2013年	中小学一级	张艳妮　王冠霞	2人
2014年	中小学高级	赵冬娟	1人
	中小学一级	索金花	1人
2015年	中小学一级	任　丹　高　蕊　黄方方　张　潇　赵晶晶	5人
2016年	中小学高级	王佩林　杨红艳	2人
	中小学一级	张长波　李长华　杨育林	3人
2017年	中小学高级	杨亚娟	1人
	中小学一级	王宁泊　阴巧飞　周静静　王珊珊	4人
	中小学二级	张　丹　邵蓓蓓	2人
2018年	中小学高级	翟希云　刘雪峰	2人
	中小学一级	何晓晓　王冠龙　薛艳红	3人
2019年	中小学高级	薛春炜　符娟丽	2人
	中小学一级	刘玉婷	1人

第八章　学生管理

第一节　学制设置

灵宝市第三小学是一座六年制、预设36个教学班，拥有2000多名学生规模的多功能现代化的半寄宿制小学。2010年，学校自主招生一年级7个班，二、三年级各6个班，是由局直其他小学分流到三小，共有19个教学班。2012年，局直学校再次分流，加上尹庄镇周边高年级学生，形成市三小六年级，至此，学校步入正轨，达到六年制36个教学班。高峰时，一年级招收至8个班。

此后，在生源分配方面，教体局划定招生区域，在政策上给予三小倾斜和扶持。学生在三小的就读形式可分为全寄宿（吃、住均在学校）、半寄宿（早饭、午饭、午休在校）和走读生三种，就读形式灵活、方便，适合所有家长的不同需求。

市三小严格执行教体局的招生政策和学制设置，在本校服务区域，保证适龄儿童依法免试入学，强化义务教育责任，促进均衡发展。至2020年5月，现有6个年级，43个教学班，在校学生2480人。

2016年，市区小学一年级招生实行网上报名的招生办法。市三小遵照教体局规定，招生具体分两步进行：第一步，8月17日~19日，学区一年级适龄儿童家长网上报名。学校设立网上报名服务站，为上网报名有困难的适龄儿童家长提供网上报名服务。第二步，8月21日~23日，学校开始招生。适龄儿童家长根据在网上公示的资格审核合格结果，带领适龄儿童，持户口本和父母身份证到三小领取入学通知书，办理入学手续。

附件 1：

2010~2019 年灵宝市第三小学班级设置

表 8-1

时间	一年级	二年级	三年级	四年级	五年级	六年级
2010 年	7	6	6	/	/	/
2011 年	6	6	6	6	/	/
2012 年	6	6	6	6	6	6
2013 年	6	6	6	6	6	6
2014 年	7	6	6	6	6	6
2015 年	6	7	6	6	6	6
2016 年	7	6	7	6	6	6
2017 年	8	7	6	7	6	6
2018 年	7	8	7	6	7	6
2019 年	8	7	8	7	6	7

第二节　学生学业质量检测

学生学业水平检测是全面衡量反映小学学生在学科学习方面是否达到毕业要求的水平考试，是教育行政部门管理和引导学校认真执行国家课程方案及课程标准、进一步规范学校教育教学行为、科学评价学校教育教学质量的重要手段。学生学业水平检测结果是评价学校办学质量与发展水平的重要指标。市三小根据《教育部关于推进中小学教育质量综合评价改革的意见》和《义务教育阶段中小学学生综合素质评价实施意见》，结合教体局质量监测实施情况，制订此学生学业检测方案。

一、工作目标

1.完善“五个维度”的学生综合素质检测内容，即道德品质与公民素养、学习能力与学业水平、运动与健康、审美与表现、实验操作与社会实践，以关注学生学习与成长的全过程。

2.建立科学的检测方式：采取书面测评、调查问卷、现场展演、场地测试、实验操作等方式，探索运用信息技术手段量化分析质量检测结果，比较教学差异和学生发展程度。

二、组织保障

组长:索淑敏　马晓春

成员:翟希云　潘树波　何皎洁　王永沛　王佩林　李娟红　刘宝建

三、实施策略

1.录入学生信息,建立电子档案。设立电子成长记录袋,全面、及时记录学生综合素质评价五个维度的发展情况。

2.对学区学生进行综合素质普测。一是学业水平检测。每期举行期中和期末两次大型考试,内容以教材为主,除书面测试,综合运用口语表达、听力测试、作品展示、实验操作、上机操作等方式,全面考查学生学业水平情况。二是特长发展水平检测。进行英语考级活动,通过演讲、小论文、小制作、小发明、文艺表演、体育比赛、自救演练等,全面了解学生科技、文艺、体育等方面的特长发展状况。

3.建立校本教学质量分析评价体系。一是知识块、能力层与学生水平层次相结合的综合分析;二是学习过程与非智力因素的分析。教学质量分析要做到全方位、多角度、分层次,形成从教师个人、教研组、年级组、教务处直至学校领导以及学生、家长共同参与的教学质量分析网络。通过双向质量分析,客观评价学生学业质量,发现教师教学和学生学习中存在的问题,找出原因,制定出相应的改进措施,及时改进教学。

附件2:

灵宝市第三小学2019~2020学年上期期终考试安排表

一、组织机构

1.主　　考:马晓春

2.副 主 考:翟希云　张民辉

3.考　　务:王佩林

4.后勤供应:刘　照

5.外出保密:任　丹

6.广播、音响:张晓婧

7.听力读题:张　潇

二、分卷、订卷及巡视安排:

表 8-2

	一年级	二年级	三年级	四年级	五年级	六年级
巡视	翟希云	刘雪峰	李茂林	王佩林	翟希云	赵高坤
分订卷	尚伟静	闫飒飒	刘宝建	李娟红	柳引玉	常 楠

三、考试科目及时间(考试信号以广播为准,每科离考试结束 15 分钟时广播预告)

表 8-3

时间		科目	考试时间	领卷	发卷	答卷	收卷
1 月 9 日	上午	语文	一、二 8:40～9:40	8:25	8:35	8:40	9:40
			三至六 8:00～9:40	7:45	7:55	8:00	9:40
		数学	一、二 10:40～11:40	10:25	10:35	10:40	11:40
			三至六 10:10～11:40	9:55	10:05	10:10	11:40
	下午	英语	三至六 14:00～15:00	13:45	13:55	14:00	15:00
			一至二 15:20～16:00	15:05	15:15	15:20	16:00

要求:1 月 8 日下午最后一节课整理考场、试听音响。

四、监考安排及要求(监考安排表附后)

1.每个考场两名监考老师,监考安排表中第一位老师在每场考试前 15 分钟到领卷地点领取试卷,第二位老师到考场去组织学生坐好、准备好学习用品,安静等待开考,并注意让学生对号入座。

2.监考时,三～六年级两位老师一前一后,前面老师可以坐,后面老师只能站立,不得在教室里读书、看报、闲谈、接打电话、收发短信、来回走动或制作试题答案。一、二年级的两位监考老师,每人负责四竖行,全程督促学生跟着读题内容认真答题;统一由语文老师读语文、英语试题,数学老师读数学、品科试题。

3.监考中,监考老师要及时提醒学生坐姿端正,书写规范整洁。(考前所有任课教师也要严加强调,特别强调不能使用涂改液、修正纸、魔笔、可擦笔等,并做好充分准备,确保一份试卷同一笔色完成。)

4.考试结束后,监考老师要按照学生的考号顺序将试卷收齐,并查有无差错、倒置,学生班级、姓名、考号是否书写齐全,检查无误送交教务处。

5.负责巡视的领导要到负责的年级不间断巡视,检查监考老师履职情况、学生考场纪律、学生卷面书写情况、试卷中存在问题等,发现问题及时解决并对考场突发事件采取及时正确的应对措施。

6.全体教师1月9日上午7:40签到结束,下午13:40签到结束。

五、阅卷要求(人员安排附后)

1.各教研组长在考试结束后立即整理试题答案送交教务处;各改卷组长根据试卷内容和分配人员提前做好安排。

2.各评卷组长在评卷前到教务处领取答案,评卷老师由评卷组长负责分好任务,评卷时要客观公正、细心认真,若有疑议及时询问组长。若对答案有疑议必须请示教务处,不得私自对试卷和答案做任何修改,否则严肃处理。

3.合分时评卷组长要给每个评卷老师一个编码,合分老师要在试卷右上角写上自己的编码,每发现合错一份试卷扣合分教师1分。

4.试题改错,一是责令返工,二是扣改卷教师和教研组各5分。

5.评卷结束时,每位老师要仔细检查自己所改的试题内容有无漏改、错改现象,若有问题,要及时纠正,然后登记造册。

6.各科改卷、分数册必须在规定时间内全部完成交教务处,输入微机。评卷结束后评卷组长将试卷统一送交教务处,教研组长再统一到教务处领取。试卷若有合分问题必须在规定时间内报教务处更正,过期不予订正。

7.评卷和监考期间原则上不允许请假,若确有要事,须向校长申明理由,准假后要及时办理请假手续并告知评卷组长,并按大型活动请假记入考勤。

8.学生因病请假,必须由家长亲自到教务处填写请假登记表并签名;事假不予批准。

第三节　优秀学生

为配合学校的思想教育、养成教育及教育教学工作,市三小每年都开展评选优秀学生工作,一是在校内表彰,二是向上级教育行政部门推荐,以引导和激励广大学生积极向上,不断进步。

一、2013~2014学年灵宝市级优秀学生

表8-4

姓名	性别	年龄	民族	政治面貌	学校年级班级	评选类别
南沛彤	女	7	汉	少先队员	灵宝市第三小学一(3)班	优秀学生
宋悠然	女	9	汉	少先队员	灵宝市第三小学三(1)班	优秀学生
闫诗璇	女	8	汉	少先队员	灵宝市第三小学二(2)班	五好学生

续表

姓名	性别	年龄	民族	政治面貌	学校年级班级	评选类别
陈柯妍	女	8	汉	少先队员	灵宝市第三小学一(2)班	五好学生
王津松	男	9	汉	少先队员	灵宝市第三小学四(4)班	五好学生
吴楠迪	男	10	汉	少先队员	灵宝市第三小学四(6)班	五好学生
亢晓宁	女	12	汉	少先队员	灵宝市第三小学五(3)班	五好学生
焦润文	女	13	汉	少先队员	灵宝市第三小学六(6)班	五好学生
杨坤颖	女	12	汉	少先队员	灵宝市第三小学六(2)班	五好学生
王志涵	男	9	汉	少先队员	灵宝市第三小学三(6)班	学生干部
孙若璇	女	10	汉	少先队员	灵宝市第三小学四(1)班	学生干部
孙一帆	男	12	汉	少先队员	灵宝市第三小学五(2)班	学生干部

注:评选推荐汇总表按顺序填写“优秀学生”“五好学生”“优秀学生干部”。

二、2014~2015 学年三门峡市级优秀学生

(一)雷锋式青少年

表 8-5

序号	姓　名	学校及班级
1	任雨轩	灵宝市第三小学三(3)班
2	吴靖萱	灵宝市第三小学四(5)班
3	樊思颖	灵宝市第三小学五(6)班

(二)“两创两争”先进学生

1.三门峡市文明学生标兵

表 8-6

序号	文明学生标兵	所在学校及班级
1	李佳琦	灵宝市第三小学二(3)班
2	王锴佶	灵宝市第三小学四(2)班
3	杨佳轩	灵宝市第三小学五(1)班

2.三门峡市文明学生之星

表 8-7

序号	“文明学生”之星	所在学校及班级	申报类型
1	王承铱	灵宝市第三小学一(7)班	勤奋好学

续表

序号	“文明学生”之星	所在学校及班级	申报类型
2	李政辰	灵宝市第三小学三(4)班	勤奋好学
3	赵嘉贤	灵宝市第三小学一(4)班	成长进步
4	王逸林	灵宝市第三小学三(3)班	成长进步
5	周家乐	灵宝市第三小学五(6)班	成长进步
6	茆家豪	灵宝市第三小学一(3)班	遵纪守法
7	刘一舟	灵宝市第三小学三(2)班	遵纪守法
8	刘宜静	灵宝市第三小学五(3)班	遵纪守法
9	张广钰琦	灵宝市第三小学一(2)班	文明礼仪
10	王昕瑶	灵宝市第三小学三(6)班	文明礼仪
11	贺军瑞	灵宝市第三小学四(4)班	文明礼仪
12	王思睿	灵宝市第三小学三(4)班	自立自强
13	范菁楠	灵宝市第三小学五(1)班	自立自强
14	南名浩	灵宝市第三小学二(5)班	英语特长
15	牛淑敏	灵宝市第三小学五(2)班	英语特长
16	张旭博	灵宝市第三小学五(5)班	英语特长
17	王怡悦	灵宝市第三小学二(1)班	数学特长
18	张笑阳	灵宝市第三小学四(6)班	数学特长
19	袁稼合	灵宝市第三小学二(4)班	体育运动
20	李芳琪	灵宝市第三小学四(4)班	体育运动
21	李妍硕	灵宝市第三小学二(6)班	科技创新
22	席筱果	灵宝市第三小学四(6)班	科技创新
23	苏子皓	灵宝市第三小学一(5)班	才艺特长
24	王若涵	灵宝市第三小学一(4)班	才艺特长
25	张淑艺璇	灵宝市第三小学四(2)班	才艺特长

三、2015~2016学年灵宝市级优秀学生

表8-8

姓名	性别	年龄	民族	政治面貌	学校 年级 班级	评选类别
南名浩	男	9	汉		灵宝市第三小学三(5)班	优秀学生
闫诗璇	女	10	汉		灵宝市第三小学四(2)班	优秀学生

续表

姓名	性别	年龄	民族	政治面貌	学校 年级 班级	评选类别
张恣同	女	11	汉		灵宝市第三小学五(3)班	优秀学生
狄子玥	女	7	汉		灵宝市第三小学一(6)班	五好学生
周嘉浩	男	8	汉		灵宝市第三小学二(5)班	五好学生
杜一诺	女	10	汉		灵宝市第三小学三(1)班	五好学生
赵一菲	女	9	汉		灵宝市第三小学三(3)班	五好学生
王怡晴	女	11	汉		灵宝市第三小学四(3)班	五好学生
任研欣	女	11	汉		灵宝市第三小学四(4)班	五好学生
许阳诺	女	12	汉		灵宝市第三小学五(6)班	五好学生
刘金淼	女	10	汉		灵宝市第三小学三(6)班	学生干部
胡贝尔	女	10	汉		灵宝市第三小学四(1)班	学生干部
贺军瑞	男	11	汉		灵宝市第三小学五(4)班	学生干部

注:评选推荐汇总表按顺序填写“优秀学生”“五好学生”“优秀学生干部”。

四、2015~2016 学年三门峡市优秀学生

(一)文明个人

表 8-9

文明学生标兵			
序号	所在学校及班级	姓名	电话
1	灵宝市第三小学三(6)班	李咏锡	13525216056
2	灵宝市第三小学四(2)班	焦依萱	15839865871
3	灵宝市第三小学五(1)班	张婉婧	13939873042
“文明学生”之星			
序号	所在学校及班级	姓名	申报类别
1	灵宝市第三小学五(6)班	张小平	才艺特长之星
2	灵宝市第三小学一(5)班	樊若林	成长进步之星
3	灵宝市第三小学二(4)班	赵嘉贤	成长进步之星
4	灵宝市第三小学三(5)班	任妍静	成长进步之星
5	灵宝市第三小学五(3)班	杨雨杉	科技创新之星
6	灵宝市第三小学一(4)班	伍子健	勤奋好学之星

续表

“文明学生”之星			
序号	所在学校及班级	姓名	电话
7	灵宝市第三小学二(5)班	苏子皓	勤奋好学之星
8	灵宝市第三小学三(3)班	张柳懿真	勤奋好学之星
9	灵宝市第三小学三(6)班	张笑阳	勤奋好学之星
10	灵宝市第三小学四(3)班	侯文昆	勤奋好学之星
11	灵宝市第三小学四(4)班	杨昕涛	勤奋好学之星
12	灵宝市第三小学五(4)班	贺军瑞	数学特长之星
13	灵宝市第三小学五(5)班	万柏凡	体育运动之星
14	灵宝市第三小学一(2)班	蒋子轩	文明礼仪之星
15	灵宝市第三小学一(3)班	赵思涵	文明礼仪之星
16	灵宝市第三小学二(6)班	许家欢	文明礼仪之星
17	灵宝市第三小学三(2)班	彭程浩	文明礼仪之星
18	灵宝市第三小学四(6)班	严敏华	文明礼仪之星
19	灵宝市第三小学五(2)班	薛　睿	英语特长之星
20	灵宝市第三小学一(1)班	韩锦轩	自立自强之星
21	灵宝市第三小学二(7)班	齐凌婕	自立自强之星
22	灵宝市第三小学三(4)班	袁稼合	自立自强之星
23	灵宝市第三小学一(6)班	苗雨苗	遵纪守法之星
24	灵宝市第三小学二(3)班	陈沫含	遵纪守法之星
25	灵宝市第三小学三(1)班	王姝涵	遵纪守法之星

(二)“学雷锋”先进个人

表 8-10

“雷锋式青少年”		
序号	姓名	学校及班级
1	张志涵	灵宝市第三小学三(5)班
2	陈子墨	灵宝市第三小学四(1)班
3	樊奇璀	灵宝市第三小学五(2)班

五、灵宝市首届中小学“最美学生”和“十星学生”

表 8-11

名称	名单
最美学生	许旖轩
文明礼仪星	郑浩宁　陈子涵　赵嘉贤　赵紫馨　张雨伟　朱岩潭
勤奋学习星	李乐娴　伍子健　王思涵　王承铱　李佳屹　田嘉玄
体育艺术星	葛浩权　王智涵　常嘉鑫　刘亦馨　吕嘉盛　赵柯绮
尊师孝亲星	马卓宸　闫锦玉　李钰涵　赵瑞萱　李佳毅　南名浩
勤俭节约星	陈秋源　任依涵　王艺豪　赵米琪　史岳州　强程少
助人为乐星	杜牧涵　杨镂程　张嘉旺　李昱辰　张震涛　李　方
卫生环保星	韩雨晴　张钧炫　张楚彬　建珈瑶　亓　淇　张岩昊
诚实守信星	亢晨捷　郭兰婧姝　邵　轩　张广钰绮　张普昱　郭柏晨
安全守纪星	杜志昊　张艺宸　孙智锐　杨若云　王元晨　张滓昊
管理服务星	闫可欣　许翊瀚　张悦悦　杨艺彤　狄子玥　杨筱涵

六、小绅士、小淑女

“谦恭礼让、端庄文雅、知书达礼”是中华民族的优良传统。为了培养学生良好的个人行为习惯，市三小结合习惯养成教育，从 2013 年开始，每学年都要举行校园“小绅士、小淑女”的评选活动，以此培养每一个男孩彬彬有礼，每一个女孩温文尔雅。并以每届评选出来的校园最佳为榜样，影响带动身边更多的学生参与到评选活动之中。评选校园“十佳小绅士 、小淑女”的步骤是：先由政教处下发倡议书，然后是班级推荐，再到年级确定，接着是组织参赛者参加校级竞选演讲比赛，最后参考演讲得分和网上投票结果，综合评定出校园“十佳小绅士、小淑女”名单，同时将其先进事迹展出公示。

一、确定目标，做好常规，促进习惯养成

习惯，伴随着人的一生，影响人的生活方式和成长方向。依据灵宝市中小学生日常行为规范要求，经学校研究决定，制定三个方面、十个重点指标和 38 个主要行为习惯训练点，目标是养成十大习惯：

1.培养文明礼仪习惯，谦恭礼让，温文尔雅；

2.培养自主学习习惯，涵养品格，点亮梦想；

3.培养合作友善习惯，善待他人，合作共赢；

4.培养诚信孝道习惯，信守承诺，孝敬父母；

5.培养强身健体习惯，健康生活，缔造幸福。

6.培养勤俭节约习惯，传承文明，修身立世；

7.培养讲究卫生习惯，拥抱健康，驰骋人生；

8.培养学会审美习惯，和谐共生，美美与共；

9.培养热爱劳动习惯，养正毓德，彰显文明；

10.培养安全自护习惯，自护自救，珍爱生命。

十大习惯的标语牌、专栏、黑板报随处可见，师生熟读成诵，牢记心间，自觉在日常学习与生活中积极践行。

《十大习惯与规范读本》是三小养成教育的校本教材，在班会课之外专设习惯养成课，每周一下午第四节作为习惯养成课时排入课表，班主任是任课教师，其教案检查、课堂教学情况等全部纳入学校常规检查之中（三小已汇编一整套行为规范读本教案，上传学校资源库供全体老师分享）。班级对照小绅士、小淑女评选标准对每个学生进行评价，学校以政教处每日常规检查的结果为依据对各班级进行考核，保证了有教材、有课时、有教师、有教案、有考核，实现行为习惯养成教育课程化，为培养学生良好的行为习惯奠定课程基础。

二、分层活动，由点到面，强化训练养成习惯

1.个人层面的活动——“校园小绅士、小淑女”评选活动

学校每年一届的“校园小绅士、小淑女”评选活动，目的就是培养学生从小形成良好的个人行为习惯，像绅士、淑女一样温文尔雅、彬彬有礼。每届评选活动时间跨度贯穿整个学年，评价标准涵盖十大习惯38个行为习惯训练点，从班级最佳到年级最佳再到学校最佳，全体学生人人参与，天天有评价，周周有总结，充分激发每个学生的热情，努力展现自己最佳的一面，保持良好的个人行为规范。设立学生文明监督岗，对全体学生在校内、校外行为习惯进行经常性监督检查，及时纠正学生不良行为习惯；通过校园广播网、黑板报、宣传栏等途径对学生的言行潜移默化。通过“小绅士、小淑女”评比，三小四年共评选出班级最佳“小绅士、小淑女”1216人，年级最佳“小绅士、小淑女”96人，校级最佳“小绅士、小淑女”80人。

2.班级层面的活动——“行为习惯十星班级”评选活动

“行为习惯十星班级”评选，是学校在学生行为习惯养成教育班级管理层面的一大举措。学校依据十大习惯的要求，从十个方面对各班学生行为表现进行评价定星，达到

一定标准可以得星,不达标则不得星,班级之间展开竞争,学生为了班级荣誉人人努力,主动养成良好习惯,自觉规范自己的言行,教育目的于无形中得以实现。学校每月举行一次“学生行为习惯养成教育出彩班集体”颁奖仪式。

3.学校层面的活动——“少年军校”特色打造活动

打造少年军校是市三小学生行为习惯养成教育工作的一大特色。针对现在学生的娇骄二气严重、不善合作、耐受力差、身体素质差等特点,三小提出以“三姿”(站姿、坐姿、走姿)训练为突破口,打造少年军校,塑造优美姿态,培养良好习惯,磨练顽强意志,形成健康人格。读书写字看坐姿,升旗集会看站姿,放学路队看走姿,学校通过体育课堂训练、阳光大课间训练与定期军训,配合行为姿态标准化示范班评选、军体操展演、寄宿生内务整理评比等活动载体,调动全体学生的积极性,努力强化行为规范。

4.寄宿生专项——“我爱我家”、最美餐桌、最美宿舍评选活动

“我爱我家”、最美餐桌、最美宿舍评选活动是培养寄宿学生良好行为习惯的专项活动。每学期伊始,学校开展管理人员培训和寄宿生开学第一课教育,成立“我爱我家”学生自主管理文明监督岗。文明监督岗的成员由管理老师、保育员、班主任联合推荐产生(监督岗成员必须品德优良、行为规范,具有良好的示范带动作用),经培训上岗后,在就餐和午休时段,分别从文明就餐、厉行节约、文明午休等方面对寄宿生的生活习惯进行监督,做好记录,及时反馈。寄宿管理部从习惯养成各个方面进行监督考核,每天一公布,每周一小结,每月一评比。

5.创新活动载体,丰富养成教育

学校将行为习惯养成教育活动与培育和践行社会主义核心价值观相结合,与开展“中国梦·我的梦”主题实践活动相结合,与“学雷锋”活动相结合,与“两创两争”活动相结合,与社会实践活动相结合,不断创新活动载体,丰富养成教育内容,实现活动育人。围绕“六项创建”和“十大养成”,全面加强校园文化建设和班级文化建设。通过在校园和班级大力营造文明、诚信、勤学、励志、感恩、健体、卫生、审美等内容的文化环境,实现文化育人。

三、市三小"小绅士、小淑女"评选细则

表 8-12

分类	重点指标	主要习惯训练点
学会做人争做阳光小主人	1 文明礼仪	(1)参加升旗仪式态度严肃,会唱国歌和队歌。
		(2)待人有礼貌,学会经常使用"您好、请、谢谢、对不起"等礼貌用语,不骂人,不打架,不说脏话,不随意给同学起绰号,与同学友好相处。
		(3)尊敬师长,见到老师及来校客人主动问好。
		(4)尊敬父母,关心父母身体健康,主动为家庭做力所能及的事。能说出爸爸妈妈的生日。
		(5)遇人微笑,热情、大方,能主动与他人打招呼。诚实、守信,不说谎话。
		(6)参加活动、观看比赛或演出时文明有序,主动鼓掌。
	2 不忘责任	(7)认真做值日,保持教室、校园整洁。保护环境,爱护花草树木,不随地吐痰,不乱扔果皮纸屑。
		(8)爱护公物,不在课桌椅、建筑物上涂抹刻画。
		(9)离开教室将桌面摆放整齐,凳子放在桌斗下。
		(10)不说谎话,勇于承认错误,知错就改。
	3 友善合作	(11)经常和小伙伴一起玩耍,愿意把自己的东西与他人分享。
		(12)排队等候时,男同学让女同学,大同学让小同学。
		(13)不随便拿别人的东西,借东西要还,拾到东西要归还失主或交公。
		(14)虚心学习别人的长处和优点,学会赏识他人,会写"赏识卡",不嫉妒别人。
学会生活争做生活小能手	4 生活自理	(15)自己能做的事自己做,衣物、用品摆放整齐,学会收拾房间、洗衣服、洗餐具等家务劳动。
		(16)衣着整洁,经常洗澡,勤剪指甲,勤洗头,早晚刷牙,饭前便后要洗手。
		(17)保持自己的书桌、抽屉干净、整齐。
		(18)每天自觉整理书包,爱惜学习用品。

续表

分类	重点指标	主要习惯训练点
学会生活争做生活小能手	5 健康第一	(19)早睡早起好习惯,自己独立睡觉,不用父母陪伴。
		(20)读书、写字做到“三个一”;坐、立、行姿势端正。
		(21)认真做好课间操及眼保健操,动作规范,不说笑。
	6 勤俭节约	(22)不挑食,不剩饭菜。
		(23)节约用水,用后关好水龙头。
		(24)勤俭节约,不乱花钱,不向父母提过分要求。
	7 珍爱生命	(25)珍爱生命,不做危险活动。不攀爬栏杆,不推拉同学。
		(26)不玩假刀假枪等危险玩具,不在教室追逐打闹。
		(27)不乱动电器,外出时遵守交通规则。
		(28)不沉迷网络游戏,合理文明上网。
学会学习争做书香小博士	8 规范行为	(29)按时上学,不迟到,不早退,不逃学,有病有事要请假,放学后按时回家。
		(30)学会运用大拇指赏识同学及周围的伙伴。
		(31)排队做到快、静、齐,回校能自觉排成一行路队。
		(32)上下楼梯靠右行,你谦我让脚步轻。
	9 勇于表达	(33)课前准备好学习用品,上课专心听讲,积极思考,大胆提问,回答问题声音清楚,不随意打断他人发言。
		(34)与人交谈态度自然、大方,会说流利的普通话。
	10 学做合一	(35)按时完成作业,书写工整,卷面整洁。画线用尺子。
		(36)爱读书,好读书,每天坚持读书半小时。
		(37)书写认真仔细,写方方正正的中国字,做堂堂正正的中国人。
		(38)积极参加集体活动,爱劳动,爱班级,爱学校,以校为家,努力为三小争光彩,争当三小好少年!

附件3：

2014年第一届校园“十佳”小绅士、小淑女获奖名单

小绅士：高琛劼　贺君瑞　杨佳轩　何佳琛　侯明卓　李辰灏

小淑女：种艺林　尹文卓　冯艺河　薛雯丹　邵紫轩　杨建莉

2016年第三届校园“十佳”小绅士、小淑女获奖名单

小绅士：宋翊宾　程益轩　张广钰琦　杨楼程　袁嘉合　卫灵斐　任煜伟　张浩斌　陈雨欣　王睿阳

小淑女：杨云舒　王思涵　申森和　王子珺　李佳琦　贾熠洁　党雨涵　李雨宣　刘宜静　赵品涵

2017年第四届校园“十佳”小绅士、小淑女获奖名单

小绅士：张博涵　李政辰　张佳明　赵子靖

小淑女：狄子玥　刘亦馨　李心怡　张雨欣　闫可欣

第九章　学校文化

灵宝市第三小学的校园文化氛围很浓,漫步其中,从大门到校园、从楼上到楼下、从楼梯到走廊、从教室到宿舍、从食堂到操场,但凡是有师生活动的地方,满眼都是设计精美的标语或宣传画,林林总总,营造出丰富多彩、浓厚向上、全面智慧的文化氛围,以规范师生言行,陶冶师生情操,激励师生学习,引导师生进步,令人目不暇接,又叹为观止。市三小的校园文化,可分为物质文化和精神文化两大部分。物质文化,即基础设施的建设,包含校园环境、整体格局、人文景观、文化设施等;精神文化包括党风廉政、学校传统、校风学风、礼仪规范、人际关系等。这两部分又常常交融为一体,精神文化多以物质文化为载体,物质文化又因精神文化而闪亮出彩。

第一节　校园文化

一、基础设施建设与文化

(一)校门文化

市三小坐北向南,地势南高北低。校门面南,没有大屋顶设计,上部如一个俯身的字母“f”,看上去轻灵不凡,却又大气别致;而整体造型,形似奔驰拉风的动车车头,暗示着市三小的发展势头与速度。

大门门柱的红色对联特别吸引路人,左联是“拉升标杆创先致远争当杏坛追梦人”,右联是“提振精神立德树人培育时代弄潮儿”。浩气长联,心灵对话,三小精神,可见一斑。

大门左侧墙体镶嵌着治校方略:“强队伍,精管理,兴科研;树人文,创特色,铸品牌。”学校党支部书记索淑敏说:“办学治校,就要开诚布公,既要师生知晓,也要敢于让社会监督。”

大门右侧门卫室的墙体上,有“法制副校长公示牌”,彰显着市三小以法办学的思想,也是接受社会监督的承诺。还有“学雷锋志愿服务站公示栏”,内容包含“志愿服务制度”和“服务项目”两项内容。公示栏前边就设有学雷锋志愿服务站,两名身着红马甲的教师正在值班。

与门卫室相衔接的二层综合楼侧墙上，是2018年装帧的巨幅宣传画，内容是“社会主义核心价值观”，同样的宣传，细心的三小人却分出了层次，让人更容易理解，国家层面：“富强、民主、文明、和谐”，社会层面：“自由、平等、公正、法治”，公民层面：“爱国、敬业、诚信、友善”。综合楼顶，巨幅“明于德，臻于善，敏于行”，这既是一条标语，也是市三小精神。

从学校出来汇入崇德路处，学校设置了一排十六颗球形石头隔离墩，用以拦阻社会车辆在校门口乱停乱放，更是为了保障师生进出学校的安全。就这一件看似平凡的小事，市三小却做成了十分有趣的文化——每个圆球都涂成了天蓝的底色，朝向崇德路的一面，绘着彩色的十二生肖卡通图像，可爱，充满童趣，背面对应隶书：子鼠、丑牛、寅虎、卯兔、辰龙、巳蛇、午马、未羊、申猴、酉鸡、戌狗、亥猪。余下的四颗，分别绘上“春兰、夏竹、秋菊、冬梅”。图文并茂，一物两用，既为路障，也是对学生进行传统文化的教育。

（二）前院文化

学校大门与尚美楼、厚德楼、综合楼围成的一方院落，师生们都称其为“前院”。走进校园，迎面看到的是主题雕塑——“翱翔”，酷似“3”的红色飘带迎风飞舞。校长马晓春介绍说：“这红色飘带，既有‘市三小’之意，又寓意市三小的学生如雏鹰展翅，扶摇直上，志在蓝天。中间的三根立柱，则标志着市三小的莘莘学子顶天立地，终成栋梁；其上的科技标识象征着与时俱进，开拓创新。整个主题雕塑寓意：孩子们将在市三小度过他们快乐、美好的童年。”

移步换景，雕塑背后镶嵌着市三小建校之初的碑文：

岁次庚寅，欣逢盛世，市委政府，高瞻远瞩，掬心吐哺，筹资千万，兴建三小，泽惠千秋。国之昌盛，教育兴焉，学堂多有，民之福焉，大道致简，吾知吾行；厚德向善，道训铭志，学子蓄秀，生而神灵，弱而能言，毫光大千；少年之智，国家则智，少年上善，民族有善，国之栋梁，虎踞龙盘；天降大任，师之为焉，言之有宗，事之有君，耕耘不辍，披肝沥胆；雅致校园，吾视掌珠，莘莘学子，吾视己出，芝兰玉树，泽被后世。树碑记之，勖勉后进。

马晓春目睹碑记说道：“十年前市委、市政府高瞻远瞩，筹资千万，兴建三小，这是三小学子的幸运，更是灵宝人民的幸运。为了铭记这一泽惠万民的智举，索淑敏书记亲自撰写下这篇碑文，以示纪念。”

驻足回望，在大门内左侧树立着一处人文景观，形似翻开的巨著，书页的底色是蓝天白云，近景是绿树、草地，“书”下簇拥着金黄色的小花，打开的书页上面，印刷着市三小的校歌：

“迎着朝霞，我们展翅翱翔，美丽三小向着春天的方向，厚德向善，坚守担当，我们把梦想轻轻点亮。美丽的三小，令人神往的地方，美丽的三小，培育英才，造就栋梁。

“放眼未来，我们扬帆远航，雅致三小向着春天的方向，传承文明，奋发向上，我们让童年绽放光芒。雅致的三小，欢乐幸福的海洋，雅致的三小，精彩领航，凯歌嘹亮。”

校歌左边，安放着两个标语牌，依次写着校长寄语，殷殷之情，切切之意，流露于字里行间——

寄语教师——“拉升标杆，提振精神；踏歌而行，拾级向上。”

寄语学生——“明德向善，硕学致远；厚植素养，逐梦未来。”

东楼下立着两块形神庄重的宣传栏，横题是“不忘初心，牢记使命，认真学习贯彻落实党的十九大报告精神”，其上主要内容是习近平主席在“十九大报告”中的重要论断选登，以资师生学习。

而大门内右侧的一排宣传栏，从左至右，第一块橱窗内是“加强师德建设，做四有好老师”，醒目地写着：“有理想信念、有道德情操、有扎实学识、有仁爱之心。”第二块橱窗内是“滋兰树蕙，智动未来”，栏内集中展示出——

办学理念：育人以明德，育人以至善，育人以启智；

学校精神：明于德，臻于善，敏于行；

校训：厚德向善；

校风：崇真，尚美，和谐，奋进；

教风：博爱，严谨，精业，创新；

学风：勤奋，善思，乐学，向上。

自第二块橱窗向西，依次是“文明校园创建成果展示”，内容包括——思想道德建设、领导班子建设、教师队伍建设、校园文化建设、校园环境建设、活动阵地建设图片；“扣好人生第一粒扣子”，内容包括——师生校内外活动图片展示；“最美老师”——图文简介；“新时代好少年”——图文简介；“身边的道德模范”——省、市、县三级其他行业的模范人物；“传承民族文化，让戏曲走进校园”——市三小戏曲社团活动图片展示；“法在心中，快乐成长”——法制宣传活动图片展示。宣传栏朝街的一面，分别是“领导关怀”“名师打造”“修德养廉”图片展。与东楼下遥相对应的宣传栏内，分别展示的是

“感恩伟大祖国、共庆70华诞”——学校举行的各类庆祝活动图片、“立德树人、研学旅行在路上”——学校举行的系列研学活动图片。这一排明亮耀眼的钢制宣传栏，既承载着校园文化的展览，供师生课间浏览学习，提振精神，激发斗志，也美化了校园，成为教学楼前一道亮丽的风景。

（三）楼廊文化

市三小的主体建筑有尚美楼、博艺楼、向善楼和厚德楼，前三座建筑由南向北，纵向排列，主体皆坐北面南，采光通风，其上装有大幅标语：“育人以明德、育人以至善、育人以启智”；厚德楼为办公楼，与尚美楼相连，是学校的正面，其上装有“呵护每一颗心灵，成就每一个孩子”的大幅标语。厚德楼背后，即是操场。2012年，学校投资300余万元，进行了综合楼及宿舍楼扩建工程，用以改善学生餐宿和教师办公环境。

从空中俯瞰，校园整体布局如同一个经过艺术处理的大写的“句”字结构。楼间层层相连，走廊立体叠架，这种连廊式的设计新颖而艺术，布局科学又合理。

在创建校园文化方面，市三小确实做到了极致，以缜密细腻的心思，别出心裁的设计，充分利用墙壁、走廊、楼梯、道路、门柱、房梁等一切可利用的资源（或说是基础设施），创建走廊文化、楼梯文化、班级文化、道路文化、办公文化、食堂文化、宿舍文化、操场文化，打造出市三小的文化特色，营造了深厚的文化氛围，举目四望，琳琅满目，丰富多彩。

1.走廊文化

【一楼走廊】

进入教学楼一楼——尚美楼走廊，廊口的四根巨柱上装帧着四个笔力遒劲的大字“德”“仁”“信”“礼”，这四个字引领了一楼的文化内涵，旨在对学生进行品德教育和养成教育。

一楼教室走廊和通道的墙壁上布置了11块学校自行设计并定制的字画，其内容选用了古典文化的精髓，以言简意赅的文字，配以淡雅的水墨画或水彩画——

“节——金竹千年不变节，云松万年不弯腰。高风亮节。”

“谦——即谦虚、虚心。谦虚使人进步，骄傲使人落后。谦虚是一种美德，是取得成功的必要前提。劳谦虚己，则附之者众；骄慢倨傲，则去之者多。”

“诚——真诚、忠诚、坦诚，诚者令人肃然起敬。”

“俭——‘俭，德之共也；侈，恶之大也。’何为俭？俭即节俭，是指节制财富之流。

开源节流是财富生成与积累之根本。只勤不俭,辛辛苦苦得来的财富很难积累;光俭不勤,又如同无源之水,只能坐吃山空。”

“勤——‘业精于勤荒于嬉,行成于思毁于随。’勤奋向上的开拓者,才使弯曲的竹鞭化作笔直的笔,只有和勤奋做伴,才能如虎添翼。只要不放弃努力和追求,小草也有点缀春天的价值。”

“学——‘学而不思则罔,思而不学则殆。’只重于学习而不注重思考,就有可能遭到蒙蔽,陷于迷惑;只重思考而不注重学习,就有可能因误入歧途而导致疲乏及危险。”

“惜——‘逝者如斯夫,不舍昼夜。’时间无情,稍纵即逝。然而,对于珍惜时间的人,它却馈赠以无穷的智慧和财富。有人把时间比作世界上一切成就的土壤,是的,只要辛勤耕耘,它将献给劳动者甜美的果实。”

“思——‘真知灼见首先来自多思善疑。’学会思考,理解知识;百思其解,以求真理。只有会思考的人,才能有从量变到质变的飞跃,只有勤加思考,才能获得更多的,从书本中不能尝到的新知。”

“仁——‘己所不欲,勿施于人。’自己不想要的东西,切勿强加给别人。仁德的人,自己想成功首先使别人也能成功,自己想被别人理解,首先要理解别人。”

“善——‘勿以恶小而为之,勿以善小而不为。’不要以为坏事小就去做,不要认为好事小就不去做,善良,是一种世界通用的语言,是盲人可感之,聋人可闻之。”

“志——‘志当存高远’,志就是志向,有高远的理想才会有奋斗的目标;我们的理想志向是指引我们前进的灯塔,如果没有灯塔为我们的人生航船指明方向,我们就会浑浑噩噩,随波逐流。”

这 11 块制作精美的字画,既是校园文化的亮点,也起到了美化校园的作用。索淑敏说:“市三小建校之初,就致力于文化治校,用文化唤醒师生。三小没有高薪聘请专家去设计校园文化,而是自行设计,既节省了资金,又能够将自己的办学思想融入其中。学校在创设校园文化方面的构想,就是致力于让每一面墙壁会说话,让每一条通道富有生命力,使学生在耳濡目染中受到感染和熏陶,在潜移默化中养成良好的品德和习惯。”

在尚美楼一楼西端主通道(这条主通道承载着全校三分之二的学生流量)两侧墙壁上,三小创设了不同的文化内容。西侧墙壁上装潢着《博爱赋》——

博爱厚德,日月皎耀,山川荣芳,天下和谐。辛勤园丁,爱在心田,情满人间,桃李欢颜。博爱之光,师德中野,普照众生,爱满校园。人人博爱,无私奉献,教育春秋,华美彰显。秦岭魏峨，黄河涌溅，激情高扬，笑语争春。桃李芬芳，永恒博爱。

《博爱赋》的底色是一面飘杨的红旗。马晓春说："这样设计，寓意教师是学生人生中的一面旗帜。也寄托着学校对每一个教师的期望：期望教师博爱厚德，无私奉献，像这面旗帜一样，永远激情高扬。"

通道东侧墙壁上选用了《道德经》原文第三十八章的内容制成字画——《道德经》是老子李耳在灵宝函谷关撰写的。市三小充分利用地方文化资源，把《道德经》纳入校园文化建设之中，使广大师生传承道德文明，继承弘扬中华民族优秀的传统文化，也是市三小用国学经典教育学生的体现——

（原文）"上德不德，是以有德；下德不失德，是以无德。上德无为而无以为；下德无为而有以为。上仁为之而无以为；上义为之而有以为。上礼为之而莫之应，则攘臂而扔之。故失道而后德，失德而后仁，失仁而后义，失义而后礼。夫礼者，忠信之薄，而乱之首。前识者，道之华，而愚之始。是以大丈夫处其厚，不居其薄；处其实，不居其华。故去彼取此。"

（译文）具备"上德"的人不表现为外在的有德，因此实际上是有"德"；具备"下德"的人表现为外在的不离失"道"，因此实际是没有"德"。"上德"之人顺应自然无心作为，"下德"之人顺应自然而有心作为。上仁之人要有所作为却没有回应他，于是就扬着胳膊强引别人。所以，失去了"道"而后才有"德"，失去了"德"而后才有"仁"，失去了"仁"而后才有"义"，失去了"义"而后才有礼。"礼"这个东西，是忠信不足的产物，而且是祸乱的开端。所谓"先知"，不过是"道"的虚华，由此愚昧开始产生。所以大丈夫立身敦厚，不居于浇薄；存心朴实，不居于虚华。所以要舍弃浇薄虚华而采取朴实敦厚。

《博爱赋》和《道德经》下面都设置了图书柜，并存放有学生喜欢的图书，如《印刷术》《火药》《指南针》《我读名人故事》。这类注音的图书，很适合低年级学生阅读。

从通道出来，在一楼教室前边走廊的每根立柱上，装订着学校设计定制的宣传画，主要内容是《道德经》名言名句，从一楼至三楼，共有27块《道德经》宣传画，如：

"上善若水"，（成语溯源）"上（最）善若水，水利万物而不争，处众人之所恶（wù，不喜欢），故几（jǐ，接近）于道。"（成语释义）上善若水：指的是最高境界的善行，就像水的品性一样。

"先人后己"，（成语溯源）"是以（因为这样）圣人（指品德高 尚、智慧高超的人）后其身（把自己放在别人后面）而身先，外其身而身存。"（成语释义）先人后己：（遇到荣誉等好事情)首先考虑别人,然后想到自己。

“天长地久”,(成语溯源)“天长地久,天地所以能长且久者,以其不自生,故(所以)能长生。”(成语释义)天长地久:意思是跟天和地存在的时间一样长。形容时间悠久,也形容永远不变。

“多言数穷”,(成语溯源)“多言(言语,这里指政令)数(同‘速’,加快的意思)穷(尽头),不如守中(守中:内在的虚心和宁静)。”(成语释义)多言数穷:人说的话多,往往会使自己陷入困境。

副校长翟希云说:“三小在《道德经》进校园方面,做得比较扎实,《读老子,学成语》的课程也已经在每周一下午第三节课走进了孩子们的课堂。”

只有想不到,没有做不到。市三小在创建校园文化上是思之精细,做得周全,从左到右,从下到上,满眼是文化,处处有内涵。沿着一楼教室前的走廊向上看,空中还悬挂着扇面的标语牌。其材质是透明的塑料,双层,中间夹着印制好的双语(汉语和英语,双语教育是市三小的特色)标语。从东向西看,标语牌全是粉红的底色,上有几点光斑,几朵隐隐约约含苞待放的暗花,给人温暖如梦的感觉,一路看去,标语内容醒目纷呈——

“品行高尚的人,人们敬重的是德行;才能很大的人,人们信服的是真才(For a man of noble conduct, people respect virtue; for a man of great ability, people believe in t)”;“养成善于思考的习惯(Develop the habit of thinking)”;“养成文明礼貌的习惯(Develop the habit of being polite)”;“养成孝顺父母的习惯(Cultivate the habit of filial piety)”;“为别人喝彩,等于是给自己的生命加油(Cheering for others is to cheer for your life)”;“人在追求中进步,在梦想中前进(People make progress in pursuit, advance in dreams)”;“君子之修身也,内正其身,外正其容(The cultivation of a gentleman´s body is also based on his inner body and his outer appearance)”……

返身回转,从西向东看,上述标语牌的另一面,底色是天蓝色的,其上图案,或是湖光山色,或是草地蓝天,其间点缀着绿树红花、彩蝶飞鸽,雅色美图,衬托着一条条标语,更引人注目——

“昨天的习惯造就了今天的你,今天的习惯将成就明天的你(Yesterday´s habits make today´s you, today´s habits will make tomorrow´s you)”;“教育的艺术不在于传授本领,而在于激励、唤醒和鼓舞(The art of education is not to teach skills, but to inspire, awaken and inspire)”;“修身以敬,勿托以尊(Cultivate one´s self to respect, not to honor)”;“静以修身,俭以养德(To be quiet is to cultivate one´s self, to be thrifty is to support one´s virtue)”;“希望是生命的阳光,行动是希望的翅膀(Hope is the sunshine of life, action is the wings of hope)”;“成功就是坚持(Success is persistence)”;“花儿用美丽装扮世界,我们用行动美化校园(Flowers decorate the world with beauty, we beautify the campus with action)”……

从一楼到四楼,市三小在走廊上共悬挂标语牌130多块,一层一个主题,一层一个样式,内容不一,色彩不同,新颖别致,养眼启智。

由尚美楼向北进入“连廊”(学校的主体建筑:尚美楼、博艺楼、向善楼、厚德楼,四楼走廊层层相连,师生们把这种相连通的走廊称之为连廊),首先映入眼帘的是尚美楼一楼侧墙(事实上,尚美楼、博艺楼、向善楼每一层的侧墙,都是连廊的一个组成部分)的文化。市三小利用这面墙壁,设计创建了校徽。校徽外形似盾,突显出学校将是师生发展的强有力的后盾和保障。校徽主体由一只展翅高飞的雄鹰口衔一枚萌芽,托起一轮红日组成。索淑敏说:“萌芽代表学生,刚刚起步,拥有无限的未来。这只展翅高飞的雄鹰,一方面代表市三小将在灵宝这片沃土上展翅翱翔,成为优秀的育人基地;另一方面也象征着作为教育者的愿景,希望市三小的学生都能从雏鹰成长为雄鹰,一飞冲天。雄鹰翅膀的末端又形似一只大手,托起太阳,象征希望,寓意市三小就是托起这些小太阳的坚实之手。再看校徽上的雄鹰,状若阿拉伯数字‘3’,萌芽的形状又恰似英文字母‘x’,这两个简写即为‘三小’之意。校徽的主题颜色由绿色构成,同时融合了大自然中萌芽、雄鹰的元素,处处体现绿色自然,市三小绿色校园、低碳校园的理念也由此体现。校徽下方是一本翻开的大书,象征着在浩瀚的知识海洋里,师生同努力、共进步,推动教育事业蓬勃发展。”

校徽下方是学校精神:明于德,臻于善,敏于行。位于校徽右侧的文字是校长寄语:“以爱和宽容对待每一个学生,追求个性和多元化的评价,用坚韧和执着去追求幸福的教育人生。”

尚美楼是座复式楼,紧临的墙壁上创建了教师风采榜,一个个明星教师的照片,粘贴在粉色的爱心造型底版上,副校长潘树波说:“粉色给人温暖和力量,这一别具匠心的设计,寓意每个教师必是捧着一颗心来,用心于教育事业。”教师风采榜的左侧写着“理必求真,事必求是,行必求实,言必求信。”这十六字真言旨在激励广大教师:满怀激情地去追求充满阳光的树人伟业。

墙体下部,是造型别致的书柜,书柜不设柜门,小格里存放的图书,方便学生课间或饭后随时取阅。

沿着走廊往北是博艺楼，此楼的侧壁上创建了少先队专栏，醒目的横题写道——“时刻准备着：为共产主义事业而奋斗”。

专栏正中是少先队队徽，队徽下面是少先队员誓词：“我是中国少年先锋队队员。我在队旗下宣誓：我决心遵守队章，在中国共产党和共青团的领导下，做个好队员，好好学习，好好工作，好好劳动，准备着，为共产主义和祖国的伟大事业，贡献出一切力量！”

专栏右侧是少先队队歌：“我们是共产主义接班人，继承革命先辈的光荣传统，爱祖国，爱人民，鲜艳的红领巾飘扬在前胸。不怕困难，不怕敌人，顽强学习，坚决斗争。向着胜利勇敢前进，向着胜利勇敢前进，前进，向着胜利勇敢前进，我们是共产主义接班人。

“我们是共产主义接班人，沿着革命先辈的光荣路程，爱祖国，爱人民，少先队员是我们骄傲的名称。时刻准备，建立功勋，要把敌人，消灭干净。为着理想勇敢前进，为着理想勇敢前进，前进，为着理想勇敢前进，我们是共产主义接班人。”

专栏左侧是“四好”少年目标：“争当热爱祖国、理想远大的好少年！争当勤奋学习，追求上进的好少年！争当品德优良，团结友爱的好少年！争当体魄强健、活泼开朗的好少年！”

连廊从南向北的立柱上，装帧的不是字画标语，而是一幅幅星级达优的学生照片，照片下面是所获荣誉称号和姓名，还配有获此殊荣的学生简介。落款处则是学校给予的评语——

勤奋好学之星——王承铱；文明礼仪之星——李佳琦；科技创新之星——席筱果；雷锋式好少年——樊思颖；自立自强之星——范菁楠；文明礼仪之星——杨佳轩；雷锋式青少年——吴靖萱；数学特长之星——张笑阳；体育特长之星——张旭博；英语特长之星——牛淑敏；文明礼仪之星——王楷佶；成长进步之星——王逸林；成长进步之星——周家乐；遵纪守法之星——刘宜静。

【二楼走廊】

二楼走廊上的文化，主要是读书和民族教育。尚美楼连廊南端的四根立柱上，清晰可见四个大字“勤、恒、谦、雅”，市三小把每一个字都做成了图文并茂的宣传画——

“勤”字，右上方附以东汉张衡的名言：“人生在勤，不索何获”。右边是对张衡此言的诠释：人一辈子要勤奋努力，倘不积极地探索研究，哪会有收获或成就呢？下面还配以古人开卷勤读的漫画，让学生懂得读书在于勤奋。

“恒”字，右上方附以古典名言：“只要功夫深，铁棒磨成针。”下面配以典故——唐·李白求学期间不好好读书，偶遇一位老奶奶用铁棒磨针而启发，让学生明白读书更需要恒心和坚持。

“谦”字，右上方附以毛泽东的名言：“谦虚使人进步，骄傲使人落后。”下面配以古人相见，拱手相揖的漫画，让学生知道为人处世应该谦虚，以礼待人。

“雅”字，右上方附以“交谈和谐，穿着得体，举止文明”。下面配以古人挥笔书写的漫画，寓意“书”为古之雅事。让师生理解，这既是市三小以雅治校的方略，也是学校对师生的共同要求。

每一副字画下面，在落款的位置还标示着“中华传统美德”的字样，并附以注释：“中华传统美德，是中国古代道德文明的精华，是中国这个民族大家庭共存共荣的凝聚剂和内聚力，她在价值的意义上形成中华民族道德人格的精髓和精魂。”另外，也在向学生明示：读书要“勤”、贵在“恒”，还要牢记一个“谦”字。读书是“雅”事，恒读成雅人。

在“勤”“恒”二字中间，市三小把两根立柱间的半圆形阳台用钢制橱窗封起来，并且向上一直封到四楼。贴墙摆放着半圆形的皮包海绵坐凳。索淑敏说：“这样一是安全，二是又创建了一块宣传阵地，三是还起到了美化校园的作用，四是给师生提供了一个小憩或看书的地方，一举多得。”

二楼此处的四块橱窗里，向着走廊的一面，分别装饰着学校自行设计的宣传画，其内容分别是毛泽东、周恩来、邓小平、习近平四位伟人的亲切画像。画像下面，精选了伟人关于读书学习和教育的名言。毛泽东的教育名言是“好好学习，天天向上”。周恩来的教育名言是“为中华之崛起而读书”。邓小平的教育名言是“教育要面向现代化，面向世界，面向未来”。习近平的教育名言是“有梦想，还要脚踏实地，好好读书，才能梦想成真”。名言下面是对伟人的简介。

说到读书，该读什么书？市三小给出了答案——答案在尚美楼二楼西端主通道两边的墙壁上，西侧墙壁上，装潢着中国古代四大名著，四本翻开的大书，分别是《水浒传》《三国演义》《西游记》《红楼梦》。善于创新的三小人，不单是向学生推介优秀图书，而且还进行了艺术设计，在墙壁上半部居中的位置设计了八个有立体感的大字：“品味经典，浸润人生”，围绕这八个字，呈半圆形设计了四本翻开的大书——

上方是《水浒传》和《三国演义》，每一部书翻开的书页上，都有作者简介，有故事介绍，还有人物图像。《水浒传》里的梁山好汉一百单八将群像，仿佛是从故事介绍中走出来的，栩栩如生；《三国演义》的书页下部，一边是“滚滚长江东逝水”，一边是金戈铁马的征战场面。下方是《西游记》和《红楼梦》，同样，每一部书翻开的书页上，有作者简介，有故事介绍，还有人物图像。《西游记》里，唐僧师徒四人西行取经的逼真形象，惟妙惟肖；《红楼梦里》金陵十二钗的婀娜多姿，盛装丽影，楚楚动人。设计者既突出了书的故事介绍和主要人物的动人形象，也以此吸引学生眼球，激发其阅读的兴趣。

通道东侧墙壁上，呈现了古典文化《弟子规》，有“总叙”，有分目：“入则孝”“出则悌”“谨”“信”“泛爱众”“亲仁”“余力学文”，每一分目都制成六边形的图案。上方都标示着“中华传统美文诵读”。

《弟子规》是依据至圣先师孔子的教诲而编撰的学生生活规范，其中大部分内容至今仍是后人效法的典范。为了有力地配合学校开展行为习惯养成教育，市三小把《道德经》《弟子规》和中国古代“四大名著”纳入了校园文化建设中。漫步于校园的每一个角落，你都可以在教学楼的柱子上、墙面上，功能室的墙壁上，随处看到出自《道德经》的成语、摘选、释文等，使师生随时随地都可以接受经典文化的浸润。《道德经》《弟子规》《千字文》《三字经》进课堂，让学生知书、明礼、诚信，懂感恩、懂孝道。学校还提出了“看”“记”“议”“背”“评”五字学习法，对学习情况分不同年级、不同时段进行检测，以此作为学校“评优争星”的重要依据，实现了对学生多元评价、全面发展的新局面。

通道左右墙壁下面都设计制作了书柜，只是二楼摆放的书籍不同于一楼，这里有《快乐世界》《核能》《自然资源保护》《恐龙时代》《地球的历史》《爬行动物》《快乐中国行》《快乐世界行》等系列丛书，适合中高年级学生阅读。这种开放式书柜在每个楼层都有。

如何对学生进行民族教育呢？市三小首先是让学生了解中国是一个由五十六个民族组成的多民族的国家，特别是对少数民族的了解。为此，市三小特别设计和制作了一批精美的“中华传统，民族教育”之少数民族宣传画，上半部用图和照片介绍民族的特色服饰、特色活动、特色礼仪，使学生从外表上容易认识和辨认各个民族。下半部，对各少数民族的人口、地区、历史等进行简单的文字介绍，使学生对其有更深层次的了解，加深学生对少数民族的认知。沿着二楼的走廊，从东往西看，依次是——中国五十六个民族之蒙古族。蒙古族人善舞蹈，其服饰特色是长袍、腰带、靴子，且华丽、美观、别具一格。现有人口 4806849 人。主要聚居在内蒙古自治区，其余分布在中国的东北、西北地区。蒙古族是一个历史悠久而又富于传奇色彩的民族，被誉为“草原骄子”。蒙古族始源于古代望建河(今额尔古纳河)东岸一带,“蒙兀”是“蒙古”一词最早的汉文译名,始见于唐代。“蒙古”最初只是蒙古诸部落中的一个部落名称。13世纪初,以成吉思汗为首的蒙古部统一了蒙古地区诸部,逐渐形成了一个新的共同体。“蒙古”也就由原来的部落名称变成为民族名称了。蒙古族有自己的语言文字,属阿尔泰语系蒙古语。

中国五十六个民族之苗族。苗族主要分布在贵州(约占苗族总人口的50%)、湖南、云南、广西、海南等省(区),其中黔东南苗族侗族自治州是苗族最大的聚居区。苗族自称“牡”“蒙”“摸”“毛”,新中国成立后统称为苗族。苗族的先祖可追溯到原始社会时代活跃于中原地区的蚩尤部落。苗族有自己的语言,属藏语系苗瑶语族苗语支。原先无民族文字,20世纪50年代后期创制了拉丁化拼音文字。现今大部分人用汉文。

以下只记名称,略去简介:中国五十六个民族之布依族,中国五十六个民族之壮族,中国五十六个民族之哈尼族,中国五十六个民族之拉祜族,中国五十六个民族之东乡族,中国五十六个民族之纳西族,中国五十六个民族之水族,中国五十六个民族之黎族,中国五十六个民族之哈萨克族,中国五十六个民族之高山族,中国五十六个民族之佤族,中国五十六个民族之傈僳族。

从尚美楼向北的二楼连廊上,其校园文化的布置别开生面。尚美楼墙壁上主体是宣传标语“打造书香校园,分享成长快乐”;左边是一个全神贯注埋首读书的小学生宣传画,右上边是一个印在打开的书页正中的“書”字。紧邻的墙壁上,其主体也是一条标语“知性智慧、达观开朗,书卷气韵、礼和谦美”。左边配以一把打开的吊坠扇子图,扇面上写“雅韵悠畅”四个篆字;右边是翻开的书本,页面上写着“开卷有益”四字。

博艺楼的墙壁上,也是一条标语“以阳光心态读书,做充满阳光的事业”。标语下边配以仿木刻版的艺术画绿树,右上方画着一轮旭日,三只小鸟从不同角度向着太阳飞去,寓意“做充满阳光的事业”。

连廊的每一根立柱上,都装帧有市三小自制的宣传画,这里既有校工会组织评选出的德馨之家,也有政教处组织评选出的小绅士和小淑女——

德馨之家孙艳丽、德馨之家王海霞、德馨之家何晓晓、德馨之家刘雪峰、德馨之家刘照、德馨之家杨亚娟、德馨之家赵娟丽、德馨之家王彬、德馨之家赵冬娟、德馨之家赵高坤、德馨之家翟淑茹、德馨之家杨红艳、德馨之家王佩林、德馨之家王宁泊。

小淑女冯艺河、小绅士贺军瑞、小淑女唐家仪、小绅士杨行远、小淑女种艺林、小绅士杜宏坤。

副校长何皎洁说:“这里所布置的校园文化,强调开卷有益,引导师生读书,培养师生的‘书卷气韵’，以达到‘知性智慧、达观开朗、礼谦和美’。拥有‘德馨之家’的教师，拥有‘小绅士’或‘小淑女’称号的学生，都与‘雅韵’有关，与‘知性智慧、礼谦和美’有关。这正是‘雅致三小’的体现。”

【三楼走廊】

三楼走廊所布置的校园文化，主要是“爱国和文明礼仪教育”。索淑敏说：“三楼的文化布置，主要是让学生了解古代文化名人、祖国的名山圣地，以此激发学生热爱祖国的情怀。”

在连廊南端的尽头，四块钢制橱窗里分别是中国古代的四大圣贤孔子、孟子、老子、庄子的宣传画，皆配有画像，画像下有名言和简介。孔子的名言是“学而不思则罔，思而不学则殆。”孟子的名言是“穷则独善其身，达则兼济天下。”老子的名言是“知人者智，自知者明；胜人者有力，自胜者强。”庄子的名言是“君子之交淡若水，小人之交甘若醴。”

从三楼连廊南端沿尚美楼向西，教室外边装饰的名山圣地宣传画有珠穆朗玛峰、青藏高原、京杭运河、四川乐山大佛。中间走廊还有承德避暑山庄、秦陵兵马俑、桂林山水、万里长城、长江三峡、杭州西湖、台湾日月潭、苏州园林、安徽黄山、北京故宫、吐鲁番盆地等。马晓春说：“这是为了让学生了解和认识祖国的壮丽山河，以及十大名胜古迹，激发学生对先祖的崇拜和对祖国的热爱。”

三楼西端的主通道两侧，左边墙上装裱着“二十四孝图”：孝感动天、亲尝汤药、啮指痛心、百里负米、芦衣顺母、鹿乳奉亲、戏彩娱亲、卖身葬父、刻木事亲、行佣供母、怀橘遗亲、埋儿奉母 、扇枕温衾、拾葚异器、涌泉跃鲤、闻雷泣墓、乳姑不怠、卧冰求鲤、恣蚊饱血、扼虎救父、哭竹生笋、尝粪忧心、弃官寻母、涤亲溺器。

右边墙壁上装裱着“梅、兰、竹、菊”四幅图画。在这四幅图画中间，用文字做了一个专题版面，对花中四君子做了介绍——

梅兰竹菊指：梅花、兰花、竹子、菊花。被人称为“花中四君子”。其品质分别是：傲、幽、坚、淡。梅、兰、竹、菊成为中国人感物喻志的象征，也是咏物诗和文人画中最常见的题材，正是根源于对这种审美人格境界的神往。共同特点是自强不息，清华其外，澹泊其中，不作媚世之态。《集雅蔡梅兰竹菊四谱小引》：“文房清供，独取梅、兰、竹、菊四君者无他，则以其幽芳逸致，偏能涤人之秽肠而澄莹其神骨。”四君子并非浪得虚名，确实各有它的特色：梅，剪雪裁冰，一身傲骨；兰，空谷幽香，孤芳自赏；竹，筛风弄月，潇洒一生；菊，凌霜自行，不趋炎势。文人对梅兰竹菊诗一般的感受，是以深厚的民族文化精神为背景的。梅兰竹菊,占尽春夏秋冬,中国文人以其为“四君子”,正表现了文人对时间秩序和生命意义的感悟。梅高洁傲岸,兰幽雅空灵,竹虚心有节,菊冷艳清贞。中国人在一花一草、一石一木中负载了自己的一片真情,从而使花木草石脱离或拓展了原有的意义,而成为人格襟抱的象征和隐喻。大凡生命和艺术的“境界”,都是将有限的内在精神品性,升华为永恒无限之美。

三楼连廊由南到北,尚美楼墙壁上装裱着纵向竖排的大标题“文明礼貌用语知多少”,收集整理并制作文明用语48条,教给学生在为人处事、待人接物时怎么说话才得体,形成了具有市三小特色的校园文化——

与人相见说“您好”、求人帮忙说“劳驾”、麻烦别人说“打扰”、得人帮助说“谢谢”、看望别人说“拜访”、赞人见解说“高见”、需要考虑说“斟酌”、迎接客人说“欢迎”、陪伴朋友说“奉陪”、初次见面说“幸会”、问人姓氏说“贵姓”、向人询问说“请问”、求人方便说“借光”、祝人健康说“保重”、请从接受说“笑纳”、归还物品说“奉还”、无法满足说“抱歉”、宾客来到说“光临”、临分别时说“再见”、等候别人说“恭候”、问人住址说“府上”、请人协助说“费心”、请改文章说“斧正”、向人祝贺说“恭喜”、送人照片说“惠存”、请人赴约说“赏光”、请从谅解说“包涵”、中途先走说“失陪”、请人帮助说“烦请”、仰慕已久说“久仰”、请人解答说“请教”、接受好意说“领情”、老人年龄说“高寿”、欢迎购物说“惠顾”、对方来信说“惠书”、言行不妥说“对不起”、没能迎接说“失迎”、请人勿送说“留步”、欢迎顾客叫“光顾”、长期未见说“久违”、求人办事说“拜托”、求人指点说“赐教”、身体不适说“欠安”、希望照顾说“关照”、自己住家说“寒舍”、慰问他人说“辛苦”、客人入座说“请坐”、送人远行说“平安”。

紧邻的墙壁上,其宣传画的中心内容是一幅中国地图,地图印在半圆形的底色上,半圆形,寓意地球的北半球,沿着半圆形的曲线,写着12个大字:“勤奋学习,快乐生活,全面发展”。在博艺楼的墙壁上,制作的是交通安全宣传画,主题是“文明交通、平安和谐”,下边有“交通警告标志”“交通禁令标志”“交通指示标志”,教育学生了解交通知识,做到文明交通,保证出行平安。

走廊廊柱上,装订的是一幅幅星级达优的学生照片,照片下面是所获荣誉称号和姓名,并配有学生简介,由南向北依次是——

遵纪守法之星——茆家豪,英语特长之星——南名浩,文明礼仪之星——王昕瑶,雷锋式青少年——任雨轩,科技创新之星——李妍硕,文明礼仪之星——张广钰琦,自立自强之星——王思睿,才艺特长之星——张淑艺璇,体育特长之星——袁稼合,才艺特长之星——王若涵，体育特长之星——李方琪，勤奋好学之星——李政辰，遵纪守法之星——刘一舟，数学特长之星——王怡悦。

【四楼走廊】

四楼走廊上的校园文化，主要是人文、科普和诚信教育。在四楼连廊南端的尽头，四块钢制橱窗里分别是中国现代四大名人鲁迅、李大钊、陶行知、叶圣陶的宣传画，皆配有画像，画像下面是名言和简介——

鲁迅的名言是“时间就像海绵里的水，只要愿挤，总是有的。”李大钊的名言是“最珍贵的是今天，最容易失去的也是今天。”陶行知的名言是“千教万教，教人求真；千学万学，学做真人。”叶圣陶的名言是“你的教鞭下有瓦特，你的冷眼里有牛顿，你的讥笑中有爱迪生。你别忙着把他们赶跑。你可不要等到坐火轮、点电灯、学微积分，才认识他们是你当年的小学生。”

沿尚美楼教室外边的走廊和中间过道，依次布置的校园文化是世界文明遗迹，有英国的大本钟、中国天安门广场、埃及金字塔、中国万里长城、荷兰风车、澳大利亚悉尼歌剧院、印度泰姬陵、法国埃菲尔铁塔、意大利比萨斜塔。

尚美楼西端主通道左右两侧墙壁，左侧是中国农历“二十四节气”，大标题“二十四节气”旁附有《节气歌》：“春雨惊春清谷天，夏满芒夏暑相连。秋处露秋寒霜降，冬雪雪冬小大寒。每月两节不变更，最多相差一两天。上半年来六廿一，下半年是八廿三。”然后，是对“二十四节气”的一一介绍。

右侧墙装饰着科技时空宣传画，以图解形式呈现，有宇宙飞船、人造卫星、火箭、太空仓、大飞机等。旨在激发小学生热爱科学、学习科学知识和技能的热情。

四楼连廊文化——首先映入眼帘的是尚美楼墙壁上的内容：“培养良好习惯，成就卓越人生”。在这一红色通栏标题下面是“高效能人士的七个习惯”：积极主动——个人愿景的原则；以终为始——自我领导的原则；要事第一——自我管理的原则；双赢思维——人际领导的原则；知己解彼——移情沟通的原则；统合综效——创造性合作的原则；不断更新——平衡自我更新的原则。紧邻的墙壁上，是中国古代四大发明，三小人别出心裁地设计成打开的折扇形状，将四大发明“指南针、造纸术、活字印刷、火药”的文字内容印刷于扇面上，做到了图文并美，吸引眼球。

沿着连廊向北，在博艺楼的墙壁上装饰的内容是六则“诚信小故事”——

其一是《汽车维修店》：一个顾客走进一家汽车维修店，自称是某运输公司的司机。“在我的账单上多写点零件，我回公司报销后，有你一份好处。”他对店主说。但店主拒绝了这样的要求。顾客纠缠说："我的生意不算小，会常来的，你肯定能赚很多钱！"店主告诉他，这事无论如何也不会做。顾客气急败坏地嚷道："谁都会这么干的，我看你是太傻了。"店主火了，他要那个顾客马上离开，到别处谈这种生意去。这时，顾客露出微笑，并满怀敬佩地握住店主的手："我就是那家运输公司的老板。我一直在寻找一个固定的、信得过的维修店，我今后常来！" 面对诱惑，不怦然心动，不为其所惑，虽平淡如行云，质朴如流水，却让人领略到一种山高海深。这是一种闪光的品格——诚信。

其二是《岔路口》，其三是《手捧空花盆的孩子》，其四是《曾参杀猪的故事》，其五是《季布"一诺千金"使他免遭祸殃》，其六是《晏殊信誉的树立》。

学生大都爱看故事。通过这六个小故事，教育学生以诚为本，诚信做人。事实上，讲诚信的人，最终都会有好的结果。

博艺楼是中高年级教学楼，其走廊墙壁上的标语主要有两方面内容：一是《论语》中的名句，为了让学生易学易记，并附有注释和译文。如："子曰：不患人之不己知，患不知人也。"【译文】"孔子说：不怕别人不了解自己，只怕自己不了解别人。"又如："子曰：君子食无求饱，居无求安，敏于事而慎于言，就有道而正焉，可谓好学也已。"【译文】"孔子说：君子，饮食不要求饱足，居住不要求舒适，对工作勤劳敏捷，说话却小心谨慎，到有学问的人那里去匡正自己，这样可以说是好学了。"二是教育学生读书和养成良好品行的标语，如："读书，晓古今，而博天下；读书，见兴替，而识规律；读书，增才华，而益其智；读书，通星数，而富五车；读书，明道理，而正修身！"又如："学海之胸襟，做宽怀之人；学松之高洁，做无私之人；学梅之独香，做大德之人；学竹之高节，做清廉之人；学菊之素雅，做文明之人。"

厚德楼是教师办公楼，除了上课，教师大部分时间都在这栋楼上备课、批改作业，学校的领导们也在这栋楼上办公。因此，在这栋楼的墙壁上，学校布置的文化内容是省、市级骨干教师和优秀教师，三小人刻意设计出绿叶红花的图案做底色，然后将优秀教师制作成名片的样式印刷在红花中央，这似乎在强调，每一位优秀教师，其实就是市三小的一张名片。每张名片抬头是所获荣誉，中间是裁成圆形的教师生活照片，照片下面有姓名，姓名下边是其所推崇的名言或格言。从一楼到四楼，学校共推出优秀教师 16 人，他们是—— 河南省级骨干教师雷书红、河南省级骨干教师杨红艳、河南省级骨干教师刘雪峰、三门峡市级骨干教师叶青、三门峡市级骨干教师田爱琴、三门峡市级骨干教师张江华、三门峡市级骨干教师席茹玲、三门峡市级骨干教师仟丹、三门峡市优秀教师刘照、三门峡市优秀教师杨亚娟、三门峡市优秀教师阴巧飞、三门峡市教学标兵李长华、三门峡市优秀教师薛艳红、三门峡市有突出贡献的优秀教师王佩林、三门峡市有突出贡献的优秀教师黄方方、灵宝市级优秀教师何晓芝。

2.楼梯文化

在尚美楼、博艺楼、向善楼的连廊间，设计有两架楼梯，这两架楼梯纵向串连一层至四层的连廊，也成为师生上下的主要通道之一。市三小从安全、美化、亮化与宣传教育等多维度思考，如同连廊南端伸出的半圆形阳台一样，此处也用喷涂了橙黄亮漆的钢制橱窗封闭起来，又在橱窗内贴上自行设计定制的宣传内容，一举多得，达到了集安全、美化、亮化、宣传、教育于一体的功效，使师生在上下楼梯时，也能受到耳濡目染的熏陶和潜移默化的教育。踏上尚美楼与博艺楼之间的楼梯，拾级而上，首先看到的是文图兼美的《好学生学习习惯——三字经》："好学生，要知道，好习惯，很重要。整书包，不迟到。早读书，记忆好。铃声响，进课堂。学用具，准备好。上课前，先预习。遇问题，用笔记。认真听，勤思考。要发言，先举手。人发言，会倾听。合作学，有主见。有异议，敢争辩。写作业，不抄袭。有情况，及时改。字工整，讲美观。当天事，当天做。课外读，要坚持。开眼界，长知识。考试前，多复习。沉住气，答好题。题做完，查仔细。三字经，牢记清。常坚持，功必成。"《三字经》上边的四方橱窗里，"嵌入"的是"中华国粹"，图文俱美，言简意赅，一目了然。此处省略去简介，只记其题目："泥人面塑""红灯笼""文房四宝""竹简"。登上二楼，再次进入楼梯，先看到的是《文明歌》和《学习歌》，其《文明歌》云："轻声慢步过走廊，放学站队快静齐。穿戴整洁有讲究，说话文明懂礼貌。红领巾要胸前飘，少先队员乐陶陶。文明学生我能行，校园文明有我行。"其《学习歌》曰："读书写字要规范，认真预习抢在先。自主学习我能行，小组合作我也行。做题审题是关键，独立思考有主见。培养学习好习惯，遵此教诲益终身。"在这两首儿歌上边的四块橱窗里，"嵌入"的中华国粹是"四合院""兵马俑""景泰蓝""秦砖汉瓦"。登上三楼，步入通往四楼的楼梯时，看到的是《读书歌》和《健康歌》。其《读书歌》曰："早读午读和暮读，快乐童年我阅读。每天读书半小时，书中黄金百万两。学会阅读和思考，习作水平准提高。好书促我快成长，成长册上留足迹。"另一首《健康歌》是："阳光体育伴我行，健康体魄我能行。走路站队有精神，做好两操跑好步。课间活动跳跳绳，大家一起跳花样。每天锻炼一小时，幸福生活一辈子。"在这两首儿歌上边的四块橱窗里，"嵌入"的是中华国粹"川剧变脸""茶文化""盆景""京剧脸谱"。

为什么要在楼梯通道布置这些内容？索淑敏说："我觉得，作为中国人，对中国的传统文化应该有所了解。而楼梯又是师生经常使用的主要通道,把中国的传统文化集中布置在此,就是让师生很好地去学习了解。传承中华文明,弘扬民族文化,也是学校的职责所在。”

在博艺楼与向善楼的楼梯里,拾级而上,首先看到的是“小学生文明交往礼仪”,这幅宣传画制作得十分活泼且富有童趣,其主要文字被10个排列成彩虹状的椭圆形圈住,而每个椭圆形又用了不同的底色,或紫,或绿,或黄,或蓝,或粉,或白,不一而足。在这道“彩虹”两端,画着伫立的小学生,仿佛他们正在阅读:“讲文明,懂礼貌,从我做起最重要。”“尊老师,敬家长,同学之间要友好。”“谢谢你,对不起,文明语言通情理。”“见客人,要大方,彬彬有礼树形象。”“遵纪律,守秩序,各项守则要记牢。”“爱树木,护花草,时时刻刻要环保。”“要尊老,要爱幼,残弱病孕须帮忙。”“要出行,乘公交,礼貌让座要做到。”“重礼节,讲礼仪,社会生活铺路基。”“五千年,文明史,细细品味慢慢嚼。”在这组“小学生文明交往礼仪”之上的四块橱窗内,“嵌入”的内容仍然是“中华国粹”,从左至右,依次是“太极拳”“中国武术”“中国书法”“四大发明”。登上二楼再进入楼梯,迎面的楼梯围墙上是《升旗歌》和《路队歌》两首儿歌。其《升旗歌》曰:“集合队伍排好队,升国旗时要肃立。身体站直敬队礼,唱国歌时声音齐。老师讲话认真听,要求内容牢记心。升完国旗静静离,队伍整齐有秩序。”其《路队歌》曰:“放学路队快静齐,走起路来真神气。挺胸抬头甩开臂,古诗儿歌齐声诵。不推不挤不乱跑,紧跟队伍不说笑。整整齐齐回家去,交通安全要记牢。”在这两首儿歌上方的四块橱窗内,“嵌入”的中华国粹分别是“中国织绣”“中国篆刻”“皮影戏”“风筝”。登上三楼,迎面的楼梯围墙上是《秩序歌》和《安全歌》两首儿歌。其《秩序歌》:“上下楼梯靠右走,不系鞋带不弯腰。不推不搡看仔细,遇到问题不乱挤。互相礼让好学生,先来后到排队行。珍爱生命守秩序,做个文明好学生。”其《安全歌》曰:“走路要走人行道,不准追逐和打闹。上下楼梯靠右行,不准拥挤和抢道。教学楼内要安静,不准喧哗和快跑。饮食一定要卫生,不喝生水零食少。” 在这两首儿歌上方的四块橱窗内,“嵌入”的中华国粹从左至右依次是“牌坊”“舞狮”“剪纸”“唐装”。

另外,仔细观察,在楼梯的钢制窗户正中还有圆形的标语牌,其内容有“游览之礼:善待景观,爱护文物,尊重民俗,恪守功德。”“言谈之礼:用语文明,心平气和,耐心倾听,诚恳友善。”“仪表之礼:面容整洁,衣着得体,发型自然,仪态大方。”“观赏之礼:遵守秩序,爱护环境,专心欣赏,礼貌喝彩。”“仪式之礼:按规行礼,心存敬畏,严肃自重,尊重礼俗。”“待人之礼:尊敬师长,友爱伙伴,宽容礼让,诚信待人。”“行走之礼:遵守交规,礼让三先,扶老助弱,主动让座。”“餐饮之礼:讲究卫生,爱惜粮食,节俭用餐,食相文雅。”在每架楼梯的顶端侧面,都镶着五个大字,分别是“温良恭俭让”“仁义礼智信”,一物多用,体现的正是市三小人的智慧;充分利用一切可利用的资源布置校园文化,美化亮化校园,展示的正是市三小人的用心。

厚德楼是教师办公楼,教师备课、办公都在这里,因此这座楼的楼梯墙壁上,所设计的标语相对简单明快。靠近学校办公室的楼梯,自一楼拾级而上,装帧着42块红色“心”形标语,寓意教师必以“爱心”育人,从事教育,需“心志”坚定。其标语内容也大多与此有关——“一个人有了远大的理想,就是在最艰苦的时候也会感到幸福”;“小胜靠智,大胜靠德”;“如果你决定做一个快乐的人,首先要做一个坚强的人”;“好心情才会有好风景,好眼光才会有好发现,好思考才会有好主意”;“简单的事重复做,你就是专家;重复的事用心做,你就是赢家”……

厚德楼与综合楼间的东楼梯,墙壁上装帧着42块红色“苹果”形状的标语,寓意教师应是一个平安和谐的团队。其标语内容多是提示教师团结合作、勤奋向上、积极进取的——“创新思想的核心就是在于对旧的东西进行借鉴、添加、组合或是修改”“你不会永远有特权做你高兴的事,但是你有权利从你的所作所为中得到最多的乐趣”“正确地运用智力技能,一个资质平庸者往往表现得像天才一样”“你给别人留有余地,自己往往也更加从容”“帮助别人做点事,可以缓和你的烦恼,甚至给你增添助人为乐的热情”……

3.班级文化

教室是孩子们学习的地方,其文化氛围,不仅充满童趣,而且清新可爱。市三小的班级文化(或说是教室文化)很有特色。

首先是管理上的规范。每个班级都有班名、班风、口号、班训,还有班主任寄语。这些内容汇集形成一个班的名片(班牌)。并且,这张名片是用汉语和英语双语呈现,其规格大小、样式插图,都是经过学校统一设计,最后统一制作,装帧在教室门口的墙上。这就形成了一种规范。这种规范化的管理,本身就是一种文化。

其次是一班一个样,班班有特色,班班都出彩。全校一年级至六年级共43个班,其班名、班风、口号、班训、班主任寄语,以及教室内的标语、后边的黑板报,各不相同,(此处仅收录部分班级)如:

一(1)班,班名是“快乐宝贝班(Happy baby class)”;班风是“我勇敢、我自信、我快乐(I′m brave, I′m confident, I′m happy)”;班级口号是“让世界因我而灿烂(Let the world shining because of)”;班训是“学会学习,学会生活,学会做人(Learn to study, learn to live, learn to be a man)”; 班主任寄语:“播下爱的种子,收获爱的果实,愿大家友爱相处(Sow the seeds of love, reap the fruits of love, and wish you all love and get along)”每个班牌的左上角都有一个红、黄、蓝、绿四色风车图案,旁有“雅致三小”四字,索淑敏说:“风车代表学生多彩快乐的童年,雅致三小,是学校追求办学特色努力的方向,一个‘雅’字,包含了对师生人格的要求与期望”。教室前边黑板上方的激励语:“勤思考、乐参与、展风采! Diligent Thinking and Music Participating in Exhibition of Elegance!”其他标语是“成功来自坚持,执着创造奇迹。Success comes from persistence and persistent creation of miracles.”“一分耕耘,一份收获。No pains, no gains.”教室后边的黑板报,主要内容是“庆祝国庆 70 周年”。中间画的是天安门城楼图案,左边是“我爱北京天安门”歌词,右边是儿歌“祖国,祖国我们爱你”。在上方左右两角,画着礼花和气球,显示着节日气氛;在下方左右两角画了向日葵、康乃馨和牡丹,向日葵代表师生心向北京,康乃馨和牡丹代表师生心声——祝愿祖国平安和繁荣昌盛。教室外边,前后门之间的窗台下是班级办的墙(壁)报,一(1)班墙报的通栏标题是“金色童年 秀我风采”,内容是精选的学生自制的手抄报,手抄报内容是推广普通话,字迹虽然稚拙,但表面都十分干净整洁。班主任说:“这一期手抄报,主题都是‘推普’,内容和形式各班之间变化不大”。

二(1)班,班名是“七色花(Seven-colored flower)”;班风是“净、竞、静、精(Clean Compeyition Quietness Boutique)”;班级口号“快乐学习,健康成长(Happy learing, healthy growth)”;班训是“我快乐、我自信、我能行(I am happy, I am confident,I can make it)”;班主任寄语:“行为决定习惯,习惯决定性格,性格决定命运(Behavior decides habit, habit decides character, character decides destiny)”。黑板上方激励标语是“我参与、我快乐、我自信、我成功(I am nvolved,I’ m happy,I am confident I succeeded)。”教室内其他标语:“生活因充实而快乐,课堂因展示而精彩(Life is full and happy,The class is wonderful because of the exhibition)”;“读书给人以快乐,给人以光彩,给人以才干(Fast books give people happiness,Give a person with brilliance,Give people talent)”。

三(1)班,班名是“弘毅班(Hong class)”;班级口号是“做最好的自己,创最好的集体(Be the best of you seif,create the best coll ective)”;班风是“学会做人,学会做事,学

会学习(Learn to be a man,learn to do things,learn to study)”;班训是“努力就有希望,人人都能成功(Effort makes hopeful,Everyone can succeed)”;班主任寄语:“把简单的事做好就是不简单,把平凡的事做好就是不平凡(Do the simpiethings weillis not Simple,Do ordinalry things well is not ordinalry)”。

四(1)班,班名是“金色梦想(Golden dream)”;班级口号是“努力拼搏,梦想成真(Strive hard,Dreams Come True)”;班风是“吾志所向,一往无前,愈挫愈勇,再接再厉(I will never move forward,The more frustrated, the braver)”;班训是“细节决定成败,态度决定一切(Details determine success or failure Attitude is everything)”;黑板上方激励语:“拼搏进取,精益求精(Strive for progress and keep improving)”。教室其他标语:“不为失败找理由,要为成功找方法(No reason for failure,To find a way to succeed)”。“最是书香能致远,读书之乐乐无穷(Most of all, the fragrance of books can make you far away, The joy of reading is endless)”。

五(1)班,班名是“幸福班(Happy class)”;班级口号是“我自信我最棒,我努力我成功(I am confident I am the best,I worked hard I succeeded)”;班风是“团结快乐,和谐奋进(Unity,happiness,harmony,endeavor)”;班训是“态度决定一切,奋斗成就未来(Attitude determines everything,Strivingforfuture success)”;班主任寄语:“在充满阳光和智慧的教室里,我们一起快乐学习,健康成长,放飞金色的梦想(In the classroom full of sunshine and wisdom, we learn happily and grow healthily together, let go of the golden dream)”。黑板上方激励语:“竞知,向上,厚德,笃行(CompetingKnowledgetolearn, Goodmoralto practice)”。教室其他标语:“走进知识的超市,享受生命的狂欢(Entering Knowledge Supermarket and Enjoying Life Carnival)”。

六(1)班,班名是“金色阳光(Golden Sunshine; Golden sunlight)”;班级口号是“让人们因我的存在而幸福(Let people be happy because of my existence)”;班风是“阳光,自信,快乐,向上(Sunshine confident, happy and upward)”;班训是“心在哪里,收获就在哪里(Where is the heart, where is the harvest)”;班主任寄语:“用进取书写成长,用快乐记录时光(Write growth with enterprise and record time with happiness)”。黑板上方激励语:“博学善思,团结奋进(Erudite, good at thinking, unite and forge ahead)”。教室其他标语:“世界上没有一种具有价值的东西,是可以不经过艰苦辛勤的劳动而能够得到的(There is no valuable thing in the world that can be obtained without hard and hard work);我不在家,就在试验田,不在试验田,就在去试验田的路上(I am not at home, in the experimental field, not in the experimental field, on the way to the expe)”。

教室里的文化,除了《中小学生守则》这一制度性文化是相同的,其他又各不相同。每个班级,市三小为孩子们统一选购了漂亮、健康、环保的课桌,为每个课桌都配发了统一的桌罩。

班级后面的图书柜,在方便学生借阅的同时,更便于班级之间开展“图书漂流活动”。工具柜里边的劳动工具摆放整齐,培养了学生良好的劳动习惯。独特的班貌、精细的管理,为孩子们营造了一个个温馨的家。

4.操场文化

市三小的操场,是按小学配置的标准化操场,拥有200米塑胶跑道,中间是三个标准的篮球场,操场北端摆放着一排10台乒乓球台,操场南端是单杠、高低杠等体育设施。

2018年,市三小投资4.3万余元更新了校园操场周围的文化氛围。操场南端左起,是奥运五环标志,下面是“同一个梦想,同一个世界”两行10个鲜红的大字。看到这条标语,很自然地就想起了2008年中国北京举办的奥运会。由五环会徽所领起的这一组体育宣传画共13块,主要介绍了世界奥运会从创办之初至北京奥运间百余年的发展历程——

“1896年,第一届奥运会——希腊·雅典”。在这一大标题下面有一幅图,并配有说明文字:“1896年,雅典开创性地举办了第一届现代奥运会。原本首届奥运会既没有会徽也没有招贴画,我们看到的这幅画是雅典奥委会向国际奥委会提交的报告的封面,后来被用来代表本届奥运会。雄浑的雅典卫城,手执橄榄枝的雅典娜女神,深嵌的马蹄印,展现在世界面前的奥运会徽古铜色的浮雕散发着浓厚的古希腊气息。左上方公元776—1896的字样表示现代奥运会与古代奥运会一脉相承的关系。”

奥运会每四年举办一次。“1900年,第二届奥运会——法国·巴黎”。在这一大标题下面也配有图和说明文字。以下皆省略。“1904年,第三届奥运会——美国·圣路易斯”。“1908年,第四届奥运会——英国·伦敦”。“1912年第五届奥运会——瑞典·斯德哥尔摩”。“1920年,第七届奥运会——比利时·安特卫普”。“1924年,第八届奥运会——法国·巴黎”。“1928年,第九届奥运会——荷兰·阿姆斯特丹”。“1932年,第十届奥运会——美国·洛杉矶”。“1936年,第十一届奥运会——德国·柏林”。“1948年,第十四届奥运会——英国·伦敦”。“1952年,第十五届奥运会——芬兰 · 赫尔辛基”。“1956 年,第十六届奥运会——澳大利亚 · 墨尔本”。“1960 年,第十七届奥运会——意大利 · 罗马”。“1964 年,第十八届奥运会——日本 · 东京”。“1968 年,第十九届奥运会——墨西哥 · 墨西哥城”。“1972 年,第二十届奥运会——德国 · 慕尼黑”。“1976 年,第二十一届奥运会——加拿大 · 蒙特利尔”。“1980 年,第二十二届奥运会——前苏联 · 莫斯科”。“1984 年,第二十三届奥运会——美国 · 洛杉矶”。“1988 年,第二十四届奥运会——韩国 · 汉城”。“1992 年,第二十五届奥运会——西班牙 · 巴赛罗那”。“1996 年,第二十六届奥运会——美国 · 亚特兰大”。“2000 年,第二十七届奥运会——澳大利亚 · 悉尼”。“2004 年,第二十八届奥运会——希腊 · 雅典”。“2008 年,第二十九届奥运会——中国 · 北京”。

操场右边(西边)墙壁上的一组宣传画,是对世界上发达国家的介绍,这一组宣传所创设的文化氛围的主旨,已经十分醒目地写在这一组的第一块上:“立足中国,放眼世界”。其后的 20 块,每块介绍一个国家。每个国家主要介绍国旗和国都两项内容。第一块是中国,左上方印着中国国旗,右边是对于国旗和中华人民共和国首都北京的介绍——

中国国旗 · china,左上方缀黄色五角星五颗,四颗小星环拱在一颗大星的右面,并各有一个角尖正对大星的中心点。中华人民共和国国旗,即五星红旗,旗面为红色,象征中国共产党领导下革命人民大团结。

北京,简称京,中华人民共和国首都、直辖市、国家中心城市、超大城市,全国政治中心、文化中心、国际交往中心、科技创新中心,是中国共产党中央委员会、中华人民共和国中央人民政府和全国人民代表大会常务委员会的办公所在地。北京历史悠久,文化灿烂,是首批国家历史文化名城、中国四大古都之一和世界上拥有世界文化遗产数量最多的城市,3060 年的建城史孕育了故宫、天坛、八达岭长城、颐和园等众多名胜古迹。早在七十万年前,北京周口店地区就出现了原始人群部落“北京人”。公元前 1045 年,北京成为蓟、燕等诸侯国的都城。公元 938 年以来,北京先后成为辽陪都、金中都、元大都、明清国都。1949 年 10 月 1 日成为中华人民共和国首都。2015 年 7 月 31 日,国际奥委会主席巴赫宣布北京携手张家口获得 2022 年冬季奥林匹克运动会的举办权。北京由此成为全球首个既举办过夏季奥运会又将举办冬季奥运会的城市。

第二块板面以后,依次介绍的是俄罗斯、美国、英国、法国、德国、意大利、西班牙、加拿大、澳大利亚、印度、巴西、韩国、日本、新加坡、伊朗、阿尔及利亚、哥伦比亚、智利、希腊。

操场左侧(东边)墙上,是在体育方面取得过世界冠军的优秀运动员,从南往北,他们依次是蹦床世界杯系列赛法国站冠军董栋、乒乓球冠军张继科、世锦赛女子200米蝶泳冠军焦刘洋、游泳冠军孙扬、举重冠军吕小军、羽毛球冠军林丹、2015年男篮亚锦赛冠军易建联、体操全能冠军杨威、游泳冠军叶诗文、羽毛球冠军蔡赟、乒乓球冠军郭跃、台球冠军丁俊晖、乒乓球冠军马林、乒乓球冠军李晓霞、羽毛球冠军傅海峰、乒乓球冠军丁宁、羽毛球冠军张楠、举重冠军石智勇,可谓星光璀璨,这些优秀运动员,就是学生学习的榜样,也是热爱体育的学生所崇拜的偶像。

操场最北端,装帧在栏杆上的一组宣传画,共9块,分别向学生介绍"体育与环境""体育与科技""体育与经济""体育与政治""体育与哲学""体育与环保""体育与意志品质""体育与健康""体育与诚信"的关系,说明体育在社会、生活中的重要作用。

5.宿舍文化

如今的市三小是一所半寄宿制(每天在校吃早、中两餐,晚上住在家中)小学,学校有标准化的宿舍、食堂和餐厅。其宿舍、食堂和餐厅设在向善楼。向善楼共五层,一楼是餐厅,二、三、四、五楼是宿舍。2012年,根据需要,学校又投资200余万元建设西餐厅及宿舍楼,西楼(新楼)于2014年9月投入使用,西楼和北楼连为一体,既方便了学生,也方便了管理。同年投资6万元为新宿舍添置军用高低床103套,投资10余万元为新宿舍添置了空调。

在寄宿管理工作中,市三小始终坚持让家长放心、社会满意的工作方针,采取一系列有效措施:2010年建校之初,配备保育员16人,2016年取消全寄宿以后,寄宿生人数下降,现今配备12名保育员,同时建立宿舍管理制度,严格管理,早晚督查,为孩子的安全和健康成长奠定坚实的基础。

市三小在宿舍管理中,尤其重视宿舍文化的创建和营造,着重从养成教育方面布置文化氛围,让学生自己去认知,自己去明理,以达到自我约束,自我进步,自我提高,自我完善。

从一楼餐厅出来,站在走廊里,对面墙壁上的宣传画"心美言丽宿舍留,德行礼让文明求",就会告诉你,由此就要进入学生宿舍了。宣传画右边还有两句提示语:"和声细语,至净至美"。沿楼梯拾级而上,制作成绿苹果形状的标语牌很吸引人:"寝室整洁靠大家,快乐才有你我他";"寝室虽小藏九州精英,文明点滴显个人品位""好东西一起分享,美环境一起营造""把宁静给予别人,把礼貌留给大家""爱护宿舍,珍惜资源;勤俭节约,共同发展”“处处干净,阵阵清香;个个行动,人人品香”……跟着标语牌登上二楼,首先看到的是二楼墙壁上的宣传画“寝室是我们成长最温馨的港湾”,其上有三项内容,一是管理体系,上自主管校长,下至各层楼管,职责分明。二是“文明宿舍公约“——营造安全和谐的人际关系:相互团结,相互帮助;建造干净整洁的卫生环境:处处洁净,一尘不染;打造整齐整洁的内务品质:物品定位,摆放成线;营造守时安静的纪律规范:两休守时,静谧祥和;构建高雅向上的寝室文化:环境优雅,格调优美;练就知礼明理的个人素质:与人知礼,与学明理。三是“科学安全应急歌”:青少年,莫玩火,星星之火酿大祸;照明电,不要玩,用电常识记心间;遇火灾,识通道,湿巾捂鼻速离开;遇地震,莫乱跑,坚固角落可藏身;遇洪水,莫惊慌,听从指挥高处躲;遇伤病,速报告,快速反应伤害小;拐弯处,莫急跑,以防对方来撞倒;贵重物,保管好,财产安全重防范;教师学生齐参与,校内校外享平安;不打架,不骂人,绅士淑女展风采。

与之相对的墙壁上也有三项内容,每一块内容都做成了椭圆形的宣传画,其一是“好习惯带来好心情”,这里边列举了19条好习惯:“一、关键时刻要放松;二、紧张时候深呼吸;三、别为小事生气;四、学会控制自己的情绪;五、让自己冷静而不狂躁;六、及时给自己减压;七、悲观时进行自我暗示;八、自觉保持谦逊;九、人生不时要冒险;十、用变通打破困境;十一、让自己充实起来;十二、虚心接受别人的批评;十三、偶尔吃亏心要宽;十四、时时提醒自己要从容;十六、经常进行自我对话,定期进行自我评估;十七、每天自省一小时;十八、进行适当的自我肯定;十九、正确认识自己的缺点。”其二是“好习惯成就好前程”,这里边又列举了16条好买惯——“一、制定有效目标;二、经常进行战略思考;三、用计划来掌控全局;四、遵循规则,尊重规则;五、大事化小,分段完成;六、要事第一,主次分明;七、管理好你的时间;八、心动就快行动;九、每天一张图表;十、全力以赴地做事;十一、注重细节;十二、快速处理小事;十三、一次只做一件事;十四、养成不屈不挠的风格;十五、尽善尽美,方成就大事;十六,把喜怒哀乐藏起来。”其三是“习惯从细节做起”,这里边列举了13条提示——“一、从容从大方开始;二、培养自信的语言;三、让你的笑容像阳光一样;四、积极表露你的热情;五、让表达自己成为一种习惯;六、让你的肢体语言更有感染力;七、谈吐讲究‘不凡’,站坐走要‘有形’;八、让你的行动更干练;九、用知识来武装自己;十、用音乐来熏陶自己;十一、让自己的穿着大方得体;十二、时时注意自己的形象;十三、做个懂得静修的人。”

在二楼宿舍门口的墙上,装饰着一块宣传牌,其上分为四个区域,每个区域一块内容,分别是“宿舍管理制度”“最美宿舍评价标准”“温馨小贴士”“宿舍管理通报”。进入宿舍楼,看到门牌“201 筑梦淑屋”,门口一侧的墙上还有一张“201 宿舍学生信息表”,其上有每个学生的照片、姓名、班级、床号,不用进屋,只看这张信息表,就可以清楚地知道201 室内都住着哪些学生。在201 室门的右侧,还贴着一张奖状,内容是:“你们全体同学在午休期间能够做到文明礼让、安静有序,被评为‘最美宿舍’,特发此状,以资鼓励。”由此足见市三小管理上的细致和规范。走进寝室,一室八床(四幅高低床),十分整洁。在宿舍走廊的上方,还悬挂着一块块标语牌,二楼宿舍走廊的标语牌是打开的书本的形状,其主要内容是“读书教育”,如“遨游书海,沐浴墨香”“读出未来,书送希望”“字字珠玑,书香万里”“相约好书,牵手美文”“与书同行,快乐成长”“书随人到,品随人行”。三楼宿舍走廊上方悬挂的标语牌是云朵形状的,其主要内容是“爱心教育”,如“爱心相伴,文明同行”“情寄宿舍,爱住我家”“心灵家园,和谐宿舍”“播种文明 收获温馨”。四楼宿舍悬挂的标语牌是椭圆形的,其主要内容是与“春”有关的成语,如“春意阑珊”“春光万里”“春花盛开”“春光明媚”。五楼宿舍悬挂的标语牌是近似于长方形的,其主要内容是“礼仪教育”,如:“礼让三分,仁者爱人”“善气迎人,以礼相待”“传承礼仪,启智求真”“谦恭有礼,良言善行”。

在寄宿管理工作中,市三小首先是对宿舍进行星级评比,每周争得3 颗星以上者为银星;每月争得3 颗银星者可获金星;每学期获得3 颗以上金星的则被评为最美宿舍,予以表彰奖励。通过争星活动,实现了对学生多元评价,促使学生养成良好的生活习惯。

其次,在宿舍文化设计方面,市三小同样做得细致周到。具体到每个宿舍的文化内容,学校尽量做到清新、雅致、温馨,富有儿童气息。

再次,着力培养学生良好生活习惯的养成。比如:饭前洗手,睡前洗手洗脸、洗脚,就餐安静坐好、不浪费,读书安静认真,活动有序有益,走路安静、稳重等,让“小绅士”“小淑女”的气质和风范在每个孩子身上得到体现。为提高管理质量,市三小每月都要组织一次寄宿生集会,加强教育;每周召开一次寄宿管理工作会议,促进寄宿管理水平不断提高。成立“我爱我家文明执勤岗”,让部分学生参与到寄宿管理工作中。同时,大力开展“最美宿舍”评选活动,有效培养和激励学生养成良好的生活习惯。

6.餐厅文化

2010 年建校初,学校有1 个食堂,有58 张餐桌凳,就餐人数420 余人,炊事班设有4 名主厨,5 名帮厨,洗碗组4 人。2014 年学校宿舍楼扩建工程暑期通过验收,并投入使用。市三小即投资13万元,添置学生餐桌53套及各类炊事用具,投资9万元规划餐厅,对餐厅布局进行改造,满足全体师生一次性就餐需求。2018年,投资18万元更新购置食堂操作间蒸车、大型抽油烟机、留样柜、饺子机等设备,办学条件的不断优化,有力保障了教育教学工作顺利进行。而今,炊事班主厨增加到7人,负责炊事总人数增加到12人,承担着全校近900人的早餐和午餐。

为使学生安静、有序、文明用餐,珍惜食物、不浪费,市三小安排有陪餐领导、陪餐教师,安排有学生文明值勤岗,还在食堂文化方面做足功夫:首先是在餐厅正门口右侧安置“食品安全健康知识宣传栏”,宣传栏内印刷有三块内容:

其一是“青少年应注意哪些饮食卫生习惯?”这里边列举8条内容:

1.白开水是最好的饮料,一些饮料含有防腐剂、色素等,经常饮用不利于少年儿童的健康;2.养成良好的卫生习惯,预防肠道寄生虫病的传播;3.生吃的蔬菜和水果,要洗干净后再吃,以免造成农药中毒;4.选择食品时,要注意食品的生产日期、保质期;5.尽量少吃或不吃剩饭剩菜,如果吃剩饭菜,一定要彻底加热,防止细菌性食物中毒;6.不吃无卫生保障的生食品,如生鱼片、生荸荠;7.不吃无卫生保障的街头食品;8.少吃油炸、烟熏、烧烤的食品,这类食品如制作不当会产生有毒物质。

其二是“食品安全常识”,这里边列举了5条内容:1.购买食物时,注意食品包装有无生产厂家、生产日期,是否过保质期,食品原料、营养成分是否标明,有无QS标识,不能购买“三无”产品。2.打开食品包装,检查食品是否具有它应有的感官性状。不能食用腐败变质、油脂酸败、霉变、生虫、污秽不洁、混有异物或者其他感官性状异常的食品,若蛋白质类食品发黏、渍脂类食品有嚎味、碳水化合物有发酵的气味或饮料有异常沉淀物等,均不能食用。3.不到校园周边无证摊贩处购买盒饭或食物,减少食物中毒的隐患。4.注意个人卫生,饭前便后洗手,自己的餐具洗净消毒,不用不洁容器盛装食品,不在食堂乱扔垃圾,防止蚊蝇孳生。5.少吃油炸、油煎食品。

其三是“合理膳食”,平衡膳食是指膳食中的食物营养成分齐全、数量充足、比例适当,能满足人体需要,达到供给和消耗平衡,合理膳食的原则,此处列举8条:1.食物要多样;2.食盐要限量;3.饥饱要适当;4.甜食要少吃;5.油脂要适量;6.饮酒要节制;7.粗细要搭配;8.三餐要合理。

走进餐厅,墙壁上、立柱上、装饰着几十块图文并茂的双语宣传标语,如:“关注食品安全,关爱健康人生(Pay attention to food safety and care for healthy life)”“良好用餐习惯,成就文明学生(Good dining habits and civilized students)”“开心分享美餐,快乐生活每天(Happy to share delicious food and live happily every day)”“珍惜公共资源,厉行勤俭节约(Cherish public resources and practice thrift)”“保护环境卫生,建设绿色家园(Protect environmental health and build a green home)”“粒粒盘中餐,皆是辛苦换(Many tablets searches is hard to change)”。还有一些标语是提示学生就餐应该注意的,如:“膳食——合理膳食,健康自己”“光盘——按时就餐,吃饱就好”。也有提示炊管人员的标语,如“严格——把好食品安全关,健康快乐人人欢”“保障——平衡膳食营养,保障身体健康”“主要食物营养成分及能量表”“5 种食物有助抵抗现代污染:海带抗辐射,小米抗噪声,血豆腐抗粉尘,牛奶除铅,大蒜抗肿瘤”。

除教育学生“讲究卫生”“文明用餐”“珍惜粮食”,以此类“软文化”引导学生养成文明的就餐好习惯外,市三小对规范用餐秩序等其他方面,还使用了一些“硬文化”。如:设置位置桌签。餐厅里每个班级的就餐区域相对集中,八人一桌,位置固定,餐桌上的位置桌签显示了就餐学生的班级、桌号及位置,学生进餐厅后,找到自己的名字,对号入座。这样也便于就餐管理。又如“市三小‘文明餐桌’活动实施方案”“市三小‘文明餐桌’行为准则”,这类制度性的文化,是为了强化用餐管理,提高用餐质量。同时,在寄宿生中开展“光盘行动”“最美餐桌评选”“合作收餐具”“学生自主管理”等形式多样的活动,将良好习惯的养成和保持落实在细节中,使寄宿生节约、文明、团结、努力的优秀品质得到培养和形成。

7.廉政文化

学校的廉政文化,主要包括三个方面:阵地文化建设、廉政文化建设、经典文化建设。

1.阵地文化建设

阵地,即党员教育基地,位于厚德楼对面的南楼二层小楼。在南楼一楼的楼梯口,挂着一块鲜红的牌子——“党员教育基地”,楼梯口左边是“鲜红的旗帜,信仰的力量”;右边是“新时代,新思想,新目标,新征程”。还未登上二楼,就在这楼梯间,已经感受到了来自墙壁上的红色的文化,如:“不忘初心,牢记使命”;“忠诚党的教育业”;习总书记的教育思想:“教育是提高人民综合素质、促进人的全面发展的重要途径,是民族振兴、社会进步的重要基石,是对中华民族伟大复兴具有决定性意义的事业。”

在楼梯转角处,为了让每个党员牢记“新时代党的建设总要求”,市三小在这里设计制作出一个版面,把“新时代党的建设总要求”一一列举出来——把党的政治建设摆在首位;用新时代中国特色社会主义武装全党;建设高素质专业化队伍;加强基层组织建设;坚决维护党中央权威和集中统一领导;严肃党内政治生活;发展积极健康的党内政治文化;加强党性教育和党性锻炼。

转过弯来,墙壁上因坡度设计出五块条幅状的版面,主要内容是“铭记历史”,从1919年五四运动、1921年中共一大到1934年长征开始、1935年遵义会议召开;从1949年新中国的成立到2012年中共十八大、2017年中共十九大的胜利召开,五块板面分别记述了每个历史节点中国共产党的大事。纪检委员王永沛说:“这一组版面,旨在教育每个党员要铭记历史,不忘初心,脚踏实地做好本职工作,为实现伟大的复兴梦、强国梦贡献自己的力量。”

在二楼走廊墙壁上,还布置有一组震撼人心的宣传内容——“不能不敬的国家英雄”“不能不赞的国家实力”“不能忘怀的国家大典”“不能不懂的国家知识”“不能不知的国家命运”“不能忘记的国家历史”。

步入党建室,“牢记党恩、立德树人、争创名校”是市三小党支部的奋斗目标。为了这一目标,市三小组织党员教师,上好“三会一课”,开好“组织生活会”,严格按照“中国共产党发展党员工作流程”发展党员,牢记“党的民主集中制基本原则”“党员的义务”“党员的权利”,在一次次党员学习、党员活动日中增强党员干部的“大局意识、核心意识、看齐意识、政治意识”,坚持学习,“坚定信仰、承前启后、励志奋斗、实现理想”。

学校还建有“红歌室”,每逢党员活动日和重大节日,党员和积极分子都要在这里唱红歌。唱响红色经典,传承爱国情怀。

2.廉政文化长廊

廉政文化长廊在厚德楼后边,长廊的门口正对着校园主道,门楣题字:“尚德苑”,门边的对联是:“廉如梅花不畏寒,清似秋菊何妨瘦”。走进长廊,左侧是习近平总书记关于治国理政所引用的古典名句——

“法令既行,纪律自正,则无不治之国,无不化之民。”“万物并育而不相害,道并行而不相悖。”“不受虚心,不听浮术,不采华名,不兴伪事。”“知之者不如好之者,好之者不如乐之者。”“知其不善,则速改以从善。在‘速改’上著力。”“博学之,审问之,慎思之,明辨之,笃行之。”“治学三境界:‘昨夜西风凋碧树,独上高楼,望尽天涯路。’‘衣带渐宽终不悔,为伊消得人憔悴。’‘众里寻他千百度,蓦然回首,那人却在灯火阑珊处。’”接着是一则周恩来总理廉政小故事。

右侧是“廉政人物事迹”,有优秀的共产党员黄大年,有优秀的共产党员廖俊波,有优秀的共产党员孔繁森,有优秀的共产党员焦裕禄。这里还有两组漫画故事解说,以更幽默、直接的方式告诫党员干部,严守"六大纪律"应该怎么做。时刻提醒教师学高为师,身正为范;勤以为民,廉以养德;淡以明志,静以修身。

3.经典文化建设

经典文化阵地,是指中道(校园主道)两边所建立的如灯箱般的宣传标语牌,前后两面都贴着市三小自行设计制作的宣传画。这 13 块标语牌醒目耀眼,不仅美化、亮化了校园,而且也为整体校园文化增添了浓墨重彩的一笔。从南向北依次是"中国十大精神"——

【长征精神】乐于吃苦、不惧艰难的革命乐观主义;勇于战斗、无坚不摧的革命英雄主义;重于求实、独立自主的创新胆略;善于团结、顾全大局的集体主义。其主题是"一不怕苦,二不怕死";其最显著的特点就是革命英雄主义精神。长征精神是中华民族百折不挠、自强不息的民族精神的最高表现,是保证我们革命和建设事业从弱小走向强大的精神力量。

【延安精神】自力更生、艰苦奋斗的创业精神。我们党是靠艰苦奋斗起家的,我们党和人民的事业是靠艰苦奋斗不断发展壮大的。回顾党的历史,从在上海成立到井冈山时期,从遵义会议到延安时期,从西柏坡到夺取全国政权,从新中国成立到改革开放新时期,我们的每一个成就、每一次胜利,都离不开艰苦奋斗。艰苦奋斗是工作作风,也是思想作风,是我们党的优良传统和政治本色,是凝聚党心民心、激励全党和全体人民为实现国家富强、民族振兴共同奋斗的强大精神力量。

接下来是【大庆精神】、【两弹一星精神】、【抗洪精神】、【载人航天精神】、【青藏铁路精神】、【抗击非典精神】、【雷锋精神】、【红旗渠精神】。

位于中道西侧的宣传画,有"中国道路""中国方案""中国智慧"。在这 13 块标语牌的另一面,装帧有伟人、文化名人、民族英雄、科学家的画像,以及他们的传世名言,名言下面还附有英语译文,彰显市三小的英语特色——

毛泽东画像旁附有他写的诗词《沁园春·雪》,其传世名言是"好好学习,天天向上"。周恩来,其传世名言是"为中华之崛起而读书"。鲁迅,其传世名言是"时间就像海绵里的水,只要愿意挤,总还是有的。"屠呦呦,其名言是"科学研究不是为了争名争利。"孔子,其传世名言是"学而不厌,诲人不倦。"岳飞,其墓阙上的楹联是"青山有幸埋忠骨,白铁无辜铸佞臣。"杜甫,其传世名言是"读书破万卷,下笔如有神。"英国物理学家艾萨克·牛顿,其传世名言是"胜利者往往是从坚持最后五分钟的时间中得来成功。”美国科学家托马斯·阿尔瓦·爱迪生，其传世名言是“天才是百分之一的灵感加上百分之九十九的汗水。”英国发明家詹姆斯·瓦特，其传世名言是“最好是把真理比作燧石，它受到的敲打越厉害，发射出来的光辉越灿烂。”英国生物学家查尔斯·罗伯特·达尔文，其传世名言是“完成工作的方法是爱惜每一分钟。”法国波兰裔科学家玛丽·居里，其传世名言是“人必须要有耐心，特别是要有信心。”德国犹太裔物理学家阿尔伯特·爱因斯坦，其传世名言是“学习知识要善于思考，思考，再思考。”

王永沛说：“中道文化设计和布局，旨在教育师生百折不挠、自强不息、自力更生、团结一致、迎难而上、艰苦奋斗。”

二、绿化、亮化、美化

市三小校园面积不是很大，没有多余可绿化的地方，但是三小人充分利用现有条件，创造性地进行绿化，虽没有造就大片林荫，却也不乏绿树红花，可圈可点之处颇多。

自 2010 年建校开始，学校在大门前左右两边精心设置了两个花坛，一色儿金黄的小菊花，簇拥着开出一片喜庆。2019 年 10 月适逢国庆 70 周年，校门口又添了两个花坛，花坛正中树立着红色的灯箱——两个菱形的灯箱、两个圆形的灯箱，靠近崇德路的两个菱形灯箱上分别写着“不忘初心”“牢记使命”，靠里边的两个圆形灯箱上写着“70”，寓意祖国七十华诞。这既给过节增添了喜庆气氛，也体现了市三小师生对祖国七十华诞的美好祝福，更是对校园的美化。

学校大门上边，市三小很好地利用了一把俯身的“f”造型，装饰了稠密的紫藤花穗，虽说花儿是塑料的，却足以以假乱真，给校门平添许多丽色，带给人颇多遐想。门洞上方还装有 LED 显示屏，既是亮化，也是美化，还有宣传的功用。

步入校门，两边各栽着一株黄杨球，黄杨球前边、大道正中是主题雕塑，黄杨球和主题雕塑下边都簇拥着许多盆栽四季海棠，时值 10 月末，四季海棠花红如染，盈盈欲滴，给人带来无尽的欣悦。绕过雕塑，楼廊前，大道边，左右各立着 1 米高的白色圆形大花篮，花篮上边和下边都堆着些许盆栽四季海棠，恍如两张面带笑靥的富贵佳颜，笑容可掬地迎候着师生，美到极致。

尚美楼和厚德楼前边，种有矮冠的桂花和青枫；对面，大门两侧，沿黄杨球一线向左右两边，栽有高干黄山栾树和银杏树，虽然疏疏朗朗，却也让视觉大为生色，树下安装了一圈木椅，供人小憩，又可保护树木，还起到了美化校园的作用。6 月，黄山栾开出串串黄花，分外醒目；8 月桂花飘香，发散出丝丝芬芳；11 月，银杏叶黄，桂花苍翠，青枫披红，小小前院，满是诗意的风景。

市三小在绿化、美化校园方面,总是善于创新。2016年,学校在教学楼、办公楼,以及连廊的每一层栏杆上,都安装了白色的长方形的塑料小花池,这种小花池,从外形看像花篮,其实里边是不漏水的。小花池一个挨着一个,沿着走廊栏杆,从东到西,从南至北,里边填上泥土,每个小花池里边栽有两株月季,连起来就成为一排月季。月季花每年从4月开到10月,绿叶红花,偶尔也有黄花、白花或粉花。从下往上看,绿色的栏杆托着白色的花篮,白色的花篮盛着绿色的月季,绿色的月季红花朵朵,这让灰色的水泥建筑也有了层层绿意,道道生机,空中花廊,别有一番美感。

尚美楼与崇德楼中间,就是校园的中道。中道右侧,一字栽着九棵雪松,其间点缀着樱花树和石楠,春天来了,雪松翠绿,樱花吐粉,石楠绽红,很美。中道左侧,沿路摆放着8个木制的"品"字形花架,中间栽有修剪成圆球形的石楠,两边堆放着盆栽小金菊,黄绿相映,美不胜收。苍松和绿楠旁边,沿路两边,竖立着13块两米高的钢制黄漆、形同灯箱一样的标语牌(如前所述),这13块标语牌醒目耀眼,不仅美化、亮化了校园,而且为整体校园文化增添了浓墨重彩的一笔。

2017年,市三小人又在中道上方精心设置了赤、橙、黄、绿、蓝、紫六色风车,用铁丝穿起来,架于空中,美得像是把彩红撷来悬挂于此。既起到了美化作用,也起到了亮化作用。微风拂过,风车转动,转起一片无声的花浪。2019年5月,市三小投资9.5万元为校园中央大道铺设绿色的人工草坪,不仅给校园绿化再添一笔重彩,而且走上去也舒服许多,不少小学生,课间或饭后,就坐在这草坪上玩耍。中道尽头的影壁墙,贴了红色瓷砖,上面镶嵌着熠熠闪光的七个大字"向着春天的方向",既为校园增添一抹亮丽的风景,又时刻激励广大师生——怀着春天般的梦想启智求真。站在这堵影壁前回身南望,在尚美楼与厚德楼中间,也就是主道两边的两根立柱上,写着一幅长联:"以和立德崇智敏行育栋梁,以雅治学明礼臻善创名校"。从这幅气势不凡的长联上,可以看出市三小办学的雄心和力度,令人心生钦敬。

操场东墙根,北段栽着几株大叶女贞,南段,因场地所限,不能栽树,学校就在东墙上建成一个个长方形的水泥花池,里边种上蔷薇,也是绿化的延续。回眸市三小的绿化和美化,高低搭配,错落有致,清丽脱俗,雅致新颖。

市三小的亮化工程做得醒目而大气,校园大门上方的"灵宝市第三小学",以及尚美楼和崇德楼上的"呵护每一颗心灵,成就每一个孩子"、四楼连廊上的"育人以明德,育人以至善,育人以启智"、向善楼墙体上的"努力培养具有民族灵魂国际视野的一代新人"大幅标语,白天金光闪闪,醒目耀眼;夜晚霓虹绚丽,流波溢彩。

三、校园网络文化

2010 年建校之初，灵宝市第三小学有计算机 139 台，其中两个计算机教室有 63 台，其余 76 台计算机供各科室使用。共有交换机 13 台，其中 6 台为两个计算机教室服务，其余 7 台为各处室教师教学教研服务。学校还为 32 个班级配备了班班通，小多媒体室还装了白板，此外，学校还有扫描仪一台、手绘板两台、数码摄像机一台。这就是市三小最初的教育信息化以及网络设施。

2011 年学校先后投资 56.6 万元购置安装 24 套液晶触摸一体机，投资 6.9 万元完善校园计算机网络和数字电视网络，建成校园网络服务器，真正实现了“班班通，堂堂用”；学校投资 5 万余元为新调入教师购置 15 台联想计算机，扩充了现代化办公设备数量，为打造数字校园奠定了坚实的基础。

市三小为实现“培养具有民族灵魂和国际视野的一代新人”的育人目标，提升教学、科研及管理的教育信息化应用水平，逐年投入资金，增添设备，2013 年投资 34 万元建设录直播教室，真正实现现代化的教育资源基地。2014 年，投资 13 万元对主控室进行了装修并添置了设备，随后又安装了大多媒体教室，建成了现代化的网络控制中心。2016 年为 8 个教室装了希沃白板，2017 年为舞蹈室装了电脑，同时也为门卫安装了电脑和显示器。从 2014 年至 2018 年，市三小在校门上方、各栋楼前及操场先后安装了 LED 电子屏 6 块。累计投资近百万元。2019 年，学校投入 13.2 万元，为六年级班级安装 95 寸激光投影一体化白板；投资 17 万元为学校报告厅装置 P2.5 全彩屏 LED。至 2020 年 6 月，学校数字化设备齐全，微机室、动漫室分别可同时容纳 60 名学生上机学习，教师办公电脑完备，“班班通”教学设备覆盖所有教室，白板设备将近 10 套。

市三小网络环境健全，同时具备有线电视、广播系统、校园监控、网络直播课堂系统等，并将多媒体教室、图书室、电子阅览室、实验室、舞蹈室等接入网络，设备先进。建有多功能录直播教室、网络主控中心。还建有市三小网站、校内办公网及网络资源库（教案库、试题库、课件库、视频库），其中视频资源库全部为市三小教师原创作品，包括信息技术优质课、微课、微电影等。市三小在加强资源建设、实施教育信息化建设项目上取得了阶段性成果，2012 年 5 月被评为“河南省中小学动漫教育实验学校”。

市三小加强教育公共服务管理平台的建设，紧跟自媒体发展的趋势，整合微课、微博、微信等公共服务平台，充分发挥教师、学生和家长的作用，推进教育教学的高速发展。如“春之声”校园广播等，实现了信息化设施和软件平台之间无缝对接，保障了常态化的应用。在信息化方面，市三小是灵宝市的窗口学校，其信息化建设起点高、标准高,目前处于市内学校领先水平。

市三小的公共服务平台也向家长开放,家长可以通过直播课程了解到学生的课程,增加了学校教学工作的透明度,加强了家校之间的沟通,实现统一化管理。

市三小充分利用网络,把数字校园与双语特色、少年军校、远程直播等有机融合。2016年起,市三小响应教体局号召,开始进行“沪江词场”单词闯关活动,同时参与三个年级,让孩子们每天在网络上背记单词,并在班级之间展开竞赛,通过网络后台统计,市三小成绩一直名列前茅,最终获得了“沪江词场全国优秀单位”。

(一)校园广播

每天早上7:10,市三小的校园广播准时响起来,先播放的是欢迎曲,那欢快柔和的歌声,既是呼唤孩子们从睡梦中苏醒,快快起床,也是欢迎早起的家长,送孩子上学。欢迎曲每天都播,但是每个月的主题不同。比如2月份,主题是“欢乐新春”,第一周播放的歌曲是《欢乐新春》,第三周则换成同类主题的歌曲。3月份的主题是“春暖花开”,4月份的主题是“欣欣向荣”,5月份的主题是“激情励志”,6月份的主题是“快乐六一”,9月份的主题是“感恩老师”,10月份的主题是“歌唱祖国”,11月份的主题是“诗词吟唱”,12月份的主题是“奋发向上”……20分钟后,7:30,欢迎曲结束。

星期一早上,欢迎曲结束后,上课铃声响过,广播响起甜甜的声音:“微笑是我们的语言,文明是我们的信念,同学们,上课时间到了,请有序走进教室准备上课。Please get ready for class.”

下课铃声响过,广播响起:“言行展示素质,活动彰显文明,请同学们轻轻走出教室,做有趣文明的活动。Class is over, please do something fun. ”

星期二上午7:45~8:15,是英语活动日广播,英语广播名称: Mini English.广播流程:1. Review the sentences. 复习热身;2. Learn the new sentences.精彩呈现;3.Say them together. 巩固操练;4. Show yourselves.个性展示。

星期三和星期五下午1:30~1:50是“语文习字活动”。广播里响起开场语:“同学们下午好! 写好方块字,做好中国人。又到了我们的习字时间,请同学们准备好习字用品。‘头正、肩平、身直、足安’,眼睛距离书本一尺,右手执笔,左手按本,开始我们今天的习字之旅。”写字过程中配轻音乐。结束语:“今天的习字活动到此结束,请同学们准备好下午上课的学习用具,准备上课。”

星期四上午7:30~7:45是“春之声校园广播”。广播内容:1.立足校园,关注时事,首先为您送上《时事新闻》;2.校园新闻;3.解读名人故事,感受名人风采,接下来请收听

《伟人精神》，今天为大家带来的是《贝多芬忘我奋斗》的故事；4.绚丽色彩，缤纷校园，“春之声”《流文溢彩》，带您走进三小师生的生花妙笔，与你共享美文佳作；5.“音乐时空”为大家送上非常好听的一首歌《心愿》，请欣赏。

（二）校园监控网络

为了学校和师生的安全，2014 年，市三小投资 15 万元增加校园监控设备，增强安全防范能力。2015 年，市三小进一步优化办学条件，投资 12.8 万元对监控设备进行升级改建，监控平台由 4 台 55 寸液晶电视和 4 台 23 寸显示屏构成视屏墙，实现了监控平台现代一体化设计。校园里的摄像头，从原来的 63 个增加到现在的 107 个，实现了校园全方位无死角覆盖，坐在监控室内，可以随时调看校园的各个角落，任何风吹草动，尽收眼底。

第二节　文艺活动

市三小的文艺活动内容丰富，既有小型的文艺活动，如 2011 年参加“城区学校文艺巡回演出”、参加“灵宝市第二届中小学生中华经典诵读大赛”，2012 年参加社区“购丰大舞台”的文艺演出，2014 年参加第三届三门峡市“中国特色商品博览交易会”演出；也有大型文艺活动，如“文化艺术节暨庆‘六一’活动”。

一、文化艺术节

市三小首届“文化艺术节暨庆‘六一’活动”始自 2011 年。其主题是“向着春天的方向”。时间在 2011 年 5 月 30 日至 5 月 31 日，地点在市三小校园。整个活动凸现“厚德、崇真、尚美、和谐、奋进”的校园文化特质，展示学校教育教学一年来的丰硕成果，推动素质教育全面深入健康发展。

这次大型文艺活动分为三大部分内容，第一部分是校园文化展，展出的有版面、展台、板报、黑板、橱窗、文化墙，共分四个区进行展示：一是“学校文化”区，用版面展出——办学理念、领导关怀、活动回顾、师生风采；二是“师生艺术作品”区，用版面展出——书法、剪纸、国画、简笔画、电脑绘画等。三是“学校档案文化”区，展出德育、安全、高效课堂、书香校园等各类精品档案。四是室内区，即教室、宿舍、食堂，在教室，利用前后黑板、墙壁标语、文化墙等展示班级文化建设；在宿舍，利用走廊标语、室内整洁温馨展示管理水平；在食堂，利用食堂墙壁文化和摆放整齐干净的餐桌凳，展示出“营养、卫生、健康”。一、二区共展出版面 56 块，布展在学校中道两边。教体局办公室主任彭海英看后说：“三小的版面做得真好！” 市老干局局长马云风说：“想不到孩子们画得这样好，真开眼！”在一片赞誉声中，只有老师知道这56块版面来之不易。雷书红老师在十分繁重的教学及节目编排中，主动请缨，一人承担了13块版面的策化、设计及组织制作工作。三个语文教研组薛春炜、赵冬娟、杨娅娟统一调度，利用学生排节目前的三个整下午加班加点，对各种作品进行集体创作，确保作品的数量和质量。屈彩鹏老师担任教师剪纸作品的版面装裱，她心思细腻，大到作品布局，小到花边剪裁，处处追求完美，累得左手腕肿胀。王彬、刘江会、侯剑、张娟梅负责线描作品，由于纸质硬度大，不容易粘贴，许多作品贴了掉，掉了贴，大多作品反复贴了四次以上。原定版面上的玻璃纸贴膜是由文印社完成的，到临近展出时文印社却因赶工其他任务给推掉了，老师们只能自己动手贴膜，一次次试贴，都不成功，最后还是心灵手巧的王冠霞、乔海生提出用开水烫，并亲自为大家示范，这才完成一块又一块让人满意的版面贴膜。索淑敏、贺亚芳、李民强三位校长忙里偷闲，多次前来指导和检查。最终，经过大家的团结协作，才使所有版面在艺术节前夜顺利完成。第二部分是文艺节目汇演，5月30日，在操场搭建的舞台上，学校推出7个精彩节目：开场舞是“幸福乐园”，孩子们以灵动欢快的舞姿、喜悦幸福的表情、欢乐高涨的气氛告诉家长，市三小就是他们的幸福乐园。第二个节目是古诗吟唱“咏鹅”。第三个节目是英语短剧表演：“公主与小矮人”。第四个节目是情景剧表演“大爱”。第五个节目是经典诵读“大美黄河”。第六个节目是英语特色表演“Happy English（快乐英语）”。第七个节目是歌伴舞“和谐大家园”。台上节目演出，台下由三、四年级学生组成方阵参与互动，师生与家长共度“六一”，场景欢乐，氛围热烈。第三部分是新队员入队仪式。5月31日，市三小为一、二年级未加入少先队组织的同学举行新队员入队仪式，由少先大队部按照少先队章程要求进行。

2014年第四届校园文化艺术节活动主题：童心唱响中国梦 。其中最出彩的就是特色成果展——双语特色和少年军校。5月30日上午，双语特色展示的内容是“迷你英语律动”，由二、三年级学生参与，120名小学生身着蓝色舞蹈服，伴着《童心飞翔》英语儿歌舞蹈，犹如蓝色的小精灵，展开双翅，在天空中快乐飞翔；同时，由660名小学生组成的大型方队，在老师的引领下，开始了“Mini English”儿歌律动，孩子们边唱边跳，充分演绎了孩子们“喜爱英语、享受英语”的天真快乐！少年军校展示的内容是广播操、阳光搏击操、军体拳、站军姿、队形变化等，由四、五年级学生参与。80名小学生身着迷彩服，英姿飒爽，队形整齐、步伐有力，俨然小军人的风采。紧接着，上场的是600名小军人组成的方队，展示了阳光搏击操、少年军体拳，动作整齐划一、呼号铿锵有力，表演时间长达20分钟。家长们看到这种大型的集体表演，心灵深受震撼，既为孩子们的健康成长、精彩表演而鼓掌，也为市三小的教育成功而喝彩。

学校文化艺术节年年举行，精彩纷呈，亮点不断。2020 年由于受新冠疫情的影响，学校取消了校园文化艺术节的所有活动。

二、少年军校

2012 年，市三小秉承“厚德向善”的校训，为培养具有民族灵魂、国际视野的一代新人，让阳光少年健康成长，决定从学生的“三姿”（站姿、坐姿、走姿）抓起。9 月开学初，学校从驻灵宝市第二炮兵部队聘请五位教官，对师生进行军训。同年，学校政教处组织成立了“灵宝市第三小学少年军校”。旨在以军人的姿态来要求儿童，锻炼儿童的坚强意志，培养其集体荣誉感及吃苦耐劳精神和良好的心理品质。在具体操作上，市三小以班级“标准化行为训练”为抓手，以学生“行为姿态常态化”为奋斗目标，以“三姿”训练为突破口，把“三姿”训练列入学校常规检查：早读上课看坐姿，升旗集会看站姿，行走路队看走姿。充分发挥“两操”（上午、下午课间操）作用，培养学生整队集合做到快、静、齐，做操动作标准、整齐、优美，以增强学生的组织性和纪律性。

学校还结合部队的军体操，着手改编适合孩子们的军体操，如：第二套军体操分为 22 个动作，有“准备格斗”“弓步冲拳”“穿喉弹踢”“马步横打”“内格下勾”“交错侧踹”“外格横勾”“反击勾踢”“转身别臂”“虚步击肋”“弹踢顶肘”“反弹侧击”“弓步靠掌”“上步砸肘”“仆步撩掌”“挡击绊腿”“击腰锁喉”“收势”。

在教导学生熟练完成少年军体操动作后，学校挑选本校学生赵品涵，在河边公园里展示少年军体操，拍摄下每一个动作，做成校本教材——“灵宝市第三小学少年军体操”。每个课间操，校园播放军歌，全体师生随着音乐的节奏、以军人的姿态整齐步入操场，每天上午课间操做完英语韵律操后，做第二套军体操；下午课间操做完英语韵律操后，做第一套军体操。时至今日，少年军体操已成为市三小的常规体育项目。

2014 年 10 月 23 日，在灵宝市举行的第十一届阳光体育运动会开幕式上，市三小的军体操，以动作整齐、口号响亮、招式刚劲、激情饱满、神姿飒爽，迎来了一片喝彩和阵阵掌声。

第三节　学校刊物

市三小的校级刊物，主要是一套画册。学校每年出一期画册，从 2011 年至 2020 年，先后出了十期，共十本画册。

2011年第一期画册《向着春天的方向》，封面图片是市三小全体教师在"灵宝市第八届阳光体育运动会"上大型体操的获奖照片。青春的衣装，整齐的队列，透着三小教师朝气蓬勃的精神风貌。

这本画册前边有校长寄语："岁月更迭，寒暑易节。灵宝市第三小学创办至今一年了，别样的亲切，别样的感动。一年了，我们共同拥有激情和感慨，拥有成功的喜悦。蓦然回首，一年的求索，一年的完善，一年的收获！岁月的丰碑铭刻着我们一年的锐意进取、奋发图强的风雨历程。从灰墙土瓦到绿树成荫，从满地泥泞到雅致整洁，离不开各级领导的殷切关怀，离不开社会各界的鼎力支持，离不开全校师生的奋力拼搏！这是一曲跌宕华美的教育乐章！厚德向善是我们的办学宗旨，少年是祖国的未来、民族的希望，少年向善则民族有善。第三小学将秉承教书重育人、育人重厚德的校训，努力培养具有民族灵魂、国际视野的一代新人。站在新起点，展望新目标，拥有新追求。'而今迈步从头越'，三小人将以跨越式的进取力和潜在的办学实力，到中流击水，与百舸争流。"

这本画册主要内容分为8个部分。第一部分："殷切关怀促发展"，刊登了上自灵宝市委书记吕均平，市委副书记、市长乔长青，下至灵宝市教体局局长马稳庚来到市三小参加活动或指导调研的图片。第二部分："精良团队创一流"，刊登了市三小首届校领导班子合影、首届全体教师合影、省级骨干教师合影、三门峡市级骨干教师合影、灵宝市首届教学名师合影图片。第三部分："魅力校园装备优"，刊登了市三小高标准、高配置的备课室、图书馆、仪器室、实验室、报告厅、微机室、舞蹈室、食堂餐厅、塑钢课桌等图片。第四部分："德育为首谱新篇"，刊登了市三小学生国学经典诵读、参加灵宝市十运会表演、参加灵宝市第27届教师节文艺节目大合唱，以及手拉手活动、文明志愿者活动和阳光体育活动的图片。第五部分："高效课堂提质量"，刊登有《中国教师报》河南记者站站长张志博做高效课堂专题培训、教体局普教科科长张民生讲规范化管理、教研室主任任杰谈教师怎样成为骨干等图片。第六部分："幸福校园增和谐"，刊登有市三小教师趣味运动、教师诗朗诵、教师生日祝福合影、首届"德馨之家"评选表彰活动照、本年度优秀教师合影、本年度师德标兵合影等图片。第七部分："寄宿管理铸品牌"，刊登有市三小寄宿学生晚寝前洗漱、寝管员为女学生梳头、学生饭前洗手、文明就餐等图片。第八部分："特色教育结硕果"，刊登有灵宝市首届教育教学名师奖牌，李民强、雷书红老师荣获的国家级证书等图片。

第二期画册《德馨雅韵》，第三期画册《芬芳》，第四期画册《绽放》，第五期画册《崛起》，第六期画册《阳光路上》，第七期画册《筚路放歌》，第八期画册《筑梦扬帆》，第九期画册《弦歌兰韵》,第十期画册《德耀芳华》。十本画册,再现了一个又一个精彩瞬间,记录了一次又一次辉煌。

第四节　图书馆建设

市三小作为现代化的学校,不断提高自身的文化底蕴,致力打造书香校园,营造出别具一格的人文氛围。

2012年,市三小投资近12万元购置图书,在原有图书数量上又增加了6731册,满足国家规定每生17册的要求。图书室每周星期一至星期四课外活动时间向读者开放和办理借还书手续。

2015年,为了促进书香校园文化建设,丰富同学们的课余文化生活,学校在尚美楼、博艺楼建立了走廊书柜,里面整齐地摆放文学、科技、地理、历史等方面书籍,实行开放式自主管理。学校师生在课余时间可以自行取阅走廊书柜里的图书,看完后及时归还即可。走廊书柜建立后,学生阅读热情高涨。课间休息时,总能看到书柜前挤满了等待借书或还书的同学,特别是一些文学类书籍深受学生喜爱。同年,学校新建了两个图书室,并设管理员一名。凡本校教职工,每人每次限借两本,借期一个月。学生借书每人每次限借一本,借期不超过一周。若到期不还者,停止借书权。班级借书,由班主任登记签字办理手续,班主任负责,根据本班人数,按每人一本借阅,借期一学期,若有污损、遗失等,由班主任按相关规定赔偿。读者还书时先检查所借书是否有污染、破损、缺页等,发现有以上情况均由借书人负责。读者若因调离或转学离校,离校之前必须还清图书,否则,不予办理离校手续。

除了学校图书室,各班还建立起图书角。每个班拥有图书两百多册,这些图书来源于班级同学的捐献,每班由班主任设图书管理员3名,分别是图书登记员、借阅员、整理员。登记员负责对同学捐来的书进行登记,登记好编号(书籍编号为班级+数字,如一(1)班图书编号从11001至11220)、姓名、书名、价格、新旧程度、交来的时间。在书脊上贴上编号,便于查找。借阅员负责同学借阅事务,管理好借阅登记册。整理员负责把归还的书放还书柜并且按编号分门别类有序摆放,同时负责书柜的日常清洁工作,做好防盗、防潮、修补和装订等工作。三个同学合作,每月对书目的数量进行定期检查。及时索还到期不还的书,并且对借阅者善意提醒,对丢失的书也要做好登记,并要求丢失原书的同学照价赔偿或者重新购买一本。对无故丢失的书,管理员交代不清丢失原因的,也要照价赔偿。借阅班级图书的每一个学生,必须经过管理员签写好借阅手续,不能私自乱动乱翻图书。

现在全校有图书25277册,极大地方便了师生们的阅读。立身以立学为先,立学以读书为本。书籍是人类进步的阶梯,是浸润心灵的营养鸡汤,是锤炼卓越品质的基石。班级图书角、走廊书柜、学校图书室激发了学生读书的热情,活跃了校园文化氛围,使校园更富人文底蕴,充满智慧和生机。

第十章　教育与社会

第一节　参与街道文化建设

灵宝市第三小学作为全市的窗口学校，努力践行社会主义核心价值观，教育教学工作走在全市前列，尤其学校的养成教育，“滋兰树蕙，智动未来”，“育人以明德，育人以至善，育人以启智”，在三门峡市也是独树一帜。同时，市三小作为社会的一个组成部分，还踊跃参与到社会活动中去，2018 年，新任灵宝市委书记孙淑芳掀起创建省级文明卫生城市的活动，全市上下都积极行动起来，市三小充分发挥自身优势，积极参与街道文化建设，为全市创建文明卫生城市做出了应有贡献。

市三小利用校园临街的围栏——南临崇德路，东临天宝路——自行设计定制并且安装了大型宣传标语牌。市三小的标语牌大气而艺术，制作得很有特色：每块标语牌的上方，都有“明于德，臻于善，敏于行”和“雅致三小”的字样。中间主要版面的左边都印有校徽和“雅致三小”艺术图案，图案下方竖排“你我共同参与，创建文明城市”的口号；正中是主题词，如标语“爱国爱家”，主题词下面，还对其进一步阐释——“家是最小国，国是千万家。历史告诉我们，每个人的前途命运都与国家和民族的前途命运紧密相连。国家好，民族好，大家才会好。只要我们把实现个人梦、家庭梦融入国家梦、民族梦之中，敢于有梦、勇于追梦、勤于圆梦，就一定能汇聚起夺取新时代中国特色社会主义伟大胜利、实现中华民族伟大复兴中国梦的磅礴力量。”让路人对“爱国爱家”有一个更深刻的认知，从而激发起爱国热情。又如标语“灵宝市市民文明公约”，主题词下面是九点公约：一、爱国敬业；二、热爱劳动 ；三、遵守法纪；四、美化市容；五、关心集体；六、崇尚科学；七、敬老爱幼；八、移风易俗；九、注重礼仪。公约下面是一段阐释性的文字，也是一段精彩的动员与倡导性的文字——“创建文明城市是一项系统工程，不仅需要各部门通力合作，更需要广大市民自觉参与。每一个市民都应当为自己能够参与到创建省级文明城市活动中而感到无比自豪和骄傲，同时也必须认识到自己肩上责任重大，作为一个市民，首先要知晓创建，关心创建，融入创建，要参与改造环境、移风易俗的实践，形成健康、科学、文明的生活方式。”

每块标语牌主题词右边都配有写真图，或是学生手持国旗，或是文明志愿活动，或是教育教学，或是展示师生素质，这既是对市三小文明形象的多角度展示，也是对市民行为的引导；版面下方，统一印有“践行社会主义核心价值观，创建文明卫生城市”的口号，呼应着市里创建活动，也再一次强化了标语的宣传目的。一块标语牌，图文并茂，承载了很多内容，也发挥着不可忽视的宣传教育作用。

在校园东临天宝路的围栏上，从南向北，一路看去，17 块标语牌分别承载着“爱国爱家”“诚信公道”“遵德守礼”“宽容篇”“灵宝市市民文明公约”“什么是宪法”“弘扬雷锋精神”“文明礼貌”“爱岗敬业”“崇尚科学”“志愿服务”“团结友善”“爱护环境”“做人篇”“社会主义法治”“勤俭节约”“学习雷锋”等主题词以及阐释性的文字，向市民开展宣传教育。

在校园南面、校门西侧面临崇德路的围栏上，一共装帧着 9 块标语牌，其上内容依次是“灵宝市民文明公约”“善行义举榜”“志愿服务”“诚信公道”“弘扬法治精神，构建和谐校园”“遵规守法”“关注未成年人”“邻里篇”“谦虚篇”。在“善行义举榜”上，表扬的是市三小拾金不昧的好少年韩星宇、薛景炫、陈敬宜，前二人是放学途中拾了千元现金，发微信到朋友圈寻找失主并归还；后者是上学路上捡到一款苹果手机送交政教处，等待失主认领。从这一善行义举榜上，即可以洞察到市三小学生的素质，也可以领略市三小养成教育的成功。

第二节　扶　贫

扶贫工作是党中央、国务院的一项重要战略部署，对推动贫困地区经济社会的发展有着积极的意义。扶贫工作始于 20 世纪 80 年代后期。党的十八大以来，扶贫工作进入实施精准扶贫阶段，灵宝市第三小学遵照灵宝市教育体育局的指示精神，自 2016 年开始，参与实施精准扶贫工作。教育系统的扶贫对象是川口乡，因此市三小的扶贫对象也就确定在川口乡。

市三小的精准扶贫，就是以班子成员为基础，每个班子成员结对帮扶一户贫困人家，开展一对一的帮扶。校长索淑敏帮扶的对象是川口乡赵吾村七组刘万超；副校长贺雅芳（2019 年调任灵宝市特殊教育学校任校长）帮扶的对象是川口乡赵吾村陈鑫；副校长翟希云帮扶的是川口乡赵吾村的赵井高；副校长潘树波帮扶的是寺河乡火山关村赵长丁，副校长何皎洁帮扶的是川口乡赵吾村七组陈泽民；纪检委员王永沛帮扶的是川口乡赵吾村的陈建斌。

一、帮扶计划

2016年3月初，为了更好完成上级精准扶贫的任务，市三小的每个班子成员都结合帮扶对象的家庭实情和个人能力，制订了较为详细的帮扶计划，并认真填写了帮扶记录，对失误之处还写有整改报告，此处以索淑敏为例录入——

索淑敏帮扶计划

一、贫困户家庭基本情况

该贫困户家庭一共有成员5人，户主：刘万超，现年62岁，初中文化，身体健康，有劳动能力；妻子，亢菊荣，现年61岁，小学文化，身体健康；长女，刘叶叶，高中文化，身体健康，有劳动能力；次女，刘水水，高中文化，身体健康，有劳动能力；儿子，刘瑞鹏，高中文化，身体健康，有劳动能力。2015年，该户年人均纯收入2781.5元。

该户有耕地面积7.1亩，全部为旱地，林地2.7亩，家有窑洞2孔，面积约40平方米。

该户为一般贫困户，脱贫年限2020年。

二、家庭主要致贫原因分析

由于该组自然条件差，缺资金是致贫的主要原因，另外，缺乏相应的劳动技术，导致自身发展动力不足，是次要原因。

三、帮扶计划

（一）近期帮扶计划

重点计划

讲解有关薄膜覆盖种植的有关方法，讲解有关双垄沟玉米种植的实用技术，联系为其家庭购买磷酸二铵化肥一袋，并帮助其进行春耕生产。

一般计划

1. 赠送有关农村农业以及科技致富方面的图书资料。

2. 帮助指导其提高种植增产技能，确保今年夏收、夏种、夏季田间管理取得成效。

（二）长期发展计划

重点计划

1. 搜集整理务工信息，帮扶刘万超、刘叶叶、刘水水、刘瑞鹏到城区打工，增加家庭收入。

2. 帮助其做好7.1亩耕地和2.7亩林地的管理工作，力争少投入、大收益。

一般计划

1. 积极宣传上级文件精神中关于扶持、鼓励、引导农户投身农业经济发展的各种优惠、帮扶政策。

2. 不定期与其交流，提供物质帮助，为其家庭尽一份心意。

二、帮扶记录

索淑敏的扶贫记录

1.2016年3月10日，入户走访，制订计划、了解实情，明确目标。

2.2016年4月13日，帮助联系子女打工，增加收入1000元 。

3.2016年6月15日，落实种粮补贴政策，领取2016年全年粮食直补624.3元。

4.2016年9月25日，帮助联系子女进城务工，切实增加家庭收入500元。

5.2016年12月7日，落实退耕还林补贴政策，领取2016年全年退耕还林补贴243元。

6.2017年1月13日，送米、面、油，节前慰问加深感情、展望新年。

7.2017年2月18日，联系子女到朋友饭店打工，切实增加家庭收入。

8.2017年3月20日，入户谈心，跟进前段务工情况，收入增加，每月可多收入百十元。

9.2017年4月23日，送20只鸡苗增加收入。

10.2017年5月19日，送家禽养殖读本，提高养殖技能，为增加收入服务。

11.2017年6月21日，送鸡饲料一袋，减轻负担保收入。

12.2017年7月23日，落实种粮补贴政策，领取2017年全年粮补623.86元。

13.2017年8月25日，送化肥一袋，提高秋季作物产量，增加收入。

14.2017年9月20日，到灵宝市第一人民医院联系专家为其检查身体，不走弯路，减轻负担。

15.2017年10月21日，帮忙卖粮食，及时兑现增收入。

16.2017年11月25日，联系进城务工，每月可多收入150元。

17.2017年12月12日，落实退耕还林政策，领取2017年退耕还林补贴623.86元。

三、扶贫整改

在帮扶过程中，由于前期摸底工作有疏漏，所以在帮扶过程中难免出现失误，市三小班子成员各自检查帮扶工作，发现失误，及时整改——

关于贫困户刘万超的问题整改报告

1.问题类型：帮扶工作不扎实

2.具体问题：刘万超家档卡填写住房为危房，实际不是；户档帮扶措施与村户档帮扶措施不一致；2018 年一季度收入填写有“生产经营收入”，调查后实际没有。

3.整改帮扶责任人：索淑敏

4.整改时间：立即整改

5.整改措施：该贫困户最初居住在七组（西坡），现居住在川口乡横渠村，现在的住房不是危房。6 月 21 日到村部，对照检查组的问题整改要求，重新更改和完善了户档与村级的档卡资料，并在思想上加强自我认识。

6.整改结果：完成

第三节　送教和“手拉手”活动

灵宝市第三小学为了传递爱心，帮扶偏远薄弱学校，增进城乡孩子双方的了解，使城区孩子接受艰苦朴素的教育，为偏远山区孩子点亮人生的希望，从 2011 年开始，先后多次送教下乡，开展“手拉手”、城乡共同体活动，送去慰问和温暖，送去优质课堂和先进的教学方法，送去急需的教学设备和图书。

一、送教下乡

（一）阳店镇栾村送教

2012 年 3 月，灵宝市第三小学组织师生，远赴 20 公里，到阳店镇栾村开展送教活动。市三小教科室主任刘雪峰在教学侧记中写道：

栾村学校，两层的教学楼在小村里颇为惹眼，校园干净整洁，松柏在料峭的寒风里愈加苍翠，教室窗明几净，显然是为迎接送教活动精心准备过的。令人失望的是，学校只有九个六七岁的一年级学生。经过了解得知，孩子大多进城读寄宿制小学，还有一部分随父母打工去外地就读。由于没有生源，镇教办决定并校，把就近村里的孩子合到一起上课，较大的孩子住校，一年级学生年龄太小生活不能自理，只好继续留在本村就读。

栾村小学没有较好的师资，教师的学历普遍不高，仅有的两名男老师年纪都在五十五岁左右，还身兼数职，同时教几门课程。因此，这里没有开过音乐课、美术课、体育课、微机课，孩子们课间没有歌声，甚至连国歌都不会唱，也没有阳光体育运动项目，天冷时顶多跺跺脚而已。和同龄的城市小学生相比，他们的基础差多了，写出来的作业不规范也不整洁，根本谈不上基本的笔顺规则；普通话里带着浓重的乡音，因为没有英语课，一句最简单的英语也不会。

市三小的教师，先为栾村小学的孩子们上课，九个孩子分两排坐着，黑红的脸蛋、黑脏的小手上，冻疮清晰可见。但个个天真可爱，并不怯生，看到送教的老师为他们上课，还能大方地问好，在课堂上敢于发言，敢于表达自己的需求，在第一节课上，有个小男孩曾两次大声嚷到："老师，我的手冻僵了。"面对城区老师带来的许多新奇的教具、小奖品，也一度小小地欢呼。每次提问题，他们都抢着回答，还争着上黑板演示。

短短一个早上的相处，带给我们心灵上的情绪难以言说，既为老教师的坚守而感动，也为小朋友的天真可爱而感叹，还有一些莫名的心酸，久久泛在心头。

（二）阳店镇纸窝学校送教

2013 年 12 月 3 日早上 7:30，灵宝市第三小学由副校长李潘东带队，教科室组织刘雪峰、王佩林、张增彦等学科骨干老师，带着学校领导的重托，带着市三小全体师生的殷切希望，前往阳店镇纸窝小学送教。一同前往的还有市教研室小学英语教研员马若飞老师。

纸窝小学外墙涂着白色墙漆，在小山村里格外显眼。由于地处偏远，纸窝小学教学点没有正式在编教师，只有三个代课教师。三个代课教师都很年轻，其中一位是刚毕业的大专学生，代三年级的语文、数学、英语、科学、品德，及体育、音乐全部学科。另外两位是一对夫妻，丈夫教六年级的全部课程，妻子农闲时来学校里教孩子们唱唱歌，算是音乐老师吧。

学校总共 100 平方米的样子；一排坐北朝南的平房就是整个校舍，有两个教室，六年级的教室有一个大电视，三年级的教室里有一套多功能一体机设备——是去年电教馆支助的。平时上课老师用得不多。还有两个 8 平方米左右的办公室，还兼做图书室、住室及厨房。房里除床和椅子外，没什么办公家具。该校只有两个年级，三年级 6 个学生，六年级 9 个学生，两个年级共 15 个学生。上课时，教室里还有两个差不多 3 岁左右的孩子，两个小家伙也规规矩矩地跟着听课。经了解才知道，这两个小朋友由于家里经济条件不允许，没上幼儿园，所以被家长也送来学校里看管。15 个孩子，成天就被语、数、英包围着，由于没有专业的体育、音乐、美术老师，孩子们不会唱一首完整的儿童歌曲，甚至国歌也唱得走腔走调；体育课也从来没有上过；美术课也很少上。

经过了解,市三小学决定从硬件、教学、管理等多方面帮扶纸窝小学,为该校购置了一套带无线话筒和耳麦的扩音设备;又为纸窝小学三位老师每人送了一条御寒用的珊瑚绒毯;还为每个孩子送去了一个新书包。在教学方面,由市三小六年级语文教研组长王佩林送课,做了一节《螳螂捕蝉》的示范课;三年级的数学老师张增彦做了《有序的搭配》示范课,市三小教科室主任刘雪峰又组织评课,和纸窝小学的老师们进行了面对面的交流座谈,并给予指导,答疑解惑。在学校管理方面,李潘东根据纸窝小学的校情,提出几点中肯的建议。

(三)苏村乡卫家磨小学送教

2017 年 3 月 14 日,灵宝市第三小学组织教师到苏村乡卫家磨小学开展送教活动。早上 7:30,灵宝市第三小学的刘雪峰、赵帅权、刘润芝、王冠霞等 4 位语文、体育、音乐、美术专职教师,带着学校领导的重托,带着市三小全体师生的殷切希望,前往苏村乡卫家磨小学送教。

卫家磨小学校长刘创争带着全校 7 位老教师,早已等候在校门口,看到市三小老师们到来,一个个拘束地搓着大手咧着厚厚的嘴唇笑。8 位男教师,大多年近花甲,最小的也已 50 多岁,头发花白,肤色黑而粗糙,像山里随处可见的农民。

市三小的四位教师先后上了四节课:语文、体育、音乐、美术,无论谁上课,卫家磨的 8 位老教师总是谦卑地坐在教室后面认真地边听边记,神情专注,显然是被城里老师全新的教学方法、前沿的教学理念所吸引。

令我们感动的是,卫家磨的 8 个男教师,像母亲一样关心着每一个学生,谁不小心摔倒了、摔疼了,他们会扶起来,温柔地抚哄;谁的衣服被山坡上的酸枣刺挂破了,他们会一针一线地缝好;低年级小朋友的衣服扣子差不多全部是他们一一扣上;晚上陪着孩子们一起睡觉,早上和孩子们一起上操;哪个学生的生活费暂时不能交上了,他们用自己微薄的工资为其垫付……

师生们吃住在校,一天三顿大多吃馍,菜里难得看到肉,老师们的宿舍就在教室后面隔开的一个小房间里,房里除床和椅子外,没什么办公家具。孩子们的宿舍还是二十多年前的老房子,一个土炉就是冬天里的取暖设备,床是木板床,被褥大都不太厚实。孩子们都很懂事,可是,他们中的一些却因为家庭或学习的负担有着或轻或重的心理问题,并非一次送教活动能够解决的。

二、“手拉手”活动

灵宝市教育系统的“手拉手”活动始于 20 世纪 90 年代。主要是通过城、乡学校之间的交流，共同分享城市学校的优质教育资源；让城市儿童与乡村儿童手拉手，交流互动，相互学习，共同提高；城市学校向农村薄弱学校捐送急需物资。

（一）与中州实验学校“手拉手”

2014年10月20日，为进一步增进校际间的交流与合作，灵宝市第三小学与中州实验学校开展了“手拉手 共发展”活动。活动地点在市三小校园。

活动分两个阶段进行。第一阶段，市三小精心准备了三节课，分别是三年级习作课、五年级数学课、六年级英语课，选派骨干教师作示范课。第二阶段，进行评课议课，并就如何提高课堂效率进行了深入的研讨和交流。活动间隙，中州实验学校的老师们参观了学校的校园文化，对市三小极具内涵的校园文化和美丽的校园环境赞叹不已。

（二）与受援学校“手拉手”

根据灵宝市教体局安排，灵宝市第三小学与西闫乡实验小学、朱阳镇第一小学结成对子，实施对口帮扶。市三小分别向两个对口学校各派出五位优秀教师进行支教，并且定期举行教研活动，进行教学交流；开展“手拉手”活动，在物质上给予帮扶。

2015年3月19日，市三小与受援学校——西闫乡实验小学、朱阳镇第一小学——在市三小校园内开展教研活动。活动以说课为主，市三小安排了语文、数学、英语、音乐、美术共5个学科7节课，说课教师准确把握课标，从不同角度对教材进行深入浅出的阐述，思路清晰、主次分明，做到了创新性与艺术性的完美融合，感染了所有在坐的老师。说课结束后，针对这7节课，三校教师进行了深刻的交流研讨，对平时教学中遇到的困惑也进行了沟通，同时就下一步工作的开展又在一起进行了商议。

（三）到朱阳一小开展“手拉手”

2015年4月28日上午，市三小远赴朱阳山区，和朱阳镇一小开展了“手拉手”活动。三小校长索淑敏带领部分班子成员，将价值5000余元的帮扶物品送到了朱阳一小孩子们的手中。在捐赠仪式上，索校长亲切地说：“市三小与朱阳一小是手拉手联谊单位，也可以说是一家人，今天能和这么多的孩子们一起手拉手、谈谈心，我们很高兴。为了鼓励大家，今天我们带来了一点心意送给你们，希望孩子们能珍惜现在的美好时光，好好学习、天天进步，为未来的人生打下坚实的基础，长大为国家多做贡献。”

随后，市三小的领导又和在朱阳支教的五位老师们进行了座谈，当了解到几位老师在山区工作认真、成绩优秀、生活愉快时，索校长勉励大家要严格遵守朱阳一小的纪律，按照学校要求扎扎实实做好工作，并且一定要起到示范、带领的作用，为兄弟学校的发展做出自己应有的贡献。

(四)到西闫乡大字营小学开展“手拉手”

2015年11月13日早上,灵宝市第三小学领导来到西闫乡大字营小学,亲手将50套崭新的桌凳捐助给这里的孩子们。

西闫乡大字营小学是一所农村小学,2008年前后,随着全市“撤校并点”工作被撤销,2012年,随着基础教育发展的需求重新开办。现拥有三个年级,办学条件相对困难。市三小作为局直示范学校,积极响应教体局帮扶工作指导意见,了解到该校孩子桌凳破旧现象严重的信息,立即筹款购置50套新桌凳,组织人员前往送达。市三小校校长索淑敏说:“市三小将继续关注大字营小学的全面发展,为其提供全方位的援助,改善办学条件,用真爱点燃孩子们的希望,用真情传递的温暖与力量”。

(五)到阳店镇峭底小学开展“手拉手”

2016年4月15日,灵宝市第三小学校长索淑敏带领部分班子成员到阳店镇峭底小学开展帮扶活动。索校长一行首先对该校的校园环境、硬件设施进行实地查看,了解困难所需。在座谈中,当得知该校在音乐、美术专业教师方面很缺乏时,索校长当即表示给予人力和物力方面的支持。随后,索校长又将价值1000余元的活动器材赠送给峭底小学,希望能为师生的健康生活带来帮助。

三、城乡教育共同体活动

2015年,灵宝市教育体育局开展“城乡教育发展共同体”活动,旨在整合优化教育资源,着力解决薄弱学校的困难。教育发展共同体是由一所优质学校与一所或多所新建学校、薄弱学校、农村学校构成的新的教育有机体。教育发展共同体有利于整合优化教育资源,带动新建学校、薄弱学校、农村学校高效快速发展,加快缩小城乡之间、区域之间、校际之间办学差距,实现从“学有所教”到“学有优教”的转变,让每个孩子享有教育起点和教育过程的公平,让人民群众从教育改革发展中拥有更多获得感。

(一)2015年第四城乡教育共同体活动

灵宝市第三小学作为三门峡市的名校,承担了灵宝市第四城乡共同体的盟主,负责组织和安排第四城乡共同体的业务活动。第四城乡共同体的成员有中州实验学校、尹庄镇中心校、五亩乡中心校、苏村乡中心校,灵宝市第三小学为主持单位。

1.灵宝市小学第四城乡教育共同体活动启动

为加强灵宝市城乡教育区域合作,促进义务教育优质均衡发展,2015年3月11日上午,灵宝市小学第四城乡教育发展共同体第一次会议在市三小会议室召开,普教科领导、各成员学校校长、业务负责人参加了会议。

会上共同学习、研讨了小学第四城乡教育发展共同体的实施方案，确定了包括学校管理、教研教改、教师业务培训、对口支教、资源共建共享等五个方面的业务活动内容和时间安排，并要求各成员单位充分发挥各学校的示范引领作用，充实教育共同体的工作内容，创新各项业务活动载体，不断提高城乡教育发展共同体的工作水平和活动效益。

普教科副科长王赞宁对市三小前期所做的工作表示了肯定，希望所有成员学校互相配合，抱团发展，达到优势互补、合作共赢的目的。征求意见阶段，各成员学校负责人纷纷表示，一定会珍惜教体局搭建的这个平台，积极配合，互相学习，与承办学校一起扎扎实实开展好此项工作。

最后，作为主持单位，索淑敏校长就本次活动提出了几点要求，希望大家能思想重视，相互支持，重视实效，不断反思，加强联系，互动双赢。

2.灵宝市小学第四城乡共同体第四次业务活动

2015 年 6 月 11 日，小学第四城乡共同体举行第四次业务活动。这是 2014～2015 学年下期最后一次活动。6 月 11 日上午，第四城乡教育共同体第四次业务活动在苏村乡中心小学举行，活动主题是小学语文增量阅读观摩学习。中州实验学校、尹庄中心校、五亩中心校语文教师各 5 人，苏村乡中心校 15 人及市三小部分教师参加了此次活动。

根据活动安排，首先进行的是阅读教学观摩课，由市三小两位教师主讲，分别为二年级的《亲爱的小鱼》和《炮手》，两位老师精心巧妙的课堂设计、灵活多样的教学方法给了孩子们不一样的学习体验，让课堂充满了生机与活力。两节课后，共同体各成员学校负责人就阳光体育大课间活动及宿舍管理进行了充分的沟通和交流。接着，市三小杨君老师结合本校在阅读方面的做法，做了题为《书香馥郁润心田》的报告，杨君建议教师们要做到课内阅读高效化、课外阅读课内化，同时对低年级阅读教学做了详细具体的指导，事例鲜明，方法明确。

3.灵宝市小学第四城乡共同体开展"手拉手"活动

2015 年 10 月 13 日上午，小学第四城乡教育发展共同体组织市三小、中州实验学校与五亩中心校开展了"手拉手"捐赠活动。市三小向五亩布庄小学、旭东小学分别捐赠了价值一万元的图书，中州实验学校向布庄小学捐赠了价值 5000 元的课桌凳。

2016 年 5 月 13 日上午，小学第四城乡教育发展共同体第三次活动在苏村乡中心小学举行。苏村乡中心小学位于灵宝市边远山区，教学资源较为贫乏，师资力量薄弱。经了解，学校一年级学生没有校服，市三小立刻筹措资金，花了近万元解决了一年级 71

位学生的校服问题。苏村乡中心小学在国家质量检测中被定为样本校，因师资力量薄弱，艺术教学有所欠缺，市三小特意把本次活动的主题定为“迎接国家质量检测——四年级语文、艺术教学研讨会”，会址定在苏村举行。

（二）2019 年第四城乡教育共同体活动

1.2019～2020 学年上期共同体业务活动安排表

表 10-1

主持单位	市三小
成员单位	中州实验学校、川口乡、苏村乡
主持校长	马晓春
成员单位校长	周铁锋　张一峰　何康峰
各项业务活动具体安排	
第一教学月	一、9 月 11 日召开共同体单位成员业务负责人第一次会议。 研究制订本学期工作计划，安排 9 月份活动内容。 二、活动过程 1.活动地点：市三小 2.活动时间：9 月 25 日 3.活动主题：研读新教材、班会课 4.主讲人：市三小 1 人，中州实验学校 1 人 主讲内容：解读部编语文新教材；班主任活动。
第二教学月	一、10 月 10 日召开共同体单位成员业务负责人第二次会议。 安排 10 月份活动内容。 二、活动过程 1.活动地点：苏村乡中心小学 2.活动时间：10 月 24 日 3.活动主题：核心素养下的小学数学教学 4.主讲人：苏村乡中心小学 1 人，市三小 2 人 主讲内容：数学教学同课异构；班会课。
第三教学月	一、11 月 7 日召开共同体单位成员业务负责人第三次会议。 安排 11 月份活动内容。 二、活动过程 1.活动地点：中州实验学校 2.活动时间：11 月 21 日 3.活动主题：构建有效的英语课堂教学 4.主讲人：市三小 2 人，中州实验学校 1 人 主讲内容：英语教学同课异构；班主任讲座。

续表

主持单位	市三小
第四教学月	一、12月5日召开共同体单位成员业务负责人第四次会议。 安排12月份活动内容。 二、活动过程 1.活动地点：川口乡中心小学 2.活动时间：12月19日 3.活动主题：生态课堂之不同课型研究 4.主讲人：川口乡中心小学2人，市三小1人 主讲内容：不同课型的课堂教学；德育经验交流。

说明：此表由各城乡教育发展共同体主持单位组织各成员单位召开第一次工作例会认真研究填写，于2019年9月12日前报局普教科，加盖主持单位公章。

2.第一教学月活动安排

一、时　　间：2019年9月25日（星期三）

二、地　　点：灵宝市第三小学

三、活动主题：研读教材把方向，生态课堂提质量

四、主讲教师：市三小教师7人

五、听课人员：灵宝市第三小学，灵宝市中州实验小学，苏村乡，川口乡中心小学（每校8~10人）

六、活动安排：早上8:20前签到结束，8:30上课。

表10-2

内容	时间	年级	主讲人	内　　容	地点
教材解说	8:30~9:50	一年级	周真珍	第一单元《识字》	一楼报告厅
		二年级	杨娅娟	第一单元《自然的秘密》	
		三年级	马俊娥	第二单元《金秋时节》	
		四年级	杨红艳	第二单元《提问策略》	
		五年级	周静静	第二单元《提高阅读的速度》	
		六年级	何晓晓	第二单元《深入研读教材 提升爱国素养》	
整本书阅读导读课	10:30~11:10	六年级	何皎洁	《童年》整本书阅读导读课	

续表

内容	时间	年级	主讲人	内　　容	地点
评课研讨	11:10~12:00	每个单位至少选派一名代表进行评课研讨			一楼报告厅
班主任讲班	1:00~2:00	一年级	黄方方	《我的班级故事》	

注:1.午餐时间:12:00

2.负责人:刘雪峰 8:30~12:00　李茂林 1:00~2:00

3.联系人:王永沛

4.学校地址:灵宝市北区崇德路与天宝路交叉口。

第四节　支　教

一、支教方案

市三小对口支教工作实施方案

(2019 年 8 月)

为进一步促进灵宝市义务教育由基本均衡向优质均衡发展,根据教体局《关于做好全市城乡学校对口支教和帮扶工作的通知》精神,结合市三小工作实际,现就认真做好城乡学校对口支教工作安排如下:

一、高度重视,精心安排

1.学校提倡、鼓励主要学科骨干教师主动要求下乡支教,时间为 1 学年。对主动报名参加支教的教师,先报名优先选择支教学校,教师节表彰优先考虑。

2.三小外派支教教师必须是在本校工作 3 年以上的主要学科骨干教师。男教师年龄在 50 岁以下,女教师在 45 岁以下。

3.为保证学校各项工作的正常运作,特殊岗位(会计、出纳、食堂管理)不参加支教。

4.被学校聘为六年级毕业班语、数、英老师不参与本年度支教工作。

5.根据报名人数和先后顺序择优安排支教;当报名人数不足时,学校采取全体教师抽号排序的办法进行,相关教师自行克服困难,承担好支教任务。

6.学校对于下乡支教的教师,参照市财政对农村教师补贴标准,给下乡支教教师发放交通与生活补贴。

7.支教教师在受援学校工作期间,要无条件服从受援学校的各项制度规定,如确因有事需要请假,时间超过两天的,除在受援学校履行正常的请假手续外,同时需要报本校主管领导批准。

8.学校对本校支教教师完成本学年支教任务,并且经教体局考核认定为“优秀”格次的,同样在本校认定为校级优秀教师予以表彰。

9.学校对支教教师圆满完成支教任务返校后,在评优、晋级、晋职等方面优先考虑。

二、明确任务,各负其责

为切实保障对口支援工作落到实处,学校成立对口支援工作领导小组,全面负责此项工作,明确各处室的职责、分工,督促协调落实好各项工作。

办公室:负责对口支教的全面工作。整理各项活动的计划、总结资料等。

教务处:负责制定对口支援工作量化算评。

教科室:选派、指导优秀教师到结对学校听课、评课,教育教学信息化资源等方面给予受援学校以力所能及的支援。积极做好支教工作,细致做好本校顶岗教师的结对工作。

政教处:负责与对口学校开展有意义的师生联谊活动,落实两校学生结对工作。

总务处:从图书、仪器、体音美器材、电教器材等方面给予受援学校力所能及的硬件建设支援。为对口支教工作提供必要的物质保障。

三、形式多样,扎实推进

1.组织骨干教师开展对口支教工作。为对口受援学校分别派出3名主要学科的骨干教师。

2.大力开展名师送教下乡活动。定期组织本校灵宝市级以上的教学名师、骨干教师、教学标兵、教学能手,开展送教下乡活动,为对口的农村学校教师上示范课,进行教研教改指导,传授教学经验,着力促进对口的农村学校教师教学水平和业务素质的提高。

3.积极组织学校领导班子成员开展管理支教活动。定期派学校领导班子成员到农村受援学校传授学校管理经验,指导农村受援学校的管理工作。

4.开展教育资源支教工作,在力所能及的基础上,在教育教学设施、器材、图书、教学资源等方面,大力开展教育资源支教工作,积极帮助对口的农村学校全面加强硬件和软件建设，促进受援的农村学校办学水平不断提高。

5.采取多种形式，大力开展师生“手拉手”联谊活动。与受援学校之间要采取多种形式，定期开展师生“手拉手”联谊活动，加强城乡对口学校之间师生的联系和交流，增进了解，增加友谊，促进城乡对口学校师生的共同发展和进步。

四、加强管理，务求实效

学校将站在落实科学发展观，促进教育均衡发展的高度，加大工作力度，抓好对口支教工作。特别是在组织骨干教师下乡支教的工作上，要选拔本校德才兼备的骨干教师支教，要加强对本校支教教师的管理。平时加强沟通，密切配合，切实加强对支教教师和顶岗学习教师的严格管理。确保对口支援工作扎实有效地开展。学校对支教教师实行双重管理，全面考核。对外派教师在受援学校考核（由学校考核加盖公章呈送三小）分为 A、B、C 、D 四等，在学校进行量化算评，A 等得绩效金额的 110%、B 等得绩效金额的 100%、C 等得绩效金额的 90%、D 等得绩效金额的 50%。

二、支教教师名单

市三小历年支教情况一览表

表 10-3

<table>
<tr><th>年度</th><th>支教教师</th><th>支教地点</th><th>支教科目</th><th>备注</th></tr>
<tr><td rowspan="2">2011</td><td>李川歌　郭伟丹　刘肖丽</td><td>朱阳一小</td><td>语文、数学</td><td></td></tr>
<tr><td>高君玲　周彩苗　李媛媛</td><td>朱阳二小</td><td>语文、数学</td><td></td></tr>
<tr><td rowspan="2">2012</td><td>杨育林　王海霞　贠彩红</td><td>西闫</td><td>语文、数学</td><td></td></tr>
<tr><td>马海娟　尚伟静　王晓林</td><td>苏村</td><td>语文、数学</td><td></td></tr>
<tr><td rowspan="2">2013</td><td>刘润芝　杨娅娟　郭晓娟</td><td>朱阳二小</td><td>语文、数学</td><td></td></tr>
<tr><td>王娟丽　符娟丽　苏水苗</td><td>寺河</td><td>语文、数学</td><td></td></tr>
<tr><td rowspan="3">2014</td><td>李潘东　屈新萍　赵晶晶
赵高坤　王彩霞　李民强</td><td>西闫实小</td><td>语文、数学</td><td></td></tr>
<tr><td>卢晓百　张晓盼　侯　剑
王惠敏　曾明丽　张晓静</td><td>朱阳一小</td><td>语文、数学</td><td></td></tr>
<tr><td>韦慧鸽</td><td>卢氏</td><td>语文</td><td></td></tr>
<tr><td rowspan="2">2015</td><td>张　丹　高现代　卫晓朵
张晓芳　焦肖强</td><td>苏村乡中心小学</td><td>语文、数学</td><td></td></tr>
<tr><td>张娟梅　张江霞　周社梅
刘江会　张　潇</td><td>五亩乡中心小学</td><td>语文、数学</td><td></td></tr>
</table>

续表1

年度	支教教师	支教地点	支教科目	备注
2016	孙飞燕　刘玉婷　王珊珊	豫灵镇希望小学	语文、数学	
	郭莹莹　代文辉　乔　莎	阳平镇程村小学	语文、数学	
2017	黄方方　雷书红　杨华丽	程村小学	语文、数学	
	邵蓓蓓　王金刚　王宁泊	豫灵希望小学	语文、数学	
2018	薛艳红　尚卫娜　贺雅芳	朱阳一小	语文、数学	
	赵永银　姬伟伟　张婧婧	朱阳二小	语文、数学	
2019	王建永　席茹玲	苏村乡中心小学	语文、数学	
	刘晓霞　孙萍芬 刘亚婷	西闫第二小学	语文、数学	

三、看望支教教师

2015 年 10 月 16 日，市三小部分班子成员带着深切的关怀与问候，来到五亩乡中心小学，看望了在该校支教的五位教师，并给她们带去了一些必需的生活用品。

2016 年 11 月 15 日上午，市三小索淑敏校长一行 4 人驱车来到阳平镇程村小学，看望在这里支教的三位教师。座谈中，索校长仔细询问了支教教师的工作任职情况以及生活情况。当得知三位教师都被委以语、数、英主课以及班主任的重任时，索校长语重心长地说："你们都是三小的好老师，到了这里一定要好好工作，发扬三小人特别能吃苦、特别能战斗的工作作风，干好每一项工作。"随后，索校长走进了支教教师的宿舍，了解他们的生活情况，还提醒大家，用火炉取暖时，一定要注意安全。最后，索校长为三位支教老师送上了冬日取暖的慰问品。

第十一章　荣　誉

第一节　集体荣誉

一、国家级奖项

2013 年 9 月:全国特色教育实验校

2014 年 11 月荣获:第五届“熊博士”全国青少年科学影像节优秀组织单位奖

2015 年 4 月荣获:全国特色教育先进单位

2016 年 8 月荣获:沪江“开心词场暑期大作战”活动全国优秀组织学校

2017 年 11 月荣获:全国养成教育实验学校

2018 年 12 月荣获:全国名校联盟示范学校

二、省级奖项

2011 年 4 月荣获:河南省中小学校一级食堂

2011 年 10 月荣获:河南省优秀少先队集体

2012 年 3 月荣获:河南省“三八”红旗集体

2012 年 5 月荣获:河南省中小学动漫教育实验学校

2012 年 12 月荣获:河南省小学德育实验学校

2013 年 10 月荣获:河南省先进家长学校

2014 年 7 月荣获:河南省两岸儿童绘画、书法比赛优秀组织奖

2014 年 8 月荣获:河南省语言文字规范化示范学校

2014 年 10 月荣获:河南省科学调查体验活动优秀组织单位、河南省青少年科学调查体验活动实验竞赛团体一等奖

2014 年 12 月荣获:河南省依法治校示范学校

2015 年 3 月荣获:全省教育系统五好关工委

2017 年 5 月荣获:河南省“汉之星”信息化教学实验学校

2018 年 1 月荣获:河南省优秀少先队集体

2018 年 4 月荣获:阅读与写作基地(山东教育出版社)

2018 年 9 月荣获:河南省中小学心理健康教育示范校

2019 年 1 月荣获:河南省最美校园

2019 年 12 月荣获:河南省中小学数字校园标杆校

三、三门峡市级奖项

2010 年 11 月荣获:三门峡市“中华诵·经典诵读大赛”集体节目二等奖

2011 年 5 月荣获:三门峡市“最美丽的校园”

2012 年 1 月荣获:三门峡动漫教育实验学校

2012 年 2 月荣获:三门峡市示范性小学

2012 年 3 月荣获:三门峡市庆“三八”广场舞健身大赛金奖

2012 年 3 月荣获:三门峡市师德师风建设先进学校

2012 年 6 月荣获:三门峡市语言文字规范化示范学校

2012 年 7 月荣获:三门峡市教育系统德育工作先进集体

2012 年 12 月荣获:三门峡市防震减灾科普示范学校

2013 年 3 月荣获:三门峡市“三八红旗集体”

2013 年 5 月荣获:三门峡市第三届学生合唱节合唱节目(小学组)二等奖

2013 年 10 月荣获:三门峡市“两创两争”活动文明学校

2013 年 11 月荣获:三门峡市第 16 届全国推广普通话宣传周先进单位

2014 年 3 月荣获:三门峡市汉字听写大赛二等奖

2014 年 7 月荣获:三门峡市我的“好妈好爸”征文比赛优秀组织奖

2014 年 10 月荣获:三门峡市“两创两争”活动十佳文明学校

2014 年 11 月荣获:银杏杯三门峡市少儿书画大赛优秀组织奖

2014 年 11 月荣获:三门峡市“文明餐桌”活动示范学校食堂

2014 年 12 月荣获:三门峡市第二届平安校园建设优秀成果评选活动实践活动类一等奖

2014 年 12 月荣获:三门峡市平安校园

2015 年 4 月荣获:三门峡市书香校园

2015 年 5 月荣获:三门峡市“诚信友善,放飞梦想”2014 年青少年书信文化活动组织奖

2015 年 9 月荣获:《和韵之歌》在三门峡市第二届“经典照亮人生”诵读比赛活动

中获集体组三等奖

2015 年 11 月荣获：三门峡市中小学心理健康教育示范校

2015 年 11 月荣获：三门峡市关心下一代工作先进单位

2016 年 3 月荣获：三门峡市庆“三八”职工全健排舞大赛银奖

2016 年 4 月荣获：三门峡市教育系统“六五”普法暨“依法治教年”先进集体

2016 年 7 月荣获：三门峡市雷锋式学校

2016 年 10 月荣获：三门峡市师德师风优秀案例

2017 年 4 月荣获：三门峡市亲子阅读活动优秀支持单位

2017 年 9 月荣获：三门峡市第三届“经典照亮人生”诵读比赛集体组二等奖

2018 年 1 月荣获：三门峡市 2017 年度关工委工作先进学校

2018 年 1 月荣获：三门峡市中小学综合实践活动课程建设先进单位

2018 年 2 月荣获：三门峡市文明校园

2018 年 3 月荣获：三门峡市绿色学校

2018 年 5 月荣获：三门峡市 2018 年“崤函风 · 家乡情”经典诵读比赛小学组二等奖

2018 年 6 月荣获：三门峡市优秀(示范)家长学校

2018 年 9 月荣获：三门峡市中小学校党建工作示范校

2019 年 2 月荣获：三门峡市未成年人思想道德建设工作特色校

2019 年 3 月荣获：三门峡市中小学生寒假消防作业活动优秀学校

2019 年 4 月荣获：三门峡市文明餐桌示范学校食堂

2019 年 11 月荣获：三门峡市“学习时代楷模，成就出彩人生”师德主题优秀案例评选《用爱开启学生的心扉》被评为师德师风优秀案例

2019 年 12 月荣获：三门峡市 2019 年度平安校园

四、灵宝市级奖项

2010 年 9 月荣获：灵宝市师德教育先进单位

2010 年 10 月荣获：十运会男子团体跳绳第三名、女子团体跳绳第五名

2010 年 12 月荣获：灵宝市师德建设先进单位、德育工作先进单位

2011 年 4 月荣获：灵宝市庆“五一”职工文体活动广播体操第一名、秧歌舞第二名

2011 年 9 月荣获：灵宝市教育教学工作先进单位

2011 年 9 月荣获：灵宝市中小学夏令营工作先进单位、教师节文艺演出节目优秀

奖

2011 年 11 月荣获:中小学体育运动会道德风尚奖、中小学阳光体育活动比赛二等奖

2011 年 12 月荣获:灵宝市德育工作先进单位、灵宝市先进基层党组织

2012 年 1 月荣获:灵宝市先进基层工会

2012 年 6 月荣获:灵宝市一级书香校园

2012 年 7 月荣获:灵宝市第二届教师“高效课堂”达标活动先进单位

2012 年 9 月荣获:灵宝市教育教学工作先进单位

2012 年 9 月荣获:庆祝第二十八个教师节文艺演出优秀节目奖

2012 年 11 月荣获:灵宝市中小学阳光体育运动会城区小学组三等奖、入场式优秀表演奖

2012 年 12 月荣获:灵宝市先进基层党组织

2012 年 12 月荣获:灵宝市第十届学校科技创新成果展先进单位

2013 年 1 月荣获:灵宝市中小学乒乓球大赛小学组二等奖

2013 年 3 月荣获:灵宝市“特色学校”

2013 年 4 月荣获:灵宝市德育工作先进单位

2013 年 4 月荣获灵宝市先进基层工会

2013 年 4 月荣获:灵宝市《美丽灵宝》主题文化活动中春节文艺晚会优秀表演奖

2013 年 5 月荣获:灵宝市教职工乒乓球运动会精神文明单位、灵宝市“阳光下成长”合唱比赛一等奖

2013 年 6 月荣获:灵宝市小学品德课题实验优秀实验单位

2013 年 6 月荣获:小学数学学案导学活动优秀单位

2013 年 6 月荣获:小学英语音标教学课题实验优秀单位

2013 年 9 月荣获:灵宝市教育教学工作先进单位

2013 年 9 月荣获:灵宝市中小学环保科普知识大赛局直小学组二等奖

2013 年 11 月荣获:灵宝市中小学阳光体育运动会丁组团体总分第三名

2013 年 11 月荣获:全市中小学阳光体育运动会体育道德风尚奖

2013 年 12 月荣获:灵宝市第十一届学校科技创新成果展评活动优秀组织奖

2013 年 12 月荣获:灵宝市教育宣传工作先进单位

2013 年 12 月荣获:灵宝市小学英语音标学习展示活动优秀单位

2013 年 12 月荣获:灵宝市“小学英语音标教学的研究”课题实验优秀单位

2013 年 12 月荣获:灵宝市“小学数学学案导学”课题实验优秀单位

2013 年 12 月荣获:灵宝市关心下一代工作先进单位

2013 年 12 月荣获:灵宝市优质校本课程教材一等奖

2013 年 12 月荣获:灵宝市先进基层党组织

2014 年 1 月荣获:灵宝市 2014 年中小学乒乓球比赛丁组第三名、

2014 年 1 月荣获:灵宝市 2013 年度先进工会

2014 年 2 月荣获:“中国汉字听写大会”灵宝市选拔赛优秀组织奖

2014 年 3 月荣获:灵宝市中小学篮球联赛局直小学组体育道德风尚奖

2014 年 4 月荣获:灵宝市德育工作先进单位

2014 年 9 月荣获:灵宝市教育教学工作先进单位

2014 年 9 月荣获:灵宝市第十一届运动会青少年组田径丁组团体第四名、青少年组乒乓球丁组团体第四名、体育道德风尚奖、市直组健身操舞第一名

2014 年 10 月荣获:灵宝市第十一届运动会青少年组田径运动会阳光体育大课间活动优秀表演奖

2014 年 10 月荣获:灵宝市第十二届学校科技创新成果展评活动先进单位

2014 年 10 月荣获:灵宝市中小学“胸怀中国梦,践行价值观,文明我先行”社会主义核心价值观知识竞赛一等奖

2015 年 1 月荣获:灵宝市先进工会

2015 年 4 月荣获:灵宝市特色品牌学校

2015 年 5 月荣获:“一师一优课一课一名师”活动先进单位

2015 年 9 月荣获:2015 年“美丽三门峡”之唱响金城暨“纪念抗日战争胜利 70 周年”文艺大赛合唱组三等奖

2015 年 9 月荣获:灵宝市教育工作先进单位

2015 年 10 月荣获:灵宝市第十三届学校科技创新成果展评活动先进单位

2015 年 12 月荣获:灵宝市 2015 年中小学乒乓球比赛丁组团体部分第四名

2015 年 12 月荣获:灵宝市行为习惯养成教育示范学校

2016 年 1 月荣获:灵宝市先进基层党组织

2016 年 1 月荣获:2015 年度先进工会

2016 年 2 月荣获:校外教育工作先进单位

2016年3月荣获:中小学篮球联赛丁组女子第三名

2016年6月荣获:灵宝市第二届"一师一优课一课一名师"活动先进单位

2016年6月荣获:灵宝市小学生英语歌曲歌谣比赛团体一等奖

2016年9月荣获:灵宝市教育工作先进单位

2016年11月荣获:灵宝市中小学阳光体育运动会开幕式优秀表演奖

2016年12月荣获:灵宝市"中国梦.翰墨情"中小学师生书法绘画大赛组织奖

2016年12月荣获:灵宝市2016年度五星级党支部

2017年1月荣获:灵宝市先进基层党组织、灵宝市2016年度文明单位

2017年3月荣获:灵宝电视台首届少儿春节联欢晚会优秀艺术培训机构

2017年3月荣获:《和韵天歌颂大道》获灵宝市中小学生"经典照亮人生"诵读比赛集体组一等奖

2017年3月荣获:《少年中国说》获灵宝市中小学生"经典照亮人生"诵读比赛集体组一等奖

2017年3月荣获:灵宝市中小学生"经典照亮人生"诵读比赛优秀组织奖

2017年3月荣获:中小学篮球联赛小学男子第三名、女子亚军

2017年4月荣获:灵宝市心理咨询师协会会员单位

2017年5月荣获:灵宝市"振宇杯"小学足球友谊赛优胜奖

2017年5月荣获:灵宝市2016年度食品安全示范单位

2017年6月荣获:灵宝市小学生英语背诵大赛团体一等奖

2017年9月荣获:2017年暑期教师培训优秀组织奖

2017年9月荣获:灵宝市教育工作先进单位

2017年9月荣获:灵宝市校外教育工作先进单位

2017年10月荣获:灵宝市首届中小学生数字故事PPT创作大赛二等奖

2017年10月荣获:灵宝市第十四届中小学科技创新成果展评一等奖

2017年11月荣获:2017年中小学阳光体育运动会体育道德风尚奖

2017年11月荣获:2017年中小学阳光体育运动会丁组团体总分第三名

2017年11月荣获:灵宝市人民防空知识竞赛优秀组织奖

2018年1月荣获:灵宝市2018年中小学乒乓球比赛丁组团体总分第三名

2018年4月荣获:灵宝市"学习十九大,共圆教育梦"征文活动优秀组织奖

2018年6月荣获:灵宝市首届教师综合素质大赛优秀组织奖

2018 年 6 月荣获:2017~2018 学年先进基层党组织

2018 年 9 月荣获:灵宝市教育工作先进单位

2018 年 11 月荣获:灵宝市 2018 年中小学阳光体育运动会丁组团体总分第一名

2019 年 3 月荣获:2019 年灵宝市中小学篮球联赛局直小学男子第三名、女子亚军

2019 年 4 月荣获:第二届"崤函风 · 家乡情"经典诵读大赛二等奖

2019 年 4 月荣获:灵宝市优秀研学案例展评活动优秀奖

2019 年 5 月荣获:灵宝市第二届中小学数字故事 PPT 创作大赛二等奖

2019 年 7 月荣获:灵宝市先进基层党组织

2019 年 9 月荣获:灵宝市教育工作先进单位

2019 年 11 月荣获:灵宝市中小学阳光体育运动会大课间活动展演优秀奖、丁组团体总分第二名

2019 年 11 月荣获:灵宝市第十五届中小学科技创新成果展评优秀组织奖

2019 年 11 月荣获:2019 年灵宝市全民终身学习先进单位

2019 年 11 月荣获:2020 年灵宝市全民终身学习品牌项目

2019 年 12 月荣获:灵宝市 2019 年中小学乒乓球比赛丁组团体总分第一名

2019 年 12 月荣获:灵宝市 2019 年中小学师生书画展评活动优秀组织奖

2020 年 4 月荣获:灵宝市五星级党支部

第二节　个人荣誉

索淑敏

2012 年,获三门峡市有突出贡献的先进教育工作者

2014 年,获三门峡市"三八"红旗手

2015 年,获全国特色教育先进工作者、河南省未成年人思想道德建设工作先进工作者

2017 年,获河南省特级教师、河南省优秀教育管理人才、河南省装备管理先进工作者、三门峡市第七届教育新闻人物

2018 年,获三门峡市优秀教师、家庭教育工作先进个人

2019 年,获河南省优秀教育工作者

贺雅芳

2010 年 12 月，获灵宝市师德标兵

2011 年 3 月，获灵宝市教育系统“三八”红旗手

2011 年 10 月，获三门峡市级骨干教师

2013 年 9 月，灵宝市先进教育工作者

2017 年 9 月，获三门峡市有突出贡献的优秀教师

翟希云

2017 年 1 月，获灵宝市教育系统优秀共产党员

2018 年 9 月，获灵宝市优秀教师

潘树波

2018 年 9 月，获三门峡市“语文名师”

2018 年 12 月，获三门峡市“文明教师”，灵宝市优秀党员

2019 年 7 月，获灵宝市优秀党建工作者

2019 年 9 月，获灵宝市先进教育工作者

王永沛

2018 年 3 月，获灵宝市脱贫攻坚工作优秀包户干部

2018 年 9 月，获灵宝市先进教育工作者

2019 年 1 月，获灵宝市脱贫攻坚工作先进个人

2019 年 7 月，获灵宝市教育系统优秀共产党员

何皎洁

2019 年 3 月，被评为河南省语文十大年度人物

2019 年 11 月，被评为河南省语文 30 年最具教育情怀卓越人物

屈新萍

2011 年，获灵宝市德育工作先进个人及灵宝市优秀共青团员

2012 年，被评为河南省消防安全先进个人

2015 年，被评为灵宝市优秀共产党员

刘　照

2014 年 10 月，获三门峡市学校管理上台阶先进工作者

2015 年 6 月，获三门峡管理服务标兵

2015 年 9 月，获三门峡市优秀教师

2016 年 7 月，获灵宝市教育系统优秀共产党员

2018 年 12 月，获三门峡市工会先进工作者

刘雪峰

2011 年 9 月，获河南省级骨干教师

2014 年 9 月，获灵宝市优秀教师

2014 年 12 月，获灵宝市教育系统优秀共产党员

2016 年 6 月，获三门峡市教育局表彰的教学标兵

2016 年 9 月，获三门峡市人民政府表彰的有突出贡献的优秀教师

赵高坤

2012 年 9 月，获灵宝市师德标兵

2013 年 6 月，获灵宝市教育系统优秀共产党员

2017 年 9 月，获灵宝市先进教育工作者

王佩林

2012 年 9 月，获灵宝市教学能手

2012 年 12 月，获灵宝市师德标兵

2013 年 6 月，获灵宝市优秀实验教师

2013 年 9 月，获灵宝市优秀课改教师

2014 年，获三门峡市有突出贡献的优秀教师

2016 年，获灵宝市优秀共产党员

2017 年，获三门峡市骨干教师

2018 年，获灵宝市优秀课改教师、灵宝市最美家庭

2019 年 3 月，获三门峡市最美家庭

2019 年 9 月，获三门峡市有突出贡献的优秀教师

高金波

2011 年 6 月，获灵宝市优秀少先队辅导员

2013 年 9 月，获灵宝市优秀班主任

2018 年 9 月，获灵宝市优秀班主任

黄方方

2013 年 6 月，获灵宝市优秀教师

2013 年 9 月，获灵宝市优秀课改教师

2015 年 6 月，获三门峡市教学标兵

2015 年 9 月，获三门峡市有突出贡献的优秀教师

2019 年 9 月，获灵宝市优秀班主任

卢晓百

2012 年 12 月，获灵宝市师德标兵

2014 年 9 月，获灵宝市优秀支教教师

2015 年 9 月，获灵宝市优秀教师

刘江会

2012 年 9 月，获三门峡市优秀教师

2013 年 12 月，获灵宝市师德标兵

侯　剑

2011 年 7 月，获三门峡市班主任岗位标兵

2015 年 6 月，获三门峡市教学岗位标兵

2014 年 9 月，获三门峡市优秀德育工作者

2018 年 9 月，获三门峡市骨干教师

李川歌

2013 年 9 月，获灵宝市优秀课改教师

2017 年 1 月，获灵宝市教育系统优秀共产党员

李长华

2014 年 10 月，获三门峡市文明班级班主任

2015 年 9 月，获灵宝市优秀班主任

2016 年 6 月，获三门峡市教学标兵

2019 年 9 月，获灵宝市优秀班主任

马海娟

2011 年 6 月，获灵宝市优秀少先队辅导员

2012 年 9 月，获灵宝市优秀班主任

2017 年 9 月，获灵宝市优秀教师

任　丹

2011 年 7 月，获三门峡市师德标兵

2011 年 6 月，获三门峡市教学标兵

2015 年 6 月，获三门峡市教学标兵

孙萍芬

2015 年 9 月,获灵宝市优秀班主任

2019 年 9 月,获灵宝市优秀教师

田爱琴

2010 年 12 月,获三门峡市骨干教师

王海霞

2013 年 9 月,获灵宝市优秀教师

王宁泊

2013 年 12 月,获灵宝市师德标兵

2015 年 2 月,获灵宝市信息技术骨干教师

2015 年 6 月,获三门峡市教学标兵

2015 年 9 月,获灵宝市优秀课改教师

2018 年 8 月,获灵宝市优秀支教教师

2019 年 5 月,获三门峡市优秀少先队辅导员

2019 年 9 月,获灵宝市优秀班主任

王英芳

2012 年 1 月,获灵宝市优秀班主任

2013 年 9 月,获灵宝市优秀教师

2012 年 9 月,获灵宝市优秀课改教师

2014 年 4 月,获灵宝市优秀班主任

2019 年 11 月,获灵宝市星级达标"四星级教师"

杨亚娟

2011 年 9 月,获灵宝市优秀班主任

2014 年 6 月,获灵宝市优秀共产党员

2014 年 9 月,获三门峡市优秀教师

叶　青

2011 年 12 月,获灵宝市师德标兵

2012 年 9 月,获灵宝市优秀教师

2013 年 9 月,获三门峡市优秀教师

2016 年 8 月,获河南省教学名师

阴巧飞

2013 年 9 月,获灵宝市优秀班主任

2013 年 12 月,获灵宝市优秀共产党员

2015 年 12 月,获灵宝市优秀共产党员

2016 年 7 月,获三门峡市优秀班主任

2017 年 9 月,获三门峡市优秀教师

杨华丽

2010 年 9 月,获三门峡市优秀教师

赵永银

2012 年 9 月,获灵宝市第 2 届教师高效课堂教学能手

2012 年 12 月,获三门峡市骨干教师

2019 年 8 月,获灵宝市优秀支教教师

曾明丽

2012 年 9 月,获三门峡市教学标兵

2018 年 9 月,获灵宝市优秀教师

南晓华

2016 年 9 月,获灵宝市模范班主任

张春英

2013 年 9 月,获三门峡市优秀教师

2015 年 9 月,获灵宝市课改优秀教师

张　风

2019 年 9 月,获灵宝市优秀班主任

张　潇

2012 年 9 月,获灵宝市课改优秀教师

2013 年 4 月,获灵宝市优秀德育教师

2013 年 12 月,被评为河南省网络资源应用推广先进个人、灵宝市师德标兵

2015 年 6 月,获三门峡市教学标兵

2015 年 9 月,获灵宝市课改优秀教师

2018 年 5 月,获灵宝市优秀共产党员

赵春梅

2016 年 9 月，获灵宝市优秀教师

赵晶晶

2015 年 6 月，获三门峡班主任岗位标兵、优秀班主任

2015 年 9 月，获灵宝市优秀支教教师

2016 年 10 月，获灵宝市优秀班主任、灵宝市优秀少先队辅导员

2017 年 1 月，获灵宝市优秀共产党员

赵娟丽

2010 年 9 月，三门峡市教学标兵

2013 年 12 月，灵宝市优秀共产党员

2014 年 9 月，灵宝市先进教育工作者

2015 年 3 月，三门峡市 2014 年度教育新闻人物

2015 年 12 月，三门峡市第八届道德模范

2018 年 9 月，三门峡市有突出贡献的优秀教师

2018 年 9 月，三门峡市中小学骨干教师

2018 年 5 月，全国第十一届五好家庭

2018 年 6 月，三门峡市家庭教育工作先进个人

王彩霞

2012 年 9 月，获灵宝市教学标兵

2012 年 9 月，获灵宝市优秀课改教师

2015 年 8 月，获灵宝市优秀支教教师

2018 年 9 月，获灵宝市优秀班主任

郭会平

2011 年 7 月，获三门峡市文明教师标兵

2012 年 9 月，获灵宝市优秀课改教师

2012 年 9 月，获三门峡市教学标兵

李娟红

2015 年 9 月，获灵宝市优秀课改教师

2018 年 9 月，获灵宝市优秀班主任

赵小芳

2014 年 9 月，获灵宝市优秀班主任

周真珍

2014 年 4 月，获灵宝市优秀德育教师

2015 年 6 月，获三门峡市班主任岗位标兵

2015 年 9 月，获灵宝市优秀班主任

2019 年 9 月，获灵宝市优秀班主任

王冠龙

2016 年 9 月，获灵宝市优秀教师

翟淑茹

2014 年 10 月，获三门峡市优秀大队辅导员

2017 年 5 月，获灵宝市儿童工作先进个人

王亚娟

2018 年 9 月，获灵宝市优秀教师。

张江华

2011 年 9 月，获灵宝市优秀班主任

2012 年所带班级获得三门峡市标兵班级

薛春炜

2011 年 3 月，获三门峡市教学标兵

刘宝建

2019 年 7 月，荣获灵宝市优秀共产党员

李艳娥

2018 年 9 月，获灵宝市优秀教师

郭莹莹

2015 年 9 月，获灵宝市优秀班主任

2015 年 10 月，所带班级被评为三门峡市文明班级

2017 年 8 月，获灵宝市优秀支教教师

周静静

2017 年 9 月，获灵宝市优秀教师

薛艳红

2014 年 9 月，获灵宝市优秀教师

2015 年 9 月，获三门峡市优秀教师、教学标兵、教学名师

王　彬

2012年,获灵宝市优秀德育教师

2014年,获灵宝市优秀德育教师

2015年9月,获灵宝市优秀教师

张秋平

2014年,获灵宝市优秀课改教师

2017年9月,获灵宝市优秀教师

2019年,获三门峡市优秀少先队辅导员

张丽萍

2012年,所带的班级获三门峡市文明班级

2016年9月,获灵宝市优秀教师

苏水苗

2019年9月,获灵市优秀班主任

尚伟静

2013年8月,获灵宝市对口支教优秀教师

王海霞

2013年9月,获灵宝市优秀教师

刘雪层

2016年9月,获灵宝市优秀班主任

2018年9月,获灵宝市优秀课改教师

2019年7月,获灵宝市教育系统优秀共产党员

2019年9月,获灵宝市优秀班主任

刘润芝

2019年10月,获灵宝市迎国庆演出活动优秀编导

索金花

2012年9月,获三门峡市优秀教师

2012年9月,获灵宝市德育优秀教师、优秀班主任

何晓晓

2013年9月,获灵宝市优秀班主任

2017年9月,获灵宝市优秀教师

高金波

2013 年 9 月,获灵宝市优秀班主任

2018 年 9 月,获灵宝市优秀班主任

王金刚

2018 年 9 月获三门峡市骨干教师

符娟丽

2016 年 9 月,获灵宝市优秀班主任

2018 年 9 月,获三门峡市骨干教师

李彩红

2012 年 4 月,所带班级被评为灵宝市文明班级

2012 年 9 月,获三门峡市班主任岗位标兵

2013 年 4 月,所带班级获灵宝市文明班级,获灵宝市优秀班主任

2013 年 6 月,获灵宝市课内增量阅读优秀实验教师

2013 年 9 月,获灵宝市师德标兵

2014 年 4 月,获灵宝市德育主题教育月活动优秀班主任

2014 年 10 月,获三门峡市“两创两争”文明班级标兵

张长波

2018 年 5 月,获三门峡市优秀少先大队辅导员

孙艳丽

2010 年,获三门峡市班主任标兵

2011 年 9 月,获三门峡市优秀教师

王珊珊

2017 年 12 月,获灵宝市优秀支教教师

何晓芝

2012 年 2 月,获灵宝市师德标兵

2013 年 4 月,获灵宝市优秀班主任

2014 年 4 月,获灵宝市优秀德育教师

2014 年 9 月,获灵宝市优秀课改教师

2016 年 6 月,获三门峡市优秀班主任

2016 年 9 月,获灵宝市优秀班主任

2019 年 3 月,获三门峡市优秀班主任

2019 年 7 月,获三门峡市“两创两争”文明班集体

李茂林

2012 年 4 月,获灵宝市优秀德育教师

2012 年 5 月,获灵宝市优秀共青团员

2012 年 7 月,获灵宝市青少年活动中心优秀辅导教师

2014 年 12 月,获河南省中小学安全知识网络竞赛优秀管理员

2015 年 5 月,获灵宝市儿童工作先进个人

2016 年 4 月,获三门峡市“六五”普法暨“依法治校年”先进个人

2016 年 9 月,获灵宝市教育先进工作者

2017 年 9 月,获三门峡市文明教师

2019 年 7 月,获灵宝市 2018~2019 学年优秀共产党员

第三节　单项荣誉

一、灵宝市第三小学教师优质课获奖一览表

表 11-1

姓名	课 题	类型	发证单位	等级	时间
张　潇	《How tall are you?》	教师技能竞赛	三门峡市教育局研究室	一	2013.9
张　潇	《My favourite season》	优质课	三门峡市教育局研究室	一	2014.6
张　潇	《My favourite season》	优质课	灵宝市教育体育局	一	2014.7
张　潇	《What time is it?》	优质课	三门峡市教育局	一	2014.9
张　潇	《What time is it?》	优质课	河南省基础教育教学研究室	一	2014.9
张　潇	《My school calendar》	优质课	灵宝市教育体育局	一	2015.5
张　潇	《My schoolbag》	优质课	三门峡市教育局教研室	一	2015.5
张　潇	《Where did you go?》	优质课	三门峡市教育局教研室	一	2016.4
张　潇	《Last weekend》	优质课	三门峡市教育局教研室	一	2016.10
张　潇	《How can I get there?》	优质课	河南省教育厅	一	2016.12
张　潇	《My school calendar》	优质课	灵宝市教体局教研室		2019.4

续表1

姓名	课 题	类型	发证单位	等级	时间
张晓芳	《Let´s paint》	优质课	三门峡市教育局教研室	三	2013.5
张晓芳	《Dinner´s　ready》	优质课	灵宝市教体局教研室	一	2019.12
杨华丽	《Unit 2 Weather-Lesson 1》	优质课	三门峡市教育局教研室	一	2019.9
杨华丽	《Unit 2 Weather-Lesson 1》	优质课	河南省教育厅	二	2019.10
叶　青	《Unit1 How can I get there?》	优质课	三门峡市教育局教研室	三	2016.10
叶　青	《Unit3 Seasons》	优质课	三门峡市教育局教研室	一	2019.9
叶　青	《Unit3 Seasons》	优质课	河南省教育教学研究室	二	2019.10
刘晓霞	《Unit3 Let's spell》	优质课	灵宝市教体局教研室	一	2015.11
刘晓霞	《Unit2 My family	优质课	灵宝市教体局教研室	一	2016.6
刘晓霞	《Unit 1 My day	优质课	灵宝市教体局教研室	二	2018.1
刘晓霞	《Unit 1 My day	优质课	三门峡市教育局教研室	三	2018.4
刘晓霞	《The sounds of ow》	优质课	灵宝市教体局教研室	一	2019.1
王亚娟	《Colours》	优质课	灵宝市教体局教研室	一	2012.12
王亚娟	《We love animals》	优质课	灵宝市教体局教研室	一	2014.12
王亚娟	《We love animals》	优质课	三门峡市教育局教研室	三	2015.5.
王亚娟	《My schoolbag》	优质课	三门峡市教育局教研室	二	2016.4
王亚娟	《Shopping》	优质课	三门峡市教育局教研室	一	2017.9
王亚娟	《What does he do?》	优质课	灵宝市教体局教研室	一	2018.1
王亚娟	《We love animals》	优质课	灵宝市教育体育局	二	2018.6
王亚娟	《What does he do?》	优质课	三门峡市教育局教研室	一	2018.4
王亚娟	《Look at me》	优质课	灵宝市教体局教研室	一	2018.12
曾明丽	《What would you like》	优质课	灵宝市教体局教研室	一	2012.12
曾明丽	《Unit3 Let's spell》	优质课	灵宝市教体局教研室	二	2017.3
曾明丽	《At the zoo》	优质课	三门峡市教育局	一	2018.10
曾明丽	《At the zoo》	优质课	河南省教育厅	三	2018.9
赵永银	《Unit 5 dinner´s ready》	优质课	三门峡市教育局教研室	二	2017.9
席如玲	《种一片太阳花》	网络优质课	三门峡市教育局教研室		2017.9

续表2

姓名	课 题	类型	发证单位	等级	时间
侯　剑	《轴对称图形》	录像课	全国中小学计算机教育研究中心	二	2013.5
侯　剑	《三角形的特性》	优质课	三门峡市教育局教研室	二	2014.6
侯　剑	《鸡兔同笼》	优质课	三门峡市教育局教研室	一	2015.5
王宁泊	《认识时间》	网络课	三门峡市教育局教研室	三	2015.5
王宁泊	《平移和旋转》	网络课	三门峡市教育局教研室	一	2016.10
王宁泊	《平移和旋转》	网络课	河南省教育厅	二	2016.12
王宁泊	《图形的运动(二)》	公开课	灵宝市教体局教研室	二	2017.3
王宁泊	《认识时间》	网络课	三门峡市教育局教研室	二	2017.9
李　波	《有余数的除法解决问题》	公开课	灵宝市教体局教研室	二	2016.6
李　波	《百分数单元》	解说教材	灵宝市教体局教研室	一	2012.12
张长波	《关爱生命 文明出行》	录像课	三门峡市教育局	一	2015.9
张长波	《平行四边形的面积》	优质课	三门峡市教育局教研室	二	2016.6
张长波	《小数的意义》	优质课	灵宝市教体局教研室	二	2016.6
张江华	《混合运算》	优质课评比	灵宝市教体局	二	2015.5
高金波	《有余数的除法》	优质课评比	三门峡市教育局教研室	三	2017.5
高金波	《植树问题》	优质课评比	三门峡市教育局教研室	三	2015.7
高金波	《年月日》	优质课评比	灵宝市教体局教研室	二	2016.8
赵晶晶	《大熊猫》	优质课	河南省教育厅	二	2015.10
赵晶晶	《古诗二首》	优质课	灵宝市教体局教研室	一	2016.6
刘亚婷	《影响电磁铁磁性大小的因素》	公开课	河南省教研室	一	2014.10
闫飒飒	《大鱼小鱼》	网络课	三门峡市教育局	二	2012.8
孙爱萍	《综合实践活动和劳动与通用技术》	优质课	三门峡市教育局	一	2012.10
李娟红	《好事情》	公开课	灵宝市教体局	二	2015.5
李娟红	《小鱼的梦》	网络课	三门峡市教育局教研室	二	2015.5

续表3

姓名	课　题	类型	发证单位	等级	时间
高君玲	《活见鬼》	网络课	三门峡市教育局教研室	二	2017.9
李娟红	《合作共赢》	网络课	三门峡市教育局教研室	二	2012.8
何晓晓	《特别的作业》	网络课	河南省语文年会	一	2012.3
何晓晓	《挑山工》	网络课	三门峡市教育局	一	2014.9
何晓晓	《称象第一课时》	优质课	灵宝市基础教育教研室	一	2017.3
何晓晓	《称象》	优质课	三门峡市教育局教研室	三	2017.9
何晓晓	《女娲补天》	优质课	三门峡市教育局	二	2018.6
何皎洁	《桥》	公开课	河南省教育学会语文教育专业委员会	一	2019.12
何皎洁	《永生的眼睛》	公开课	河南省教育学会语文教育专业委员会	一	2019.3
何皎洁	《统编六年级上册语文教材解说》	示范课	灵宝市教体局教研室	一	2019.8
何皎洁	《唯一的听众》	示范课	灵宝市教体局教研室	一	2018.12
何皎洁	《海底世界》	示范课	灵宝市教体局教研室	一	2017.12
何皎洁	《桥》	公开课	河南省教育学会语文教育专业委员会	一	2019.11
符娟丽	《中华文明》	公开课	灵宝市教体局教研室	二	2016.6
符娟丽	《一个苹果》	公开课	灵宝市教体局教研室	二	2013.12
符娟丽	《英雄》	示范课	灵宝市教体局		2012.9
符娟丽	《螳螂捕蝉》	优质课	三门峡市教育局	一	2017.6
常银茹	《认识三角形》	网络课	河南省教育厅	三	2017.12
卢晓百	《Unit3B Let's talk》	公开课	灵宝市教体局教研室	一	2015.11
卢晓百	《Unit2A Let's learn》	公开课	灵宝市教体局教研室	一	2016.6
卢晓百	《连加》	微课	灵宝市教体局教研室	二	2019.1
卢晓百	《8 和 9 的组成》	网络课	三门峡市教体局教学研究室	二	2019.9
张　风	《蜡烛会熄灭吗》	优质课	三门峡市教育局		
杨亚娟	解决问题(连乘)	一师一优课	中央电化教育馆	一	2017.1
杨亚娟	解决问题(连乘)	优质课	河南省教育厅	一	2016.12
杨亚娟	解决问题(连乘)	优质课	三门峡市教育局教研室	一	2016.10

续表4

姓名	课 题	类型	发证单位	等级	时间
杨亚娟	解决问题(连乘)	优质课	灵宝市教体局教研室	一	2016.6
杨亚娟	《倒数的认识》	优质课	三门峡市教育局教研室	三	2015.5
杨亚娟	《亿以内数的写法》	示范课	灵宝市教体局教研室		2012.12
李长华	《简单的排列》	优质课	中央电化教育馆	三	2015.5
李长华	《搭配》	优质课	三门峡市教育局教研室	三	2015.5
李长华	《简单的排列》	优质课	三门峡市教育局教研室	三	2015.5
李长华	《面积的认识》	优质课	灵宝市教体局教研室	二	2016.6
李长华	《6.7 的加减法》	网络课	灵宝市教体局教研室	二	2019.6
翟希云	《比的意义》	网络课	河南省教育厅	二	2011.12
翟希云	《面积和面积单位》	公开课	三门峡市教育局教研室	一	2018.4
翟希云	《闰年那些事》	优质课	河南省教育厅	三	2018.9
杨育林	《认识键盘》	优质课	河南省教育厅	二	2014.10
杨育林	《图形的旋转》	优质课	三门峡市教育局教研室	三	2016.6
杨育林	《认识键盘》	优质课	灵宝市教体局	二	2014.5
杨育林	《善变的 Windows 桌面》	微课	灵宝市教体局	一	2015.1
杨育林	《文本框的应用》	优质课	灵宝市教体局	一	2016.5
杨育林	《微课的制作》	示范课	灵宝市教体局	一	2016.9
杨育林	《微课的制作》	示范课	灵宝市教体局	一	2017.9
孙爱萍	《合理购物》	优质课	三门峡市教育局	一	2012.10
孙爱萍	《鸡兔同笼》	优质课	灵宝市教体局	一	2012.12
高　蕊	《推理》	优质课	三门峡市教育局教研室	二	2015.5
高　蕊	《推理》	示范课	灵宝市教体局教研室	一	2015.4
南晓华	《核心素养下的数学课堂》	示范课	灵宝市教体局教研室	一	2018.8
黄方方	《和氏献璧》	优质课	灵宝市教体局教研室	一	2014.5
黄方方	《小山羊和小灰兔》	示范课	灵宝市教体局教研室	一	2014.12
黄方方	《快乐的小公鸡》	优质课	灵宝市教体局	一	2015.5
黄方方	《小山羊和小灰兔》	优质课	三门峡市教育局教研室	二	2015.8
黄方方	《葡萄沟》	示范课	灵宝市教体局教研室	一	2017.12

续表5

姓名	课 题	类型	发证单位	等级	时间
尚卫娜	《电磁铁的磁性》	优质课	三门峡市教育局	二	2013.7
尚卫娜	《我给健康下定义》	优质课	三门峡市教育局教研室	三	2015.5.8
张　丹	《音序查字法》	网络课	灵宝市教体局教研室	二	2019.1
张　丹	《汉语拼音 an en in un ün》	网络课	三门峡市教育局教研室	二	2019.9
刘江会	《钓鱼的启示》	优质课	三门峡市教育局教研室	二	2015.5.8
刘江会	《劳动的开端》	优质课	灵宝市教体局教研室	二	2016.6
刘江会	《快乐阅读吧》	示范课	灵宝市教体局教研室	一	2019.1
任　丹	《农村教师培训》	示范课	灵宝市教体局教研室	一	2010.8
任　丹	《cctalk 直播》	示范课	灵宝市教体局教研室	一	2017.9
任　丹	《贵在坚持》	优质课	灵宝市教体局教研室	一	2019.4
任　丹	《贵在坚持》	优质课	三门峡市教体局教研室	二	2019.5
王惠敏	《春天举行音乐会》	优质课	三门峡市教育局体育卫生工作站	三	2016.5
王惠敏	《小学数学》	优质课	三门峡市教育局教研室	二	2015.5
王惠敏	《童心是小鸟》	优质课	灵宝市教体局	二	2015.12
王惠敏	《愉快的梦》	优质课	灵宝市教体局	二	2019.12
刘润芝	《小青蛙找家》	优质课	灵宝市教体局	一	2014.11
刘润芝	《动物说话》	优质课	灵宝市教体局	一	2016.11
刘润芝	《小青蛙找家》	优质课	三门峡市教育局体卫站	二	2018.8
郭飞飞	《拟人的形象》	美术优质课	灵宝市教体局教研室	一	2016.11
郭飞飞	《拟人的形象》	优质课	三门峡市教育局教研室	二	2017.9
郭飞飞	实践教育《卡通总动员》	美术优质课	河南省教育厅	二	2016.10
常楠楠	《快乐篮球》	优质课	灵宝市教体局	二	2014.12
常楠楠	《学习 30 米迎面接力跑立棒式传接棒技术》	网络课	河南省基础教育教学研究室	二	2016.9
高现代	《跨越式跳高》	公开课	灵宝市教体局	二	2016.12
高现代	《积极愉快地上好体育课》	网络课	三门峡市教育局教研室	二	2017.9
高现代	《站立式起跑》	网络课	灵宝市教体局教研室	一	2019.1

续表6

姓名	课 题	类型	发证单位	等级	时间
杜晓刚	《游戏》	优质课	三门峡市教育局体卫站	二	2016.7
杜晓刚	《叫号赛跑》	优质课	灵宝市教体局	一	2015.12
阴巧飞	《雨铃铛》	优质课	三门峡市教育局	一	2017.9
阴巧飞	《漫步神奇的非洲热土》	优质课	三门峡市教育局教研室	三	2016.5
阴巧飞	《长城赞》	优质课	灵宝市教体局教研室	一	2016.6
阴巧飞	《狮子和兔子》	优质课	灵宝市教体局教研室	一	2014.5
阴巧飞	《雨铃铛》	优质课	灵宝市教体局教研室	一	2016.5
阴巧飞	《狮子和兔子》	优质课	灵宝市教体局教研室	一	2016.6
阴巧飞	《雪地里的小画家》	优质课	三门峡市教育局教研室	二	2016.10
阴巧飞	《纪念》	网络公开课	河南省教育厅	三	2012.9
阴巧飞	《水乡歌》	网络在线课	教育部课程研究中心	二	2013.10
貟彩红	《雨铃铛》	网络课	三门峡市教育局	一	2011.8
周林红	《Unit 11 Body》	教学技能大赛	三门峡市教育工会	二	2006.9
周林红	《爱因斯坦的故事》	课堂教学竞赛	灵宝市教体局	二	2007.6
周林红	《探索燃烧的秘密》	教学技能大赛	三门峡市教育工会	二	2013.7
周林红	《炮手》	年会交流	河南省教育学会	一	2015.3
薛艳红	《三角形的面积》	优质课	河南省教育厅	三	2015.9
薛艳红	《三角形的面积》	优质课	三门峡市教育局教研室	一	2015.5
薛艳红	《反比例》	优质课	灵宝市教体局教研室	二	2016.6
薛艳红	《多边形的面积整理与复习》	示范课	灵宝市教体局教研室		2012.12
薛艳红	《面积与面积单位》	示范课	灵宝市教体局研究室		2013.6
薛艳红	《三角形的面积》	网络课	河南省教育厅	三	2015.9
王冠龙	《平行四边形的面积》	优质课	三门峡市教育局教研室	三	2015.5
王冠龙	《推理》	一师一优课	三门峡市教育局教研室	二	2016.10
王冠龙	《推理》	优质课	灵宝市教体局教研室	二	2016.6

续表7

姓名	课 题	类型	发证单位	等级	时间
王冠龙	《鸽巢问题》	优质课	灵宝市教体局教研室	一	2017.3
刘艳红	《植树问题》	优质课	河南省教育厅	二	2014.10
刘艳红	《植树问题》	一师一优课	三门峡市教育局教研室	一	2017.9
刘艳红	《不断更新的通信家族》	优质课	河南省教育厅	三	2012.12
李川歌	《整理和复习》	示范课	灵宝市教体局教研室		2014.12
李川歌	《有余数的除法》	优质课	灵宝市教体局教研室	二	2016.6
李彩红	《健康快乐度课间》	优质课	灵宝市教体局教研室	二	2011.10
李彩红	《拾穗》	优质课	河南省教育厅	三	2011.12
李彩红	《一枚金币》	优质课	三门峡市教育局教研室	二	2015.5
翟淑茹	《我有一双美丽的眼睛》	优质课	河南省教育厅	二	2013
张艳艳	《三月桃花水 》	优质课	灵宝市教体局教研室	二	2016.6
王佩林	《螳螂捕蝉》	优质课	三门峡市教育局教研室	一	2015.5
王佩林	《螳螂捕蝉》	优质课	河南省教育厅	三	2015.9
王佩林	《阅读大地的徐霞客》	优质课	三门峡市教育局教研室	二	2016.4
王佩林	《阅读大地的徐霞客》	优质课	河南省教育厅	三	2016.11
王佩林	海底世界单元整合教学	示范课	灵宝市教体局研究室	一	2017.12
王佩林	《圆圆的沙粒》	优质课	灵宝市教体局研究室	一	2018.1
王佩林	《圆圆的沙粒》	优质课	三门峡市教育局教研室	一	2018.4
王佩林	《翠鸟》	示范课	灵宝市教体局教研室	一	2018.12
杨红艳	群文阅读《色彩》	优质课	灵宝市教体局教研室	一	2016.4
杨红艳	《田忌赛马》	示范课	灵宝市教体局教研室		2011.12
杨红艳	《这儿,原来是一座村庄》	示范课	三门峡市教育局教研室		2016.4
董春艳	《鱼儿游游》	美术优质课	灵宝市教体局教研室	一	2014.11
马俊娥	《这儿,原来是一座村庄》	优质课	三门峡市教育局教研室究室	三	2616.11

二、灵宝市第三小学课题获奖一览表

表 11-2

序号	姓名	题 目	发证单位	等级	时间
1	田爱琴	教学设计《My favourite season》	河南省基础教育教学研究室	三	2013.9
2	田爱琴	教学设计《My holiday》	河南省基础教育教学研究室	二	2013.9
3	田爱琴	优秀教育电视节目《Little Red Ridding Hood 》	河南省教育厅电教馆	一	2014.10
4	田爱琴	《小学英语个性化作业的设计与研究》	河南省教育科学规划领导小组	一	2017.7
5	张　潇	《小学英语音标教学的研究》	河南省基础教育教学研究室	一	2014.9
6	张　潇	《构建双语特色课程的研究》	教师科研基金“十二五”规划全国重点课题	一	2015.5
7	张　潇	《英文绘本在小学英语课堂中的应用与研究》	河南省教育科学规划领导小组办公室	一	2016.7
8	张　潇	《小学英语个性化作业的设计与研究》	河南省教育科学规划领导小组办公室	一	2017.7
9	张　潇	《英文绘本在小学英语课堂中的应用与研究》	河南省教育教学研究室	二	2017.7
10	张　潇	《小学英语语音教学策略的训练和运用研究》	三门峡市教育局教研室	一	2018.6
11	张晓芳	校本课程《Happy English》	灵宝市教体局教研室	一	2019.1
12	杨华丽	《英文绘本在小学英语课堂中的应用与研究》	河南省教育科学规划领导小组办公室	一	2016.7
13	杨华丽	《小学英语个性化作业的设计与研究》	河南省教育科学规划领导小组	一	2017.7
14	杨华丽	《英文绘本在小学英语课堂中的应用与研究》	河南省教育教学研究室	二	2017.7
15	叶　青	教学设计《My favourite season》	河南省基础教育教学研究室	三	2013.9
16	叶　青	教学设计《My holiday》	河南省基础教育教学研究室	二	2013.9
17	叶　青	优秀教育电视节目《A proud peak-cock》	河南省教育厅电教馆	一	2014.10
18	叶　青	校本课程《Happy English》	灵宝市教体局	一	2019.1
19	刘晓霞	校本课程《Happy English》	灵宝市教体局	一	2019.1

续表1

序号	姓名	题 目	发证单位	等级	时间
20	刘晓霞	优秀教育电视节目《A proud peak-cock》	河南省教育厅电化教育馆	一	2014.10
21	刘晓霞	课件《My family》	河南省基础教育教学研究室	二	2016.7
22	王亚娟	《英文绘本在小学英语课堂中的应用与研究》	河南省教育科学规划领导小组办公室	一	2016.7
23	王亚娟	《小学英语个性化作业的设计与研究》	河南省教育科学规划领导小组	一	2017.7
24	王亚娟	《英文绘本在小学英语课堂中的应用与研究》	河南省教育教学研究室	二	2017.7
25	曾明丽	《小学农民工家庭子女英语阅读学习策略的研究》	三门峡市教育科学规划领导小组办公室	合格	2019.7
26	刘雪峰	《低年级学生作业良好习惯养成的策略研究》	河南省基础教育教学研究室	三	2013.9
27	刘雪峰	《教材外群文的组织策略研究》	三门峡市教育科学规划领导小组办公室	二	2017.6
28	刘雪峰	《英文绘本在小学英语课堂中的应用与研究》	河南省教育厅	二	2017.8
29	赵晶晶	教学设计《一双手》	河南省基础教育教研室	三	2012
30	赵晶晶	《班本课程的开发与实施》	三门峡市教育科学规划领导小组办公室	一	2014.10
31	郭莹莹	《教材外群文的组织策略研究》	三门峡市教育科学规划领导小组办公室	二	2017.6
32	马海娟	《班本课程的开发与实施》	三门峡市教育科学规划领导小组办公室	一	2014.10
33	张长波	《用博客资源培养师生数学素养的研究》	三门峡市教育局教研室	一	2015.9
34	闫飒飒	综合实践活动课程《巧手剪艺》	灵宝市教育体育局	一	2017.12
35	侯　剑	《用博客资源培养师生数学素养的研究》	河南省教育厅教育教学研究室	二	2016.7
36	王宁泊	《“科学探究”活动的有效性策略研究》	河南省基础教育教学研究室	二	2011.9
37	王宁泊	《动态PPT与微视频的研究与应用》	灵宝市教育体育局电化教育馆	一	2016.10
38	王宁泊	《小学数学教学中课外作业设计策略的研究》	灵宝市教体局教研室	结题	2018.6

续表2

序号	姓名	题 目	发证单位	等级	时间
39	李　波	《低年级学生作业良好习惯养成的策略研究》	河南省基础教育教学研究室	三	2013.9
40	张丽萍	《小学生自主纠错能力培养的策略研究 》	三门峡市教育科学规划领导小组办公室	合格	2019.6
41	张长波	《用博客资源培养师生数学素养的研究》	三门峡市教育科学规划领导小组办公室	一	2015.9
40	张长波	《小学低年级数学体验式生态课堂的研究	灵宝市教体局教研室	一	2018.6
41	张长波	《培养特殊家庭孩子法治素养的研究	灵宝市教体局教研室	一	2019.7
42	孙爱萍	《微信平台在小学数学中的应用 》	灵宝市教体局教研室	一	2018.6
43	张江华	《用博客资源培养师生数学素养的研究》	三门峡市教育科学规划领导小组办公室	一	2015.9
44	张江华	《用博客资源培养师生数学素养的研究》	河南省教育厅	二	2016.7
45	高金波	《小学数学课堂教学与现代教育技术整合的研究》	三门峡市教育科学规划领导小组办公室	二	2016.6
46	高金波	《学校完全教育校本课程的开发与运用研究》	灵宝市教育体育局	二	2017.6
47	高金波	综合实践活动成果《绘制家庭消防逃生路线》	灵宝市教育体育局	二	2017.8
48	李娟红	《班本课程的开发和实施》	三门峡市教育科学规划领导小组办公室	一	2014.10
49	李娟红	教材外群文的组织策略研究》	三门峡市教育科学规划领导小组办公室	二	2017.6
50	高君玲	《小学生不良行为习惯矫正策略的研究》	河南省教育科学规划领导小组办公室	良好	2018.7
51	何晓晓	《小学生不良行为习惯矫正策略的研究	河南省教育科学规划领导办公室	合格	2018.7
52	何皎洁	《小学生整本书阅读指导课不同课型的探究》	三门峡教育科学规划领导小组办公室	合格	2019.7
53	何皎洁	《农村小学生主题群文增量阅读方法研究》	河南省教育科学科学研究所	良好	2017.7
54	何晓芝	《小学语文低段教学与国学经典读本整合的策略研究》	灵宝市教体局教研室	一	2018.6
55	何晓芝	《教材外群文的组织策略研究》	三门峡市教育科学规划领导小组办公室	二	2017.6

续表3

序号	姓名	题 目	发证单位	等级	时间
56	符娟丽	《区域教师信息素养与教师专业化发展研究》	河南省"十二五"教育信息技术研究课题	三	2013.9
57	符娟丽	《小学群文读写结合策略研究 》	三门峡市教育科学规划领导小组办公室	二	2017.6
58	符娟丽	《小学多文本读写并进策略研究》	河南省基础教育教学研究室	二	2018.5
59	符娟丽	《运用"汉之星"优化小学生学习方式的研究 》	河南省基础教育教学研究室	结项	2019.9
60	赵春梅	《低年级学生作业良好习惯养成的策略研究	河南省基础教育教学研究室	三	2013.9
61	张　风	《小学数学课堂教学与现代教育技术整合的研究》	三门峡市教育科学规划领导小组办公室	二	2016.7
62	张春英	《小学数学课堂教学与现代教育技术整合的研究》	三门峡市教育科学规划领导小组办公室	二	2016.7
63	王英芳	《数学日记在小学数学教学中的实践》	河南省基础教育教学研究室	三	2010.9
64	杨亚娟	《低年级学生作业良好习惯养成的策略研究》	河南省基础教育教学研究室	三	2013.9
65	李长华	《低年级学生作业良好习惯养成的策略研究》	河南省基础教育教学研究室	三	2013.9
66	张增彦	《用博客资源培养师生数学素养的研究》	三门峡市教育科学规划领导小组办公室	一	2015.9
67	杨育林	《〈平均分〉集体备课》	河南省教育厅	一	2013.9
68	杨育林	《动态 PPT 与微视频的研究与应用》	灵宝市教育体育局电化教育馆	一	2016.10
69	孙爱萍	《微信平台在小数数学教学中的应用》	灵宝市教体局教研室	一	2018.6
70	南晓华	《小学低年级体验式生态课堂的研究》	灵宝市教体局教研室	一	2018.6
71	高　蕊	《小学低年级体验式生态课堂的研究》	灵宝市教体局教研室	一	2018.6
72	李聪丽	《微信平台在小数数学教学中的应用》	灵宝市教体局教研室	一	2018.6
73	苏水苗	《小学低年级体验式生态课堂的研究》	灵宝市教体局教研室	一	2018.6
74	黄方方	《小学语文谜语进课堂的实践与研究》	河南省教科所	合格	2015.7

续表4

序号	姓名	题 目	发证单位	等级	时间
75	黄方方	《液晶触摸一体机在小学高年级语文教学中的有效利用的研究》	河南省教育厅	二	2016.9
76	黄方方	《小学语文低段教学与国学经典读本整合的策略研究》	灵宝市教体局教研室	结项	2018.6
77	尚卫娜	《小学多文本读写并进策略研究》	河南省基础教育教学研究室	合格	2018.5
78	尚卫娜	《小学多文本读写并进策略研究》	河南省教育厅	二	2019.8
79	刘江会	《群文阅读课堂教学实际操作的研究》	三门峡教科所	一	2017.6
80	任　丹	《动态 PPT 与微视频的研究及应用》	灵宝市教育体育局电化教育馆	一	2016.10
81	刘润芝	《中小学团体心理辅导的研究》	三门峡教研室	结项	2019.7
82	潘树波	《小学生整本书阅读指导课不同类型的探究》	三门峡市教育科学规划领导小组办公室	合格	2019.7
83	潘树波	《培养特殊家庭孩子法治素养的研究》	灵宝市教体局教研室	结项	2019.7.12
84	潘树波	《学校安全教育校本课程的开发与运用研究》	灵宝市教体局	二	2018.3
85	阴巧飞	《教材外群文的组织策略研究》	三门峡市教育科学规划领导小组办公室	二	2017.6
86	刘雪层	《群文阅读课堂教学实际操作的研究》	三门峡市教育科学规划领导小组办公室	一	2017.6
87	贠彩红	《群文阅读课堂教学实际操作的研究》	三门峡市教育科学规划领导小组办公室	一	2017.6
88	周林红	《小学语文低段教学与国学经典读本整合的策略研究》	灵宝市教体局	三	2018.6.30
89	薛艳红	《小学数学课堂教学与现代教育技术整合的研究》	三门峡市教育科学规划领导小组办公室	二	2016.7
90	薛艳红	《小学生自主纠错能力培养的策略研究》	三门峡市教育科学规划领导小组办公室	合格	2019.6
91	刘艳红	《用博客资源培养师生数学素养的研究》	河南省教育厅	二	2016.7
92	翟淑茹	《学校安全教育校本课程的开发与运用研究》	灵宝市教体局教研室	二	2018.3
93	李茂林	《做好孩子的握笔人》	三门峡市教育科学规划领导小组办公室	一	2015.10

续表5

序号	姓名	题 目	发证单位	等级	时间
94	李茂林	《小学数学课堂教学与现代教育技术整合的研究》	三门峡市教育科学规划领导小组办公室	二	2016.7
95	李茂林	《学校安全教育校本课程的开发与运用研究》	灵宝市教体局教研室	二	2018.3
96	李茂林	《培养特殊家庭孩子法治素养的研究》	灵宝市教体局教研室	一	2019.7
97	张艳艳	《小学生整本书阅读指导课不同课型的探究》	三门峡市教育科学规划领导小组办公室	结题	2019.7
98	王佩林	《构建双语特色课程的研究》	教师科研基金“十二五”规划全国重点课题	一	2015.5
99	王佩林	《液晶触摸一体机在小学高年级语文教学中的有效利用的研究》	河南省教育厅	二	2016.9
100	王佩林	《小学群文读写结合策略研究》	三门峡市教育科学规划领导小组办公室	二	2017.6
101	王佩林	《小学多文本读写并进策略研究》	河南省基础教育教学研究室	二	2018.5
102	马俊娥	《区域教师信息素养与教师专业化发展研究》	河南省教育厅	三	2013.9

三、灵宝市第三小学教师论文获奖一览表

表 11-3

时间	姓名	题 目	发证单位
2012.9	田爱琴	《让英语课堂绽放快乐》	河南省基础教育教学研究室
2013.9	田爱琴	《高效学习,兴趣为先》	河南省基础教育教学研究室
2014.9	田爱琴	《培养兴趣,走进魅力课堂》	河南省基础教育教学研究室
2013.9	张　潇	《打造高效课堂 收获别样成功》	河南省基础教育教学研究室
2014.10	张　潇	《信息技术与小学英语教学的完美结合》	河南省教育厅
2016.7	张　潇	《优化教学方法 实现有效课堂》	河南省基础教育教学研究室
2017.3	张　潇	《搭建微信平台 实现口语突破》	当代教育实践与教学研究
2012.9	张晓芳	《情感教学 让英语课堂更高效》	三门峡市教育局教研室
2012.9	张晓芳	《小学英语情感教学的研究》	河南省基础教育教学研究室
2012.9	杨华丽	《新时期我们如何当教师?》	河南省基础教育教学研究室
2014.9	杨华丽	《高效课堂促我成长》	河南省基础教育教学研究室

续表1

时间	姓名	题 目	发证单位
2012.5	叶　青	《有效的,才是最好的———浅谈小学英语有效性教学》	河南省基础教育教学研究室
2012.9	叶　青	《多维激趣　构建高效英语课堂》	三门峡市教育局教研室
2013.9	叶　青	《课改阳光下的英语课》	河南省基础教育教学研究室
2014.9	叶　青	《用心点亮英语课堂》	河南省基础教育教学研究室
2010.8	刘晓霞	《初中英语高效课堂教学反思》	三门峡市教育局教研室
2012.9	刘晓霞	《浅谈声情并茂在小学低年级英语课堂中的运用》	河南省基础教育教学研究室
2013.9	刘晓霞	《为孩子们撑起一片希望的天空》	河南省基础教育教学研究室
2014.9	刘晓霞	《英语课堂教学策略》	河南省基础教育教学研究室
2014.9	王亚娟	《浅析小学英语音标教学》	河南省基础教育教学研究室
2013.9	曾明丽	《简笔画在英语教学中的魅力》	河南省基础教育教学研究室
2012.8	曾明丽	《让英语课堂动起来》	少年智力开发报社
2013.9	曾明丽	《灵活运用学生自身的教学资源》	少年智力开发报社
2011.8	刘雪峰	《关于“小组合作学习”的探究与实践》	河南省基础教育教学研究室
2012.9	席如玲	《减负增效提质,齐头并进》	三门峡市教育局教研室
2017.6	席如玲	《小学群文读写结合策略研究》	三门峡市教育局教研室
2014.11	闫飒飒	《焕发美术课堂的生命力》	三门峡市教育局教研室
2012.9	侯　剑	《高效课堂我永远的追求》	三门峡市教育局教研室
2011.3	张丽萍	《浅谈小学阅读教学》	三门峡市教育学会
2012.10	高金波	《如何提高小学数学课堂教学的有效性》	三门峡市教育局教研室
2010.9	张艳妮	《浅谈在课堂教学中渗透德育》	河南省基础教育教学研究室
2012.9	张艳妮	《高效课堂点滴谈》	三门峡市教育教学论文
2012.9	张艳妮	《高效课堂我的收获》	河南省基础教育教学研究室
2019.10	李娟红	《擎信仰之旗 成就出彩人生》	三门峡市教育局
2013.12	李娟红	《天空没有留下我的痕迹,但我已飞过》	灵宝市教体局
2019.1	李娟红	《我的国籍是中国》	灵宝市教体局
2013.8	王引谋	《品德教学有效策略研究》	河南省基础教育教学研究室
2010.09	高君玲	《构建开放而有活力的语文课堂初探》	河南省基础教育教学研究室

续表2

时间	姓名	题 目	发证单位
2012.9	何晓芝	《高效课堂中小学低年级读写结合初探》	三门峡市教育局教研室
2012.10	何晓芝	《安全课间快乐成长》	灵宝市教育体育局
2012.9	何晓晓	《高效课堂教师怎样教的有效》	三门峡市教育局教研室
2017.12	何晓晓	《让良好习惯为成长奠基》	灵宝市教体局
2017.06	何皎洁	《携手同行 共圆教育梦》	灵宝市教体局
2017.10	何皎洁	《携手同行 共圆教育梦》	三门峡教育局
2013.10	符娟丽	《语文教学中交互式电子白板的应用》	河南省教育厅
2013.9	符娟丽	《数字资源在小学学段语文学科教学中的应用》	河南省教育厅
2012.12	符娟丽	《强化教师信息素养，为专业发展增砖添瓦》	河南省教育厅
2018.7	符娟丽	《巧用“汉之星”还语文预习一片清明》	河南省基础教育教学研究室
2014.7	赵晶晶	《师生共读 快乐无限》	发表于 CN 刊物《新课程教学》
2013.12	马海娟	《铸就师魂 青春无悔》	灵宝市教体局
2011.9	马海娟	《掌握识字方法 提高识字效率》	三门峡市教育局教研室
2014.9	卢晓百	《巧妙导入 精彩课堂》	河南省基础教育教学研究室
2018.5	卢晓百	《男生史岳洲变形记》	少年智力开发报社
2013.8	卢晓百	《英语课堂上的即兴发挥》	少年智力开发报社
2010.09	王英芳	《浅谈小学生数学阅读能力的培养》	河南省基础教育教学研究室
2011.9	杨育林	《构建高效课堂的探讨》	河南省基础教育教学研究室
2012.9	杨育林	《跳出数学课改的误区》	河南省基础教育教学研究室
2014.10	杨育林	《“三点一线”完美录制课堂教学视频》	河南省教育厅
2017.9	杨育林	《数学教学与信息技术手段融合的研究》	河南省教育厅
2012.9	卫晓朵	《浅谈研究性学习在语文教学中的开展》	三门峡市教育局教研室
2013.9	卫晓朵	《让学生在快乐中学习音乐》	三门峡市教育局教研室
2017.12	苏水苗	《总爱编织孩子五彩斑斓的梦》	灵宝市教体局
2010.8	黄方方	《识字教学的探讨与实践》	河南省基础教育教学研究室
2015.3	黄方方	《谜语在语文识字教学中的作用》	河南省教育学会
2011.9	杨娅娟	《识字教学与课文学习的有机结合》	三门峡市教育局教研室
2012.9.5	刘江会	《惜时、拓展并举，轻负、高效共赢》	三门峡市教育局教研室

续表3

时间	姓名	题 目	发证单位
2012.11	任　丹	《创设语言情景 优化课堂教学》	三门峡市教育局
2011.8	王惠敏	《情境教学打造高效课堂》	三门峡市教育局
2011.8	刘润芝	《小组合作教学　课堂因你而精彩》	三门峡市教育局
2016.9	杜晓刚	教学设计《老 K 特战队——叫号赛跑》	河南省基础教育教学研究室
2010.5	阴巧飞	《浅谈深化素质教育建立自主性课堂》	河南省教育厅
2017.12	阴巧飞	《低年级行为习惯的培养与训练》	灵宝市教育体育局
2015.3	刘雪层	《让谜语为语文课堂教学生辉增色》	河南省教育学会语文教育学专业委员会
2015.3	員彩红	《谜语在小学语文课堂教学中的应用》	河南省教育学会
2005.8	周林红	《浅谈对优秀生的管理教育》	河南省基础教育科学研究所
2011.9	薛艳红	《分类思想在初中教学中的渗透》	河南省基础教育教学研究室
2012.9	王冠龙	《教与学相得益彰》	三门峡市教育局教学研究室
2010.8	李彩红	《追求高效的常态语文课堂》	三门峡市教育局教学研究室
2010.9	李彩红	《营造和谐心理环境,提高课堂教学效率》	河南省基础教育教学研究室
2010.12	李彩红	《有效课堂彰显语文魅力》	灵宝市教体局教研室
2011.9	李彩红	《追求简约教学,凸显课堂魅力》	三门峡市教育局教学研究室
2012.10	李彩红	《责任,不变的承诺》	三门峡市教育局教学研究室
2012.12	李彩红	《最是书香能致远,读书之乐乐无穷》	灵宝市教体局教研室
2013.7	李彩红	《浅谈小学生法制教育的策略》	三门峡市教育局教学研究室
2013.9	李彩红	《春风化雨润物无声》	河南省基础教育教学研究室
2013.10	王佩林	《语文教学中交互式电子白板的应用》	河南省教育厅
2012.12	王佩林	《享受阅读 浸润书香》	灵宝市教体局教研室
2013.12	王佩林	《倾听花开的声音》	灵宝市教体局教研室
2013.11	杨红艳	《有效课堂密码》	三门峡市教育局教学研究室
2010.12	杨红艳	《温故知新 提升素养——浅谈小学语文复习课》	灵宝市教体局教研室
2013.12	杨红艳	《多种途径,让孩子爱上阅读》	灵宝市教体局教研室
2013.12	马俊娥	《增量阅读》	灵宝市教体局教研室

四、灵宝市第三小学优秀辅导教师一览表

表 11-4

时间	获奖人	活动名称	表彰类型	级别	表彰单位
2013.6	田爱琴	河南省第六届“外研杯”小学英语综合技能展评	优秀辅导教师	二	河南省基础教育教学研究室
2015.7	田爱琴	灵宝市小学生英语综合技能展评	优秀辅导教师	一	灵宝市教体局教研室
2016.6	田爱琴	灵宝市小学生英语歌曲歌谣	优秀辅导教师	一	灵宝市教体局教研室
2016.8	田爱琴	河南省“外研社杯”小学英语掌上新标准大赛	优秀辅导教师	一	河南省基础教育教学研究室
2017.6	田爱琴	灵宝市小学生英语综合技能竞赛	优秀辅导教师	一	灵宝市教体局教研室
2017.6	田爱琴	灵宝市小学生英语背诵大赛	优秀辅导教师	一	灵宝市教体局教研室
2013.6	张　潇	小学英语综合技能展评活动	优秀辅导教师	一	灵宝市教体局研究室
2015.7	张　潇	灵宝市小学生英语技能大赛	优秀辅导教师	一	灵宝市教体局教研室
2016.4	张　潇	三门峡市 2016 年小学英语优质课评选活动	优秀辅导教师	一	三门峡市教育局教学研究室
2017.6	张　潇	灵宝市小学生英语背诵大赛	优秀辅导教师	一	灵宝市教体局教研室
2017.10	张　潇	手抄报比赛	优秀辅导教师	一	少年智力开发报
2017.10	张　潇	手抄报比赛	优秀辅导教师	一	少年智力开发报
2011.9	张晓芳	灵宝市小学生英语演讲比赛	优秀辅导教师	二	灵宝市教体局教研室
2013.5	张晓芳	首届小学生动漫大赛	优秀辅导教师	三	三门峡市教育局
2015.7	杨华丽	灵宝市小学生英语综合技能展评	优秀辅导教师	一	灵宝市教体局教研室
2017.6	杨华丽	灵宝市小学生英语背诵大赛	优秀辅导教师	一	灵宝市教体局教研室
2013.6	叶　青	小学英语综合技能展评	优秀辅导教师	一	灵宝市教体局教研室
2015.7	叶　青	小学生英语综合技能展评	优秀辅导教师	一	灵宝市教体局教研室
2016.8	叶　青	河南省“外研社杯”小学英语掌上新标准大赛	优秀辅导教师	三	河南省基础教育教学研究室
2017.6	叶　青	灵宝市小学生英语综合技能竞赛	优秀辅导教师	一	灵宝市教体局教研室
2017.6	叶　青	灵宝市小学生英语背诵大赛	优秀辅导教师	一	灵宝市教体局教研室
2017.6	叶　青	灵宝市小学生英语综合技能竞赛	优秀辅导教师	二	河南省基础教育教学研究室
2018.12	叶　青	小学英语演讲比赛	优秀辅导教师	一	灵宝市教体局教研室

续表1

时间	获奖人	活动名称	表彰类型	级别	表彰单位
2010.5	刘晓霞	初中英语阅读竞赛	优秀辅导教师	二	灵宝市教体局教研室
2016.6	刘晓霞	灵宝市小学生英语歌曲歌谣	优秀辅导教师	一	灵宝市教体局教研室
2013.6	王亚娟	2013年灵宝市小学英语综合技能展评活动	优秀辅导教师	一	灵宝市教体局教研室
2017.5	王亚娟	灵宝市第六届中小学电脑作品大赛	优秀辅导教师	二	灵宝市教育体育局电化教育馆
2017.6	王亚娟	2017年灵宝市小学生英语背诵大赛辅导奖	优秀辅导教师	一	灵宝市教体局教研室
2018.4	王亚娟	三门峡2018年小学英语优质课评选	优秀辅导教师	一	三门峡市教育局教学研究室
2016.6	赵永银	灵宝市小学生英语歌曲歌谣比赛	优秀辅导教师	一	灵宝市教体局教研室
2016.6	赵永银	三门峡市第四届青少年动漫节	优秀辅导教师	三	三门峡市教育局
2017.6	赵永银	灵宝市小学英语背诵大赛	优秀辅导教师	一	灵宝市教体局教研室
2013.7	侯　剑	河南省中小学学生优秀论文辅导	优秀辅导教师	二	河南省基础教育教学研究室
2011.12	侯　剑	三门峡市第八届中小学科技创新成果展	优秀辅导教师	二	三门峡市教育局
2011.8	王宁泊	河南省中小学学生优秀论文评比	优秀辅导教师	二	河南省基础教育教学研究室
2014.8	王宁泊	河南省中小学学生优秀论文评比	优秀辅导教师	二	河南省基础教育教学研究室
2015.4	王宁泊	三门峡市中小学生廉政文化书画、动漫创作大赛	优秀辅导教师	三	三门市教育局
2011.8	高君玲	河南省中小学生写字步步高硬笔书法大赛	优秀辅导教师	一	河南省基础教育教学研究室
2015.07	高君玲	“汉之星”输入竞赛	优秀辅导教师	一	灵宝市教体局教研室
2019.4	李娟红	灵宝市第二届“崤函风 家乡情”经典诵读	优秀辅导教师	二	灵宝市教体局教研室
2013.12	李娟红	灵宝市第十一届科技创新成果展评活动	优秀辅导教师	二	灵宝市教体局教研室
2017.6	李娟红	第十八届华人少年作文比赛	优秀辅导教师	一	灵宝市教体局教研室
2017.6	何晓芝	第十八届华人少年作文比赛	优秀辅导教师	一	灵宝市教体局教研室
2018.6	何晓芝	灵宝市“经典照亮人生”诵读比赛	优秀辅导教师	二	灵宝市教育体育局

续表2

时间	获奖人	活动名称	表彰类型	级别	表彰单位
2018.11	何晓芝	河南省中小学古诗文诵读赏析大赛	优秀辅导老师	三	河南省教育新闻中心 河南教育报刊室
2019.6	何晓芝	河南省“学习新思想”主题阅读及答题活动	优秀辅导老师	二	河南教育新闻中心
2013.8	王引谋	河南省中小学学生优秀论文评比活动	优秀辅导教师	二	河南省基础教育教学研究室
2017.6	王引谋	华人少年作文比赛	优秀辅导教师	一	灵宝市教体局教研室
2013.4	何晓晓	“文心雕龙杯”第六届全国中小学校园文学写作大赛	优秀辅导教师	一	全国校园文学写作大赛组委会
2015.5	何晓晓	“诚信友善 放飞梦想”青少年书信文化活动	优秀辅导教师		三门峡市教育局
2015.7	何晓晓	灵宝市“汉之星”输入竞赛	优秀辅导教师	一	灵宝市教体局教研室
2016.5	何晓晓	河南省小学生“汉之星”输入法输入速度大奖赛	优秀指导教师		河南省基础教育教学研究室
2016.12	何晓晓	“中国梦 翰墨情”中小学师生书法绘画比赛	优秀辅导教师	一	灵宝市教育体育局
2017.6	何晓晓	第十八届“华人少年作文比赛”活动	优秀辅导教师	一	灵宝市教体局教研室
2017.10	何晓晓	灵宝市第十四届学校科技创新成果展评活动	优秀辅导教师	一	灵宝市教育体育局
2017.6	笴娟丽	第十八届“华人少年作文比赛”活动	优秀辅 导教师	一	灵宝市教体局教研室
2013.5	笴娟丽	“诵读中华经典,唱响中国梦”主题教育活动征文大赛	优秀辅导教师	一	三门峡市教育局
2016.6	笴娟丽	三门峡市第四届青少年动漫节	优秀辅导教师	三	三门峡市教育局
2011.12	张江华	三门峡市第八届学校科技创新成果展	辅导教师	三	三门峡市教育局
2012.12	高金波	第六届“新星杯”全国少年综合素质大赛	“金牌辅导员”	二	少年智力开发报小学数学专刊
2012.4	赵晶晶	全国“文心雕龙”杯写作大赛	优秀辅导教师	一	中国当代文学研究会
2013.7	赵晶晶	河南省中小学生优秀论文	优秀辅导教师	一	河南省教研室
2017.2	赵晶晶	河南省第 31 届青少年科技创新大赛	优秀辅导教师	三	河南省教育厅
2018.11	赵晶晶	河南省古诗文诵读赏析大赛	优秀辅导教师	二	河南省教育报刊社

续表3

时间	获奖人	活动名称	表彰类型	级别	表彰单位
2011.12	狄海荣	三门峡市第八届学校科技创新成果展	优秀辅导教师	二	三门峡市教育局
2012.7	狄海荣	河南省中小学生写字步步高硬笔书法大赛	优秀辅导教师	二	河南省基础教育教学研究室
2013.4	狄海荣	全国“文心雕龙”写作大赛	优秀辅导教师	二	中国当代文学研究会
2017.10	狄海荣	灵宝市第十四届学校科技创新成果展评活动	优秀辅导教师	一	灵宝市教体局
2016.6	卢晓百	灵宝市小学生英语歌曲歌谣	优秀辅导教师	一	灵宝市教体局教研室
2019.11	卢晓百	灵宝市第十五届科技创新成果展评	苹果树反光膜拉杆	一	灵宝市教育体育局
2015.10	刘宝建	灵宝市第十三届科技创新成果展评	优秀科技辅导员		灵宝市教育体育局
2019.11	刘宝建	灵宝市第十五届科技创新成果展评	自制吸尘器	二	灵宝市教育体育局
2016.6	张春英	三门峡小学生市动漫技能大赛	优秀辅导教师		三门峡市教育局
2012.03	王英芳	弘扬雷锋精神，争做雷锋传人 演讲比赛	优秀辅导教师	一	灵宝市教体局教研室
2011.08	王英芳	河南省中小学生优秀论文评比	优秀辅导教师	二	河南省基础教育教学研究室
2019.11	杨亚娟	灵宝市科技创新成果	辅导教师	一	灵宝市教育体育局
2018.12	杨亚娟	寄语魅力三门峡活动	优秀辅导教师		三门峡市教育局
2016.11	杨亚娟	三门峡市科技创新成果	辅导教师	一	三门峡市教育局
2015.10	杨亚娟	灵宝市科技创新成果	辅导教师	一	灵宝市教育体育局
2013.12	李长华	灵宝市科技创新成果	辅导教师	二	灵宝市教育体育局
2016.6	李长华	三门峡青少年动漫节	辅导教师	三	三门峡市教育局
2019.11	李长华	灵宝市科技创新成果	辅导教师	一	灵宝市教育体育局
2014.11	杨育林	第五节“熊博士”青少年科学影像节	优秀辅导教师	二	中国科协青少年科技中心
2015.5	杨育林	河南省青少年科技创新大赛	优秀辅导教师	一	河南省教育厅
2014.10	杨育林	河南省信息化应用成果评选	优秀辅导教师	一	河南省教育厅
2011.12	杨育林	三门峡市第八届学校科技创新成果展	优秀辅导教师	一	三门峡市教育局

续表4

时间	获奖人	活动名称	表彰类型	级别	表彰单位
2015.1	杨育林	灵宝市2014年教育信息化应用成果	优秀辅导教师	二	灵宝市教育体育局
2017.10	孙爱萍	第十四届学校科技创新成果展	优秀辅导教师	一	灵宝市教育体育局
2011.8	高　蕊	河南省中小学学生优秀论评比文评比	优秀辅导奖	一	河南省基础教育教学教研室
2015.3	卫晓朵	三门峡第四届学生合唱	优秀辅导奖	三	三门峡市教育局
2017.10	苏水苗	第十四届学校科技创新成果展	优秀辅导教师	一	灵宝市教育体育局
2017.10	苏水苗	第十四届学校科技创新成果展	优秀辅导教师	二	灵宝市教育体育局
2013.4	卫晓朵	河南省第四届少儿文化艺术节三门峡选拔赛	优秀辅导教师	三	三门峡市教育局
2015.1	黄方方	灵宝市青少年活动中心特长辅导工作	优秀辅导教师	二	灵宝市教育体育局
2012.9	黄方方	河南省第三届基础教育信息资源应用优秀成果评选的网络公开课	课程指导教师	三	河南省教育厅
2013.4	杨娅娟	第六届全国中小学校园文学写作大赛	优秀辅导教师	二	中国当代文学研究室
2014.10	张　丹	灵宝市第12届学校科技创新成果展评活动	优秀科技辅导员		灵宝市教育体育局
2015.11	张　丹	第六届全国青少年科学影像节	优秀辅导教师	三	中国科协青少年科技中心
2017.2	张　丹	第31届河南省青少年科技创新大赛青少年科学DV作品	优秀辅导教师	三	河南省科学技术协会 河南省教育厅
2012.4	尚卫娜	综合实践活动和通用(劳动)技术学科学生活动成果	优秀辅导教师	一	三门峡市教育局教学研究室
2013.5	尚卫娜	三门峡市首届青少年动漫节动漫画作品评选	优秀辅导教师	一	三门峡市教育局
2014.10	尚卫娜	第十二届学校科技创新成果展评	优秀辅导教师	二	灵宝市教育体育局
2014.12.25	尚卫娜	2014年小学科学小论文评选	优秀辅导教师	一	灵宝市教体局教研室
2015.4	尚卫娜	三门峡中小学生廉政文化书画动漫创作大赛	优秀辅导教师	二	三门峡市教育局

续表5

时间	获奖人	活动名称	表彰类型	级别	表彰单位
2017.10	尚卫娜	第十四届学校科技创新成果展评	优秀辅导教师	二	灵宝市教育体育局
2013.4	尚卫娜	河南省第七届少儿文化艺术节三门峡市选拔赛中	优秀辅导教师	一	三门峡市教育局
2019.11	尚卫娜	第十五届学校科技创新成果展评(小发明类)	优秀辅导教师	一	灵宝市教育体育局
2019.11	尚卫娜	第十五届学校科技创新成果展评(小制作类)	优秀辅导教师	一	灵宝市教育体育局
2014.7	刘江会	三门峡市“我的好爸好妈”征文比赛	优秀辅导教师		三门峡市教育局
2011.12	刘江会	三门峡市第八届学校科技创新成果展	优秀辅导教师	一	三门峡市教育局
2012.9	任　丹	全国小学生手抄报大赛	优秀辅导教师	二	少年智力开发报
2017.6	任　丹	灵宝市小学生英语背诵大赛	优秀辅导教师	一	灵宝市教体局教研室
2018.12	任　丹	学生合唱比赛	优秀辅导老师	二	灵宝市教育体育局
2014.9	王惠敏	河南省中小学学生教材歌曲评比活动	优秀辅导教师	一	河南省基础教育教学研究室
2013.4	王惠敏	河南省第七届少儿文化节三门峡市选拔赛	优秀辅导教师	三	三门峡市教育局、三门峡市文化广电新闻出版局
2018.12	王惠敏	灵宝市艺术展演活动,辅导的合唱节目	优秀辅导教师	二	灵宝市教育体育局
2019.10	王惠敏	灵宝市庆祝新中国成立70周年我和我的祖国合唱比赛	优秀辅导教师	一	灵宝市教育体育局
2013.5	王惠敏	局直学校“阳光下成长”合唱比赛中	优秀指挥奖	一	灵宝市教育体育局
2019.10	王蕾蕾	教师节广场文艺汇演	优秀辅导教师		灵宝市教育体育局
2019.10	王蕾蕾	建国70周年灵宝市中小学合唱比赛	优秀辅导教师	一	灵宝市教育体育局
2010.10	刘润芝	灵宝市中小学第二届经典诵读	优秀辅导教师		灵宝市教育体育局
2011.9	刘润芝	教师节文艺演出	优秀辅导教师		灵宝市教育体育局
2012.9	刘润芝	教师节文艺演出	优秀辅导教师		灵宝市教育体育局
2015.9	刘润芝	教师节文艺演出	优秀辅导教师		灵宝市教育体育局
2012.7	刘润芝	青少年活动中心	优秀辅导教师		灵宝市教育体育局

续表6

时间	获奖人	活动名称	表彰类型	级别	表彰单位
2013.5	刘润芝	“阳光下下成长”合唱比赛	优秀辅导教师	一	灵宝市教育体育局
2019.10	刘润芝	迎国庆演出活动	优秀导演		灵宝市教育体育局
2013.12	郭飞飞	灵宝市第十一届学校科技创新成果展	辅导教师	一	灵宝市教育体育局
2014.6	郭飞飞	全市第二届青少年动漫节	辅导教师	一	三门峡市教育局
2014.10	郭飞飞	灵宝市第十二届学校科技创新成果展	辅导教师	一	灵宝市教育体育局
2014.12	郭飞飞	第九届中小学科技创新成果展评《不会丢失的孩子——只能导向手表》	辅导教师	一	三门峡市教育局
2015.4	郭飞飞	三门峡市中小学生廉政文化书画、动漫创作大赛	辅导教师	二	三门峡市教育局
2015.4	郭飞飞	第四届中小学电脑作品大赛	辅导教师	二	三门峡市教育局
2015.5	郭飞飞	第二十九届河南省青少年科技创新大赛少年儿童科学幻想绘画	辅导教师	三	河南省科学技术协会 河南省教育厅
2015.6	郭飞飞	全市第三届动漫节	辅导教师	二	三门峡市教育局
2015.9	郭飞飞	第十六届全国中小学电脑制作活动《喜羊羊闹社火》	辅导教师	二	河南省教育厅
2015.11	郭飞飞	廉政文化书画动漫创作大赛	辅导教师	一	灵宝市教育体育局
2016.4	郭飞飞	第五届中小学电脑作品大赛灵宝赛区	辅导教师	二	灵宝市教育体育局
2016.6	郭飞飞	第四届青少年动漫节	辅导教师	二	三门峡市教育局
2016.8	郭飞飞	青少年学生校外活动中心	优秀辅导教师		灵宝市教育体育局
2016.12	郭飞飞	“中国梦·墨翰情”中小学书法绘画比赛	辅导教师	一	灵宝市教育体育局
2017.5	郭飞飞	全市第六届中消协电脑作品大赛	辅导教师	一	灵宝市教育体育局电化教育馆
2017.9	郭飞飞	全国中小学电脑制作活动《鸡鸣社火》	辅导教师	三	河南省教育厅
2018.12	郭飞飞	万人共绘白天鹅 寄语魅力三门峡	优秀辅导教师		三门峡教育局体育卫生工作站
2018.10	郭飞飞	漫维童画版百画园栏目	辅导教师		漫维杂志编辑部

续表7

时间	获奖人	活动名称	表彰类型	级别	表彰单位
2018.9	郭飞飞	河南省教育厅第十九届河南省中小学电脑制作	辅导教师	三	河南省教育厅
2018.12	郭飞飞	灵宝市艺术展演《美丽的火烈鸟》	优秀辅导	二	灵宝市教育体育局
2019.12	郭飞飞	灵宝市艺术展演	优秀辅导	一	灵宝市教育体育局
2015.10	闫飒飒	灵宝市第十三届学校科技创新成果展评	优秀辅导教师	二	灵宝市教育体育局
2015.11	闫飒飒	教育系统廉政文化书画动漫创作大赛	优秀辅导教师	二	灵宝市教育体育局
2015.11	闫飒飒	教育系统廉政文化书画动漫创作大赛	优秀辅导教师	二	灵宝市教育体育局
2016.4	闫飒飒	三门峡市第五届中小学电脑作品大赛	优秀辅导教师	二	灵宝市教育体育局
2016.6	闫飒飒	三门峡市第四届青少年动漫节	优秀辅导教师	三	三门峡市教育局
2016.11	闫飒飒	三门峡市第十届中小学科技创新成果展评	优秀辅导教师	二	三门峡市教育局
2016.12	闫飒飒	"中国梦 · 翰墨情"书法绘画比赛	优秀辅导教师	二	灵宝市教育体育局
2018.12	闫飒飒	万人共绘白天鹅 寄语魅力三门峡活动	优秀辅导教师	一	三门峡教育局体育卫生工作站
2018.12	闫飒飒	三门峡市第八届学生艺术展演	优秀辅导教师	二	三门峡教育局体育卫生工作站
2019.11	闫飒飒	灵宝市第十五届学校科技创新成果展评	优秀辅导教师	二	灵宝市教育体育局
2019.12	闫飒飒	灵宝市中小学师生书画展评	优秀辅导教师	一	灵宝市教育体育局
2019.12	闫飒飒	灵宝市中小学师生书画展评	优秀辅导教师	一	灵宝市教育体育局
2019.12	闫飒飒	三门峡市第九届中小学生艺术展演	优秀辅导教师	二	三门峡市教育局体卫站
2013	常楠楠	阳光体育运动会	优秀辅导员	一	灵宝市教育体育局
2014	常楠楠	灵宝市第十一届全运会青少年田径运动会	优秀辅导员	一	灵宝市教育体育局
2015	常楠楠	灵宝市中小学乒乓球比赛	优秀教练员	一	灵宝市教育体育局
2017.11	常楠楠	中小学阳光体育运动会	优秀辅导员	一	灵宝市教育体育局
2018.4	常楠楠	全市中小学生篮球联赛	优秀辅导员	一	灵宝市教育体育局

续表8

时间	获奖人	活动名称	表彰类型	级别	表彰单位
2011.11	高现代	灵宝市第九套广播体操活动	优秀辅导教师	一	灵宝市教育体育局
2018.1	高现代	灵宝市中小学乒乓球大赛	优秀辅导教师	三	灵宝市教育体育局
2019.12	高现代	灵宝市中小学乒乓球大赛	优秀辅导教师	一	灵宝市教育体育局
2013.11	杜晓刚	阳光体育运动会	优秀辅导员	一	灵宝市教育体育局
2015.12	杜晓刚	灵宝市中小学乒乓球比赛	优秀辅导员	一	灵宝市教育体育局
2017.11	杜晓刚	中小学阳光体育运动会	优秀辅导员	一	灵宝市教育体育局
2017.5	杜晓刚	全市中小学生篮球联赛	优秀辅导员	一	灵宝市教育体育局
2018.12	杜晓刚	中小学阳光体育运动会	优秀辅导员	一	灵宝市教育体育局
2018.4	杜晓刚	全市中小学生篮球联赛	优秀辅导员	一	灵宝市教育体育局
2019.5	杜晓刚	全市中小学生篮球联赛	优秀辅导员	一	灵宝市教育体育局
2019.11	潘树波	灵宝市第十五届学校科技创新成果展评	优秀辅导教师	一	灵宝市教育体育局
2011.6	阴巧飞	灵宝市优秀少先队辅导员评选	优秀少先队辅导员	优秀	共青团灵宝市委
2018.5	阴巧飞	崤函风-家乡情经典诵读比赛	优秀辅导教师	二	三门峡市教育局
2019.4	阴巧飞	第二届崤函风-家乡情经典诵读比赛	优秀辅导教师	二	灵宝市教育体育局
2016.12	員彩红	中小学师生书法绘画比赛	优秀辅导教师	一	灵宝市教育体育局
2007.6	周林红	河南中小学生硬笔书法大赛	优秀辅导教师	一	河南省基础教育教学研究室
2009.6	周林红	河南省中小学生优秀作文评比	优秀辅导教师	一	河南省基础教育教学研究室
2014.7	周林红	“我的好爸好妈”征文比赛	优秀辅导教师	优秀奖	三门峡市教育局
2012.10	薛艳红	全国小学生生活中的数学“小鬼当家”擂台赛征文	优秀辅导教师		中国文章学研究会
2013.7	刘艳红	《课改带来的新变化》	优秀辅导教师	三	河南省基础教育教教学研究室
2011.8	李川歌	河南省小学生论文评比	优秀辅导教师	二	河南省基础教育教教学研究室
2014.11	李川歌	第五届“熊博士”全国青少年科学影像节	优秀辅导教师	二	中国科协青少年科技中心中国青少年科技辅导员协会

续表9

时间	获奖人	活动名称	表彰类型	级别	表彰单位
2015.5	李川歌	河南省青少年科技创新大赛	优秀辅导教师	一	河南省教育厅
2013.4	李彩红	第六届文心雕龙杯全国中小学写作大赛	优秀辅导教师	一	中国当代文学研究会
2013.5	李彩红	在“诵读中华经典 唱响中国梦”征文比赛	优秀辅导教师	一	三门峡市教育局
2014.3	李彩红	第二届中国汉字听写大会比赛	优秀辅导教师	二	
2018.4	张艳艳	灵宝市教育体育局教研室组织的文心杯“拥抱春天相约灵宝苹果花节”征文大赛	优秀辅导教师		灵宝市教体局教研室
2012.7	王佩林	河南省小学生论文辅导	优秀辅导教师	省级	河南省基础教育教学研究室
2012.12	王佩林	灵宝市读写竞赛	优秀辅导教师	县级	灵宝市教体局教研室
2013.4	王佩林	全国“文心雕龙”杯作文竞赛	优秀辅导教师	国家级	中国当代文学研究会
2013.5	王佩林	三门峡市“诵读中华经典·唱响中国梦”征文比赛	优秀辅导教师	峡市级	三门市教育局
2013.9	王佩林	灵宝市环保知识竞赛	优秀辅导教师	县级	灵宝市教体局教研室
2014.3	王佩林	灵宝市汉字听写大赛辅导奖	优秀辅导教师	县级	灵宝市教体局教研室
2014.3	王佩林	三门峡市汉字听写大赛团体二等奖	优秀辅导教师	峡市级	三门市教育局
2016.12	王佩林	灵宝市“中国梦·翰墨情”中小学生书法比赛	优秀辅导教师	县级	灵宝市教体局教研室
2017.10	王佩林	华人杯作文竞赛	优秀辅导教师	县级	灵宝市教体局教研室
2018.6	王佩林	“经典照亮人生”诵读比赛	优秀辅导教师	县级	灵宝市教体局教研室
2018.7	王佩林	“经典照亮人生”诵读比赛	优秀辅导教师	峡市级	三门峡市教育局
2018.8	王佩林	“经典照亮人生”诵读比赛	优秀辅导教师	省级	河南省教育厅
2010.3	杨红艳	《往事》	优秀辅导教师	一	河南省基础教育教教学研究室
2013.4	杨红艳	朗诵比赛	优秀辅导教师	二	灵宝市教育体育局
2014.7	杨红艳	“我的好爸好妈”征文比赛	优秀辅导教师	二等奖一篇优秀奖三篇	三门峡教育局

续表10

时间	获奖人	活动名称	表彰类型	级别	表彰单位
2015.5	杨红艳	“诚信友善 放飞梦想”青少年书信文化活动	优秀辅导教师	二	三门峡市教育局
2013.4	董春艳	河南省第七届少儿文化艺术节中	优秀辅导教师		河南省教育厅
2014.4	董春艳	三门峡市电脑大赛中辅导学生电脑绘画《幸福图——我的中国梦》	优秀辅导教师	一	三门峡市教育局
2015.6	董春艳	三门峡市“全市第三届青少年动漫节”中，辅导学生作品《爱心》	优秀辅导教师	一	三门峡市教育局
2013.4	马俊娥	“文心雕龙”杯作文竞赛	优秀辅导教师	二	中国当代文学研究会
2013.4	马俊娥	“放飞童年”擂台征文活动	优秀辅导奖		灵宝市教体局研究室
2013.7	马俊娥	“中小学优秀论文评选”活动	优秀辅导奖		河南省基础教育教学研究室
2014.7	马俊娥	“我的好爸好妈”征文比赛	优秀辅导奖		三门峡市教育局
2016.12	马俊娥	“中国梦·翰墨情”书法绘画比赛	优秀辅导奖		灵宝市教育体育局
2017.6	马俊娥	“华人少年作文比赛”	优秀辅导奖		灵宝市教体局教研室

五、灵宝市第三小学教师小制作获奖一览表

表11-5

时间	获奖人	活动名称	作品名称	级别	表彰单位
2014.12	田爱琴	三门峡市第九届中小学科技创新成果展评	《趣味识动物》	二	三门峡市教育局
2015.10	张　潇	灵宝市第十三届学校科技创新成果展评	《幸运大转盘》	一	灵宝市教育体育局
2015.10	张　潇	灵宝市第十三届学校科技创新成果展评	《小猫钓鱼》	一	灵宝市教育体育局
2017.2	刘亚婷	河南省青少年科技创新大赛	DV作品《玉米，你为什么长得这么矮》	一	河南省科学技术协会河南省教育厅
2014.10	王宁泊	灵宝市第十二届中小学科技创新成果展评	《飞机模型》	二	灵宝市教育体育局

续表1

时间	获奖人	活动名称	作品名称	级别	表彰单位
2012.12	张丽萍	灵宝市第十届学校科技创新成果展评	《小蜜蜂和小蜘蛛》	二	灵宝市教育体育局
2012.12	张丽萍	灵宝市第十届学校科技创新成果展评	《辽宁舰》	一	灵宝市教育体育局
2017.12	高金波	灵宝市第十四届学校科技创新成果展评	乘除法演示板	二	灵宝市教育体育局
2012.12	张艳妮	灵宝市第十届学校科技创新成果辅导将	《幸福田园》	二	灵宝市教育体育局
2012.12	姬伟伟	灵宝市科技创新成果展评	《中国馆》	一	灵宝市教育体育局
2016.11	姬伟伟	三门峡市科技创新成果展评	《百数表》	一	三门峡市教育局
2017.2	赵晶晶	河南省第31届青少年科技创新大赛	提包式折叠伞	三	河南省科协
2015.11	常银茹	灵宝市第十三届科技创新成果展评	《节约用水》	二	灵宝市教育体育局
2015.11	代文辉	灵宝市第十三届科技创新成果展评	《多功能台灯》	二	灵宝市教育体育局
2017.11	代文辉	灵宝市第十四届科技创新成果展评	三角形内角和演示器	一	灵宝市教育体育局
2019.11	代文辉	灵宝市第十五届科技创新成果展评	直径测量仪	一	灵宝市教育体育局
2015.10	刘宝建	灵宝市第十三届科技创新成果展评	《玉米，你为什么长得这么矮》	一	灵宝市教育体育局
2017.11	刘宝建	灵宝市第十四届科技创新成果展评	乘法演示器	二	灵宝市教育体育局
2014.10	刘学刚	灵宝市第十二届学校科技创新成果展评	乘法口诀记忆器	一	灵宝市教育体育局
2014.12	刘学刚	三门峡市第九届中小学科技创新成果展评	乘法口诀记忆器	一	三门峡市教育局
2014.10	张　风	灵宝市第十二届学校科技创新成果展评	《跳舞的樟脑球》	一	灵宝市教育体育局
2015.10	杨亚娟	灵宝市第十三届学校科技创新成果展评	《抗战胜利70周年纪念活动》	一	灵宝市教育体育局
2015.10	杨亚娟	灵宝市第十三届学校科技创新成果展评	《全等三角形的判定》	二	灵宝市教育体育局
2016.11	杨亚娟	三门峡市第十届中小学科技创新成果展评	《抗战胜利70周年纪念活动》	一	三门峡市教育局

续表2

时间	获奖人	活动名称	作品名称	级别	表彰单位
2016.11	杨亚娟	三门峡市第十届中小学科技创新成果展评	《全等三角形的判定》	二	三门峡市教育局
2019.11	杨亚娟	灵宝市第十五届学校科技创新成果展评	《建国70周年活动粘贴画》	一	灵宝市教育体育局
2015.10	李长华	灵宝市第十三届学校科技创新成果展评	《百数表》	一	灵宝市教育体育局
2016.11	李长华	三门峡市第十届中小学科技创新成果展评	《百数表》	一	三门峡市教育局
2011.9	翟希云	三门峡市科技创新成果展评	《计时计数演示器》	一	三门峡市教育局
2019.11	杨育林	灵宝市第十五届科技创新成果展	《妙招去除农药残留》	一	灵宝市教育体育局
2019.12	杨育林	灵宝市第十届科技创新成果展	双面三棱体桥梁模型	二	灵宝市教育体育局
2011.12	高　蕊	三门峡科技创新成果奖	电动风铃	二	三门峡市教育局
2013.12	高　蕊	灵宝市第十一届科技创新成果展	单杠运动模型	一	灵宝市教育体育局
2017.10	卫晓朵	灵宝市第十四届科技创新成果展	三角形内角和演示器	一	灵宝市教育体育局
2012.12	尚卫娜	灵宝市第十届学校科技创新成果展评	《长命百岁》	一	灵宝市教育体育局
2017.10	尚卫娜	灵宝市第十四届学校科技创新成果展评	《小电池回家记》	二	灵宝市教育体育局
2011.11	杨娅娟	灵宝市第九届学校科技创新成果展评	图钉起按器	一	灵宝市教育体育局
2015.10	张　丹	灵宝市第13届学校科技创新成果展评活动(科普微电影类)	《生物炭的妙用》	一	灵宝市教育体育局
2013.12	郭飞飞	灵宝市第十一届学校科技创新成果展	《环保卫士——消防变形机器人》	一	灵宝市教育体育局
2014.10	郭飞飞	灵宝市第十二届学校科技创新成果展	《不会丢的孩子-智能导向手表电话》	一	灵宝市教育体育局

续表3

时间	获奖人	活动名称	作品名称	级别	表彰单位
2014.12	郭飞飞	第九届中小学科技创新成果展评	《不会丢的孩子-智能导向手表电话》	一	三门峡市教育局
2015.5	郭飞飞	第二十九届河南省青少年科技创新大赛少年儿童科学幻想绘画	《不会丢的孩子-智能导向手表电话》	三	河南省科学技术协会河南省教育厅
2012.12	闫飒飒	第十届学校科技创新成果展评	《壁挂》	一	灵宝市教育体育局
2011.11	薛艳红	灵宝市第九届学校科技创新成果展评	伸缩黑板擦	二	灵宝市教育体育局
2019.12	薛艳红	灵宝市中小学科技创新成果展评	直径测量仪	一	灵宝市教育体育局
2014.9	王冠龙 张　风	灵宝市第十二届学校科技创新成果展评	三线八角演示器	二	灵宝市教育体育局
2017.10	张艳艳	灵宝市第十四届学校科技创新成果展评	《喜上梅梢》	二	灵宝市教育体育局
2015.11	杨红艳	灵宝市第十三届学校科技创新成果展评	可伸缩笤帚	一	灵宝市教育体育局

六、灵宝市第三小学教师书画作品获奖一览表

表 11-6

时间	获奖人	活动名称	作品名称	级别	表彰单位
2018.12	王永沛	灵宝市教育系统廉政书画作品大赛	《公则生明》	二	灵宝市教育体育局
2015.11	张长波	灵宝市教育系统廉政文化书画动漫创作大赛	《廉政格言》	一	灵宝市教育体育局
2013.6	闫飒飒	第二届“文明三门峡”书法美术作品大奖赛	《韵》	优秀奖	中共三门峡市委宣传部
2015.9	闫飒飒	三门峡市第七届中小学美术教师基本功大赛	《绽放》	一	三门峡市教育局体卫站
2017.3	闫飒飒	庆“三八”职工低碳环保手工作品	《童年》	优秀奖	三门峡市教育局
2018.6	闫飒飒	廉政书画摄影作品大赛	《一路阳光》	二	灵宝市教育体育局
2018.7	闫飒飒	三门峡市第二届“戏曲骨干教师”美术专业技能实践及成果展示活动	拼贴画	一	三门峡市教育局体卫站

续表1

时间	获奖人	活动名称	作品名称	级别	表彰单位
2018.12	闫飒飒	灵宝市艺术展演活动	《猴子捞月》	一	灵宝市教育体育局
2019.9	闫飒飒	庆祝新中国成立七十周年教职工书画评选	《故乡》	二	灵宝市教育体育局工会
2019.12	高金波	灵宝市“党徽耀金城”党建主题摄影大赛	《圆梦新时代、筑梦党旗下》	二	中共灵宝市市委组织部
2018.6	赵晶晶	灵宝市教育系统廉政绘画作品大赛	《悬崖勒马》	优秀	灵宝市教育体育局
2018.10	郭莹莹	灵宝市中小学教师“三笔字”展评	现场指定	一	灵宝市教体局教研室
2018.10	郭莹莹	三门峡市首届中小学教师“三笔字”展评	现场指定	硬笔一等奖，软笔二等奖	三门峡市教育局
2018.12	南晓华	灵宝市教育系统廉政书画摄影作品大赛	日月同辉	三	灵宝市教体局教研室
2013.5	尚卫娜	“创新杯”首届中小学动漫大赛	师徒四人	一	三门峡市教育局
2016.12	尚卫娜	“中国梦·翰墨情”中小学师生书法绘画比赛	书法“煮书”	二	灵宝市教体局教研室
2016.12	尚卫娜	“中国梦·翰墨情”中小学师生书法绘画比赛	绘画《天香》	二	灵宝市教体局教研室
2018.6	尚卫娜	灵宝市教育系统廉政书画作品大赛	《轻风细雨润天香》	二	灵宝市教体局教研室
2018.6	尚卫娜	灵宝市教育系统廉政书画作品大赛	《神威》	一	灵宝市教体局教研室
2018.6	尚卫娜	灵宝市教育系统廉政书画摄影作品大赛	《神威》	优秀奖	灵宝市纪检委中共灵宝市委宣传部
2014.6	郭飞飞	全市第二届青少年动漫节	《家乡三宝》	二	三门峡市教育局
2015.6	郭飞飞	全市第三届青少年动漫节	《蓝梦女孩》	二	三门峡市教育局
2016.6	郭飞飞	全市第四届青少年动漫节	《老虎苍蝇一起抓》	一	三门峡市教育局
2017.3	郭飞飞	庆“三八”职工低碳环保手工作品展	《磁带女孩》	二	三门峡市总工会　中共三门峡市委市直机关委员
2017.6	郭飞飞	廉政书面摄影作品大赛	《老虎苍蝇一把抓》	一	二门峡市教育局

续表2

时间	获奖人	活动名称	作品名称	级别	表彰单位
2018.6	郭飞飞	廉政书面摄影作品大赛	《莲在心中》	二	灵宝市教育体育局
2018.5	郭飞飞	河南省第二十三届美术信任新作展览	《天使的眼神》	入选	河南省美术家协会
2018.12	郭飞飞	艺术展演活动中	《衍纸女神》	一	灵宝市教育体育局
2019.4	郭飞飞	河南省第二十四届美术新人新作展	《半面人生》	入选	河南省美术家协会
2019.9	郭飞飞	庆祝第教育系统新中国成立70周年教职工书画作品评选活动	《在那遥远的地方》	二	灵宝市教体局工会
2019.12	郭飞飞	“奋斗新时代,翰墨育新人”师生书画展	《乡村风景》	一	灵宝市教育体育局
2018.6	李茂林	在2018年教育系统组织的廉政书画摄影作品大赛	《忙碌》	优秀奖	灵宝市教育体育局
2012.10	董春艳	三门峡市第五届中小学生艺术展演活动	《鱼乐》	一	三门峡市教育局
2013.5	董春艳	三门峡市“创新杯”动漫大赛	《快乐的美羊羊》	一	三门峡市教育局

后　记

《灵宝市第三小学校志》在学校领导班子的高度重视下，在校志编纂委员会的直接领导下，从2019年10月开始，至2020年5月初稿基本完成，后多方征求意见，根据有关人员建议，对内容做了增补或删减。为了如期完成志书编写工作，确保编纂质量，编委会多次召开专题会议研究部署工作，或通过校信通及时发文纠正或指导，同时认真学习教育志书的编纂知识，为本志书的顺利完成打下了坚实的基础。在本书编写过程中，书记索淑敏精心策划，校长马晓春统揽全局，全面调配人员，纪检委员王永沛统筹联络，具体负责，校领导班子成员翟希云、潘树波、何皎洁都给予了关心和帮助，提供资料的各位老师，不辞辛苦，不嫌烦难，搜集整理了大量宝贵详实的文字史料和数据，在此一并表示感谢。初稿编出以后，学校领导班子成员在马晓春校长的带领下，对志书内容进行全面审核和修改。由索淑敏书记负责，对全书内容进行审核把关，反复推敲，以求准确无误。在编纂过程中，全体编辑人员本着服务当代、垂鉴后世的宗旨，以认真严谨的态度，广征博采，搜集资料，考证甄别，遴选入志，以保证学校的发展历程内容详实、记录无误。但因编辑人员经验不足，水平有限，错误疏漏之处在所难免，恳请广大读者批评指正。